Synopse zum
Münchener Neuen Testament

SYNOPSE ZUM MÜNCHENER NEUEN TESTAMENT

Für das Collegium Biblicum München e. V.
herausgegeben von Josef Hainz

PATMOS VERLAG
DÜSSELDORF

Die Deutsche Bibliothek – CIP-Einheitsaufnahme

Synopse zum Münchener Neuen Testament/
für das Collegium Biblicum München e. V. hrsg. von Josef Hainz. –
2., durchges. und neu bearb. Aufl. – Düsseldorf: Patmos-Verl., 1998
Einheitssacht.: Evangelia <dt.>
Teilausg.
ISBN 3-491-71102-9 brosch.
ISBN 3-491-71093-6 Gb.
NE: Hainz, Josef [Hrsg.]; Münchener Neues Testament; EST

Umschlagbild: Ravenna Mausoleo di Galla Placidia/
Lunetta con S. Lorenzo
Umschlaggestaltung: Peter J. Kahrl, Neustadt/Wied
Gesamtherstellung: Clausen & Bosse, Leck
3-491-71102-9 (Broschur)
3-491-71093-6 (Festeinband)

INHALTSÜBERSICHT

Nachgeschichten

VORWORT

Nachdem die Übersetzung *Münchener Neues Testament* 1991 bereits in 3. Auflage erscheint, legte es sich nahe, dieses inzwischen bewährte Arbeitsinstrument durch eine *Synopse* zu ergänzen, die das vergleichende Studium der synoptischen Evangelien des Markus, Matthäus und Lukas – mit den entsprechenden Johannesparallelen – ermöglicht.

Zwar gibt es eine Reihe von Synopsen auf dem Büchermarkt (u. a. die *Patmos-Synopse*, die vor allem in höheren Schulen in Gebrauch ist), aber von den meisten vorhandenen unterscheidet sich die MNT-Synopse durch ihre Wortgenauigkeit und den exakten Paralleldruck der Texte. Ergänzungen und Auslassungen werden sofort erkennbar; die Texte sind daher optimal vergleichbar.

Viele Synopsen stellen die bei Mk/Mt/Lk und Joh parallelen Texte nur abschnittweise blockhaft nebeneinander; das ist kaum mehr als eine erste Hilfe für einen exakten Textvergleich.

Andere Synopsen verwenden Übersetzungen, die sich zu synoptischen Gegenüberstellungen wenig oder gar nicht eignen. Entweder übersetzen sie so frei, daß der Urtext nicht mehr transparent wird, oder sie lösen so viele Urtextkonstruktionen auf, daß ein vergleichendes Studium zumindest sehr erschwert wird, oder sie nehmen um der besseren Lesbarkeit willen Streichungen, Ergänzungen und Glättungen vor, so daß die Unebenheiten, Brüche und Spannungen des Originaltextes verschwinden.

Die Übersetzung des MNT sucht alle diese „leserfreundlichen Bearbeitungen" zu vermeiden und dem Urtext so nahe zu bleiben, wie das im Deutschen gerade noch erträglich schien und wie es nur wenige Übersetzungen wagen.

Der Vorteil dieses Vorgehens zeigte sich bei der Erstellung der *Synopse zum Münchener Neuen Testament* besonders deutlich: Keine Übersetzung eignet sich für eine deutsche Synopse besser als das MNT. Die Prinzipien einer möglichst weitgehenden Konkordanz, konsequenter Beibehaltung der griechischen Wortstellung, eines maximalen Verzichts auf Umstellungen und Auflösungen – das alles kommt dem vergleichenden Studium der Evangelien-Paralleltexte zugute. Nicht zuletzt erweist sich jetzt als Stärke, was manchem vielleicht bisher als Schwäche erscheinen mochte: daß auch die Komposita und Partizipien beibehalten wurden und selbst Aorist-Partizipien nicht aufgelöst wurden, um die Vorzeitigkeit etc. auszudrücken. So steht Wort weitgehend für Wort. Genaue Vergleiche lassen sich mühelos durchführen. Schon auf den ersten Blick ergeben sich wichtige Einsichten zur synoptischen Frage und zu den redaktionellen Vorgehensweisen der Evangelisten.

Grundlegend orientiert haben wir uns bei der *Synopse zum MNT* an Kurt Alands griechischen Textausgaben (26. Aufl. des NT und *Synopsis quattuor evangeliorum*, 13. Aufl. Stuttgart 1985) und an Josef Schmids *Synopse der drei ersten Evangelien* (9. Aufl. Regensburg 1983).

Wie Schmid schien es uns z. B. vernünftiger, auf eine Einarbeitung des gesamten Johannesevangeliums zu verzichten und nur die wichtigsten Parallelen daraus abzudrucken. Allerdings haben wir diese gegenüber Schmid vermehrt.

Im Unterschied zum Johannesevangelium sollten die drei synoptischen Evangelien je auch für sich verfolgt werden können. Darum sind alle Texte in *Grundschrift* zu lesen, wenn sie in Entsprechung zur Textabfolge wiedergegeben werden konnten, im *Kleindruck* hingegen, wenn es sich zwar um eine echte Parallele handelt, die jeweiligen Evangelisten sie aber verschieden eingeordnet haben.

Viele Texte mußten aus diesem Grunde zweimal abgedruckt werden: als Texte in ihrer Abfolge in den einzelnen Evangelien und als Paralleltexte.

Das Parallelenverzeichnis am Anfang der Synopse erfüllt auf diese Weise nicht nur seine Funktion als Verzeichnis der behandelten Texte, es bietet im *Fettdruck* die Übersicht über die fortlaufenden und wirklich parallelen Texte und im *Normaldruck* die Hinweise auf Paralleltexte ohne Berücksichtigung der Textabfolge. *Kleingedruckt* enthält es die Dubletten und die entfernteren Paralleltexte, die jeweils an Ort und Stelle als Anmerkungen abgedruckt sind. Im Text wurden diese mit Sternchen (* ** *** etc.) verankert.

Die Angaben am oberen Textrand verweisen ebenfalls im *Fettdruck* auf fortlaufende Textfolgen, im *Normaldruck* auf Paralleltexte, die um der Vergleichbarkeit willen aus ihrem jeweiligen Zusammenhang genommen sind. Der Nummernhinweis, der den Paralleltexten beigegeben ist, soll das rasche Auffinden des Originalzusammenhangs ermöglichen. Demselben Zweck dienen am Schluß Stellenregister und Stichwortregister.

Alttestamentliche Zitate sind – wie im MNT – kursiv gedruckt. Da nur wirkliche Zitate und nicht alle möglichen Anspielungen in dieser Weise hervorgehoben werden, haben wir am Rand auch jeweils den Fundort angeben können.

Eigens gekennzeichnet (mit dem Zeichen #) sind auch jene Verse, die in den wichtigsten Texthandschriften fehlen.

An die Beibehaltung der griechischen Schreibweisen vieler vertrauter Namen von Personen, Orten usw. wird man sich sicher erst gewöhnen müssen. Wir hielten es aber für gut, in dieser Hinsicht wieder einmal von den Vereinbarungen der sogenannten Loccumer Richtlinien abzuweichen, um auf die andersartigen Namen im griechischen Text aufmerksam zu machen und sie nicht in Vergessenheit geraten zu lassen.

So hoffen wir, daß insgesamt ein „Arbeitsinstrument" entstanden ist, das allen Benutzern hilfreich ist für das Studium der synoptischen Evangelien und der im Johannesevangelium vergleichbaren Texte.

Ich danke allen, die bei der Erstellung der Synopse mitgeholfen haben, insbesondere dem „Collegium Biblicum München e. V." und meinen Frankfurter Mitarbeiterinnen und Mitarbeitern.

Frankfurt, am 1. Mai 1991   Für das Collegium Biblicum München e. V.
Josef Hainz

VORWORT ZUR 2. AUFLAGE

Die Neuauflage der „Synopse zum MNT" – wie die 5. Auflage des MNT – ist ganz entscheidend geprägt von den Vorarbeiten zu einer „Konkordanz zum MNT". Erstmals konnten dabei die Hilfen des Computerzeitalters soll genutzt werden. „BibleWorks" bot die Voraussetzungen für eine gründliche Überarbeitung des MNT. Wort für Wort mußte der Text auf konkordante Wiedergaben überprüft werden; Tausende von Änderungen waren das Ergebnis.

Um so erfreulicher ist, daß sich am MNT gleichwohl nichts Wesentliches geändert hat: Es hat seinen Stil und seine Eigenart bewahrt; keiner der Übersetzungsgrundsätze mußte geändert werden; nur die Genauigkeit der Wiedergabe des Griechischen hat erheblich zugenommen.

Daß diese Verbesserungen des MNT-Textes nun auch der Neuauflage der „Synopse zum MNT" zugute kommen, versteht sich von selbst. Aber auch umgekehrt hatte die Überarbeitung der Synopse Rückwirkungen auf den MNT-Text. Denn bei aller Liebe zu konkordanter Wortgenauigkeit konnten und wollten wir nicht schematisch vorgehen. Immer sollten der Text und sein variabler Gebrauch von Wörtern und Begriffen die Übersetzung leiten – und nicht der Computer. Gerade bei den synoptischen Texten kommt den Bedeutungsabwandlungen oft entscheidendes Gewicht zu, so daß jede Art von Schablonisierung hier verheerende Wirkungen zeitigen würde.

Auf den ersten Blick wird also der Benutzer/die Benutzerin der „Synopse zum MNT" die vielen kleinen Änderungen gar nicht wahrnehmen. Das mag die einen trösten, die die 1. Auflage besitzen; es wird die anderen, die jetzt die 2. Auflage erwerben, freuen; denn sie erhalten ein deutlich verbessertes Arbeitsinstrument.

Allen, die an dieser Verbesserung mitgearbeitet haben, möchten wir an dieser Stelle herzlich danken. Ihre Namen sind im Vorwort der 5. Auflage des MNT verzeichnet.

Frankfurt, den 13. August 1998   Die Herausgeber   *Josef Hainz*
Martin Schmidl
Josef Sunckel

PARALLELENVERZEICHNIS

	Matthaios	Markos	Lukas	Johannes	Seite
24. Berufung der ersten Schüler	**4,18–22**	**1,16–20**	5,1–11		38
				1,35–42 21,1–11	
25. Erstes Auftreten Jesu in Kapharnaum	7,28–29	**1,21–28**	**4,31–37**		40
				7,46	
26. Heilung der Schwiegermutter Simons	8,14–15	**1,29–31**	**4,38–39**		41
27. Heilungen nach Sonnenuntergang	8,16–17	**1,32–34**	**4,40–41**		41
	12,15b–17	3,11–12			
28. Aufbruch von Kapharnaum		**1,35–38**	**4,42–43**		42
29. Das Wirken in der ganzen Galilaia	**4,23–25**	**1,39**;3,10f.7f	**4,44**;6,18f.17b		42
	9,35	6,6b	8,1		
30. Fischfang und Schülerberufung	13,1–3; 4,18–22	4,1–2; 1,16–20	**5,1–11**	21,1–11	43
				1,35–42	
31. Heilung eines Aussätzigen	8,1–4	**1,40–45**	**5,12–16**		45
32. Heilung eines Gelähmten	9,1–8	**2,1–12**	**5,17–26**		46
			5,8–9a		
33. Berufung des Levi (bzw. Matthaios) und Tischgemeinschaft mit Zöllnern	9,9–13	**2,13–17**	**5,27–32**		47
	12,7				
34. Die Fastenfrage	9,14–17	**2,18–22**	**5,33–39**		48
				3,29	
35. Das Ährenrupfen an den Sabbaten	12,1–8	**2,23–28**	**6,1–5**		49
				5,10	
	9,13				
36. Heilung einer vertrockneten Hand	12,9–14	**3,1–6**	**6,6–11**		50
			14,5; 13,15–16		
37. Eindrücke vom Wirken Jesu	12,15–21; 4,24–25	**3,7–12**	6,17–19		51
	8,16–17	1,34	4,41		
38. Die Auswahl der Zwölf	10,1–4	**3,13–19**	**6,12–16**		53
		6,7	9,1 Apg 1,13	1,42	

Die Bergpredigt (Mt 5–7)

	Matthaios	Markos	Lukas	Johannes	Seite
39. Einleitung	**5,1–2**	3,13a	6,12a.17a.20a		54
40. Die Seligpreisungen	**5,3–12**		6,20b–23		54
41. Salz der Erde und Licht der Welt	**5,13–16**		14,34–35;11,33		54
		9,50 4,21	8,16	8,12	
42. Erfüllung von Gesetz und Propheten	**5,17–20**		16,17		55
43. Vom Morden und Zürnen	**5,21–26**		12,57–59		56
44. Vom Ehebruch	**5,27–30**				56
	18,8–9	9,43–48			
45. Von der Ehescheidung	**5,31–32**		16,18		57
	19,9	10,11–12			
46. Vom Schwören	**5,33–37**				57
47. Vom Wiedervergelten	**5,38–42**		6,29–30		57
48. Von der Feindesliebe	**5,43–48**		6,27–28.32–36		58
49. Vom Tun der Barmherzigkeit	**6,1–4**				58
50. Vom Beten	**6,5–6**				58
51. Das Vater-Unser	**6,7–15**	11,25	11,2–4		59
52. Vom Fasten	**6,16–18**				59
53. Vom Schätzesammeln	**6,19–21**		12,33–34		59
54. Vom Auge als Leuchte des Leibes	**6,22–23**		11,34–36		60
55. Vom Dienst für zwei Herren	**6,24**		16,13		60

	Matthaios	Markos	Lukas	Johannes	Seite
191. Voraussetzungen der Nachfolge	**10,37–38**		**14,25–35**		167
	16,24	8,34	9,23		
	5,13	9,50			
192. Das Gleichnis vom verlorenen Schaf	18,12–14		**15,1–7**		168
193. Das Gleichnis von der verlorenen Drachme			**15,8–10**		169
194. Das Gleichnis vom verlorenen Sohn (bzw. den verlorenen Söhnen)			**15,11–32**		169
195. Das Gleichnis vom ungerechten Verwalter	6,24		**16,1–13**		170
196. Von der Selbstgerechtigkeit der Pharisaier			**16,14–15**		170
197. Geltung des Gesetzes und Ehescheidung	11,12–13;5,18.32		**16,16–18**		171
	19,9	10,11–12			
198. Gleichnis von einem Reichen und dem armen Lazaros			**16,19–31**		171
199. Warnung vor dem Anstoßgeben	18,6–7	9,42	**17,1–3a**		172
200. Verhalten gegen den sündigen Bruder	18,15.21–22		**17,3b–4**		172
201. Vom Glauben	17,20		**17,5–6**		172
	21,21	11,22–23			
202. Das Gleichnis vom Sklaven			**17,7–10**		173
203. Heilung der zehn Aussätzigen			**17,11–19**		173
204. Vom Kommen des Königtums Gottes			**17,20–21**		173
205. Das Kommen des Sohnes des Menschen	24,26–28.37–41; 10,39		**17,22–37**		174
	24,23–25	13,21–23			
	16,21	8,31	9,22		
	24,17–18	13,15–16			
	16,25	8,35	9,24	12,25	
206. Das Gleichnis vom Richter und von der Witwe			**18,1–8**		175
207. Das Gleichnis vom Pharisaier und vom Zöllner			**18,9–14**		176
	23,12		14,11		

Wirksamkeit in der Judaia

	Matthaios	Markos	Lukas	Johannes	Seite
208. Jesu Aufbruch von der Galilaia in die Judaia	**19,1–2**	**10,1**			176
209. Von Ehescheidung und Ehelosigkeit	**19,3–12**	**10,2–12**			176
	5,32		16,18		
210. Segnung der Kinder	**19,13–15**	**10,13–16**	**18,15–17**		177
	18,3				
				3,3.5	
211. Von Reichtum und Nachfolge	**19,16–30**	**10,17–31**	**18,18–30**; 22,28–30;13,30		178
212. Das Gleichnis von den Arbeitern im Weinberg	**20,1–16**				180
	19,30	10,31	13,30		
213. Dritte Leidensankündigung	**20,17–19**	**10,32–34**	**18,31–34**		180
214. Von der Rangordnung unter den Schülern Jesu	**20,20–28**	**10,35–45**	22,24–27		181
			12,50		
	23,11	9,35	9,48b	13,12–17	
215. Heilung eines Blinden	**20,29–34**	**10,46–52**	**18,35–43**		182
	9,27–31				
216. Jesus und Zakchaios			**19,1–10**		183
217. Das Gleichnis von den Mna (bzw. Talenten)	25,14–30		**19,11–27**		184
		13,34			
	13,12	4,25	8,18		

1. Die Anfänge der Evangelien

Mt 1,1	**Mk 1,1**	**Lk 1,1–4**
[1]Buch (des) Ursprungs von Jesus Christos, (dem) Sohn Davids, (dem) Sohn Abrahams.	[1]Anfang des Evangeliums von Jesus Christos, [(dem) Sohn Gottes)].	[1]Da nun viele versuchten, abzufassen eine Erzählung über die Dinge, die sich bei uns erfüllt haben, [2]gleichwie uns übergaben die von Anfang (an) Augenzeugen und Diener des Wortes Gewordenen, [3]schien es auch mir (gut), der ich von vorn an allem gefolgt bin, genau nacheinander dir zu schreiben, bester Theophilos, [4]damit zu erkennst die Sicherheit (der) Worte, über die du unterrichtet wurdest.

Joh 1,1–18

[1]Im Anfang war der Logos, und der Logos war bei Gott, und Gott war der Logos. [2]Dieser war im Anfang bei Gott. [3]Alles wurde durch ihn, und ohne ihn wurde auch nicht eines, was geworden ist. [4]In ihm war Leben, und das Leben war das Licht der Menschen; [5]und das Licht scheint in der Finsternis, aber die Finsternis hat es nicht begriffen. [6]Auftrat ein Mensch, geschickt von Gott, Name war ihm Johannes; [7]dieser kam zum Zeugnis, damit er zeuge über das Licht, damit alle glaubten durch ihn. [8]Nicht war jener das Licht, sondern damit er zeuge über das Licht. [9]Er war das wahre Licht, das erleuchtet jeden Menschen, kommend in die Welt. [10]In der Welt war er, und die Welt wurde durch ihn, aber die Welt erkannte ihn nicht. [11]In das Eigene kam er, und die Eigenen nahmen ihn nicht an. [12]Wieviele aber ihn aufnahmen, ihnen gab er Vollmacht, Kinder Gottes zu werden, den Glaubenden an seinen Namen, [13]die nicht aus Blut und nicht aus Fleischeswillen und nicht aus Manneswillen, sondern aus Gott gezeugt wurden.

[14]Und der Logos wurde Fleisch, und er zeltete unter uns, und wir sahen seine Herrlichkeit, Herrlichkeit wie (des) Einziggezeugten vom Vater, voll Gnade und Wahrheit. [15]Johannes zeugt über ihn und hat gerufen, sagend: Dieser war (es), von dem ich sprach: Der nach mir Kommende, vor mir ist er gewesen, weil eher als ich er war. [16]Denn aus seiner Fülle wir alle empfingen, und (zwar) Gnade für Gnade; [17]denn das Gesetz ist durch Moyses gegeben worden, die Gnade und die Wahrheit wurde durch Jesus Christos. [18]Gott hat keiner gesehen jemals; (der) einziggezeugte Gott, der ist an der Brust des Vaters, jener legte (ihn) aus.

VORGESCHICHTEN
Nach Matthaios (Mt 1–2)

2. Der Ursprung von Jesus Christos

Mt 1,2–17

Lk 3,23–38 (Nr. 20):

[2] Abraham zeugte den Isaak, Isaak aber zeugte den Jakob, Jakob aber zeugte den Judas und seine Brüder, [3] Judas aber zeugte den Phares und den Zara aus der Thamar, Phares aber zeugte den Hesrom, Hesrom aber zeugte den Aram, [4] Aram aber zeugte den Aminadab, Aminadab aber zeugte den Naasson, Naasson aber zeugte den Salmon, [5] Salmon aber zeugte den Boes aus der Rachab, Boes aber zeugte den Jobed aus der Ruth, Jobed aber zeugte den Jessai, [6] Jessai aber zeugte den David, den König.

David aber zeugte den Solomon aus der des Uria, [7] Solomon aber zeugte den Roboam, Roboam aber zeugte den Abia, Abia aber zeugte den Asaph, [8] Asaph aber zeugte den Josaphat, Josaphat aber zeugte den Joram, Joram aber zeugte den Ozias, [9] Ozias aber zeugte den Joatham, Joatham aber zeugte den Achaz, Achaz aber zeugte den Hezekias, [10] Hezekias aber zeugte den Manasses, Manasses aber zeugte den Amos, Amos aber zeugte den Josias, [11] Josias aber zeugte den Jechonias und seine Brüder während der Umsiedlung nach Babylon.

[12] Nach der Umsiedlung nach Babylon aber zeugte Jechonias den Salathiel, Salathiel aber zeugte den Zorobabel, [13] Zorobabel aber zeugte den Abihud, Abihud aber zeugte den Eliakim, Eliakim aber zeugte den Azor, [14] Azor aber zeugte den Sadok, Sadok aber zeugte den Achim, Achim aber zeugte den Eliud, [15] Eliud aber zeugte den Eleazar, Eleazar aber zeugte den Matthan, Matthan aber zeugte den Jakob, [16] Jakob aber zeugte den Joseph, den Mann Marias, aus der erzeugt wurde Jesus, der Christos genannte. [17] Alle Geschlechter nun von Abraham bis David (sind) vierzehn Geschlechter, und von David bis zur Umsiedlung nach Babylon (sind) vierzehn Geschlechter, und von der Umsiedlung nach Babylon bis zu dem Christos (sind) vierzehn Geschlechter.

[23] Und er, Jesus, war, als er begann, etwa dreißig Jahre, Sohn, wie man meinte, Josephs, des Eli, [24] des Matthat, des Levi, des Melchi, des Jannai, des Joseph, [25] des Mattathias, des Amos, des Naum, des Hesli, des Naggai, [26] des Maath, des Mattathias, des Semein, des Josech, des Joda, [27] des Johanan, des Rhesa, des Zorobabel, des Salathiel, des Neri, [28] Des Melchi, des Addi, des Kosam, des Elmadam, des Er, [29] des Jesus, des Eliezer, des Jorim, des Matthat, des Levi, [30] des Symeon, des Judas, des Joseph, des Jonam, des Eliakim, [31] des Melea, des Menna, des Mattatha, des Natham, des David, [32] des Jessai, des Jobed, des Boos, des Sala, des Naasson, [33] des Aminadab, des Admin, des Arni, des Hesrom, des Phares, des Judas, [34] des Jakob, des Isaak, des Abraham, des Thara, des Nachor, [35] des Seruch, des Rhagau, des Phalek, des Eber, des Sala, [36] des Kainam, des Arphaxad, des Sem, des Noe, des Lamech, [37] des Mathusala, des Henoch, des Jaret, des Maleleel, des Kainam, [38] des Enos, des Seth, des Adam, Gottes.

3. Das Geheimnis des Ursprungs von Jesus Christos

Mt 1,18–25

[18] Des Jesus Christos Ursprung aber war so: Als verlobt worden war seine Mutter Maria dem Joseph, wurde sie, ehe sie zusammenkamen, schwanger befunden aus heiligem Geist.
[19] Joseph aber, ihr Mann, der gerecht war und sie nicht bloßstellen wollte, beschloß, heimlich sie zu entlassen. [20] Während er aber dieses dachte, siehe, ein Engel (des) Herrn im Traum erschien ihm, sagend: Joseph, Sohn Davids, fürchte dich nicht, anzunehmen Maria als deine Frau; denn das in ihr Gezeugte ist aus heiligem Geist. [21] Gebären aber wird sie einen Sohn, und rufen wirst du seinen Namen Jesus; denn er wird retten sein Volk von ihren Sünden.
[22] Dieses Ganze aber ist geschehen, damit erfüllt wird das Gesagte vom Herrn durch den Propheten, (den) sagenden: [23] *Siehe, die Jungfrau wird schwanger werden, und gebären wird sie einen Sohn, und rufen werden sie seinen Namen Emmanuel*, das ist übersetzt: *mit uns (ist) Gott.* [24] Aufstehend aber Joseph vom Schlaf, tat er, wie ihm aufgetragen hatte der Engel (des) Herrn, und er nahm seine Frau an, [25] und nicht erkannte er sie, bis daß sie gebar einen Sohn; und er rief seinen Namen Jesus.

Jes 7,14 (G)
Jes 8,8,10 (G)

Lk 2,1–7 (Nr. 10):

[1] Es geschah aber in jenen Tagen, ausging eine Anordnung vom Kaiser Augustos, daß aufgezeichnet werde der ganze Erdkreis. [2] Diese erste Aufzeichnung geschah, als Kyrenios regierte die Syria. [3] Und (es) gingen alle, sich aufzeichnen zu lassen, jeder in seine Stadt. [4] Hinaufging aber auch Joseph von der Galilaia aus (der) Stadt Nazareth in die Judaia, in (die) Stadt Davids, welche gerufen wird Bethlehem, weil er war aus (dem) Haus und Geschlecht Davids, [5] sich aufzeichnen zu lassen mit Mariam, der ihm verlobten, die schwanger war. [6] Es geschah aber, als sie dort waren, erfüllten sich die Tage, daß sie gebäre, [7] und sie gebar ihren Sohn, den erstgeborenen, und sie wickelte ihn und legte ihn nieder in einer Krippe, weil nicht war für sie ein Platz in der Unterkunft.

4. Die Magier vom Osten

Mt 2,1–12

[1] Als aber Jesus geboren war in Bethlehem (in) der Judaia in (den) Tagen (des) Herodes, des Königs, siehe, Magier von Osten kamen nach Hierosolyma, [2] sagend: Wo ist der (neu)geborene König der Judaier? Denn wir sahen seinen Stern im Osten, und wir kamen, ihm zu huldigen. [3] (Es) hörend aber, wurde der König Herodes verwirrt und ganz Hierosolyma mit ihm, [4] und versammelnd alle Hochpriester und Schriftkundigen des Volkes, erkundigte er sich bei ihnen, wo der Christos geboren werde. [5] Die aber sprachen zu ihm: In Bethlehem (in) der Judaia; denn so ist geschrieben durch den Propheten: [6] *Und du Bethlehem*, Land Juda, keinesfalls *die geringste bist du unter den Führern Judas; denn aus dir wird herauskommen ein Führer,*

Mi 5,1.3
2 Sam 5,2
1 Chr 11,2

Lk 2,8–20 (Nr. 11):

[8] Und Hirten waren in derselben Gegend im Freien und hielten Nachtwachen bei ihrer Herde. [9] Und ein Engel (des) Herrn trat zu ihnen, und (die) Herrlichkeit (des) Herrn umstrahlte sie, und sie fürchteten sich mit großer Furcht. [10] Und (es) sprach zu ihnen der Engel: Fürchtet euch nicht; denn siehe, ich verkünde euch große Freude, welche sein wird dem ganzen Volk: [11] Geboren wurde euch heute ein Retter, der ist (der) Christos, (der) Herr, in (der) Stadt Davids. [12] Und dies (ist) euch das Zeichen: Finden werdet ihr einen Säugling, gewickelt und liegend in einer Krippe. [13] Und plötzlich war mit dem Engel eine Menge (des) himmlischen Heeres, die Gott lobten und sagten: [14] Herrlichkeit in (den) Höhen für Gott und auf (der) Erde Friede bei (den) Menschen (des) Wohlgefallens.

welcher weiden wird mein Volk Israel. * [7] Da, heimlich rufend die Magier, erkundete Herodes genau bei ihnen die Zeit des erscheinenden Sterns, [8] und schickend sie nach Bethlehem, sprach er: Hineingehend forscht genau nach dem Kind! Wann ihr (es) aber gefunden habt, meldet mir, auf daß auch ich kommend ihm huldige. [9] Die aber, hörend den König, gingen weg; und siehe, der Stern, den sie sahen im Osten, ging ihnen voran, bis kommend er darüber stand, wo das Kind war. [10] Sehend aber den Stern, freuten sie sich mit großer Freude sehr. [11] Und kommend in das Haus, sahen sie das Kind mit Maria, seiner Mutter, und (nieder)fallend huldigten sie ihm, und öffnend ihre Schatz(behälter), darbrachten sie ihm Geschenke, Gold und Weihrauch und Myrrhe. [12] Und unterwiesen im Traum, nicht zurückzukehren zu Herodes, auf einem anderen Weg entwichen sie in ihr Land.

[15] Und es geschah, als weggingen von ihnen in den Himmel die Engel, redeten die Hirten zueinander: Laßt uns doch gehen bis Bethlehem und sehen dieses Geschehnis, das gewordene, das der Herr uns kundtat. [16] Und sie kamen eilend, und sie fanden sowohl die Mariam und den Joseph und den Säugling liegend in der Krippe; [17] (es) sehend aber gaben sie Kunde über das Wort, das zu ihnen geredet wurde über dieses Kind. [18] Und alles (es) Hörenden staunten über das von den Hirten zu ihnen Geredete; [19] Mariam aber bewahrte alle diese Worte, erwägend (sie) in ihrem Herzen. [20] Und zurückkehrten die Hirten, verherrlichend und lobend Gott wegen allem, was sie hörten und sahen, gleichwie geredet wurde zu ihnen.

---

* Joh 7,41–42: [41] Andere sagten: Dieser ist der Christos, andere aber sagten: Kommt denn etwa aus der Galilaia der Christos? [42] Sprach nicht die Schrift: Aus der Nachkommenschaft Davids und von Bethlehem, dem Dorf, wo David war, kommt der Christos?

5. Flucht nach Aigyptos / Kindermord von Bethlehem / Rückkehr aus Aigyptos

Mt 2,13–23

[13] Als sie aber entwichen waren, siehe, ein Engel (des) Herrn erscheint im Traum dem Joseph, sagend: Aufstehend nimm mit das Kind und seine Mutter und flieh nach Aigyptos, und sei dort, bis ich zu dir spreche; denn Herodes will suchen das Kind, es zu vernichten. [14] Der aber, aufstehend, nahm mit das Kind und seine Mutter nachts und entwich nach Aigyptos, [15] und er war dort bis zum Ende von Herodes; damit erfüllt wird das Gesagte vom Herrn durch den Propheten, (den) sagenden: *Aus Aigyptos rief ich meinen*   Hos 11,1 *Sohn.*
[16] Da wurde Herodes, sehend, daß er genarrt wurde von den Magiern, sehr zornig, und schickend tötete er alle Knaben in Bethlehem und in allen seinen Gebieten, als zweijährig und darunter, gemäß der Zeit, die er genau erkundete bei den Magiern. [17] Da wurde erfüllt das Gesagte durch Jeremias, den Propheten, (den) sagenden: [18] *Eine Stimme wurde in Rama gehört, Weinen und* viel *Klagen; Rachel beweinend ihre Kinder,*   Jer 31,15 *und nicht wollte sie getröstet werden, weil sie nicht sind.*
[19] Als aber geendet war Herodes, siehe, ein Engel (des) Herrn erscheint im Traum dem Joseph in Aigyptos, [20] sagend: Aufstehend nimm mit das Kind und seine Mutter und geh ins Land Israel! Denn gestorben sind die Suchenden das Leben des Kindes. [21] Der aber, aufstehend, nahm mit das Kind und seine Mutter, und hineinkam er ins Land Israel.

[22] Hörend aber, daß Archelaos als König herrsche über die Judaia anstelle seines Vaters Herodes, fürchtete er sich, dorthin zu gehen; unterwiesen aber im Traum, entwich er in die (Landes)teile der Galilaia, [23] und (an)gekommen wohnte er in einer Stadt, genannt Nazaret; auf daß erfüllt wird das Gesagte durch die Propheten, daß Nazoraier er gerufen werden wird.

Lk 2,39–40 (Nr. 12):

[39] Und als sie alles erfüllt hatten gemäß dem Gesetz (des) Herrn, kehrten sie zurück in die Galilaia, in ihre Stadt Nazareth. [40] Das Kind aber wuchs und wurde stark, erfüllt mit Weisheit, und (die) Gnade Gottes war auf ihm.

Nach Lukas (Lk 1–2)

6. Die Ankündigung der Geburt von Johannes

Lk 1,5–25

[5](Es) geschah in den Tagen (des) Herodes, (des) Königs der Judaia, ein Priester mit Namen Zacharias aus (der) Tagesdienstabteilung (des) Abia, und er (hatte) eine Frau aus den Töchtern Aarons, und ihr Name (war) Elisabet. [6](Es) waren aber beide gerecht vor Gott, wandelnd in allen Geboten und Rechtsprüchen des Herrn untadelig. [7]Aber nicht (hatten) sie ein Kind, weil die Elisabet unfruchtbar war, und beide waren vorgerückt in ihren Tagen. [8]Es geschah aber, als er als Priester diente in der Ordnung seiner Tagesdienstabteilung vor Gott, [9]erloste er nach der Sitte des Priesteramtes das Räuchern, hineingehend in den Tempel des Herrn; [10]und die ganze Menge des Volks war betend draußen zur Stunde des Räucheropfers. [11](Es) erschien ihm aber ein Engel (des) Herrn stehend zur Rechten des Altars des Räucheropfers. [12]Und verwirrt wurde Zacharias, (ihn) sehend, und Furcht befiel ihn. [13](Es) sprach aber zu ihm der Engel: Fürchte dich nicht, Zacharias, da erhört wurde dein Gebet, und deine Frau Elisabet wird dir gebären einen Sohn, und du wirst rufen seinen Namen Johannes. [14]Und (es) wird dir Freude sein und Jubel, und viele werden sich über seine Geburt freuen. [15]Denn er wird groß sein vor [dem] Herrn, *und Wein und Rauschtrank wird er gewiß nicht trinken*, und mit heiligem Geist wird er erfüllt werden schon vom Leib seiner Mutter (an), [16]und viele der Söhne Israels wird er hinwenden zum Herrn, ihrem Gott. [17]Und er wird vorangehen vor ihm in Geist und Kraft (des) Elias, hinzuwenden (die) Herzen (der) Väter zu (den) Kindern und Ungehorsame zur Einsicht von Gerechten, zu bereiten (dem) Herrn ein zugerüstetes Volk. [18]Und (es) sprach Zacharias zu dem Engel: An was werde ich erkennen dies? Denn ich bin ein alter Mann, und meine Frau ist vorgerückt in ihren Tagen. [19]Und antwortend sprach der Engel zu ihm: Ich bin Gabriel, der Stehende vor Gott, und ich wurde geschickt, zu reden zu dir und zu verkünden dir dieses; [20]und siehe, du wirst sein schweigend und nicht fähig zu reden bis zu dem Tag, (an dem) dieses geschieht, dafür, daß du nicht glaubtest meinen Worten, welche sich erfüllen werden zu ihrer Zeit. [21]Und (es) war das Volk erwartend den Zacharias, und sie staunten über sein Sich-Zeit-Lassen im Tempel. [22]Herauskommend aber nicht konnte er reden zu ihnen, und sie erkannten, daß er eine Erscheinung gesehen hatte im Tempel; und er war ihnen zuwinkend und verblieb stumm. [23]Und es geschah, als sich erfüllten die Tage seines Dienstes, wegging er in sein Haus. [24]Nach diesen Tagen aber empfing Elisabet, seine Frau, und sie verbarg sich fünf Monate, sagend: [25]So hat mir getan (der) Herr in (den) Tagen, in denen er darauf sah, wegzunehmen meine Schmach bei (den) Menschen.

(Randnotiz: Num 6,3 / Lev 10,9)

7. Die Ankündigung der Geburt von Jesus

Lk 1,26–38

[26]Im sechsten Monat aber wurde geschickt der Engel Gabriel von Gott in eine Stadt der Galilaia, deren Name Nazareth, [27]zu einer Jungfrau, verlobt einem Mann, dessen Name Joseph, aus (dem) Haus David, und der Name der Jungfrau (war) Mariam. [28]Und hineingehend zu ihr sprach er: Gruß (dir), Begnadete, der Herr (ist) mit dir. [29]Die aber wurde bei dem Wort verwirrt und überlegte, was für eine Begrüßung diese sei. [30]Und (es) sprach der Engel zu ihr: Fürchte dich nicht, Mariam; denn du fandest Gnade bei Gott. [31]Und siehe, du wirst empfangen im Leib und gebären einen Sohn und wirst rufen seinen Namen Jesus. [32]Dieser wird groß sein und Sohn (des) Höchsten gerufen werden, und geben wird ihm Gott (der) Herr den Thron Davids, seines Vaters, [33]und er wird als König herrschen über das Haus Jakob in die Aionen, und seines Königtums wird nicht sein ein Ende. [34](Es) sprach aber Mariam zu dem Engel: Wie wird sein dies, da einen Mann ich nicht erkenne? [35]Und antwortend sprach der Engel zu ihr: Heiliger Geist wird herabkommen auf dich und Kraft (des) Höchsten wird dich überschatten; deshalb wird auch das Gezeugte heilig gerufen werden, Sohn Gottes. [36]Und siehe, Elisabet, deine Verwandte, hat auch selbst empfangen einen Sohn in ihrem Alter, und dieser ist (der) sechste (Monat) für sie, die unfruchtbar Gerufene; [37]weil nicht kraftlos sein wird von Gott her jedes Wort. [38](Es) sprach aber Mariam: Siehe, die Magd (des) Herrn; es geschehe mir nach deinem Wort. Und wegging von ihr der Engel.

8. Der Besuch Mariams bei Elisabet/Lobpreis der Mariam

Lk 1,39–56

[39]Aufstehend aber ging Mariam in diesen Tagen ins Gebirge mit Eile in eine Stadt Judas, [40]und hineinging sie in das Haus (des) Zacharias und begrüßte Elisabet. [41]Und es geschah, als den Gruß der Mariam die Elisabet hörte, hüpfte das Kind in ihrem Leib, und erfüllt wurde von heiligem Geist die Elisabet, [42]und ausrief sie mit großem Geschrei und sprach: Gesegnet du unter (den) Frauen und gesegnet die Frucht deines Leibes. [43]Und woher mir dies, daß die Mutter meines Herrn kommt zu mir? [44]Denn siehe, als kam die Stimme deines Grußes zu meinen Ohren, hüpfte in Jubel das Kind in meinem Leib. [45]Und selig, die glaubte, daß sein wird Vollendung dem ihr vom Herrn Gesagten.
[46]Und (es) sprach Mariam: Groß macht meine Seele den Herrn, [47]und (es) jubelte mein Geist über Gott, meinen Retter, [48]weil er schaute auf die Niedrigkeit seiner Magd. Denn siehe, von jetzt (an) werden mich seligpreisen alle Geschlechter, [49]weil mir Großes tat der Mächtige. Und heilig (ist) sein Name, [50]und sein Erbarmen zu Geschlechtern und Geschlechtern für die ihn Fürchtenden. [51]Er wirkte Macht mit seinem Arm, zerstreute Überhebliche in (der) Gesinnung ihres Herzens; [52]herunterholte er Machthaber von Thronen und erhöhte Niedrige, [53]Hungernde sättigte er mit Gütern, und Reiche wegschickte er leer. [54]Annahm er sich Israels seines Knechts, zu gedenken (des) Erbarmens, [55]gleichwie er redete zu unsern Vätern, dem Abraham und seiner Nachkommenschaft in den Aion. [56](Es) blieb aber Mariam bei ihr etwa drei Monate, und zurückkehrte sie in ihr Haus.

9. Die Geburt von Johannes/Lobpreis des Zacharias

Lk 1,57–80

[57]Der Elisabet aber erfüllte sich die Zeit, daß sie gebäre, und sie gebar einen Sohn. [58]Und (es) hörten die Nachbarn und ihre Verwandten, daß groß machte (der) Herr sein Erbarmen mit ihr, und sie freuten sich mit ihr. [59]Und es geschah, am achten Tag kamen sie, zu beschneiden das Kind, und sie riefen es auf den Namen seines Vaters Zacharias. [60]Und antwortend sprach seine Mutter: Nein, sondern es wird gerufen werden Johannes. [61]Und sie sprachen zu ihr: Keiner ist aus deiner Verwandtschaft, der gerufen wird mit diesem Namen. [62]Sie aber nickten seinem Vater zu, wie er wolle, daß es gerufen werde. [63]Und erbittend ein Täfelchen, schrieb er, sagend: Johannes ist sein Name. Und (es) staunten alle. [64](Es) öffnete sich aber sein Mund auf der Stelle und seine Zunge, und er redete, preisend Gott. [65]Und (es) kam auf alle ihre Nachbarn Furcht, und im ganzen Gebirge der Judaia wurden alle diese Geschehnisse beredet, [66]und alle Hörenden legten (es) sich in ihr Herz, sagend: Was also wird dieses Kind werden? Denn auch (die) Hand (des) Herrn war mit ihm. [67]Und Zacharias, sein Vater, wurde erfüllt mit heiligem Geist, und er prophezeite, sagend: [68]Gepriesen (der) Herr, der Gott Israels, daß er nachschaute und Erlösung wirkte seinem Volk, [69]und er erweckte uns ein Horn (der) Rettung im Haus Davids, seines Knechtes, [70]gleichwie er redete durch (den) Mund seiner heiligen Propheten von Ewigkeit, [71]Rettung aus unseren Feinden und aus (der) Hand aller uns Hassenden, [72]Erbarmen zu üben mit unseren Vätern und zu gedenken seines heiligen Bundes, [73]den Eid, den er schwor gegenüber Abraham, unserem Vater, zu geben uns, [74]daß wir furchtlos, aus (der) Hand von Feinden gerettet, ihm dienen [75]in Heiligkeit und Gerechtigkeit vor ihm an allen unseren Tagen. [76]Und du, Kind, wirst Prophet (des) Höchsten gerufen werden, denn du wirst voranziehen vor (dem) Herrn, zu bereiten seine Wege, [77]zu geben Erkenntnis (der) Rettung seinem Volk im Erlaß ihrer Sünden, [78]durch inniges Erbarmen unseres Gottes, in dem nach uns schauen wird (der) Aufgang aus (der) Höhe, [79]zu erscheinen den in Finsternis und Schatten (des) Todes Sitzenden, auszurichten unsere Füße auf (den) Weg (des) Friedens. [80]Das Kind aber wuchs und wurde stark im Geist, und es war in den Öden bis zum Tag seiner Einsetzung für Israel.

10. Die Geburt von Jesus

Mt 1,18–25 (Nr. 3):	Lk 2,1–7

[18] Des Jesus Christos Ursprung aber war so: Als verlobt worden war seine Mutter Maria dem Joseph, wurde sie, ehe sie zusammenkamen, schwanger befunden aus heiligem Geist.
[19] Joseph aber, ihr Mann, der gerecht war und sie nicht bloßstellen wollte, beschloß, heimlich sie zu entlassen.
[20] Während er aber dieses dachte, siehe, ein Engel (des) Herrrn im Traum erschien ihm, sagend: Joseph, Sohn Davids, fürchte dich nicht, anzunehmen Maria als deine Frau; denn das in ihr Gezeugte ist aus heiligem Geist.
[21] Gebären aber wird sie einen Sohn, und rufen wirst du seinen Namen Jesus; denn er wird retten sein Volk von ihren Sünden.
[22] Dieses Ganze aber ist geschehen, damit erfüllt wird das Gesagte vom Herrn durch den Propheten, (den) sagen-
Jes 7,14 (G)
Jes 8,8.10 (G) den: [23] *Siehe, die Jungfrau wird schwanger werden, und gebären wird sie einen Sohn, und rufen werden sie seinen Namen Emmanuel*, das ist übersetzt: *mit uns (ist) Gott.*
[24] Aufstehend aber Joseph vom Schlaf, tat er, wie ihm aufgetragen hatte der Engel (des) Herrn, und er nahm seine Frau an, [25] und nicht erkannte er sie, bis daß sie gebar einen Sohn; und er rief seinen Namen Jesus.

[1] Es geschah aber in jenen Tagen, ausging eine Anordnung vom Kaiser Augustos, daß aufgezeichnet werde der ganze Erdkreis. [2] Diese erste Aufzeichnung geschah, als Kyrenios regierte die Syria. [3] Und (es) gingen alle, sich aufzeichnen zu lassen, jeder in seine Stadt. [4] Hinaufging aber auch Joseph von der Galilaia aus (der) Stadt Nazareth in die Judaia, in (die) Stadt Davids, welche gerufen wird Bethlehem, weil er war aus (dem) Haus und Geschlecht Davids, [5] sich aufzeichnen zu lassen mit Mariam, der ihm verlobten, die schwanger war. [6] Es geschah aber, als sie dort waren, erfüllten sich die Tage, daß sie gebäre, [7] und sie gebar ihren Sohn, den erstgeborenen, und sie wickelte ihn und legte ihn nieder in einer Krippe, weil nicht war für sie ein Platz in der Unterkunft.

11. Die Verkündigung an die Hirten

Mt 2,1–12 (Nr. 4):	Lk 2,8–20

[1] Als aber Jesus geboren war in Bethlehem (in) der Judaia in (den) Tagen (des) Herodes, des Königs, siehe, Magier von Osten kamen nach Hierosolyma, [2] sagend: Wo ist der (neu)geborene König der Judaier? Denn wir sahen seinen Stern im Osten, und wir kamen, ihm zu huldigen. [3] (Es) hörend aber, wurde der König Herodes verwirrt und ganz Hierosolyma mit ihm, [4] und versammelnd alle Hochpriester und Schriftkundigen des Volkes, erkundigte er sich bei ihnen, wo der Christos geboren werde.
[5] Die aber sprachen zu ihm: In Bethlehem (in) der Ju-
Mi 5,1.3
2 Sam 5,2
1 Chr 11,2 daia; denn so ist geschrieben durch den Propheten: [6] *Und du Bethlehem*, Land Juda, keinesfalls *die geringste bist du unter den Führern Judas; denn aus dir wird herauskommen ein Führer, welcher weiden wird mein Volk Israel.* *
[7] Da, heimlich rufend die Magier, erkundete Herodes genau bei ihnen die Zeit des erscheinenden Sterns, [8] und schickend sie nach Bethlehem, sprach er: Hineingehend forscht genau nach dem Kind! Wann ihr (es) aber gefunden habt, meldet mir, auf daß auch ich kommend ihm

[8] Und Hirten waren in derselben Gegend im Freien und hielten Nachtwachen bei ihrer Herde. [9] Und ein Engel (des) Herrn trat zu ihnen, und (die) Herrlichkeit (des) Herrn umstrahlte sie, und sie fürchteten sich mit großer Furcht. [10] Und (es) sprach zu ihnen der Engel: Fürchtet euch nicht; denn siehe, ich verkünde euch große Freude, welche sein wird dem ganzen Volk: [11] Geboren wurde euch heute ein Retter, der ist (der) Christos, (der) Herr, in (der) Stadt Davids. [12] Und dies (ist) euch das Zeichen: Finden werdet ihr einen Säugling, gewickelt und liegend in einer Krippe. [13] Und plötzlich war mit dem Engel eine Menge (des) himmlischen Heeres, die Gott lobten und sagten: [14] Herrlichkeit in (den) Höhen für Gott und auf (der) Erde Friede bei (den) Menschen (des) Wohlgefallens.
[15] Und es geschah, als weggingen von ihnen in den Himmel die Engel, redeten die Hirten zueinander: Laßt uns doch gehen bis Bethlehem und sehen die-

huldige. [9]Die aber, hörend den König, gingen weg; und siehe, der Stern, den sie sahen im Osten, ging ihnen voran, bis kommend er darüber stand, wo das Kind war. [10]Sehend aber den Stern, freuten sie sich mit großer Freude sehr. [11]Und kommend in das Haus, sahen sie das Kind mit Maria, seiner Mutter, und (nieder)fallend huldigten sie ihm, und öffnend ihre Schatz(behälter), darbrachten sie ihm Geschenke, Gold und Weihrauch und Myrrhe. [12]Und unterwiesen im Traum, nicht zurückzukehren zu Herodes, auf einem anderen Weg entwichen sie in ihr Land.

ses Geschehnis, das gewordene, das der Herr uns kundtat. [16]Und sie kamen eilend, und sie fanden sowohl die Mariam und den Joseph und den Säugling liegend in der Krippe; [17](es) sehend aber gaben sie Kunde über das Wort, das zu ihnen geredet wurde über dieses Kind. [18]Und alle (es) Hörenden staunten über das von den Hirten zu ihnen Geredete; [19]Mariam aber bewahrte alle diese Worte, erwägend (sie) in ihrem Herzen. [20]Und zurückkehrten die Hirten, verherrlichend und lobend Gott wegen allem, was sie hörten und sahen, gleichwie geredet wurde zu ihnen.

---

* Joh 7,41–42: [41]Andere sagten: Dieser ist der Christos, andere aber sagten: Kommt denn etwa aus der Galilaia der Christos? [42]Sprach nicht die Schrift: Aus der Nachkommenschaft Davids und von Bethlehem, dem Dorf, wo David war, kommt der Christos?

12. Beschneidung und Darstellung Jesu im Heiligtum

Lk 2,21–40

[21]Und als sich erfüllten (die) acht Tage, ihn zu beschneiden, wurde auch gerufen sein Name Jesus, der gerufen wurde von dem Engel, bevor er empfangen wurde im (Mutter)leib.
[22]Und als sich erfüllten die Tage ihrer Reinigung gemäß dem Gesetz (des) Moyses, brachten sie ihn nach Hierosolyma hinauf, darzustellen (ihn) dem Herrn, [23]gleichwie geschrieben ist im Gesetz (des) Herrn: *Jedes Männliche, öffnend (den) Mutterschoß, wird dem Herrn heilig gerufen werden,* [24]und ein Opfer zu geben nach dem Gesagten im Gesetz (des) Herrn: *Ein Paar Turteltauben oder zwei Junge von Tauben.* Ex 13,2.12.15
[25]Und siehe, ein Mensch war in Jerusalem, dessen Name Symeon, und dieser Mensch (war) gerecht und Lev 5,11; 12,8
fromm, erwartend (die) Ermutigung Israels, und heiliger Geist war auf ihm; [26]und es war ihm Weisung gegeben vom heiligen Geist, nicht zu sehen (den) Tod, ehe er sieht den Christos (des) Herrn. [27]Und er kam im Geist ins Heiligtum; und als die Eltern das Kind Jesus hineinführten, um nach der Gewohnheit des Gesetzes an ihm zu tun, [28]nahm auch er es in die Arme und pries Gott und sprach: [29]Jetzt entläßt du deinen Sklaven, Gebieter, nach deinem Wort in Frieden; [30]weil meine Augen sahen dein Heil, [31]das du bereitetest vor (dem) Angesicht aller Völker, [32]ein Licht zur Offenbarung für Völker und zur Herrlichkeit für dein Volk Israel. [33]Und (es) war(en) sein Vater und die Mutter staunend über das Geredete über ihn. [34]Und (es) segnete sie Symeon, und er sprach zu Mariam, seiner Mutter: Siehe, dieser ist bestimmt zu Fall und Auferstehung vieler in Israel und zu einem Zeichen, dem widersprochen wird – [35]auch deine eigene Seele [aber] wird durchdringen ein Schwert –, auf daß offenbart werden aus vielen Herzen (die) Gedanken.
[36]Und (es) war Hanna, eine Prophetin, eine Tochter Phanuels, aus (dem) Stamme Aser; diese, vorgerückt in vielen Tagen, hatte gelebt mit einem Mann sieben Jahre nach ihrer Jungfrauschaft, [37]und sie war Witwe bis zu vierundachtzig Jahren, die nicht sich entfernte vom Heiligtum, mit Fasten und Gebeten dienend Nacht und Tag. [38]Und zu eben dieser Stunde hintretend, lobte sie Gott und redete über ihn zu allen Erwartenden (die) Erlösung Jerusalems.

Mt 2,22–23 (Nr. 5):

[22]Hörend aber, daß Archelaos als König herrsche über die Judaia anstelle seines Vaters Herodes, fürchtete er sich, dorthin zu gehen; unterwiesen aber im Traum, entwich er in die (Landes)teile der Galilaia, [23]und (an)gekommen wohnte er in einer

[39]Und als sie alles erfüllt hatten gemäß dem Gesetz (des) Herrn, kehrten sie zurück in die Galilaia,   in ihre

Stadt, genannt Nazaret; auf daß erfüllt wird das Gesagte durch die Propheten, daß Nazoraier er gerufen
werden wird.

Stadt   Nazareth. [40] Das Kind aber wuchs und
wurde stark, erfüllt mit Weisheit, und (die) Gnade
Gottes war auf ihm.

13. Der zwölfjährige Jesus im Heiligtum

Lk 2,41–52

[41] Und (es) zogen seine Eltern jährlich nach Jerusalem zum Fest des Pascha. [42] Und als er zwölf Jahre war, als sie hinaufgingen nach der Sitte des Festes [43] und vollendeten die Tage, blieb, während sie zurückkehrten, Jesus, das Kind, in Jerusalem zurück, und nicht bemerkten (es) seine Eltern. [44] Meinend aber, er sei bei der Weggemeinschaft, gingen sie einen Tagesweg und suchten ihn bei den Verwandten und den Bekannten, [45] und nicht findend, zurückkehrten sie nach Jerusalem, suchend ihn. [46] Und es geschah, nach drei Tagen fanden sie ihn im Heiligtum, sitzend inmitten der Lehrer und ihnen zuhörend und sie befragend; [47] (es) gerieten aber außer sich alle ihn Hörenden über sein Verstehen und seine Antworten. [48] Und sehend ihn, wurden sie bestürzt, und (es) sprach zu ihm seine Mutter: Kind, warum handeltest du an uns so? Siehe, dein Vater und ich, mit Schmerzen suchten wir dich. [49] Und er sprach zu ihnen: Weswegen suchtet ihr mich? Wußtet ihr nicht, daß in dem, (was) meines Vaters (ist), ich sein muß? [50] Und sie verstanden nicht das Wort, das er redete zu ihnen. [51] Und hinabstieg er mit ihnen und kam nach Nazareth und war sich unterordnend ihnen. Und seine Mutter bewahrte alle Worte in ihrem Herzen. [52] Und Jesus schritt fort [in der] Weisheit und im Alter und in Gnade bei Gott und Menschen.

DAS ÖFFENTLICHE WIRKEN JESU
Die Vorbereitung

14. Das Auftreten Johannes des Taufenden

Mt 3,1–6	Mk 1,2–6	Lk 3,1–6	
1In jenen Tagen aber		**1**Im fünfzehnten Jahr der Regierung (des) Kaisers Tiberios aber, als Pontios Pilatos die Judaia regierte und Herodes Tetrarch der Galilaia war, Philippos aber, sein Bruder, Tetrarch der Ituraia und (des) trachonitischen Landes und Lysanias Tetrarch der Abilene war, **2**unter (dem) Hochpriester Hannas und Kajaphas geschah (das) Wort Gottes an	
kommt Johannes der Täufer, verkündend in der Öde * der Judaia,	vgl. V 4	Johannes, den Sohn (des) Zacharias, in der Öde. * **3**Und er kam in [die] ganze Umgegend des Jordanes, verkündend eine Taufe (der) Umkehr zu(m) Erlaß von Sünden,	

2[und] sagend:
Kehrt um! Denn nahegekommen ist das Königtum der Himmel. **3**Denn dieser ist der Angesprochene durch Isaias, den Propheten, (den) sagenden:
    vgl. 11,10 (Nr. 98)
	2Gleichwie geschrieben ist in dem Isaias, dem Propheten: *Siehe, ich schicke meinen Boten vor deinem Angesicht (her), der herrichten wird deinen Weg;*	**4**wie geschrieben ist im Buch (der) Worte (des) Isaias, des Propheten:
		    vgl. 7,27 (Nr. 75)
			Ex 23,20
			Mal 3,1

Stimme eines Rufenden in der Öde: Bereitet den Weg (des) Herrn, gerade macht seine Straßen. **	**3***Stimme eines Rufenden in der Öde: Bereitet den Weg (des) Herrn, gerade macht seine Straßen,* **	*Stimme eines Rufenden in der Öde: Bereitet den Weg (des) Herrn, gerade macht seine Straßen;* ** **5***jede Schlucht wird gefüllt werden, und jeder Berg und Hügel wird niedrig gemacht werden, und (es) wird werden das Krumme zu Geradem und die rauhen zu glatten Wegen;* **6***und (es) wird sehen alles Fleisch das Heil Gottes.*	Jes 40,3 (G) Jes 40,4–5 (G)

vgl. VV 1–2	[4] – war Johannes [der] Taufende in der Öde und verkündend eine Taufe (der) Umkehr zu(m) Erlaß von Sünden.	vgl. V 3b
[4]Er aber, Johannes, hatte sein Gewand aus Haaren vom Kamel und einen ledernen Gürtel um seine Hüfte; seine Nahrung aber war Heuschrecken und wilder Honig. [5]Damals hinausging zu ihm Hierosolyma und die ganze Judaia und die ganze Umgegend des Jordanes, [6]und sie wurden getauft im Fluß Jordanes von ihm, bekennend ihre Sünden.	vgl. V 6	vgl. V 3a
	[5]Und hinausging zu ihm das ganze judaische Land, und die Hierosolymiten alle, und sie wurden getauft von ihm im Fluß Jordanes, bekennend ihre Sünden. [6]Und (es) war Johannes angezogen mit Haaren vom Kamel und einem ledernen Gürtel um seine Hüfte und essend Heuschrecken und wilden Honig.	
vgl. V 4		

* Joh 1,6: Auftrat ein Mensch, geschickt von Gott, Name war ihm Johannes.

** Joh 1,23: Er sagte: Ich (bin) die Stimme eines Rufenden in der Öde: Begradigt den Weg (des) Herrn, gleichwie sprach Isaias, der Prophet.

15. Die Umkehrpredigt des Johannes

Mt 3,7–10	**Lk 3,7–9**
[7]Sehend aber viele der Pharisaier und Saddukaier, kommend zu seiner Taufe, sprach er zu ihnen: Brut von Nattern, wer zeigte euch, zu fliehen vor dem kommenden Zorn? [8]Bringt also Frucht , würdig der Umkehr, [9]und meint nicht, sagen zu (können) bei euch: Als Vater haben wir den Abraham. Denn ich sage euch: (Es) kann Gott aus diesen Steinen erwecken Kinder dem Abraham. [10]Schon aber ist die Axt an die Wurzel der Bäume gelegt; jeder Baum nun, nicht bringend gute Frucht, wird ausgehauen und ins Feuer geworfen.	[7]Er sagte nun zu den hinausgehenden Volksmengen, um getauft zu werden von ihm: Brut von Nattern, wer zeigte euch, zu fliehen vor dem kommenden Zorn? [8]Bringt also Früchte, würdig der Umkehr; und beginnt nicht zu sagen bei euch: Als Vater haben wir den Abraham. Denn ich sage euch: (Es) kann Gott aus diesen Steinen erwecken Kinder dem Abraham. [9]Schon aber ist auch die Axt an die Wurzel der Bäume gelegt; jeder Baum nun, nicht bringend gute Frucht, wird ausgehauen und ins Feuer geworfen.

16. Konkretisierungen der Umkehr

Lk 3,10–14

[10]Und (es) befragten ihn die Volksmengen, sagend: Was nun sollen wir tun? [11]Antwortend aber sagte er ihnen: Der Habende zwei Gewänder soll Anteil geben dem nicht Habenden, und der Habende Speisen soll gleicherweise tun. [12](Es) kamen aber auch Zöllner, um getauft zu werden, und sprachen zu ihm: Lehrer, was sollen wir tun? [13]Der aber sprach zu ihnen: Nicht mehr als das euch Gestattete fordert! [14](Es) befragten ihn aber auch Soldaten, sagend: Und was sollen wir tun? Und er sprach zu ihnen: Mißhandelt und erpreßt keinen, und begnügt euch mit eurem Sold!

17. Des Johannes Rede vom Kommenden (Messias)

Mt 3,11–12	Mk 1,7–8	Lk 3,15–18	Joh 1,24–28
		[15]Als aber das Volk in Erwartung war und alle überlegten in ihren Herzen über den Johannes, ob nicht er selbst sei der Christos,	[24]Und geschickt waren sie von den Pharisaiern. [25]Und sie fragten ihn und sprachen zu ihm: Was also taufst du, wenn du nicht bist der Christos und nicht Elias und nicht der Prophet?
[11]Ich zwar taufe euch mit Wasser zur Umkehr, der aber nach mir Kommende ist ein Stärkerer als ich, dessen ich nicht wert bin,	[7]Und er verkündete, sagend: vgl. V 8a (Es) kommt der Stärkere als ich nach mir, dessen ich nicht wert bin, gebückt zu lösen den Riemen seiner Sandalen. [8]Ich taufte euch mit Wasser,	[16]antwortete, sagend allen der Johannes: Ich zwar taufe euch mit Wasser; es kommt aber der Stärkere als ich, dessen ich nicht wert bin, zu lösen den Riemen seiner Sandalen;	[26](Es) antwortete ihnen Johannes, sagend: Ich taufe mit Wasser, mitten unter euch steht er, den ihr nicht kennt, [27]der nach mir Kommende, dessen [ich] nicht würdig bin, daß ich löse den Riemen seiner Sandale.
die Sandalen zu tragen; vgl. V 11a er wird euch taufen mit heiligem Geist und Feuer; [12]dessen Worfschaufel (ist) in seiner Hand, und durchreinigen wird er seine Tenne, und sammeln wird er sein Getreide in die Scheune, die Spreu aber wird er verbren-	er aber wird taufen euch mit heiligem Geist.	vgl. V 16a er wird euch taufen mit heiligem Geist und Feuer; [17]dessen Worfschaufel (ist) in seiner Hand, durchzureinigen seine Tenne und zu sammeln das Getreide in seine Scheune, die Spreu aber wird er verbren-	

nen mit unlöschba- rem Feuer.	nen mit unlöschba- rem Feuer. [18]Vieles nun auch anderes anmahnend, verkün- dete er dem Volk.

[28]Dieses geschah in
Bethania, jenseits des
Jordanes, wo Johan-
nes war taufend.

18. Die Gefangennahme des Johannes

Mt 14,3–4 (Nr. 130):	Mk 6,17–18 (Nr. 130):	Lk 3,19–20

[3]Denn   Herodes,
             ergreifend den
Johannes, hatte gebunden
[ihn] und im Gefängnis
verwahrt wegen Herodias, der
Frau (des) Philippos, seines
Bruders.
             [4]Denn (es) sagte
ihm Johannes:
Nicht ist dir erlaubt, sie zu
haben.
	[17]Denn er, Herodes, (aus-)
	schickend hatte ergriffen den
	Johannes und hatte gebunden
	ihn im Gefängnis
	             wegen Herodias, der
	Frau (des) Philippos, seines
	Bruders, weil er sie geheiratet
	hatte; [18]denn (es) sagte
	Johannes dem Herodes:
	Nicht ist dir erlaubt, zu haben
	die Frau deines Bruders.
		[19]Herodes aber, der
		Tetrarch, überführt von ihm
		
		             wegen Herodias, der
		Frau seines
		Bruders, und wegen allem
		Bösen, was getan hatte
		Herodes, [20]fügte auch dies
		zu allem hinzu, [und] ein-
		schloß er den Johannes im
		Gefängnis.

19. Die Taufe Jesu *

Mt 3,13–17	Mk 1,9–11	Lk 3,21–22
[13]Da kommt Jesus von der Galilaia an den Jordanes zu Johannes, um getauft zu werden von ihm. [14]Johannes aber hinderte ihn, sagend: Ich habe nötig, von dir getauft zu werden, und du kommst zu mir? [15]Antwortend aber sprach Jesus zu ihm: Laß jetzt, denn so ist es gezie- mend für uns, zu erfüllen jede Gerechtigkeit. Da läßt er ihn. [16]Getauft aber stieg Jesus sofort herauf vom Wasser; und siehe, geöffnet wurden [ihm] die Himmel, und er sah [den] Geist Gottes	[9]Und es geschah – in jenen Tagen kam Jesus vom Naza- ret der Galilaia und wurde getauft im Jordanes von Johannes. [10]Und sofort, heraufstei- gend aus dem Wasser, sah er sich spaltend die Himmel und den Geist	[21]Es geschah aber, als das ganze Volk getauft wurde und als Jesus getauft wurde und betete, öffnete sich der Himmel, [22]und herabstieg der heilige Geist in

herabsteigend wie eine Taube [und] kommend auf ihn; [17]und siehe, eine Stimme aus den Himmeln, sagend: Dieser ist mein geliebter Sohn, an dem ich Gefallen fand.

wie eine Taube herabsteigend auf ihn; [11]und eine Stimme kam aus den Himmeln: Du bist mein geliebter Sohn, an dir fand ich Gefallen.

leiblicher Gestalt wie eine Taube auf ihn, und eine Stimme aus (dem) Himmel kam: Du bist mein geliebter Sohn, an dir fand ich Gefallen.

---

* Joh 1,29–34: [29]Am folgenden (Tag) sieht er Jesus kommend zu ihm und sagt: Sieh das Lamm Gottes, das tragende die Sünde der Welt. [30]Dieser ist (es), über den ich sprach: Nach mir kommt ein Mann, der vor mir gewesen ist, weil eher als ich er war. [31]Und ich kannte ihn nicht, aber damit er offenbar werde für Israel, deswegen kam ich, mit Wasser taufend. [32]Und (es) bezeugte Johannes, sagend: Ich habe gesehen den Geist herabsteigend wie eine Taube vom Himmel, und blieb auf ihm. [33]Und ich kannte ihn nicht, aber der mich Schickende, zu taufen mit Wasser, jener sprach zu mir: Auf wen immer du siehst den Geist herabsteigend und bleibend auf ihm, dieser ist der Taufende mit heiligem Geist. [34]Und ich habe gesehen und ich habe bezeugt: Dieser ist Sohn Gottes.

20. Die Herkunft Jesu

Mt 1,2–16 (Nr. 2):

[2]Abraham zeugte den Isaak, Isaak aber zeugte den Jakob, Jakob aber zeugte den Judas und seine Brüder, [3]Judas aber zeugte den Phares und den Zara aus der Thamar, Phares aber zeugte den Hesrom, Hesrom aber zeugte den Aram, [4]Aram aber zeugte den Aminadab, Aminadab aber zeugte den Naasson, Naasson aber zeugte den Salmon, [5]Salmon aber zeugte den Boes aus der Rachab, Boes aber zeugte den Jobed aus der Ruth, Jobed aber zeugte den Jessai, [6]Jessai aber zeugte den David, den König.

David aber zeugte den Solomon aus der des Uria, [7]Solomon aber zeugte den Roboam, Roboam aber zeugte den Abia, Abia aber zeugte den Asaph, [8]Asaph aber zeugte den Josaphat, Josaphat aber zeugte den Joram, Joram aber zeugte den Ozias, [9]Ozias aber zeugte den Joatham, Joatham aber zeugte den Achaz, Achaz aber zeugte den Hezekias, [10]Hezekias aber zeugte den Manasses, Manasses aber zeugte den Amos, Amos aber zeugte den Josias, [11]Josias aber zeugte den Jechonias und seine Brüder während der Umsiedlung nach Babylon.
[12]Nach der Umsiedlung nach Babylon aber zeugte Jechonias den Salathiel, Salathiel aber zeugte den Zorobabel, [13]Zorobabel aber zeugte den Abihud, Abihud aber zeugte den Eliakim, Eliakim aber zeugte den Azor, [14]Azor aber zeugte den Sadok, Sadok aber zeugte den Achim, Achim aber zeugte den Eliud, [15]Eliud aber zeugte den Eleazar, Eleazar aber zeugte den Matthan, Matthan aber zeugte den Jakob, [16]Jakob aber zeugte Joseph, den Mann Marias, aus der erzeugt wurde Jesus, der Christos genannte.

Lk 3,23–38

[23]Und er, Jesus, war, als er begann, etwa dreißig Jahre, Sohn, wie man meinte, Josephs, des Eli, [24]des Matthat, des Levi, des Melchi, des Jannai, des Joseph, [25]des Mattathias, des Amos, des Naum, des Hesli, des Naggai, [26]des Maath, des Mattathias, des Semein, des Josech, des Joda, [27]des Johanan, des Rhesa, des Zorobabel, des Salathiel, des Neri, [28]des Melchi, des Addi, des Kosam, des Elmadam, des Er, [29]des Jesus, des Eliezer, des Jorim, des Matthat, des Levi, [30]des Symeon, des Judas, des Joseph, des Jonam, des Eliakim, [31]des Melea, des Menna, des Mattatha, des Natham, des David, [32]des Jessai, des Jobed, des Boos, des Sala, des Naasson, [33]des Aminadab, des Admin, des Arni, des Hesrom, des Phares, des Judas, [34]des Jakob, des Isaak, des Abraham, des Thara, des Nachor, [35]des Seruch, des Rhagau, des Phalek, des Eber, des Sala, [36]des Kainam, des Arphaxad, des Sem, des Noe, des Lamech, [37]des Mathusala, des Henoch, des Jaret, des Maleleel, des Kainam, [38]des Enos, des Seth, des Adam, Gottes.

21. Die Versuchung Jesu

Mt 4,1–11	**Mk 1,12–13**	**Lk 4,1–13**
[1]Da wurde Jesus		[1]Jesus aber, voll heiligen Geistes, kehrte zurück vom Jordanes und wurde herum-
hinauf- geführt in die Öde vom Geist, um versucht zu werden vom Teufel. [2]Und fastend vierzig Tage und vierzig Nächte, zuletzt hungerte (ihn).	[12]Und sofort treibt der Geist ihn hinaus in die Öde. [13]Und er war in der Öde vierzig Tage, versucht vom Satan,	geführt im Geist in der Öde, [2]vierzig Tage versucht vom Teufel. Und er aß nichts in jenen Tagen, und als sie beendet waren, hungerte (ihn).

[3]Und hinzukommend, der Versucher sprach zu ihm: Wenn du Sohn Gottes bist, sprich, daß diese Steine Brote werden.
[4]Der aber antwortend sprach:
<small>Dtn 8,3</small> Geschrieben ist: *Nicht vom Brot allein wird leben der Mensch, sondern von jedem Wort, herausgehend durch (den) Mund Gottes.* [5]Da nimmt ihn der Teufel mit in die heilige Stadt und stellte ihn auf den Rand des Heiligtums [6]und sagt ihm: Wenn du Sohn Gottes bist, wirf dich
<small>Ps 91,11f</small> hinunter; denn es ist geschrieben: *Seinen Engeln wird er gebieten deinetwillen* und: *Auf Händen werden sie dich tragen, damit du nicht anstoßest gegen einen Stein deinen Fuß.* [7](Es)
<small>Dtn 6,16 (G)</small> sagte ihm Jesus: Wieder ist geschrieben: *Nicht sollst du versuchen (den) Herrn, deinen Gott.*
[8]Wieder nimmt ihn der Teufel mit auf einen sehr hohen Berg und zeigt ihm alle Königreiche der Welt und ihre Herrlichkeit [9]und sprach zu ihm : Dieses alles werde ich dir geben,

wenn du (nieder)fallend mit huldigst.
[10]Da sagt ihm Jesus: Geh fort,
<small>Dtn 6,13 (G); 10,20</small> Satan! Denn es ist geschrieben: *(Dem) Herrn, deinem Gott, sollst du huldigen und ihm* allein *dienen.*

<small>Ps 91,11</small>

<small>Ps 91,12</small>

vgl. VV 5–7

<small>Dtn 6,16 (G)</small>

---

[3](Es) sprach aber zu ihm der Teufel : Wenn du Sohn Gottes bist, sprich zu diesem Stein, daß er werde Brot. [4]Und (es) antwortete zu ihm Jesus: Geschrieben ist: *Nicht vom Brot allein wird leben der Mensch.*

vgl. VV 9–12

[5]Und ihn hinaufführend, zeigte er ihm alle Königreiche des Erdkreises in einem Punkt (der) Zeit, [6]und (es) sprach zu ihm der Teufel: Dir werde ich geben diese ganze Macht und ihre Herrlich- keit, weil sie mir übergeben ist, und wem immer ich will, gebe ich sie; [7]du nun, wenn du huldigst vor mir, wird sie ganz dein sein. [8]Und antwortend sprach Jesus zu ihm: Geschrieben ist: *(Dem) Herrn, deinem Gott, sollst du huldigen und ihm* allein *dienen.* [9]Er führte ihn aber nach Jerusalem und stellte (ihn) auf den Rand des Heiligtums und sprach zu ihm: Wenn du Sohn Gottes bist, wirf dich von hier hinunter; [10]denn es ist geschrieben: *Seinen Engeln wird er gebieten dei- netwillen, dich zu bewachen,* [11]und: *Auf Händen werden sie dich tragen, damit du nicht anstoßest gegen einen Stein deinen Fuß.* [12]Und antwortend sprach zu ihm Jesus: Es ist gesprochen worden: *Nicht sollst du versuchen (den) Herrn, deinen Gott.*

¹¹Da läßt ihn der Teufel, und siehe, Engel* kamen hinzu und dienten ihm.	und er war mit den Tieren, und die Engel* dienten ihm.	¹³Und als er die ganze Versuchung beendet hatte, ließ der Teufel von ihm ab bis zur (bestimmten) Zeit.

---

* Joh 1,51: Und er sagt ihm: Amen, amen, ich sage euch, sehen werdet ihr den Himmel geöffnet und die Engel Gottes aufsteigend und herabsteigend auf den Sohn des Menschen.

Jesu Wirken in der Galilaia

22. Das Auftreten Jesu in der Galilaia

Mt 4,12–17	Mk 1,14–15	Lk 4,14–15	Joh 4,1–3.43
¹²Hörend aber, daß Johannes übergeben wurde,	¹⁴Nachdem aber übergeben war Johannes,	¹⁴Und zurückkehrte Jesus	¹Wie nun Jesus erfuhr, daß gehört hatten die Pharisaier, daß Jesus mehr Schüler macht und tauft als Johannes ² – wiewohl freilich Jesus selbst nicht taufte, sondern seine Schüler –, ³verließ er die Judaia, und wegging er wieder in die Galilaia. ⁴³Nach den zwei Tagen aber wegging er von dort in die Galilaia.
entwich er in die Galilaia.	kam Jesus in die Galilaia,	in der Kraft des Geistes in die Galilaia.	
¹³Und zurücklassend Nazara, (an)gekommen, wohnte er in Kapharnaum, dem am Meer in (den) Gebieten von Zabulon und Nephthalim; ¹⁴damit erfüllt wird das Gesagte durch Isaias, den Propheten, (den) sagenden: ¹⁵*Land Zabulon* und *Land Nephthalim gegen das Meer (hin), jenseits des Jorda-*			

Jes 8,23–9,1

nes, Galilaia der Heiden, – [16] *das Volk, das in Finsternis sitzende, sah ein großes Licht, und den im Land und Schatten (des) Todes Sitzenden, ein Licht ging ihnen auf.* [17] Von da (an) begann Jesus zu verkünden	ver- kündend das Evangelium Gottes [15] und	
und zu sagen: Kehrt um! Denn nahegekommen ist das Königtum der Himmel.	sagend: Erfüllt ist die Zeit, und nahegekommen ist das Königtum Gottes; kehrt um und glaubt an das Evangelium!	Und Kunde ging aus über ihn in der ganzen Umgegend. [15] Und er lehrte in ihren Synagogen, verherrlicht von allen.

23. Erstes Auftreten Jesu in Nazara

Mt 13,54–58 (Nr. 127):	Mk 6,1–6a (Nr. 127):	Lk 4,16–30
[54] Und kommend in seine Vaterstadt,	[1] Und hinausging er von dort und kommt in seine Vaterstadt, und (es) folgen ihm seine Schüler. [2] Und als es Sabbat geworden, begann er zu lehren in der Synagoge,	[16] Und er kam nach Nazara, wo er aufgezogen worden war, und hineinging er nach seiner Gewohnheit am Tage der Sabbate in die Synagoge, und aufstand er zu lesen. [17] Und (es) wurde ihm übergeben (das) Buch des Propheten Isaias, und öffnend das Buch, fand er die Stelle, wo geschrieben war: [18] *(Der) Geist (des) Herrn (ist) auf mir, deswegen, weil er mich salbte, (ein Evangelium) zu verkünden Armen, er hat mich geschickt, Gefangenen Erlaß zu verkünden und Blinden Sehvermögen, (aus)zuschicken Gebrochene in Freilassung,* [19] *zu verkünden ein genehmes Jahr (des) Herrn.* [20] Und als er zusammengerollthatte das Buch, zurückgebend (es) dem Diener, setzte er sich;
lehrte er sie in ihrer Synagoge,		
Jes 61,1f (G)		
Jes 58,6		

so daß sie
außer sich gerieten

und sagten:
Woher (sind) diesem
    diese Weisheit
      und
die Kräfte?

55 Ist nicht dieser des
Zimmermanns Sohn? * Wird
nicht seine Mutter genannt
Mariam und seine Brüder
Jakobos und Joseph und
Simon und Judas? **56** Und
sind seine Schwestern
nicht alle bei uns? Woher also
(ist) diesem dieses alles?
57 Und sie nahmen Anstoß an
ihm. Jesus aber sprach zu
ihnen: Nicht ist ein
Prophet ungeehrt, außer in
(seiner) Vaterstadt
     und in
seinem Haus. ** **58** Und nicht
   tat er dort viele
Kraft(taten)

   wegen ihres
Unglaubens.

---

  und viele Hörende
waren außer sich,

  sagend:
Woher (ist) diesem dieses,
und welche (ist) die Weisheit,
die diesem gegebene, und
solche Kräfte, geschehend
durch seine Hände?
3 Ist nicht dieser der
Zimmermann, * der Sohn der

Maria und Bruder von
Jakobos und Joses und
Judas und Simon? Und
sind nicht seine Schwestern
  hier bei uns?

Und sie nahmen Anstoß an
ihm. **4** Und (es) sagte ihnen
Jesus: Nicht ist ein
Prophet ungeehrt, außer in
seiner Vaterstadt und bei
seinen Verwandten und in
seinem Haus. ** **5** Und nicht
konnte er dort tun irgendeine
Kraft(tat), außer daß er
wenigen Schwachen die Hände auflegend (sie) heilte.
6a Und er staunte wegen ihres
Unglaubens.

---

und aller Augen in der Synagoge waren starrend auf ihn.
21 Er aber begann zu sagen zu
ihnen : Heute ist erfüllt worden
diese Schrift in euren Ohren.
22 Und alle zeugten für ihn
und staunten über die Worte
der Gnade, die herauskom-
menden aus seinem Mund,
und sagten:

Ist nicht
ein Sohn Josephs dieser? *

23 Und er sprach zu ihnen:
Gewiß werdet ihr mir sagen
dieses Gleichnis: Arzt, heile
dich selbst; sovieles wir
hörten als geschehen in Kapharnaum, tue auch hier in
deiner Vaterstadt!
  24 Er aber sprach:
Amen, ich sage euch: Kein
Prophet ist genehm in
seiner Vaterstadt. **

25 In Wahrheit aber sage
ich euch: Viele Witwen waren in
den Tagen (des) Elias in Israel,
als verschlossen wurde der Himmel an die drei Jahre und sechs
Monate, als eine große Hungersnot über das ganze Land kam,
26 und zu keiner von ihnen wurde
Elias geschickt, außer nach Sa-
repta (in) der Sidonia zu einer
verwitweten Frau. **27** Und viele
Aussätzige waren in Israel zur
(Zeit des) Elisaios, des Propheten, und keiner von ihnen wurde
gereinigt außer Naiman, der
Syrer. **28** Und erfüllt wurden alle

| | | mit Wut in der Synagoge, dieses hörend, [29]und aufstehend warfen sie ihn hinaus aus der Stadt und führten ihn bis zum Abhang des Berges, auf dem ihre Stadt gebaut war, um ihn hinabzustoßen; [30]er aber, hindurchgehend durch ihre Mitte, ging. *** |

* Joh 7,15: (Es) staunten nun die Judaier, sagend: Wie kennt dieser Schriften als Ungelehrter?
Joh 6,42: Und sie sagten: Ist dieser nicht Jesus, der Sohn Josephs, von dem wir kennen den Vater und die Mutter? Wie sagt er jetzt: Aus dem Himmel bin ich herabgestiegen?
** Joh 4,44: Denn selbst bezeugte Jesus, daß ein Prophet in seinem eigenen Vaterland Ehre nicht hat.
*** Joh 10,39: Sie suchten [nun], ihn wieder zu ergreifen, und er entkam aus ihrer Hand.

24. Berufung der ersten Schüler *

Mt 4,18–22	Mk 1,16–20	Lk 5,1–11 (Nr. 30): **
[18]Umhergehend aber entlang dem Meer der Galilaia, sah er zwei Brüder, Simon, den Petros genannten, und Andreas, seinen Bruder, werfend ein Wurfnetz ins Meer; denn sie waren Fischer.	[16]Und entlanggehend entlang dem Meer der Galilaia, sah er Simon und Andreas, den Bruder Simons, (Wurfnetze) auswerfend im Meer; denn sie waren Fischer.	[1]Es geschah aber, als die Volksmenge ihn bedrängte und hörte das Wort Gottes, und er selbst war stehend am See Gennesaret, [2]und er sah zwei Boote stehend am See; die Fischer aber, von ihnen ausgestiegen, wuschen die Netze. [3]Eingestiegen aber in eines der Boote, das Simon gehörte, bat er ihn, vom Land hinauszufahren ein wenig; sitzend aber, vom Boot aus lehrte er die Volksmengen. [4]Als er aber aufhörte zu reden, sprach er zu Simon: Fahr hinaus in die Tiefe, und laßt hinab eure Netze zum Fang. [5]Und antwortend sprach Simon: Meister, durch (die) ganze Nacht uns mühend, nichts fingen wir; auf dein Wort (hin) aber werde ich hinablassen die Netze. [6]Und dieses tuend, einschlossen sie eine große Menge von Fischen; (es) zerrissen aber ihre Netze. [7]Und zuwinkten sie den Genossen im anderen Boot, um kommend mitzufangen mit ihnen; und sie kamen, und sie füllten die beiden Boote, so daß sie einsanken. [8](Es) sehend aber, niederfiel Simon Petros zu den Knien von Jesus, sagend: Geh weg von mir, weil ein sündiger Mann

19 Und er sagt ihnen: Auf, hinter mich! Und machen werde ich euch zu Fi- schern von Menschen. **20** Die aber, sogleich lassend die Netze, folgten ihm. **21** Und weitergehend von dort, sah er andere zwei Brüder, Jakobos, den des Zebedaios, und Johannes, seinen Bruder, im Boot mit Zebedaios, ihrem Vater, zurechtbringend ihre Netze, und er rief sie. **22** Die aber, sogleich lassend das Boot und ihren Vater, folgten ihm.

17 Und (es) sprach zu ihnen Jesus: Auf, hinter mich! Und machen werde ich, daß ihr werdet Fi- scher von Menschen. **18** Und sofort, lassend die Netze, folgten sie ihm. **19** Und weitergehend ein wenig, sah er Jakobos, den des Zebedaios, und Johannes, seinen Bruder, und sie im Boot zurechtbringend die Netze; **20** und sofort rief er sie. Und lassend ihren Vater Zebedaios im Boot mit den Lohnarbeitern, weggingen sie, hinter ihm.

ich bin, Herr! **9** Denn Schrecken umfaßte ihn und alle mit ihm über den Fang der Fische, die sie mitfingen, **10** gleicherweise aber auch Jakobos und Jo- hannes, (die) Söhne (des) Zebedaios, die Teilhaber wa- ren dem Simon. Und (es) sprach zu Simon Jesus: Fürchte dich nicht! Von jetzt (an) wirst du ein Men- schen Fangender sein.

11 Und führend die Boote ans Land, lassend alles, folgten sie ihm.

---

* Joh 1,35–42: **35** Am folgenden (Tag) wieder dastand Johannes und von seinen Schülern zwei, **36** und hinschauend auf den umhergehenden Jesus, sagt er: Sieh, das Lamm Gottes! **37** Und (es) hörten die zwei Schüler ihn redend, und sie folgten Jesus. **38** Sich umwendend aber Jesus und sehend sie folgend, sagt er ihnen: Was sucht ihr? Die aber sprachen zu ihm: Rabbi, das heißt übersetzt: Lehrer, wo bleibst du? **39** Er sagt ihnen: Kommt und ihr werdet sehen. Sie kamen nun und sahen, wo er bleibt, und bei ihm blieben sie jenen Tag; Stunde war etwa (die) zehnte. **40** (Es) war Andreas, der Bruder von Simon Petros, einer von den zweien, den Hörenden von Johannes und ihm Folgenden; **41** (es) findet dieser zuerst den eigenen Bruder Simon und sagt ihm: Wir haben gefunden den Messias, das ist übersetzt: Christos. **42** Er führt ihn zu Jesus. Anschauend ihn sprach Jesus: Du bist Simon, der Sohn von Johannes, du wirst gerufen werden Kephas, das übersetzt wird: Petros.

** Joh 21,1–11: **1** Danach offenbarte sich Jesus wieder den Schülern am Meer von Tiberias; er offenbarte (sich) aber so. **2** (Es) waren zusammen Simon Petros und Thomas, der Didymos (= Zwilling) Genannte, und Nathanael, der vom Kana der Galilaia, und die des Zebedaios und andere von seinen Schülern zwei. **3** (Es) sagt ihnen Simon Petros: Fort gehe ich fischen. Sie sagen ihm: (Es) kommen auch wir mit dir. Hinausgingen und einstiegen sie ins Boot, aber in jener Nacht fingen sie nichts. **4** Als aber schon Morgenfrühe geworden war, stellte sich Jesus an den Strand, nicht freilich wußten die Schüler, daß (es) Jesus ist. **5** (Es) sagt ihnen nun Jesus: Kinder, nicht habt ihr irgendeine Zuspeise? Sie antworteten ihm: Nein. **6** Der aber sprach zu ihnen: Werft auf die rechte Seite des Bootes das Netz und finden werdet ihr. Sie warfen nun, und nicht mehr zu ziehen vermochten sie es wegen der Menge der Fische. **7** (Es) sagt nun jener Schüler, den Jesus liebte, zu Petros: Der Herr ist (es). Simon Petros nun, hörend, daß der Herr (es) ist, gürtete das Obergewand, denn er war nackt, und er warf sich ins Meer, **8** die anderen Schüler aber kamen mit dem Boot, denn nicht waren sie weit vom Land, sondern etwa an (die) zweihundert Ellen, schleppend das Netz mit den Fischen. **9** Wie sie nun ausstiegen ans Land, sehen sie ein Kohlenfeuer liegend und einen Fisch daraufliegend und Brot. **10** (Es) sagt ihnen Jesus: Bringt von den Fischen, die ihr jetzt fingt! **11** Hinaufstieg nun Simon Petros, und er zog das Netz ans Land, voll mit einhundertdreiundfünfzig großen Fischen; und soviele es waren, nicht riß das Netz.

25. Erstes Auftreten Jesu in Kapharnaum

Mt 7,28–29 (Nr. 65):	**Mk 1,21–28**	**Lk 4,31–37**
[28] Und es geschah, als Jesus beendete diese Worte, gerieten außer sich die Volksmengen über seine Lehre, * [29] denn er war lehrend sie wie ein Vollmacht Habender und nicht wie ihre Schriftkundigen.	[21] Und hineingehen sie nach Kapharnaum; und sofort an den Sabbaten hineinkommend in die Synagoge, lehrte er. [22] Und sie gerieten außer sich über seine Lehre; * denn er war lehrend sie wie ein Vollmacht Habender und nicht wie die Schriftkundigen. [23] Und sofort war in ihrer Synagoge ein Mensch in unreinem Geist, und aufschrie er, [24] sagend: Was (ist zwischen) uns und dir, Jesus, Nazarener? Kamst du, uns zu vernichten? Ich kenne dich, wer du bist, der Heilige Gottes. [25] Und anfuhr ihn Jesus, sagend: Verstumme und komm heraus aus ihm! [26] Und zerrend ihn der unreine Geist und schreiend mit lauter Stimme, kam er heraus aus ihm. [27] Und sie erschraken alle, so daß sie stritten unter sich, sagend: Was ist dies? Eine neue Lehre mit Vollmacht; und den unreinen Geistern befiehlt er, und sie gehorchen ihm. [28] Und hinausging sein Ruf sofort überall in die ganze Umgegend der Galilaia.	[31] Und hinabkam er nach Kapharnaum, einer Stadt der Galilaia. Und er war lehrend sie an den Sabbaten. [32] Und sie gerieten außer sich über seine Lehre, * weil in Vollmacht war sein Wort. [33] Und in der Synagoge war ein Mensch, habend (den) Geist eines unreinen Dämons, und aufschrie er mit lauter Stimme: [34] Ha, was (ist zwischen) uns und dir, Jesus, Nazarener? Kamst du, uns zu vernichten? Ich kenne dich, wer du bist, der Heilige Gottes. [35] Und anfuhr ihn Jesus, sagend: Verstumme und komm heraus von ihm! Und der Dämon, werfend ihn in die Mitte, kam heraus von ihm, (in) nichts ihm schadend. [36] Und (es) kam Schrecken über alle, und sie unterredeten sich untereinander sagend: Was (ist) dieses Wort, daß es in Vollmacht und Kraft befiehlt den unreinen Geistern und sie herauskommen? [37] Und hinausging Kunde über ihn in jeden Ort der Umgegend.

---

* Joh 7,46: (Es) antworteten die Diener: Noch nie redete so ein Mensch.

26. Heilung der Schwiegermutter Simons

Mt 8,14–15 (Nr. 80):	**Mk 1,29–31**	**Lk 4,38–39**
¹⁴Und	²⁹Und sofort, aus der Synagoge hinausgehend, kamen sie in das Haus von Simon und Andreas mit Jakobos und Johannes.	³⁸Aufstehend aber von der Synagoge, hineinkam er in das Haus von Simon.

¹⁴Und

kommend Jesus in das Haus von Petros,

sah er
dessen Schwiegermutter
(aufs Bett) geworfen
und fiebernd;

¹⁵und

er berührte ihre
Hand, und (es) verließ sie das
Fieber; und
sie stand auf und diente ihm.

²⁹Und sofort, aus
der Synagoge hinausgehend,
kamen sie in das Haus
von Simon und Andreas mit
Jakobos und Johannes.
³⁰Die Schwiegermutter
Simons aber lag danieder,
fiebernd, und sofort
reden sie zu ihm über sie.
³¹Und hinzukommend richte-
te er sie auf, ergreifend die
Hand; und (es) verließ sie das
Fieber, und

sie diente ihnen.

³⁸Aufstehend aber von
der Synagoge,
hineinkam er in das Haus
von Simon.

(Die) Schwiegermutter des
Simon aber war bedrängt von
einem starken Fieber, und sie
baten ihn für sie.
³⁹Und hintretend oberhalb
von ihr, anfuhr er das Fieber, und es verließ sie;
auf der Stelle aber
aufstehend, diente sie ihnen.

27. Heilungen nach Sonnenuntergang

Mt 8,16–17 (Nr. 81):	**Mk 1,32–34**	**Lk 4,40–41**

¹⁶Als es aber Abend
geworden war,
hinbrachten sie
ihm viele
Besessene;
und hinauswarf er die Geister
durch ein Wort, und alle,
denen es schlecht ging, heilte
er,

³²Als es aber Abend
geworden war, da untergegan-
gen war die Sonne, brachten sie
zu ihm alle, denen es schlecht
ging, und die Besessenen;
³³und (es) war die ganze
Stadt versammelt
an der Tür. ³⁴Und er heilte
viele, denen es schlecht ging
durch mancherlei Krank-
heiten, und viele Dämonen
warf er hinaus,

und
nicht ließ er reden die Dämonen, weil sie ihn kannten. *

⁴⁰Als aber
die Sonne unterging,

alle, die Kranke hatten
mit mancherlei Krankheiten,
führten sie zu ihm; der aber,
jedem einzelnen von ihnen
die Hände auflegend, heilte
sie.
⁴¹Herauskamen aber
auch Dämonen von vielen,
schreiend und
sagend: Du bist der Sohn
Gottes. Und, anfahrend (sie),
nicht ließ er sie reden,
weil sie wußten, daß er der
Christos sei. *

¹⁷auf daß erfüllt würde
das Gesagte durch Isaias, den
Propheten, (den) sagend: *Er
nahm unsere Schwachheiten, und
die Krankheiten trug er.*

Jes 53,4

---

* Mt 12,15b–17: ^{15b}Und (es) folgten ihm viele [Volksmengen], und er heilte sie alle, ¹⁶und anfuhr er sie, damit sie ihn
nicht offenbar machten, ¹⁷damit erfüllt wird das Gesagte durch Isaias, den Propheten.
Mk 3,11–12 (Nr. 37): ¹¹Und die unreinen Geister, wann sie ihn erblickten, fielen sie nieder vor ihm und schrien,
sagend: Du bist der Sohn Gottes. ¹²Und anfuhr er sie viel, damit sie nicht ihn offenbar machten.

28. Aufbruch von Kapharnaum

Mk 1,35–38	Lk 4,42–43
³⁵ Und (in der) Frühe, ganz in (der) Nacht, aufstehend, hinausging er, und wegging er zu einem einsamen Ort, und dort betete er. ³⁶ Und nacheilte ihm Simon und die mit ihm, ³⁷ und sie fanden ihn und sagen ihm: Alle suchen dich. ³⁸ Und er sagt ihnen: Gehen wir anderswohin, in die anliegenden Ortschaften, damit auch dort ich verkünde; denn dazu ging ich aus.	⁴² Als aber Tag wurde, hinausgehend ging er zu einem einsamen Ort; und die Volksmengen suchten ihn und kamen bis zu ihm und hielten ihn fest, damit er nicht gehe weg von ihnen. ⁴³ Der aber sprach zu ihnen: Auch den anderen Städten muß ich verkünden das Königtum Gottes, weil ich dazu geschickt wurde.

29. Das Wirken in der ganzen Galilaia

Mt 4,23–25	Mk 1,39	Lk 4,44
²³ Und umherzog er in der ganzen Galilaia, lehrend in ihren Synagogen und verkündend das Evangelium des Königtums und heilend jede Krankheit und jede Schwäche im Volk. *	³⁹ Und er kam verkündend in ihren Synagogen in die ganze Galilaia und die Dämonen hinauswerfend.	⁴⁴ Und er war verkündend in den Synagogen der Judaia.
²⁴ Und hinausging sein Ruf in die ganze Syria; und hinbrachten sie ihm alle, denen es schlecht ging, durch mancherlei Krankheiten und Qualen Bedrängte [und] Besessene und Mondsüchtige und Gelähmte; und er heilte sie. ²⁵ Und (es) folgten ihm große Volksmengen von der Galilaia und (der) Dekapolis und von Hierosolyma und Judaia und von jenseits des Jordanes.	Mk 3,10–11.7–8 (Nr. 37): ¹⁰ Denn viele heilte er, so daß sie herfielen über ihn, damit ihn berührten, wieviele Plagen hatten. ¹¹ Und die unreinen Geister, wann sie ihn erblickten, fielen nieder vor ihm und schrien, sagend: Du bist der Sohn Gottes. ⁷ Und Jesus mit seinen Schülern entwich zum Meer, und eine große Menge von der Galilaia [folgte] und von der Judaia ⁸ und von Hierosolyma und von der Idumaia und von jenseits des Jordanes und (aus der Gegend) um Tyros und Sidon eine große Menge, hörend, wieviel er tat, kam zu ihm.	Lk 6,18–19.17b (Nr. 37): ¹⁸ᵇ Und die von unreinen Geistern Geplagten wurden geheilt, ¹⁹ und die ganze Volksmenge suchte ihn zu berühren, weil Kraft von ihm ausging und alle heilte. ¹⁷ᵇ Und eine große Menge seiner Schüler, und eine große Menge des Volkes von der ganzen Judaia und von Jerusalem und der Meeresküste von Tyros und Sidon, ¹⁸ᵃ die kamen, ihn zu hören und geheilt zu werden von ihren Krankheiten;

---

* Mt 9,35 (Nr. 90): Und (es) durchzog Jesus die Städte alle und die Dörfer, lehrend in ihren Synagogen und verkündend das Evangelium des Königtums und heilend jede Krankheit und jede Schwäche.

Mk 6,6b (Nr. 128): Und er durchzog die Dörfer im Umkreis, lehrend.

Lk 8,1 (Nr. 77): Und es geschah in der folgenden (Zeit), daß er selbst durchreiste Stadt und Dorf, verkündigend und (als Evangelium) verkündend das Königtum Gottes, und die Zwölf mit ihm.

30. Fischfang und Schülerberufung *

Mt 13,1–3 (Nr. 110):	Mk 4,1–2 (Nr. 110):	Lk 5,1–11	Joh 21,1–11
[1]An jenem Tag, als Jesus herausgekommen war aus dem Haus, saß er am Meer. [2]Und zusammenkamen bei ihm viele Volksmengen, so daß er, in ein Boot eingestiegen, sich setzte ,und die ganze Volksmenge stand am Strand. [3]Und er redete zu ihnen vieles in Gleichnissen, sagend:	[1]Und wieder begann er zu lehren am Meer; und zusammenkommt bei ihm eine ganz große Volksmenge, so daß er, in ein Boot eingestiegen, sich setzte im Meer, und die ganze Volksmenge, zum Meer hin auf dem Lande waren sie. [2]Und er lehrte sie in Gleichnissen vieles, und er sagte ihnen in seiner Lehre:	[1]Es geschah aber, als die Volksmenge ihn bedrängte und hörte das Wort Gottes, und er selbst war stehend am See Gennesaret,	[1]Danach offenbarte sich Jesus wieder den Schülern am Meer von Tiberias; er offenbarte (sich) aber so. [2](Es) waren zusammen Simon Petros und Thomas, der Didymos (= Zwilling) Genannte, und Nathanael, der vom Kana der Galilaia, und die des Zebedaios und andere von seinen Schülern zwei.
Mt 4,18–22 (Nr. 24): [18]Umhergehend aber entlang dem Meer der Galilaia, sah er zwei Brüder, Simon, den Petros genannten, und Andreas, seinen Bruder, werfend ein Wurfnetz ins Meer; denn sie waren Fischer.	Mk 1,16–20 (Nr. 24): [16]Und entlanggehend entlang dem Meer der Galilaia, sah er Simon und Andreas, den Bruder Simons, (Wurfnetze) auswerfend im Meer; denn sie waren Fischer.	[2]und er sah zwei Boote stehend am See; die Fischer aber, von ihnen ausgestiegen, wuschen die Netze. [3]Eingestiegen aber in eines der Boote, das Simon gehörte, bat er ihn, vom Land hinauszufahren ein wenig; sitzend aber, vom Boot aus lehrte er die Volksmengen. [4]Als er aber aufhörte zu reden, sprach er zu Simon: Fahr hinaus in die Tiefe, und laßt hinab eure Netze zum Fang. [5]Und antwortend sprach Simon: Meister, durch	[3](Es) sagt ihnen Simon Petros: Fort gehe ich fischen. Sie sagen ihm: (Es) kommen auch wir mit dir. Hinausgingen und einstiegen sie ins Boot, aber in jener Nacht fingen sie nichts. [4]Als aber schon Morgenfrühe geworden war, stellte sich Jesus an den Strand, nicht freilich wußten die Schüler, daß (es) Jesus ist. [5](Es) sagt ihnen nun Jesus: Kinder, nicht habt ihr irgendeine Zuspeise? Sie antworte-

(die) ganze Nacht uns mühend, nichts fingen wir; auf dein Wort (hin) aber werde ich hinablassen die Netze. ⁶Und dieses tuend, einschlossen sie eine große Menge von Fischen; (es) zerrissen aber ihre Netze.
⁷Und zuwinkten sie den Genossen im anderen Boot, um kommend mitzufangen mit ihnen; und sie kamen, und sie füllten die beiden Boote, so daß sie einsanken. ⁸(Es) sehend aber, niederfiel Simon Petros zu den Knien von Jesus, sagend: Geh weg von mir, weil ein sündiger Mann ich bin, Herr!
⁹Denn Schrecken umfaßte ihn und alle mit ihm über den Fang der Fische, die sie mitfingen,
¹⁰gleicherweise aber auch Jakobos und Johannes, (die) Söhne (des) Zebedaios, die Teilhaber waren dem Simon.
Und (es) sprach zu Simon Jesus: Fürchte dich nicht! Von jetzt (an) wirst du ein Menschen Fangender sein.
¹¹Und führend die Boote ans Land, lassend alles, folgten sie ihm.

ten ihm: Nein. ⁶Der aber sprach zu ihnen: Werft auf die rechte Seite des Bootes das Netz und finden werdet ihr. Sie warfen nun, und nicht mehr zu ziehen vermochten sie es wegen der Menge der Fische. ⁷(Es) sagt nun jener Schüler, den Jesus liebte, zu Petros: Der Herr ist (es). Simon Petros nun, hörend, daß der Herr (es) ist, gürtete das Obergewand, denn er war nackt, und er warf sich ins Meer, ⁸die anderen Schüler aber kamen mit dem Boot, denn nicht waren sie weit vom Land, sondern etwa an (die) zweihundert Ellen, schleppend das Netz mit den Fischen. ⁹Wie sie nun ausstiegen ans Land, sehen sie ein Kohlenfeuer liegend und einen Fisch daraufliegend und Brot. ¹⁰(Es) sagt ihnen Jesus: Bringt von den Fischen, die ihr jetzt fingt! ¹¹Hinaufstieg nun Simon Petros, und er zog das Netz ans Land, voll mit einhundertdreiundfünfzig großen Fischen; und soviele es waren, nicht riß das Netz.

¹⁹Und er sagt ihnen: Auf, hinter mich! Und machen werde ich euch zu Fischern von Menschen. ²⁰Die aber, sogleich lassend die Netze, folgten ihm. ²¹Und weitergehend von dort, sah er andere zwei Brüder, Jakobos, den des Zebedaios, und Johannes, seinen

¹⁷Und (es) sprach zu ihnen Jesus: Auf, hinter mich! Und machen werde ich, daß ihr werdet Fischer von Menschen. ¹⁸Und sofort, lassend die Netze, folgten sie ihm. ¹⁹Und weitergehend ein wenig, sah er

Jakobos, den des Zebedaios, und Johannes, seinen

Bruder,   im
Boot mit Zebedaios,
ihrem Vater, zurecht-
bringend ihre Netze,
und   er rief
sie. **22** Die aber, so-
gleich lassend das
Boot und ihren Vater,

folgten ihm.

| Bruder, und sie im
| Boot
| zurecht-
| bringend die Netze;
| **20** und sofort rief er
| sie. Und
| lassend
| ihren Vater
| Zebedaios im Boot
| mit den Lohnarbei-
| tern, gingen sie weg,
| hinter ihm.

---

* Joh 1,35–42: **35** Am folgenden (Tag) wieder dastand Johannes und von seinen Schülern zwei, **36** und hinschauend auf den umhergehenden Jesus, sagt er: Sieh, das Lamm Gottes! **37** Und (es) hörten die zwei Schüler ihn redend, und sie folgten Jesus. **38** Sich umwendend aber Jesus und sehend sie folgend, sagt er ihnen: Was sucht ihr? Die aber sprachen zu ihm: Rabbi, das heißt übersetzt: Lehrer, wo bleibst du? **39** Er sagt ihnen: Kommt und ihr werdet sehen. Sie kamen nun und sahen, wo er bleibt, und bei ihm blieben sie jenen Tag; Stunde war etwa (die) zehnte. **40** (Es) war Andreas, der Bruder von Simon Petros, einer von den zweien, den Hörenden von Johannes und ihm Folgenden; **41** (es) findet dieser zuerst den eigenen Bruder Simon und sagt ihm: Wir haben gefunden den Messias, das ist übersetzt: Christos. **42** Er führt ihn zu Jesus. Anschauend ihn sprach Jesus: Du bist Simon, der Sohn von Johannes, du wirst gerufen werden Kephas, das übersetzt wird: Petros.

31. Heilung eines Aussätzigen

Mt 8,1–4 (Nr. 78):	**Mk 1,40–45**	**Lk 5,12–16**
1 Als er aber herabgestiegen war vom Berg, folgten ihm viele Volksmengen. **2** Und siehe, ein Aussätziger, hinzukommend, fiel nieder vor ihm, sagend: Herr, wenn du willst, kannst du mich reinigen. **3** Und ausstreckend die Hand, berührte er ihn, sagend : Ich will, werde gereinigt! Und sogleich wurde gereinigt sein Aussatz.	**40** Und (es) kommt zu ihm ein Aussätziger, bittend ihn [und auf die Knie fallend] und sagend ihm: Wenn du willst, kannst du mich reinigen. **41** Und ergriffen ausstreckend die Hand, berührte er ihn und sagt ihm: Ich will, werde gereinigt! **42** Und sofort wegging von ihm der Aussatz, und er wurde gereinigt.	**12** Und es geschah, als er in einer der Städte war, und siehe: ein Mann voll Aussatz; sehend aber den Jesus, fallend aufs Gesicht, bat er ihn, sagend: Herr, wenn du willst, kannst du mich reinigen. **13** Und ausstreckend die Hand, berührte er ihn, sagend : Ich will, werde gereinigt! Und sogleich ging der Aussatz weg von ihm.
4 Und (es) sagt ihm Jesus: Sieh, daß zu keinem du sprichst, sondern geh fort, zeig dich dem Priester und bring dar die Gabe, die verordnete Moyses, zum Zeugnis ihnen!	**43** Und anschnaubend ihn, sofort warf er ihn hinaus **44** und sagt ihm: Sieh, daß zu keinem du etwas sprichst, sondern geh fort, zeig dich dem Priester und bring dar für deine Reinigung, was verordnete Moyses, zum Zeugnis ihnen! **45** Der aber, hinausgehend, begann, viel zu	**14** Und er gebot ihm, zu keinem zu sprechen, sondern, weggehend, zeig dich dem Priester und bring dar für deine Reinigung, gleichwie verordnete Moyses, zum Zeugnis ihnen! **15** (Es) verbreitete sich aber (noch)

verkünden und herumzuerzählen das Wort, so daß er nicht mehr offen in eine Stadt hineingehen konnte, sondern draußen an einsamen Orten war er; und sie kamen zu ihm überallher.

mehr das Wort über ihn, und zusammenkamen viele Volksmengen, zu hören und geheilt zu werden von ihren Krankheiten; [16]er aber war zurückgezogen in den Einöden und betend.

32. Heilung eines Gelähmten

Mt 9,1–8 (Nr. 85):

Mk 2,1–12

Lk 5,17–26

[1]Und einsteigend in ein Boot, fuhr er hinüber und kam in die eigene Stadt.

[1]Und hineinkommend wieder nach Kapharnaum nach Tagen, wurde gehört, daß er im Haus ist. [2]Und zusammenkamen viele, so daß es nicht mehr Raum gab, auch nicht an der Tür, und er redete zu ihnen das Wort.

[17]Und es geschah an einem der Tage, und er war lehrend, und (es) waren dasitzend Pharisaier und Gesetzeslehrer, die gekommen waren aus jedem Dorf der Galilaia und Judaia und (aus) Jerusalem. Und (die) Kraft (des) Herrn war (ihm gegeben), daß er heile. [18]Und siehe, Männer, bringend auf einem Bett einen Menschen, der gelähmt war, und sie suchten, ihn hineinzubringen und hinzulegen [ihn] vor ihm. [19]Und nicht findend, wie sie hineinbrächten ihn wegen der Volksmenge, hinaufsteigend auf das Dach, durch die Ziegel herabließen sie ihn mit dem Bett in die Mitte vor Jesus. [20]Und sehend ihren Glauben, sprach er: Mensch, erlassen sind dir deine Sünden. [21]Und (es) begannen zu überlegen die Schriftkundigen und die Pharisaier, sagend: Wer ist dieser, der Lästerungen redet? Wer kann Sünden erlassen, außer allein Gott? [22]Erkennend aber

[2]Und siehe, hinbrachten sie ihm einen auf ein Bett gelegten Gelähmten.

[3]Und sie kommen, bringen zu ihm einen Gelähmten, getragen von Vieren.

[4]Und da sie (ihn) nicht hinbringen konnten zu ihm wegen der Volksmenge, abdeckten sie das Dach, wo er war, und (es) aufgrabend, hinablassen sie die Bahre, wo der Gelähmte daniederlag.

Und sehend Jesus ihren Glauben, sprach er zu dem Gelähmten: Hab Mut, Kind, erlassen werden deine Sünden.

[5]Und sehend Jesus ihren Glauben, sagt er dem Gelähmten: Kind, erlassen werden deine Sünden.

[3]Und siehe, einige der Schriftkundigen sprachen bei sich: Dieser lästert.

[6](Es) waren aber einige der Schriftkundigen dort sitzend und überlegend in ihren Herzen: [7]Was dieser so redet? Er lästert; wer kann erlassen Sünden, wenn nicht einer, Gott?

[4]Und sehend

[8]Und sofort erkennend

Jesus ihre Gedanken, sprach er : Weshalb denkt ihr Böses in euren Herzen? [5]Was ist denn müheloser, zu sprechen: Erlassen werden deine Sünden, oder zu sprechen: Steh auf und geh umher? [6]Damit ihr aber wißt, daß Vollmacht hat der Sohn des Menschen, auf der Erde zu erlassen Sünden – da sagt er dem Gelähmten: Aufstehend, trag dein Bett und geh fort in dein Haus! [7]Und aufstehend	Jesus mit seinem Geist, daß sie so überlegen bei sich, sagt er ihnen: Was überlegt ihr dieses in euren Herzen? [9]Was ist müheloser, zu sprechen zu dem Gelähmten: Erlassen werden deine Sünden, oder zu sprechen: Steh auf und trag deine Bahre und geh umher? [10]Damit ihr aber wißt, daß Vollmacht hat der Sohn des Menschen, zu erlassen Sünden auf der Erde – sagt er dem Gelähmten: [11]Dir sage ich, steh auf, trag deine Bahre und geh fort in dein Haus! [12]Und er stand auf, und sofort, tragend die Bahre, hinausging er vor allen, * so daß alle sich entsetzten und Gott verherrlichen,	Jesus ihre Überlegungen, antwortend sprach er zu ihnen: Was überlegt ihr in euren Herzen? [23]Was ist müheloser, zu sprechen: Erlassen sind dir deine Sünden, oder zu sprechen: Steh auf und geh umher? [24]Damit ihr aber wißt, daß der Sohn des Menschen Vollmacht hat, auf der Erde zu erlassen Sünden – sprach er zum Gelähmten: Dir sage ich, steh auf und, tragend dein Bett, geh in dein Haus! [25]Und auf der Stelle aufstehend vor ihnen, tragend, worauf er daniederlag, wegging er in sein Haus, * verherrlichend Gott. [26]Und Entsetzen erfaßte alle, und sie verherrlichten Gott und wurden erfüllt von Furcht, sagend: Wir sahen Ungeheuerliches heute.
wegging er in sein Haus. * [8](Es) sehend aber, fürchteten sich die Volksmengen und verherrlichten Gott, den gebenden solche Vollmacht den Menschen.	sagend: So (etwas) sahen wir niemals.	

*Joh 5,8–9a: [8](Es) sagt ihm Jesus: Steh auf, trag deine Bahre und geh umher! [9a]Und sogleich wurde gesund der Mensch und trug seine Bahre und ging umher.

33. Berufung des Levi (bzw. Matthaios) und Tischgemeinschaft mit Zöllnern

Mt 9,9–13 (Nr. 86):	**Mk 2,13–17**	**Lk 5,27–32**
	[13]Und hinausging er wieder entlang dem Meer; und die ganze Volksmenge kam zu ihm, und er lehrte sie. [14]Und weitergehend sah er Levi, den des Alphaios, sitzend bei der Zollstelle, und er sagt ihm: Folge mir! Und aufstehend folgte er ihm. [15]Und es geschieht, daß er (zu Tisch) liegt in seinem Haus, und viele Zöllner und Sünder lagen	[27]Und danach hinausging er und sah einen Zöllner mit Namen Levi sitzend bei der Zollstelle, und er sprach zu ihm: Folge mir! [28]Und zurücklassend alles, aufstehend, folgte er ihm. [29]Und (es) bereitete einen großen Empfang für ihn Levi in seinem Haus, und (es) war eine große Menge von Zöllnern
[9]Und weitergehend Jesus von dort, sah er einen Menschen, sitzend bei der Zollstelle, Matthaios genannt, und er sagt ihm: Folge mir! Und aufstehend folgte er ihm. [10]Und es geschah, als er (zu Tisch) lag im Haus, und siehe, viele Zöllner und Sünder, kommend, lagen		

(zu Tisch) mit Jesus und seinen Schülern.	(zu Tisch) mit Jesus und seinen Schülern; denn sie waren viele, und sie folgten ihm.	und anderen, die waren mit ihnen (zu Tisch) liegend.
[11] Und (es) sehend, sagten die Pharisaier	[16] Und die Schriftkundigen der Pharisaier, sehend, daß er ißt mit den Sündern und Zöllnern,	[30] Und (es) murrten die Pharisaier und ihre Schriftkundigen,
seinen Schülern: Weshalb ißt euer Lehrer mit den Zöllnern und Sündern?	sagten seinen Schülern: Mit den Zöllnern und Sündern ißt er?	zu seinen Schülern sagend: Weshalb eßt und trinkt ihr mit den Zöllnern und Sündern?
[12] Der aber, hörend (es), sprach :Nicht nötig haben die Starken einen Arzt, sondern die, denen es schlecht geht.	[17] Und hörend (es), sagt Jesus ihnen: Nicht nötig haben die Starken einen Arzt, sondern die, denen es schlecht geht;	[31] Und antwortend sprach Jesus zu ihnen: Nicht nötig haben die Gesunden einen Arzt, sondern die, denen es schlecht geht;
[13] Hingehend aber lernt, was es ist: *Erbarmen will ich und nicht ein Opfer;* * denn nicht kam ich, zu rufen Gerechte, sondern Sünder.	nicht kam ich, zu rufen Gerechte, sondern Sünder.	[32] ich bin nicht gekommen, zu rufen Gerechte, sondern Sünder zu Umkehr.

Hos 6,6

---

* Mt 12,7 (Nr. 102): Wenn ihr aber erkannt hättet, was es ist: *Erbarmen will ich und nicht ein Opfer*, nicht hättet ihr verurteilt die Schuldlosen.

34. Die Fastenfrage

Mt 9,14–17 (Nr. 87):	**Mk 2,18–22**	**Lk 5,33–39**
[14] Da kommen zu ihm die Schüler von Johannes,	[18] Und (es) waren die Schüler von Johannes und die Pharisaier Fastende. Und sie kommen und sagen ihm: Weshalb fasten die Schüler von Johannes	[33] Die aber sprachen zu ihm: Die Schüler von Johannes fasten häufig und verrichten Gebete, gleicherweise auch die der Pharisaier, die deinen aber essen und trinken.
sagend: Weshalb fasten wir		
und die Pharisaier [viel], deine Schüler aber fasten nicht?	und die Schüler der Pharisaier, deine Schüler aber fasten nicht?	
[15] Und (es) sprach zu ihnen Jesus: Können etwa die Söhne des Brautgemachs trauern, solange bei ihnen ist der Bräutigam? *	[19] Und (es) sprach zu ihnen Jesus: Können etwa die Söhne des Brautgemachs, während der Bräutigam bei ihnen ist, fasten? * (Für) wie lange Zeit sie den Bräutigam bei sich haben, können sie nicht fasten.	[34] Jesus aber sprach zu ihnen: Könnt ihr etwa die Söhne des Brautgemachs, während der Bräutigam bei ihnen ist, fasten lassen? *
Kommen werden aber Tage, wann weggenommen wurde von ihnen der Bräutigam, und dann werden sie fasten.	[20] Kommen werden aber Tage, wann weggenommen wurde von ihnen der Bräutigam, und dann werden sie fasten an jenem Tag.	[35] Kommen werden aber Tage, und wann weggenommen wurde von ihnen der Bräutigam, dann werden sie fasten an jenen Tagen. [36] Er sagte aber auch

[16]Keiner aber setzt einen Flicken ungewalkten Stoffes	[21]Keiner näht einen Flicken ungewalkten Stoffes	ein Gleichnis zu ihnen: Keiner, einen Flicken von einem neuen Gewand reißend, setzt (ihn) auf ein altes Gewand;
auf ein altes Gewand; denn (es) reißt sein Füllstück vom Gewand, und schlimmer wird (der) Riß.	auf ein altes Gewand; wenn aber doch, reißt das Füllstück von ihm, das neue vom alten, und schlimmer wird (der) Riß.	wenn aber nun doch, wird er auch das neue zerreißen, und mit dem alten wird nicht zusammenstimmen der Flicken, der vom neuen.
[17]Und nicht schüttet man jungen Wein in alte Häute; wenn aber nun doch, zerreißen die Häute, und der Wein wird verschüttet , und die Häute werden vernichtet; sondern man schüttet jungen Wein in neue Häute, und beide werden bewahrt.	[22]Und keiner schüttet jungen Wein in alte Häute; wenn aber doch, zerreißen wird der Wein die Häute, und der Wein wird vernichtet und die Häute; sondern jungen Wein in neue Häute!	[37]Und keiner schüttet jungen Wein in alte Häute; wenn aber nun doch, zerreißen wird der junge Wein die Häute, und er selbst wird verschüttet werden, und die Häute werden vernichtet werden; [38]sondern jungen Wein muß man in neue Häute schütten. [39][Und] keiner, trinkend alten, will jungen; denn er sagt: Der alte ist gut.

---

* Joh 3,29: Der Habende die Braut ist der Bräutigam; der Freund aber des Bräutigams, der Dastehende und ihn Hörende, mit Freude freut er sich über die Stimme des Bräutigams. Diese meine Freude nun ist erfüllt worden.

35. Das Ährenrupfen an den Sabbaten

Mt 12,1−8 (Nr. 102):	Mk 2,23−28	Lk 6,1−5
[1]In jener Zeit ging Jesus an den Sabbaten durch die Saaten; seine Schüler aber hungerten, und sie begannen, Ähren zu rupfen und zu essen.	[23]Und es geschah, daß er an den Sabbaten entlangging durch die Saaten, und seine Schüler begannen, einen Weg zu machen, rupfend die Ähren.	[1]Es geschah aber am Sabbat, daß er hindurchging durch Saaten, und (es) rupften seine Schüler und aßen die Ähren, (sie) mit den Händen zerreibend. [2]Einige aber der Pharisaier sprachen:
[2]Die Pharisaier aber, sehend (es), sprachen zu ihm: Siehe, deine Schüler tun, was nicht erlaubt ist, zu tun am Sabbat. * [3]Er aber sprach zu ihnen: Nicht last ihr , was David tat, als er hungerte und die mit ihm, [4]wie er hineinging in das Haus Gottes und sie die Brote der Ausstel-	[24]Und die Pharisaier sagten ihm: Sieh , was tun sie an den Sabbaten, was nicht erlaubt ist? * [25]Und er sagt ihnen: Niemals last ihr , was David tat, als er Bedarf hatte und hungerte, er und die mit ihm, [26]wie er hineinging in das Haus Gottes unter Abjathar, (dem) Hochpriester, und die Brote der Ausstel-	Was tut ihr, was nicht erlaubt ist an den Sabbaten? * [3]Und antwortend zu ihnen sprach Jesus: Und nicht last ihr dies, was David tat, als er hungerte, er und die mit ihm [waren], [4][wie] er hineinging in das Haus Gottes und die Brote der Ausstel-

lung aßen, was ihm nicht erlaubt war zu essen, auch nicht denen mit ihm, außer den Priestern allein? [5]Oder nicht last ihr im Gesetz, daß an den Sabbaten die Priester im Heiligtum den Sabbat entweihen und schuldlos sind? [6]Ich sage euch aber: Ein Größeres als das Heiligtum ist hier. [7]Wenn ihr aber erkannt hättet, was es ist: *Erbarmen will ich und nicht ein Opfer*, ** nicht hättet ihr verurteilt die Schuldlosen.	lung aß , die nicht erlaubt ist zu essen, außer den Priestern, und auch denen gab, die mit ihm waren?	lung nehmend aß und denen mit ihm gab, die nicht erlaubt ist zu essen, außer allein den Priestern?
	[27]Und er sagte ihnen: Der Sabbat wurde wegen des Menschen und nicht der Mensch wegen des Sabbats; [28]daher: Herr ist der Sohn des Menschen auch des Sabbats.	[5]Und er sagte ihnen:
[8]Denn Herr ist des Sabbats der Sohn des Menschen.		Herr ist des Sabbats der Sohn des Menschen.

In left margin beside verse 7: Hos 6,6

* Joh 5,10: (Es) sagten nun die Judaier dem Geheilten: Sabbat ist, und nicht ist dir erlaubt, zu tragen deine Bahre.
** Mt 9,13 (Nr. 86): Hingehend aber lernt, was es ist: *Erbarmen will ich und nicht ein Opfer*; denn nicht kam ich, zu rufen Gerechte, sondern Sünder.

36. Heilung einer vertrockneten Hand

Mt 12,9–14 (Nr. 103):	Mk 3,1–6	Lk 6,6–11
[9]Und fortgehend von dort, kam er in ihre Synagoge; [10]und siehe, ein Mensch, habend eine vertrocknete Hand. Und sie befragten ihn, sagend, ob es erlaubt ist, an den Sabbaten zu heilen?, damit sie anklagten ihn.	[1]Und hineinkam er wieder in die Synagoge. Und (es) war dort ein Mensch, vertrocknet habend die Hand. [2]Und sie belauerten ihn, ob an den Sabbaten er ihn heilen wird, damit sie anklagten ihn. [3]Und er sagt dem Menschen, dem die vertrocknete Hand habenden: Steh auf, in die Mitte!	[6]Es geschah aber an einem anderen Sabbat, daß er hineinkam in die Synagoge und lehrte. Und (es) war ein Mensch dort, und seine rechte Hand war vertrocknet. [7](Es) belauerten ihn aber die Schriftkundigen und die Pharisaier, ob am Sabbat er heilt, damit sie (etwas) fänden, anzuklagen ihn. [8]Er aber wußte ihre Überlegungen, sprach aber zu dem Mann, dem die vertrocknete Hand habenden: Steh auf und stell dich in die Mitte! Und aufstehend stellte er sich (hin).
[11]Der aber sprach zu		

ihnen: Wer wird sein von euch ein Mensch, der haben wird ein einziges Schaf, und wenn dieses hineinfällt an Sabbaten in eine Grube, wird er es nicht ergreifen und aufrichten? [12]Um wieviel (mehr) nun unterscheidet sich ein Mensch von einem Schaf. * Deshalb ist es erlaubt, an den Sabbaten recht zu tun.

[4]Und er sagt ihnen: Ist es erlaubt, an den Sabbaten Gutes zu tun oder Schlechtes zu tun, ein Leben zu retten oder zu töten? Die aber schwiegen. [5]Und rings anschauend sie mit Zorn, ganz betrübt über die Verstocktheit ihres Herzens, sagt er dem Menschen: Strecke aus die Hand! Und ausstreckte er (sie), und wiederhergestellt wurde seine Hand. [6]Und hinausgehend die Pharisaier sofort mit den Herodianern, faßten sie einen Beschluß gegen ihn, auf daß sie ihn vernichteten.

[9](Es) sprach aber Jesus zu ihnen: Ich befrage euch, ob es erlaubt ist, am Sabbat Gutes zu tun oder Schlechtes zu tun, ein Leben zu retten oder zu vernichten? [10]Und rings anschauend sie alle, sprach er zu ihm: Strecke aus deine Hand! Der aber tat (es), und wiederhergestellt wurde seine Hand.

[11]Sie aber wurden erfüllt von Unverstand und beredeten untereinander, was sie täten mit Jesus.

[13]Da sagt er dem Menschen: Strecke aus deine Hand! Und ausstreckte er (sie), und wiederhergestellt wurde sie, gesund wie die andere. [14]Hinausgehend aber die Pharisaier, faßten sie einen Beschluß gegen ihn, auf daß sie ihn vernichteten.

---

* Lk 14,5 (Nr. 187): Und zu ihnen sprach er: Wem von euch wird ein Sohn oder Rind in einen Brunnen fallen, und nicht sogleich wird er ihn heraufziehen am Tag des Sabbats?

Lk 13,15–16 (Nr. 182): [15](Es) antwortete ihm aber der Herr und sprach: Heuchler, löst nicht jeder von euch am Sabbat sein Rind oder den Esel von der Krippe und wegführend tränkt er (ihn)? [16]Diese aber, die eine Tochter Abrahams ist, die der Satan band, siehe, achtzehn Jahre, sollte sie nicht gelöst werden von dieser Fessel am Tag des Sabbats?

37. Eindrücke vom Wirken Jesu

Mt 12,15–21 (Nr. 104):

[15]Jesus aber erkennend (es), entwich von dort. Und (es) folgten ihm viele [Volksmengen], 4,25 (Nr. 29): Und (es) folgten ihm große Volksmengen von der Galilaia und der Dekapolis und von Hierosolyma und Judaia und von jenseits des Jordanes.

Mk 3,7–12

[7]Und Jesus mit seinen Schülern entwich zum Meer, und eine große Menge von der Galilaia [folgte] und von der Judaia [8]und von Hierosolyma und von der Idumaia und von jenseits des Jordanes und (aus der Gegend) um Tyros und Sidon eine große Menge, hörend, wieviel er tat, kam zu ihm. [9]Und er sprach zu

Lk 6,17–19 (Nr. 66):

[17]Und hinabsteigend mit ihnen, stellte er sich auf einen ebenen Platz, und eine große Menge seiner Schüler, und eine große Menge des Volkes von der ganzen Judaia und von Jerusalem und der Meeresküste von Tyros und Sidon, [18]die kamen, ihn zu hören und geheilt zu werden von ihren Krankheiten;

und er heilte sie alle,
4,24 Und ausging sein Ruf in
die ganze Syria; und hin-
brachten sie ihm alle, denen
es schlecht ging, durch mancherlei Krankheiten und Qualen Bedrängte [und] Besessene und Mondsüchtige und
Gelähmte; und er heilte sie.
¹⁶und anfuhr er sie,
damit sie nicht offenbar ihn
machten,
¹⁷damit erfüllt wird das
Gesagte durch Isaias, den
Propheten, (den) sagenden:

Jes, 42,1–4   ¹⁸*Siehe, mein Knecht, den ich
erwählte, mein Geliebter, an
dem Gefallen fand meine Seele; legen werde ich meinen
Geist auf ihn, und ein Gericht
wird er den Völkern verkünden.* ¹⁹*Nicht wird er streiten,
und nicht wird er schreien,
und nicht wird hören einer auf
den Straßen seine Stimme.*
²⁰*Ein angebrochenes Rohr
wird er nicht zerbrechen, und
einen glimmenden Docht
wird er nicht löschen, bis er
führt* zum Sieg *das Gericht.*
²¹*Und auf seinen Namen werden Völker hoffen.*

seinen Schülern, damit ein
Boot ihm bereitliege wegen
der Volksmenge, damit sie
ihn nicht bedränge;

¹⁰denn viele heilte er, so daß
sie über ihn herfielen, damit
ihn berührten, wieviele Plagen
hatten.
¹¹Und die unreinen Geister,
wann sie ihn erblickten, fielen
nieder vor ihm und schrien,
sagend: Du bist der Sohn
Gottes. *
¹²Und anfuhr er sie viel,
damit sie nicht ihn offenbar
machten.

        und die von
unreinen Geistern Geplagten
wurden geheilt, ¹⁹und die
ganze Volksmenge suchte ihn
zu berühren, weil Kraft von
ihm ausging und alle heilte.

---

* Mt 8,16–17 (Nr. 81):
¹⁶Als es aber Abend ge-
worden war, hinbrachten sie ihm
viele Besessene: und hinauswarf er die Geister durch ein
Wort, und alle, denen es
schlecht ging, heilte er, ¹⁷auf
daß erfüllt würde das Gesagte
durch Isaias, den Propheten,
Jes 53,4   (den) sagenden: *Er nahm
unsere Schwachheiten, und
die Krankheiten trug er.*

Mk 1,34 (Nr. 27):

Und er heilte viele, denen es
schlecht ging durch man-
cherlei Krankheiten, und viele
Dämonen warf er hinaus,

und
nicht ließ er reden die
Dämonen, weil sie ihn
kannten.

Lk 4,41 (Nr. 27):

     Herauskamen aber
auch Dämonen von vielen,
schreiend und sagend:
Du bist der Sohn Gottes.
Und, anfahrend (sie),
nicht ließ er sie reden,
         weil sie wuß-
ten, daß er der Christos sei.

38. Die Auswahl der Zwölf

Mt 10,1–4 (Nr. 91):	**Mk 3,13–19**	**Lk 6,12–16**

[13]Und hinaufsteigt er auf den Berg,

[12]Es geschah aber in diesen Tagen, daß er hinausging auf den Berg, um zu beten, und er war zubringend die Nacht im Gebet zu Gott. [13]Und als es Tag wurde, herbeirief er seine Schüler,

[1]Und herbeirufend

seine zwölf Schüler,

und herbeiruft er, die er selbst wollte, und fortgingen sie zu ihm. [14]Und er machte Zwölf, [die er auch Apostel nannte,] damit sie seien mit ihm und damit er sie schicke, zu verkünden [15]und Vollmacht zu haben, hinauszuwerfen die Dämonen; *

und auswählend aus ihnen zwölf, die er auch Apostel nannte,

gab er ihnen Vollmacht über unreine Geister, um sie hinauszuwerfen und zu heilen jede Krankheit und jede Schwäche. *
[2]Der zwölf Apostel Namen aber sind diese: Als erster Simon, der Petros genannte, ** und Andreas, sein Bruder, und Jakobos, der des Zebedaios, und Johannes, sein Bruder,

[16][und er machte die Zwölf,] und auflegte er dem Simon als Namen Petros, **

[14]Simon, den er auch nannte Petros, ** und Andreas, seinen Bruder, und Jakobos

und Johannes

[17]und Jakobos, den des Zebedaios, und Johannes, den Bruder des Jakobos, und er legte ihnen auf als Name[n] Boanerges, das ist: Söhne (des) Donners;

[3]Philippos und Bartholomaios, Thomas und Matthaios, der Zöllner, Jakobos, der des Alphaios, und Thaddaios, [4]Simon, der Kananaier,

[18]und Andreas und Philippos und Bartholomaios und Matthaios und Thomas und Jakobos, den des Alphaios, und Thaddaios und Simon, den Kananaier,

und Philippos und Bartholomaios, [15]und Matthaios und Thomas, und Jakobos, (den des) Alphaios, und Simon, den Zelot gerufenen, [16]und Judas, (den des) Jakobos, und Judas Iskarioth, der zum Verräter wurde. ***

und Judas, des Iskariotes, der ihn auch Übergebende. ***

[19]und Judas Iskarioth, der ihn auch übergab. ***

---

* Mk 6,7 (Nr. 128):
[7]Und herbeiruft er die Zwölf, und er begann, sie zu schicken zwei (und) zwei, und er gab ihnen Vollmacht über die unreinen Geister.

Lk 9,1 (Nr. 128):
[1]Zusammenrufend aber die Zwölf, gab er ihnen Kraft und Vollmacht über alle Dämonen und Krankheiten zu heilen.

** Joh 1,42: Anschauend ihn, sprach Jesus: Du bist Simon, der Sohn von Johannes, du wirst gerufen werden Kephas, das übersetzt wird: Petros.
*** Vgl. Apg 1,13

Die Bergpredigt (Mt 5–7)

39. Einleitung

Mt 5,1–2	Mk 3,13a (Nr. 38):	Lk 6,12a.17a.20a (Nr. 38.66):
[1] Sehend aber die Volksmengen, hinaufstieg er auf den Berg;	[13a] Und hinaufsteigt er auf den Berg, …	[12a] Es geschah aber in diesen Tagen, daß er hinausging auf den Berg, … [17a] Und hinabsteigend mit ihnen, stellte er sich auf einen ebenen Platz, …
und als er sich gesetzt hatte, kamen zu ihm seine Schüler; [2] und öffnend seinen Mund lehrte er sie, sagend:		[20a] Und er, erhebend seine Augen zu seinen Schülern, sagte:

40. Die Seligpreisungen

Mt 5,3–12	Lk 6,20b–23 (Nr. 67):
[3] Selig die Armen dem Geist (nach), denn ihrer ist das Königtum der Himmel. [4] Selig die Trauernden , denn sie werden ermutigt werden. [5] Selig die Sanften, denn sie werden erben die Erde. [6] Selig die Hungernden und Dürstenden nach der Gerechtigkeit, denn sie werden gesättigt werden. [7] Selig die sich Erbarmenden, denn sie werden Erbarmen finden. [8] Selig die Reinen dem Herzen (nach), denn sie werden Gott sehen. [9] Selig die Frieden Schaffenden, denn sie werden Söhne Gottes gerufen werden. [10] Selig die Verfolgten wegen (der) Gerechtigkeit, denn ihrer ist das Königtum der Himmel. [11] Selig seid ihr, wann sie euch	[20b] Selig die Armen , denn euer ist das Königtum Gottes. [21b] Selig die Weinenden jetzt, denn ihr werdet lachen. [21a] Selig die Hungernden jetzt, denn ihr werdet gesättigt werden.
schmähen und verfolgen und sagen alles Böse über euch, [lügend], wegen meiner. [12] Freut euch und jubelt, denn euer Lohn (ist) groß in den Himmeln; denn so verfolgten sie die Propheten, die vor euch.	[22] Selig seid ihr, wann euch hassen die Menschen und wann sie euch ausschließen und schmähen und hinauswerfen euren Namen als schlecht wegen des Sohnes des Menschen; [23] freut euch an jenem Tag und hüpft, denn siehe, euer Lohn (ist) groß im Himmel; denn genauso taten den Propheten ihre Väter.

41. Salz der Erde und Licht der Welt

Mt 5,13–16	Lk 14,34–35 (Nr. 191):
[13] Ihr seid das Salz der Erde; wenn aber das Salz schal wird, mit was wird es salzig gemacht werden? * Zu nichts hat es mehr Kraft, außer, hinausgeworfen, zertreten zu werden von den Menschen.	[34] Gut also (ist) das Salz; wenn aber auch das Salz schal wird, mit was wird es gewürzt werden? * [35] Weder für (die) Erde noch für (den) Mist ist es tauglich, hinauswirft man es. Der Habende Ohren zu hören, er höre!

14 Ihr seid das Licht der Welt. Nicht kann eine Stadt sich verbergen, auf einem Berg liegend. **15** Auch zündet man nicht an eine Leuchte und stellt sie unter den Scheffel, sondern auf den Leuchter, und sie leuchtet allen im Haus. ** **16** So soll leuchten euer Licht vor den Menschen, auf daß sie sehen eure rechten Werke und verherrlichen euren Vater in den Himmeln.

Lk 11,33 (Nr. 173):

33 Keiner, eine Leuchte anzündend, stellt (sie) ins Verborgene, [auch nicht unter den Scheffel,] sondern auf den Leuchter, damit die Hereinkommenden das Licht sehen. **

---

* Mk 9,50 (Nr. 153): Gut (ist) das Salz; wenn aber das Salz salzlos wird, mit was werdet ihr es würzen? Habt in euch Salz und haltet Frieden untereinander!

** Mk 4,21 (Nr. 113):   **21** Und er sagte ihnen: Kommt etwa die Leuchte, damit sie unter den Scheffel gestellt wird oder unter das Bett? Nicht, damit sie auf den Leuchter gestellt wird?

Lk 8,16 (Nr. 113):

16 Keiner aber, eine Leuchte anzündend, bedeckt sie mit einem Gefäß oder stellt (sie) unter ein Bett, sondern auf einen Leuchter stellt er (sie), damit die Hereinkommenden sehen das Licht.

Joh 8,12: Wieder nun redete zu ihnen Jesus, sagend: Ich bin das Licht der Welt; der mir Folgende geht gewiß nicht umher in der Finsternis, sondern er wird haben das Licht des Lebens.

42. Erfüllung von Gesetz und Propheten

Mt 5,17–20

17 Meint nicht, daß ich kam, aufzulösen das Gesetz oder die Propheten; nicht kam ich aufzulösen, sondern zu erfüllen. **18** Amen, denn ich sage euch: Bis vergeht der Himmel und die Erde, nicht ein einziges Jota oder ein einziges Häkchen vergeht vom Gesetz, bis alles geschieht. **19** Wer immer also auflöst ein einziges dieser geringsten Gebote und lehrt so die Menschen, (der) Geringste wird er gerufen werden im Königtum der Himmel; wer aber immer (es) tut und (so) lehrt, dieser wird groß gerufen werden im Königtum der Himmel. **20** Denn ich sage euch: Wenn nicht überfließt eure Gerechtigkeit mehr als (die) der Schriftkundigen und Pharisaier, nicht werdet ihr hineingehen ins Königtum der Himmel.

Lk 16,17 (Nr. 197):

17 Leichter aber ist, daß der Himmel und die Erde vergehen, als daß vom Gesetz ein einziges Häkchen (weg)fällt.

43. Vom Morden und Zürnen

Mt 5,21–26

Ex 20,13
Dtn 5,17
[21] Ihr hörtet, daß gesagt wurde den Alten: *Du sollst nicht morden!* Wer aber immer mordet, verfallen wird er sein dem Gericht. [22] Ich aber sage euch: Jeder Zürnende seinem Bruder wird verfallen sein dem Gericht. Wer aber immer spricht zu seinem Bruder: Tor, verfallen wird er sein dem Synhedrion. Wer aber immer spricht: Törichter, verfallen wird er sein in die Gehenna des Feuers. [23] Wenn du nun hinbringst deine Gabe zum Altar und dort dich erinnerst, daß dein Bruder etwas hat gegen dich, [24] laß dort deine Gabe vor dem Altar und geh zuerst fort, versöhne dich mit deinem Bruder, und dann, kommend, bring hin deine Gabe!

	Lk 12,57–59 (Nr. 180):
[25] Sei ein Wohlge-sonnener deinem Widersacher, (und zwar) schnell, solange du mit ihm auf dem Weg bist, damit dich nicht übergeben wird der Widersacher dem Richter und der Richter dem Diener und du ins Gefängnis geworfen wirst. [26] Amen, ich sage dir: Nicht wirst du herausgehen von dort, bis du zurückgibst den letzten Kodrantes.	[57] Warum aber urteilt ihr nicht auch von euch selbst aus das Rechte? [58] Denn wenn du fort-gehst mit deinem Widersacher zu einem Vorsteher, auf dem Weg gib (dir) Mühe, loszukommen von ihm, damit er dich nicht fortschleppt zum Richter, und der Richter dich übergeben wird dem Schergen, und der Scherge dich werfen wird ins Gefängnis. [59] Ich sage dir: Nicht wirst du herausgehen von dort, bis auch das letzte Lepta du zurückgibst.

44. Vom Ehebruch

Mt 5,27–30

Ex 20,14
Dtn 5,18
[27] Ihr hörtet, daß gesagt wurde: *Du sollst nicht ehebrechen!* [28] Ich aber sage euch: Jeder Ansehende eine Frau, um sie zu begehren, brach schon die Ehe mit ihr in seinem Herzen. [29] Wenn aber dein rechtes Auge dir Anstoß gibt, reiß es aus und wirf (es) von dir! Denn es ist nützlich(er) für dich, daß zugrundegeht eines deiner Glieder und nicht dein ganzer Leib geworfen wird in (die) Gehenna. [30] Und wenn deine rechte Hand dir Anstoß gibt, schlag sie ab und wirf (sie) von dir! Denn es ist nützlich(er) für dich, daß zugrundegeht eines deiner Glieder und nicht dein ganzer Leib in (die) Gehenna hingeht. *

* Mt 18,8–9 (Nr. 152):	Mk 9,43–48 (Nr. 152):
[8] Wenn aber deine Hand oder dein Fuß dir An-stoß gibt, schlag ihn ab und wirf (ihn) von dir! Besser für dich ist es, hineinzugehen ins Leben als Krüppel oder Lahmer, als, zwei Hände oder zwei Füße habend, geworfen zu werden ins ewige Feuer.	[43] Und wenn dir Anstoß gibt deine Hand, schlag sie ab! Besser ist es, daß du als Krüppel hineingehst ins Leben, als, die zwei Hände habend, hinzugehen in die Gehenna, in das unlöschbare Feuer. [45] Und wenn dein Fuß dir Anstoß gibt, schlag ihn ab! Besser ist es, daß du hineingehst ins Leben als Lahmer, als, die zwei Füße habend, geworfen zu werden in die Gehenna. [47] Und wenn dein Auge dir Anstoß gibt,
[9] Und wenn dein Auge dir Anstoß gibt, reiß es aus und wirf (es) von dir! Besser für dich ist es, als Einäugiger ins Leben hineinzugehen, als, zwei Augen habend, Jes 66,24 geworfen zu werden in die Gehenna des Feuers.	wirf es weg! Besser ist es, daß du als Einäugiger hineingehst ins Königtum Gottes, als, zwei Augen habend, geworfen zu werden in die Gehenna, [48] wo *ihr Wurm nicht endet und das Feuer nicht gelöst wird.*

45. Von der Ehescheidung

Mt 5,31–32

³¹ Gesagt wurde aber: Wer immer seine Frau entläßt, gebe ihr einen Scheidebrief. ³² Ich aber sage euch: Jeder Entlassende seine Frau, ausgenommen aufgrund von Unzucht, macht, daß zum Ehebruch sie genommen wird, und wer immer eine Entlassene heiratet, bricht die Ehe. *

---

* Mt 19,9 (Nr. 209):
Ich sage euch aber: Wer immer entläßt seine Frau – nicht bei Unzucht – und heiratet eine andere, bricht die Ehe.

Lk 16,18 (Nr. 197):

¹⁸ Jeder Entlassende seine Frau und Heiratende eine andere bricht die Ehe, und der eine vom Mann Entlassene Heiratende bricht die Ehe. *

Mk 10,11–12 (Nr. 209):
¹¹ Und er sagt ihnen: Wer immer entläßt seine Frau und heiratet eine andere, bricht die Ehe gegen sie; ¹² und wenn sie, entlassend ihren Mann, heiratet einen anderen, bricht sie die Ehe.

46. Vom Schwören

Mt 5,33–37

³³ Wieder hörtet ihr, daß gesagt wurde den Alten: Du sollst nicht eidbrüchig werden, erfüllen aber sollst du dem Herrn deine Eide! ³⁴ Ich aber sage euch: Überhaupt nicht schwören! Weder beim Himmel, denn Thron Gottes ist er, ³⁵ noch bei der Erde, denn Fußbank seiner Füße ist sie, noch bei Hierosolyma, denn Stadt des großen Königs ist sie; ³⁶ auch nicht bei deinem Kopfe schwöre, denn nicht kannst du ein einziges Haar weiß machen oder schwarz. ³⁷ Sein soll aber euer Wort: ja ja, nein nein; das Mehr aber als dieses ist vom Bösen.

47. Vom Wiedervergelten

Mt 5,38–42

³⁸ Ihr hörtet, daß gesagt wurde: *Auge anstelle von Auge* und *Zahn anstelle von Zahn*. ³⁹ Ich aber sage euch: Nicht dem Bösen widerstehen! Sondern, welcher dich schlägt auf [deine] rechte Wange, wende ihm auch die andere zu! ⁴⁰ Und dem, der willens ist, mit dir zu rechten und dein Untergewand zu nehmen, laß ihm auch das Obergewand! ⁴¹ Und welcher dich zwingen will zu einer Meile, geh fort mit ihm zwei! ⁴² Dem dich Bittenden gib, und den, der von dir leihen will, weise nicht ab!

Lk 6,29–30 (Nr. 68):

²⁹ Dem dich Schlagenden auf die Wange, biete auch die andere, und dem dir Wegnehmenden das Obergewand, auch das Untergewand verweigere nicht!

³⁰ Jedem dich Bittenden gib, und vom Wegnehmenden das Deine, fordere (es) nicht zurück!

Ex 21,24f
Lev 24,20
Dtn 19,21

48. Von der Feindesliebe

Mt 5,43–48

Lk 6,27–28.32–36 (Nr. 68):

Lev 19,18 **⁴³**Ihr hörtet, daß gesagt wurde: *Du sollst lieben deinen Nächsten* und du sollst hassen deinen Feind. **⁴⁴**Ich aber sage euch   : Liebt eure Feinde

und betet für die euch Verfolgenden, **⁴⁵**auf daß ihr werdet Söhne eures Vaters in (den) Himmeln, weil seine Sonne er aufgehen läßt über Böse und Gute und er regnen läßt über Gerechte und Ungerechte. **⁴⁶**Denn wenn ihr liebt die euch Liebenden, welchen Lohn habt ihr? Tun nicht auch die Zöllner dasselbe? **⁴⁷**Und wenn ihr   grüßt allein eure Brüder, was tut ihr Besonderes? Tun nicht auch die Heidnischen dasselbe?

²⁷Aber euch sage ich, den Hörenden: Liebt eure Feinde, recht tut den euch Hassenden, **²⁸**segnet die euch Verfluchenden, betet für die euch Schmähenden!

vgl. V 35

³²Und wenn ihr liebt die euch Liebenden, welcher Dank ist euch?   Denn auch die Sünder lieben die sie Liebenden. **³³**Und wenn ihr [nämlich] Gutes tut den euch Gutes Tuenden, welcher Dank ist euch?   Auch die Sünder tun dasselbe. **³⁴**Und wenn ihr leiht, von denen ihr hofft zu erhalten, welcher Dank [ist] euch? Auch Sünder leihen Sündern, damit sie zurückempfangen das gleiche. **³⁵**Jedoch liebt eure Feinde und tut Gutes und leiht, nichts zurückerhoffend; und sein wird euer Lohn groß, und sein werdet ihr Söhne (des) Höchsten, weil er gütig ist zu den Undankbaren und Bösen.

vgl. V 45

⁴⁸Seid also ihr vollkommen,   wie   euer himmlischer Vater vollkommen ist!

³⁶Werdet   barmherzig, gleichwie [auch] euer Vater barmherzig ist!

49. Vom Tun der Barmherzigkeit

Mt 6,1–4

¹Achtet [aber] darauf, eure Gerechtigkeit nicht zu tun vor den Menschen, um gesehen zu werden bei ihnen; wenn aber doch, Lohn habt ihr nicht bei eurem Vater in den Himmeln. **²**Wann du also tust eine Wohltat, trompete nicht vor dir (her) wie die Heuchler tun in den Synagogen und in den Gassen, auf daß sie verherrlicht werden von den Menschen; amen, ich sage euch: Weg haben sie ihren Lohn. **³**Wenn du aber tust eine Wohltat, nicht erfahre deine Linke, was deine Rechte tut, **⁴**auf daß deine Wohltat im Verborgenen ist; und dein Vater, der im Verborgenen sehende, wird dir vergelten.

50. Vom Beten

Mt 6,5–6

⁵Und wann ihr betet, seid nicht wie die Heuchler; denn sie lieben (es), in den Synagogen und in den Ecken der Straßen stehend zu beten, auf daß sie leuchten vor den Menschen; amen, ich sage euch: Weg haben sie ihren Lohn. **⁶**Du aber, wann du betest, geh hinein in deine Kammer und, verschließend deine Tür, bete zu deinem Vater, dem im Verborgenen; und dein Vater, der im Verborgenen sehende, wird dir vergelten.

51. Das Vater-Unser

Mt 6,7–15

[7]Betend aber, plappert nicht wie die Heidnischen; denn sie meinen, daß in ihrer Vielrederei sie erhört werden. [8]Nicht also gleicht euch ihnen an; denn (es) weiß euer Vater, wessen ihr Bedarf habt, bevor ihr ihn bittet.

[9]So nun sollt ihr beten: Unser Vater in den Himmeln; geheiligt werden soll dein Name; [10]kommen soll dein Königtum; geschehen soll dein Wille, wie im Himmel auch auf Erden; [11]unser nötiges Brot gib uns heute; [12]und erlaß uns unsere Schuldigkeiten, wie auch wir erließen unseren Schuldnern; [13]und nicht füh-re uns hinein in Versuchung, sondern rette uns vom Bösen. [14]Denn wenn ihr erlaßt den Menschen ihre Übertretun-gen, wird erlassen auch euch euer himmlischer Vater; [15]wenn ihr aber nicht erlaßt den Menschen, auch euer Vater wird nicht erlassen eure Übertretungen.	Mk 11,25 (Nr. 223): Und wann ihr (da)steht betend, erlaßt, wenn ihr etwas habt gegen einen, damit auch euer Vater in den Himmeln erlasse euch eure Übertretun-gen.	Lk 11,2–4 (Nr. 166): [2]Er sprach aber zu ihnen: Wann ihr betet, sagt: Vater, geheiligt werden soll dein Name; kommen soll dein Königtum; [3]unser nötiges Brot gib uns täglich; [4]und erlaß uns unsere Sünden, denn auch wir selbst erlassen jedem uns Schuldenden; und nicht füh-re uns hinein in Versuchung.

52. Vom Fasten

Mt 6,16–18

[16]Wann ihr aber fastet, werdet nicht wie die mürrischen Heuchler; denn unansehnlich machen sie ihre Gesichter, auf daß sie erscheinen den Menschen als Fastende; amen, ich sage euch: Weg haben sie ihren Lohn. [17]Du aber fastend salbe deinen Kopf, und dein Gesicht wasche, [18]auf daß du nicht erscheinst den Menschen fastend, sondern deinem Vater, dem im Verborgenen; und dein Vater, der im Verborgenen sehende, wird dir vergelten.

53. Vom Schätzesammeln

Mt 6,19–21	Lk 12,33–34 (Nr. 177):
[19]Sammelt euch nicht Schätze auf der Erde, wo Motte und Wurm vernichten und wo Diebe einbrechen und stehlen; [20]sammelt euch	[33]Verkauft euren Besitz und gebt ein Almosen! Macht euch nicht veraltende Geldbeutel, einen unerschöpflichen

aber Schätze im Himmel, wo weder Motte noch Wurm vernichten und wo Diebe nicht einbrechen und nicht stehlen; [21] denn wo dein Schatz ist, dort wird sein auch dein Herz.

Schatz in den Himmeln, wo ein Dieb nicht nahekommt, noch eine Motte (etwas) vernichtet; [34] denn wo euer Schatz ist, dort wird auch euer Herz sein.

54. Vom Auge als Leuchte des Leibes

Mt 6,22–23

[22] Die Leuchte des Leibes ist das Auge. Wenn nun dein Auge lauter ist, wird   dein ganzer Leib licht sein; [23] wenn aber dein Auge böse ist, wird dein ganzer Leib finster sein. Wenn nun das Licht in dir Finsternis ist, wie groß (ist) die Finsternis!

Lk 11,34–36 (Nr. 173):

[34] Die Leuchte des Leibes ist dein Auge. Wann dein Auge lauter ist, ist auch dein ganzer Leib licht: wenn es aber böse ist, (ist) auch dein   Leib finster. [35] Achte nun, daß nicht das Licht in dir Finsternis ist.

[36] Wenn nun dein ganzer Leib licht (ist), nicht habend einen finsteren Teil, wird er sein ganz licht, wie wann die Leuchte mit (ihrem) Strahl dich erleuchtet.

55. Vom Dienst für zwei Herren

Mt 6,24

[24] Keiner   kann zwei Herren dienen; denn entweder den einen wird er hassen, und den anderen wird er lieben, oder er wird an den einen sich halten, und den anderen wird er verachten. Nicht könnt ihr Gott dienen und (dem) Mammon.

Lk 16,13 (Nr. 195):

[13] Kein Hausdiener kann zwei Herren dienen; denn entweder den einen wird er hassen, und den anderen wird er lieben, oder er wird an den einen sich halten, und den anderen wird er verachten. Nicht könnt ihr Gott dienen und (dem) Mammon.

56. Vom Sorgen

Mt 6,25–34

[25] Deswegen sage ich euch: Sorgt euch nicht um euer Leben, was ihr essen sollt [oder was ihr trinken sollt] und nicht um euren Leib, was ihr anziehen sollt! Ist nicht das Leben mehr als die Nahrung und der Leib (mehr) als das Gewand? [26] Schaut auf zu den Vögeln des Himmels, daß sie nicht säen noch ernten noch   sammeln in Scheunen, und euer himmlischer Vater nährt sie; unterscheidet nicht ihr euch (viel) mehr von ihnen? [27] Wer aber von euch kann, sorgend, hinzulegen zu seinem Alter eine einzige Elle?

Lk 12,22–31 (Nr. 177):

[22] Er sprach aber zu [seinen] Schülern: Deswegen sage ich euch: Sorgt euch nicht um das Leben, was ihr essen sollt,   und nicht um den Leib, was ihr anziehen sollt! [23] Denn das Leben ist mehr als die Nahrung und der Leib (mehr) als das Gewand. [24] Beachtet die Raben   , daß sie nicht säen noch ernten, die nicht haben eine Kammer noch eine Scheune, und   Gott nährt sie; um wieviel mehr unterscheidet ihr euch von den Vögeln. [25] Wer aber von euch kann, sorgend, seinem Alter hinzulegen eine   Elle?

²⁸Und um ein Gewand, was sorgt ihr euch?
Beobachtet die Lilien des Ackers, wie sie
wachsen; nicht mühen sie sich noch spinnen
sie; ²⁹ich sage euch aber: Auch nicht Solomon
in seiner ganzen Herrlichkeit war umkleidet wie
eine von diesen. ³⁰Wenn aber Gott das Gras
des Ackers, das heute ist und morgen in (den)
Ofen geworfen wird, so kleidet, nicht um viel
mehr euch, Kleingläubige?   ³¹Sorgt euch
also nicht, sagend: Was sollen wir essen? oder:
Was sollen wir trinken? oder: Womit sollen wir uns
umkleiden? ³²Denn alles dieses erstreben die
Völker   ; denn (es) weiß euer himmlischer
Vater, daß ihr alles dessen bedürft.
³³Sucht aber zuerst das Königtum [Gottes] und
seine Gerechtigkeit, und dieses alles wird euch
hinzugelegt werden. ³⁴Sorgt also nicht für das
Morgen, denn das Morgen wird sorgen für sich;
genügend (ist) dem Tag seine Schlechtigkeit.

²⁶Wenn nun nicht (das) Geringste ihr könnt,
was sorgt ihr euch um die übrigen (Dinge)?
²⁷Beachtet die Lilien   , wie sie
wachsen; nicht mühen sie sich noch spinnen
sie; ich sage euch aber: Auch nicht Solomon
in seiner ganzen Herrlichkeit war umkleidet wie
eine von diesen. ²⁸Wenn aber Gott im Acker
das Gras, das heute ist und morgen in (den)
Ofen geworfen wird, so kleidet, um wieviel
mehr euch, Kleingläubige. ²⁹Und ihr, sucht
               nicht,   was ihr essen sollt und
was ihr trinken sollt und beunruhigt euch
nicht! ³⁰Denn dieses alles erstreben die
Völker der Welt,   euer   Vater aber
weiß, daß ihr   dessen bedürft.
³¹Jedoch sucht   sein Königtum,
               und dieses   wird euch
hinzugelegt werden.

57. Vom Richten

Mt 7,1–5

¹Richtet nicht, damit ihr nicht
gerichtet werdet! ²Denn mit welchem Richtspruch ihr richtet, werdet ihr gerichtet werden, *

und mit welchem Maß ihr meßt,   gemessen
werden wird euch. ** ³Was aber siehst
du den Span im Auge deines Bruders, den
Balken   in deinem   Auge aber
beachtest du nicht? ⁴Oder wie wirst du sagen
deinem Bruder: Laß, ich möchte
herausziehen den Span aus deinem Auge,
und siehe, der Balken (ist) in deinem
Auge?   ⁵Heuchler, zieh heraus zuerst
aus deinem Auge den Balken, und dann wirst
du zusehen, herauszuziehen den Span aus dem
Auge deines Bruders.

Lk 6,37–38.41–42 (Nr. 69):

³⁷Und richtet nicht, und nicht werdet ihr
gerichtet;

und verurteilt nicht, und nicht werdet ihr
verurteilt. Befreit, und ihr werdet befreit werden;
³⁸gebt, und gegeben werden wird euch; ein
rechtes Maß, ein gedrücktes, geschütteltes,
überfließendes, wird man geben in euren Schoß:
Denn mit welchem Maß ihr meßt, wiedergemessen
werden wird euch. ** ⁴¹Was aber siehst
du den Span im Auge deines Bruders, den
Balken aber im eigenen Auge
beachtest du nicht?   ⁴²Wie kannst du sagen
deinem Bruder: Bruder, laß, ich möchte
herausziehen den Span in deinem Auge,
selber aber den Balken in deinem
Auge nicht sehend? Heuchler, zieh heraus zuerst
den Balken aus deinem Auge, und dann wirst
du zusehen, den Span im Auge deines Bruders
herauszuziehen.

---

* Vgl. Joh 7,53–8,11: [[7,53 Und sie gingen, ein jeder in sein Haus, 8,1 Jesus aber ging auf den Berg der Ölbäume.
²Früh morgens aber wieder kam er zum Heiligtum, und das ganze Volk kam zu ihm, und sich setzend lehrte er sie.
³Vorführten aber die Schriftkundigen und die Pharisaier eine Frau, beim Ehebruch ertappt, und stellend sie in (die)
Mitte, ⁴sagen sie ihm: Lehrer, diese Frau ist ertappt worden auf frischer Tat, ehebrechend; ⁵im Gesetz aber gebot uns

Moyses, solche zu steinigen. Du nun, was sagst du? [6]Dies aber sagten sie, ihn versuchend, damit sie (etwas) hätten, ihn anzuklagen. Jesus aber, hinunter sich bückend, mit dem Finger hinschrieb auf die Erde. [7]Wie sie aber beharrten, ihn fragend, aufrichtete er sich und sprach zu ihnen: Der Sündenlose von euch soll werfen als erster auf sie einen Stein. [8]Und wieder sich niederbückend schrieb er auf die Erde. [9]Die Hörenden aber gingen hinaus, einer nach dem anderen, angefangen von den Ältesten, und er wurde zurückgelassen allein, und die Frau, die in (der) Mitte war. [10]Sich aufrichtend aber sprach Jesus zu ihr: Frau, wo sind sie? Keiner verurteilte dich? [11]Die aber sprach: Keiner, Herr. (Es) sprach aber Jesus: Auch ich verurteile dich nicht; geh [und] von jetzt (an) sündige nicht mehr!]]

** Mk 4,24 (Nr. 113): Und er sagte ihnen: Seht (zu), was ihr hört! Mit welchem Maß ihr meßt, gemessen werden wird euch und hinzugelegt werden wird euch.

58. Von der Entweihung des Heiligen

Mt 7,6

Gebt nicht das Heilige den Hunden und werft nicht eure Perlen vor die Schweine, damit sie nicht zertreten sie mit ihren Füßen und sich umwendend zerreißen euch.

59. Vom Bitten und von der Erhörung

Mt 7,7–11	Lk 11,9–13 (Nr. 168):
[7]Bittet, und gegeben werden wird euch; sucht, und finden werdet ihr; klopft an, und geöffnet werden wird euch; [8]denn jeder Bittende empfängt, und der Suchende findet, und dem Anklopfenden wird geöffnet werden. [9]Oder wer von euch ist ein Mensch, den sein Sohn bitten wird um Brot, – wird er etwa einen Stein übergeben ihm? [10]Oder auch um einen Fisch wird er bitten, – wird er etwa eine Schlange übergeben ihm?	[9]Und ich sage euch: Bittet, und gegeben werden wird euch; sucht, und finden werdet ihr; klopft an, und geöffnet werden wird euch; [10]denn jeder Bittende empfängt, und der Suchende findet, und dem Anklopfenden wird geöffnet [werden]. [11]Welchen Vater aber von euch wird bitten der Sohn um einen Fisch, und er wird anstelle eines Fisches eine Schlange ihm übergeben? [12]Oder auch bitten wird er um ein Ei, wird er übergeben ihm einen Skorpion?
[11]Wenn nun ihr, die ihr böse seid, wißt, gute Gaben zu geben euren Kindern, um wieviel mehr wird euer Vater in den Himmeln geben Gutes den ihn Bittenden.	[13]Wenn nun ihr, die ihr böse seid, wißt, gute Gaben zu geben euren Kindern, um wieviel mehr wird der Vater, [der] aus (dem) Himmel, geben heiligen Geist den ihn Bittenden.

60. Die „goldene Regel"

Mt 7,12	Lk 6,31 (Nr. 68):
[12]Alles nun, was immer ihr wollt, daß euch die Menschen tun, so auch tut ihr ihnen! Denn dieses ist das Gesetz und die Propheten.	[31]Und gleichwie ihr wollt, daß euch die Menschen tun, tut ihnen gleicherweise!

61. Von den zwei Wegen

Mt 7,13–14

[13]Geht hinein durch das enge Tor! Denn breit (ist) das Tor und weit der Weg, der ins Verderben führende, und viele   sind die Hindurchgehenden durch es; [14]wie eng (ist) das Tor und gedrängt der Weg, der ins Leben führende, und wenige sind die ihn Findenden!

Lk 13,23–24 (Nr. 184):

[23](Es) sprach aber einer zu ihm: Herr, ob (es) wenige (sind), die gerettet werden? Der aber sprach zu ihnen: [24]Kämpft, hineinzugehen durch die enge Tür, denn

viele, sage ich euch, werden suchen hineinzugehen

                                                                    und

(es) nicht vermögen.

62. Warnung vor Lügenpropheten

Mt 7,15–20

[15]In acht nehmt euch vor den Lügenpropheten, welche zu euch kommen in Gewändern von Schafen, innen aber sind sie räuberische Wölfe. [16]An ihren Früchten werdet ihr sie erkennen. Man sammelt doch nicht von Dornen Weintrauben oder   von Disteln Feigen? [17]So bringt jeder gute Baum gute Früchte, der faule Baum aber bringt böse Früchte. [18]Nicht kann ein guter Baum böse Früchte bringen noch ein fauler Baum gute Früchte bringen. * [19]Jeder Baum, nicht bringend gute Frucht, wird ausgehauen, und er wird ins Feuer geworfen. ** [20]Also denn, an ihren Früchten werdet ihr sie erkennen.

Lk 6,43–44 (Nr. 70):

[44]Denn jeder Baum wird aus seiner eigenen Frucht erkannt; denn nicht sammelt man aus Dornen Feigen, noch erntet man vom Dornbusch eine Weintraube.

[43]Denn nicht ist ein Baum gut, bringend faule Frucht, noch wieder ein Baum faul, bringend gute Frucht. *

---

* Mt 12,33 (Nr. 106): Entweder haltet den Baum für gut und seine Frucht für gut, oder haltet den Baum für faul und seine Frucht für faul; denn aus der Frucht wird der Baum erkannt.
** Mt 3,10 = Lk 3,9 (Nr. 15): Jeder Baum nun, nicht bringend gute Frucht, wird ausgehauen und ins Feuer geworfen.

63. Warnung vor Selbsttäuschung

Mt 7,21–23

[21]Nicht jeder Sagende zu mir: Herr, Herr, wird hineingehen ins Königtum der Himmel, sondern der Tuende den Willen meines Vaters in den Himmeln. [22]Viele werden sagen zu mir an jenem Tag: Herr, Herr, prophezeiten wir nicht in deinem Namen, und warfen wir (nicht) in deinem Namen Dämonen hinaus, und taten wir (nicht) in deinem Namen viele Kraft(taten)? [23]Und dann werde ich bekennen ihnen: Niemals kannte ich

Lk 6,46 (Nr. 70):

[46]Was aber ruft ihr mich: Herr, Herr, und tut nicht, was ich sage?
Lk 13,26–27 (Nr. 184):
[26]Da werdet ihr beginnen zu sagen: Wir aßen vor dir und tranken und auf unseren Straßen lehrtest du;

[27]und sprechen wird er, sagend euch: Nicht kenne ich

Ps 6,9
1 Makk 3,6

euch   ; *geht weg von mir, die ihr* | [euch], woher ihr seid; *entfernt euch von mir, alle*
wirkt das Ungesetzliche! | *Wirker von Unrecht!*

64. Gleichnis vom Hausbau

Mt 7,24–27

[24] Jeder nun, welcher
hört diese meine Worte und sie tut,
verglichen werden wird er einem
verständiger Mann, welcher baute sein Haus auf

den Felsen;   [25] und herabkam der Regen,
und (es) kamen die Flüsse, und (es) wehten die
Winde, und niederfielen sie auf jenes Haus, aber
nicht fiel es; denn es war gegründet worden auf
den Felsen. [26] Und jeder diese meine Worte Hörende   und sie nicht Tuende, verglichen
werden wird er einem törichten Mann, welcher
baute sein Haus auf den Sand   ; [27] und
herabkam der Regen, und (es) kamen die
Flüsse, und (es) wehten die Winde, und anstießen
sie an jenes Haus, und   es fiel,
und (es) war sein Fall
groß.

Lk 6,47–49 (Nr. 71):

[47] Jeder   zu mir Kommende und
meine Worte Hörende und sie Tuende, ich werde
euch zeigen, wem er gleich ist. [48] Gleich ist er einem
          Menschen, bauend ein Haus, der grub
und in die Tiefe ging und ein Fundament auf
den Felsen setzte; als aber eine Überschwem-
mung entstand, anstieß der Fluß
          an jenes Haus, aber
nicht vermochte er, es zu erschüttern, weil es
recht gebaut war.   [49] Der   Hörende aber und   nicht Tuende, gleich ist
er einem   Menschen, bauend
ein Haus auf die Erde ohne Fundament,
          an dem anstieß der
Fluß,
          und sofort fiel es zusammen,
und (es) war der Zusammenbruch jenes Hauses
groß.

65. Wirkung der Bergpredigt

Mt 7,28–29

[28] Und es geschah, als Jesus beendete diese Worte, * gerieten außer sich die Volksmengen über seine Lehre, ** [29] denn er war lehrend sie wie ein Vollmacht Habender und nicht wie ihre Schriftkundigen. ***

---

* Vgl. Lk 7,1a (Nr. 72): Nachdem er erfüllt hatte alle seine Worte in die Ohren des Volkes,...
** Joh 7,46: (Es) antworteten die Diener: Noch nie redete so ein Mensch.

*** Mk 1,21–22 (Nr. 25):
[21] Und hineingehen sie nach Kapharnaum; und
sofort an den Sabbaten hineinkommend in die
Synagoge, lehrte er. [22] Und sie gerieten außer
sich über seine Lehre; denn er war lehrend sie
wie ein Vollmacht Habender und nicht wie die
Schriftkundigen.

Lk 4,31–32 (Nr. 25):
[31] Und hinabkam er nach Kapharnaum, einer
Stadt der Galilaia.   Und er war lehrend
sie an den Sabbaten. [32] Und sie gerieten außer
sich über seine Lehre, weil
          in Vollmacht war sein Wort.

Die „Kleine Einschaltung" des Lukas (Lk 6,20–8,3)
Die Feldrede (Lk 6,20–49)

66. Einleitung

Mt 4,24–5,2 (Nr. 29.39):

24Und hinausging sein Ruf in die ganze Syria; und hinbrachten sie ihm alle, denen es schlecht ging, durch mancherlei Krankheiten und Qualen Bedrängte [und] Besessene und Mondsüchtige und Gelähmte; und er heilte sie. **25**Und (es) folgten ihm große Volksmengen von der Galilaia und (der) Dekapolis und von Hierosolyma und Judaia und von jenseits des Jordanes.

5,1 Sehend aber die Volksmengen, stieg er hinauf auf den Berg; und als er sich gesetzt hatte, kamen zu ihm seine Schüler; **2**und öffnend seinen Mund lehrte er sie, sagend:

Mk 3,7–13a (Nr. 37.38):

7Und Jesus mit seinen Schülern entwich zum Meer, und eine große Menge von der Galilaia [folgte] und von der Judaia **8**und von Hierosolyma und von der Idumaia und von jenseits des Jordanes und (aus der) Gegend) um Tyros und Sidon eine große Menge, hörend, wieviel er tat, kam zu ihm. **9**Und er sprach zu seinen Schülern, damit ein Boot ihm bereitliege wegen der Volksmenge, damit sie ihn nicht bedränge; **10**denn viele heilte er, so daß sie über ihn herfielen, damit ihn berührten, wieviele Plagen hatten. **11**Und die unreinen Geister, wann sie ihn erblickten, fielen nieder vor ihm und schrien, sagend: Du bist der Sohn Gottes. **12**Und viel fuhr er sie an, damit sie nicht ihn offenbar machten.

13a Und hinaufsteigt er auf den Berg, und herbeiruft er, die er selbst wollte.

Lk 6,17–20a

17Und hinabsteigend mit ihnen, stellte er sich auf einen ebenen Platz, und eine große Menge seiner Schüler, und eine große Menge des Volkes von der ganzen Judaia und von Jerusalem und der Meeresküste von Tyros und Sidon, **18**die kamen, ihn zu hören und geheilt zu werden von ihren Krankheiten; und die von unreinen Geistern Geplagten wurden geheilt, **19**und die ganze Volksmenge suchte ihn zu berühren, weil Kraft von ihm ausging und alle heilte.

20a Und er, erhebend seine Augen zu seinen Schülern, sagte:

67. Die Seligpreisungen und Weherufe

Mt 5,3–12 (Nr. 40):

Lk 6,20b–26

[3]Selig die Armen dem Geist (nach), denn ihrer ist das Königtum der Himmel. [4]Selig die Trauernden, denn sie werden ermutigt werden. [5]Selig die Sanften, denn sie werden erben die Erde. [6]Selig die Hungernden und Dürstenden nach der Gerechtigkeit, denn sie werden gesättigt werden.

vgl. V 4

[7]Selig die sich Erbarmenden, denn sie werden Erbarmen finden. [8]Selig die Reinen dem Herzen (nach), denn sie werden Gott sehen. [9]Selig die Frieden Schaffenden, denn sie werden Söhne Gottes gerufen werden. [10]Selig die Verfolgten wegen (der) Gerechtigkeit, denn ihrer ist das Königtum der Himmel. [11]Selig seid ihr, wann sie euch schmähen und verfolgen und sagen alles Böse über euch, [lügend], wegen meiner.
[12]Freut euch und jubelt, denn euer Lohn (ist) groß in den Himmeln; denn so verfolgten sie die Propheten, die vor euch.

[20b]Selig die Armen , denn euer ist das Königtum Gottes.

vgl. V 21b
[21]Selig die Hungernden jetzt, denn ihr werdet gesättigt werden. Selig die Weinenden jetzt, denn ihr werdet lachen.

[22]Selig seid ihr, wann euch hassen die Menschen und wann sie euch ausschließen und schmähen und hinauswerfen euren Namen als schlecht wegen des Sohnes des Menschen; [23]freut euch an jenem Tag und hüpft, denn siehe, euer Lohn (ist) groß im Himmel; denn genauso taten den Propheten ihre Väter.
[24]Jedoch wehe euch, den Reichen, denn weg habt ihr euren Trost. [25]Wehe euch, ihr Gesättigten jetzt, denn ihr werdet hungern. Wehe, ihr Lachenden jetzt, denn ihr werdet trauern und weinen. [26]Wehe, wann euch schön reden alle Menschen; denn genauso taten den Lügenpropheten ihre Väter.

68. Vom Wiedervergelten und von der Feindesliebe

Mt 5,39–42.44–48; 7,12 (Nr. 47.48 und 60):

Lk 6,27–36

[44]Ich aber sage euch: Liebt eure Feinde und betet für die euch Verfolgenden. [39b]Sondern, welcher dich schlägt auf [deine] rechte Wange, wende ihm auch die andere zu! [40]Und dem, der willens ist, mit dir zu rechten und dein Untergewand zu nehmen, laß ihm auch das Obergewand! [41]Und welcher dich zwingen will zu einer Meile, geh fort mit ihm zwei! [42]Dem dich Bittenden gib, und den, der von dir leihen will, weise nicht ab!
7,12 Alles nun, was immer ihr wollt, daß euch die Menschen tun, so auch tut ihr ihnen!

[27]Aber euch sage ich, den Hörenden: Liebt eure Feinde, recht tut den euch Hassenden, [28]segnet die euch Verfluchenden, betet für die euch Schmähenden! [29]Dem dich Schlagenden auf die Wange, biete auch die andere, und dem dir Wegnehmenden das Obergewand, auch das Untergewand verweigere nicht!
[30]Jedem dich Bittenden gib, und vom Wegnehmenden das Deine, fordere (es) nicht zurück! [31]Und gleichwie ihr wollt, daß euch die Menschen tun, tut ihnen gleicherweise!

Denn dieses ist das Gesetz und die Propheten.
[46] Denn wenn ihr liebt die euch Liebenden, welchen Lohn habt ihr? Tun nicht auch die Zöllner dasselbe? [47] Und wenn ihr grüßt allein eure Brüder, was tut ihr Besonderes? Tun nicht auch die Heidnischen dasselbe?

[48] Seid also ihr vollkommen, wie euer himmlischer Vater vollkommen ist!

[32] Und wenn ihr liebt die euch Liebenden, welcher Dank ist euch? Denn auch die Sünder lieben die sie Liebenden. [33] Und wenn ihr [nämlich] Gutes tut den euch Gutes Tuenden, welcher Dank ist euch? Auch die Sünder tun dasselbe. [34] Und wenn ihr leiht, von denen ihr hofft zu erhalten, welcher Dank [ist] euch? Auch Sünder leihen Sündern, damit sie zurückempfangen das gleiche. [35] Jedoch liebt eure Feinde und tut Gutes und leiht, nichts zurückerhoffend; und sein wird euer Lohn groß, und sein werdet ihr Söhne (des) Höchsten, weil er gütig ist zu den Undankbaren und Bösen. [36] Werdet barmherzig, gleichwie [auch] euer Vater barmherzig ist!

69. Vom Richten

Mt 7,1–5 (Nr. 57):

[1] Richtet nicht, damit ihr nicht gerichtet werdet! [2] Denn mit welchem Richtspruch ihr richtet, werdet ihr gerichtet werden,

und mit welchem Maß ihr meßt, gemessen werden wird euch. *

Lk 6,37–42

[37] Und richtet nicht, und nicht werdet ihr gerichtet;

und verurteilt nicht, und nicht werdet ihr verurteilt. Befreit, und ihr werdet befreit werden; [38] gebt, und gegeben werden wird euch; ein rechtes Maß, ein gedrücktes, geschütteltes, überfließendes, wird man geben in euren Schoß: Denn mit welchem Maß ihr meßt, wiedergemessen werden wird euch. * [39] Er sprach aber auch ein Gleichnis zu ihnen: Kann etwa ein Blinder einen Blinden führen? Werden nicht beide in eine Grube hineinfallen? ** [40] Nicht ist ein Schüler über dem Lehrer; ausgebildet aber, jeder wird sein wie sein Lehrer. ***

[3] Was aber siehst du den Span im Auge deines Bruders, den Balken in deinem Auge aber beachtest du nicht? [4] Oder wie wirst du sagen deinem Bruder: Laß, ich möchte herausziehen, den Span aus deinem Auge, und siehe, der Balken (ist) in deinem Auge? [5] Heuchler, zieh heraus zuerst aus deinem Auge den Balken, und dann wirst du zusehen, herauszuziehen den Span aus dem Auge deines Bruders.

[41] Was aber siehst du den Span im Auge deines Bruders, den Balken aber im eigenen Auge beachtest du nicht? [42] Wie kannst du sagen deinem Bruder: Bruder, laß, ich möchte herausziehen den Span in deinem Auge, selbst (aber) den Balken in deinem Auge nicht sehend? Heuchler, zieh heraus zuerst den Balken aus deinem Auge, und dann wirst du zusehen, den Span im Auge deines Bruders herauszuziehen.

---

* Mk 4,24 (Nr. 113): Und er sagte ihnen: Seht (zu), was ihr hört! Mit welchem Maß ihr meßt, gemessen werden wird euch und hinzugelegt werden wird euch.
** Mt 15,14 (Nr. 135): Laßt sie; als Blinde sind sie Führer [von Blinden]; wenn aber ein Blinder einen Blinden führt, werden beide in eine Grube fallen.

*** Mt 10,24–25 (Nr. 92): [24]Nicht ist ein Schüler über dem Lehrer und nicht ein Sklave über seinem Herrn. [25]Es genügt dem Schüler, daß er wird wie sein Lehrer und der Sklave wie sein Herr. Wenn sie den Hausherrn Beelzebul riefen, um wieviel mehr seine Hausgenossen.

Joh 13,16: Amen, amen, ich sage euch: Nicht ist ein Sklave größer als sein Herr, noch ein Gesandter größer als der ihn Schickende.

Joh 15,20b: Nicht ist ein Sklave größer als sein Herr. Wenn mich sie verfolgten, werden auch euch sie verfolgen; wenn mein Wort sie bewahrten, werden auch das eurige sie bewahren.

70. Von den Bäumen und ihren Früchten

Mt 7,16.18.21 (Nr. 62,63):	Mt 12,33–35 (Nr. 106):	**Lk 6,43–46**
[18]Nicht kann ein guter Baum böse Früchte bringen noch ein fauler Baum gute Früchte bringen.	[33]Entweder haltet den Baum für gut und seine Frucht für gut, oder haltet den Baum für faul und seine Frucht für faul; denn aus der Frucht wird der Baum erkannt.	[43]Denn nicht ist ein Baum gut, bringend faule Frucht, noch wieder ein Baum faul, bringend gute Frucht. [44]Denn jeder Baum wird aus seiner eigenen Frucht erkannt; denn nicht sammelt man aus Dornen Feigen, noch erntet man vom Dornbusch eine Weintraube.
[16]An ihren Früchten werdet ihr sie erkennen. Man sammelt doch nicht von Dornen Weintrauben oder von Disteln Feigen?		
	[35]Der gute Mensch wirft aus dem guten Schatz(behälter) heraus Gutes, und der böse Mensch wirft aus dem bösen Schatz(behälter) heraus Böses. [34b]Denn aus dem Überfluß des Herzens redet der Mund.	[45]Der gute Mensch bringt aus dem guten Schatz(behälter) des Herzens hervor das Gute, und der böse bringt aus dem bösen hervor das Böse; denn aus Überfluß (des) Herzens redet sein Mund. [46]Was aber ruft ihr mich: Herr, Herr, und tut nicht, was ich sage?
[21]Nicht jeder Sagende zu mir: Herr, Herr, wird hineingehen ins Königtum der Himmel, sondern der Tuende den Willen meines Vaters in den Himmeln.		

71. Gleichnis vom Hausbau

Mt 7,24–27 (Nr. 64):	**Lk 6,47–49**
[24]Jeder nun, welcher hört diese meine Worte und sie tut, verglichen werden wird er einem verständigen Mann, welcher baute sein Haus auf den Felsen; [25]und herabkam der Regen und (es) kamen die Flüsse, und (es) wehten die Winde, und niederfielen sie auf jenes Haus, aber	[47]Jeder zu mir Kommende und meine Worte Hörende und sie Tuende, ich werde euch zeigen, wem er gleich ist. [48]Gleich ist er einem Menschen, bauend ein Haus, der grub und in die Tiefe ging und ein Fundament auf den Felsen setzte; als aber eine Überschwemmung entstand, anstieß der Fluß an jenes Haus, aber

nicht fiel es; denn es war gegründet worden auf den Felsen. [26]Und jeder diese meine Worte Hörende und sie nicht Tuende, verglichen werden wird er einem törichten Mann, welcher baute sein Haus auf den Sand ; [27]und herabkam der Regen, und (es) kamen die Flüsse, und (es) wehten die Winde, und anstießen sie an jenes Haus, und es fiel, und (es) war sein Fall groß.

nicht vermochte er, es zu erschüttern, weil es recht gebaut war. [49]Der Hörende aber und nicht Tuende, gleich ist er einem Menschen, bauend ein Haus auf die Erde ohne Fundament, an dem anstieß der Fluß, und sofort fiel es zusammen, und (es) war der Zusammenbruch jenes Hauses groß.

72. Der Hauptmann von Kapharnaum *

Mt 8,5–10.13 (Nr. 79):

[5]Als er aber hineinkam nach Kapharnaum, kam zu ihm ein Hauptmann, bittend ihn [6]und sagend: Herr, mein Knecht liegt im Haus gelähmt, arg gequält.

[7]Und er sagt ihm: Ich werde kommend ihn heilen.

[8]Und antwortend sagte der Hauptmann: Herr, nicht bin ich wert, daß unter mein Dach du hineinkommst,

aber sprich nur mit einem Wort, und geheilt werden wird mein Knecht. [9]Denn auch ich bin ein Mensch unter Vollmacht , habend unter mir Soldaten, und sage ich diesem: Geh! Und er geht, und einem andern: Komm! Und er kommt, und meinem Sklaven: Tue dies! Und er tut (es). [10](Es) hörend aber, staunte Jesus und sprach zu den (ihm) Folgenden: Amen, ich sage euch: Bei keinem fand ich so großen Glauben in Israel. [13]Und (es) sprach Jesus zum Hauptmann: Geh fort! Wie du glaubtest, soll dir geschehen. Und geheilt wurde [sein] Knecht in jener Stunde.

Lk 7,1–10

[1]Nachdem er erfüllt hatte alle seine Worte in die Ohren des Volkes, hineinkam er nach Kapharnaum. [2]Eines Hauptmanns Sklave aber, dem es schlecht ging, war im Begriff zu sterben; der war ihm teuer. [3]Hörend aber über Jesus, schickte er zu ihm Älteste der Judaier, bittend ihn, daß er, kommend, rette seinen Sklaven. [4]Die aber, herankommend zu Jesus, baten ihn eifrig, sagend: Würdig ist er, daß du ihm dies gewährst; [5]denn er liebt unser Volk, und die Synagoge baute selbst er uns. [6]Jesus aber ging mit ihnen. Als er aber schon nicht (mehr) weit entfernt war vom Haus, schickte der Hauptmann Freunde, sagend ihm: Herr, bemühe dich nicht, denn nicht bin ich wert, daß unter mein Dach du hineinkommst; [7]deshalb auch hielt ich mich nicht für würdig, zu dir zu kommen; aber sprich mit einem Wort, und geheilt werden soll mein Knecht. [8]Denn auch ich bin ein Mensch, unter Vollmacht gestellt, habend unter mir Soldaten, und sage ich diesem: Geh! Und er geht, und einem anderen: Komm! Und er kommt, und meinem Sklaven: Tue dies! Und er tut (es). [9]Hörend aber dieses, staunte Jesus über ihn, und sich umwendend sprach er zu der ihm folgenden Volksmenge: Ich sage euch: Auch nicht in Israel fand ich so großen Glauben.

[10]Und zurückkehrend ins Haus, fanden die Geschickten den Sklaven gesundend.

---

* Joh 4,46b–54: [46b]Und es war ein Königlicher, dessen Sohn krank war in Kapharnaum. [47]Dieser, hörend, daß Jesus gekommen sei aus der Judaia in die Galilaia, wegging zu ihm und bat, daß er hinabsteige und heile seinen Sohn, denn er war im Begriff zu sterben. [48](Es) sprach nun Jesus zu ihm: Wenn nicht Zeichen und Wunder ihr seht, nicht glaubt ihr. [49](Es) sagt zu ihm der Königliche: Herr, steig hinab ehe mein Kind stirbt! [50](Es) sagt ihm Jesus: Geh, dein Sohn

lebt! (Es) glaubte der Mensch dem Wort, das zu ihm sprach Jesus; und er ging. [51]Schon während er hinabstieg aber, begegneten ihm seine Sklaven, sagend, daß sein Knabe lebe. [52]Er erforschte nun die Stunde, in der es besser ihm ging; sie sprachen nun zu ihm: Gestern zur siebten Stunde verließ ihn das Fieber. [53](Es) erkannte nun der Vater, daß (es) [zu] jener Stunde (war), in der zu ihm sprach Jesus: Dein Sohn lebt; und (es) glaubte er und sein ganzes Haus. [54]Dieses zweite Zeichen [aber] wieder tat Jesus kommend aus der Judaia in die Galilaia.

73. Der junge Mann von Nain

Lk 7,11–17

[11]Und es geschah in der folgenden (Zeit): Er ging in eine Stadt, gerufen Nain, und mitgingen mit ihm seine Schüler und eine große Volksmenge. [12]Wie er aber nahekam dem Tor der Stadt, und siehe, herausgetragen wurde ein gestorbener, einziggeborener Sohn seiner Mutter, und sie selbst war Witwe, und eine beträchtliche Volksmenge der Stadt war mit ihr. [13]Und sehend sie, erbarmte sich der Herr über sie und sprach zu ihr: Weine nicht! [14]Und hinzutretend berührte er den Sarg, die Träger aber (blieben) stehen, und er sprach: Junger Mann, dir sage ich: Steh auf! [15]Und aufsetzte sich der Tote und begann zu reden, und er gab ihn seiner Mutter. [16](Es) ergriff aber Furcht alle, und sie verherrlichten Gott, sagend: Ein großer Prophet stand auf unter uns; und: Geschaut hat Gott nach seinem Volk. [17]Und hinausging dieses Wort über ihn in die ganze Judaia und (in) die ganze Umgegend.

74. Täuferanfrage und Antwort Jesu

Mt 11,2–6 (Nr. 97):	Lk 7,18–23
[2]Johannes aber, hörend im Gefängnis die Werke des Christos, schickend durch seine Schüler, [3]sprach zu ihm: Bist du der Kommende, oder sollen einen anderen wir erwarten?	[18]Und (es) meldeten (dem) Johannes seine Schüler über alles dieses. Und herbeirufend zwei seiner Schüler, [19]schickte Johannes zum Herrn, sagend: Bist du der Kommende, oder sollen einen anderen wir erwarten? [20]Herankommend aber zu ihm, sprachen die Männer: Johannes der Täufer schickte uns zu dir, sagend: Bist du der Kommende, oder sollen einen anderen wir erwarten? [21]In jener Stunde heilte er viele von Krankheiten und Geißeln und bösen Geistern, und vielen Blinden schenkte er zu sehen. [22]Und antwortend sprach er zu ihnen: Hingehend meldet Johannes, was ihr saht und hörtet: *Blinde sehen wieder*, Lahme gehen umher, Aussätzige werden gereinigt und *Taube hören*, *Tote werden erweckt*, Armen wird (ein Evangelium) verkündet; [23]und selig ist, wer immer nicht Anstoß nimmt an mir.
[4]Und antwortend sprach Jesus zu ihnen: Hingehend meldet Johannes, was ihr hört und seht: [5]*Blinde sehen wieder*, und Lahme gehen umher, Aussätzige werden gereinigt, und *Taube hören*, und *Tote werden erweckt*, und Armen wird (ein Evangelium) verkündet; [6]und selig ist, wer immer nicht Anstoß nimmt an mir.	

Jes 29,18; 35,5f; 42,18; 26,19; 61,1

75. Jesu Zeugnis über den Täufer

Mt 11,7–11.16–19 (Nr. 98):

Lk 7,24–35

⁷Während diese aber   gingen, begann Jesus zu reden zu den Volksmengen über Johannes: Was kamt ihr heraus in die Öde zu sehen? Ein Rohr, vom Wind geschüttelt? ⁸Doch, was kamt ihr heraus zu sehen? Einen Menschen in weiche (Gewänder) gekleidet? Siehe, die das Weiche Tragenden   sind in den Häusern der Könige. ⁹Doch, was kamt ihr heraus zu sehen? Einen Propheten? Ja, ich sage euch, und mehr als einen Propheten. ¹⁰Dieser ist (es), über den geschrieben ist: *Siehe, ich schicke meinen Boten vor* deinem *Angesicht (her), der herrichten wird* deinen *Weg vor dir.* *
¹¹Amen, ich sage euch: Nicht ist erweckt worden unter (den) Geborenen von Frauen ein Größerer als Johannes der Täufer; der Kleinere aber im Königtum der Himmel ist größer als er.

²⁴Als aber weggingen die Boten (des) Johannes, begann er zu reden zu den Volksmengen über Johannes: Was kamt ihr heraus in die Öde zu sehen? Ein Rohr, vom Wind geschüttelt? ²⁵Doch, was kamt ihr heraus zu sehen? Einen Menschen, in weiche Gewänder gekleidet? Siehe, die in glanzvoller Kleidung und Schwelgerei Lebenden sind in den Königspalästen. ²⁶Doch, was kamt ihr heraus zu sehen? Einen Propheten? Ja ich sage euch, und mehr als einen Propheten. ²⁷Dieser ist (es), über den geschrieben ist: *Siehe, ich schicke meinen Boten vor* deinem *Angesicht (her), der herrichten wird* deinen *Weg vor dir.* *
²⁸Ich sage euch: Ein Größerer unter (den) Geborenen von Frauen als Johannes   ist keiner. Der Kleinere aber im Königtum Gottes ist größer als er. ²⁹Und das ganze (es) hörende Volk und die Zöllner gaben Gott recht, sich taufen lassend mit der Taufe (des) Johannes; ³⁰die Pharisaier aber und die Gesetzeskundigen wiesen den Ratschluß Gottes für sich selbst ab, nicht sich taufen lassend von ihm. **

Ex 23,20
Mal 3,1

¹⁶Wem aber werde ich vergleichen dieses Geschlecht? Gleich ist es Kindern, sitzend auf den Märkten, die, zurufend den anderen, ¹⁷sagen: Auf der Flöte spielten wir euch, und nicht tanztet ihr, Klagelieder sangen wir, und nicht trauertet ihr. ¹⁸Denn (es) kam Johannes   , weder essend noch trinkend   , und sie sagen: Einen Dämon hat er. ¹⁹(Es) kam der Sohn des Menschen, essend und trinkend, und sie sagen: Siehe, ein Mensch, ein Fresser und Weinsäufer, von Zöllnern ein Freund und von Sündern. Und gerechtgesprochen wurde die Weisheit von   ihren Werken.

³¹Wem nun werde ich vergleichen die Menschen dieses Geschlechts, und wem sind sie gleich? ³²Gleich sind sie Kindern, auf dem Markt sitzend und zurufend einander, die sagen: Auf der Flöte spielten wir euch, und nicht tanztet ihr, Klagelieder sangen wir, und nicht weintet ihr. ³³Denn gekommen ist Johannes der Täufer, nicht essend Brot noch trinkend Wein, und ihr sagt: Einen Dämon hat er. ³⁴Gekommen ist der Sohn des Menschen, essend und trinkend, und ihr sagt: Siehe, ein Mensch, ein Fresser und Weinsäufer, ein Freund von Zöllnern und von Sündern. ³⁵Und gerechtgesprochen wurde die Weisheit von allen ihren Kindern.

---

* Mk 1,2 (Nr. 14): Gleichwie geschrieben ist in dem Isaias, dem Propheten: *Siehe, ich schicke meinen Boten vor deinem Angesicht (her), der herrichten wird* deinen *Weg.*
** Mt 21,32 (Nr. 225): Denn (es) kam Johannes zu euch auf (dem) Weg (der) Gerechtigkeit, und nicht glaubtet ihr ihm, die Zöllner aber und die Dirnen glaubten ihm, ihr aber, sehend (es), auch nicht zuletzt bekamt ihr Reue, ihm zu glauben.

76. Salbung Jesu durch eine Sünderin *

Lk 7,36–50

[36](Es) bat ihn aber einer von den Pharisaiern, daß er esse mit ihm, und hineinkommend in das Haus des Pharisaiers, legte er sich (zu Tisch). [37]Und siehe, eine Frau, welche war in der Stadt eine Sünderin, und erfahrend, daß er (zu Tisch) liegt im Haus des Pharisaiers, bringend eine Alabasterflasche mit Öl [38]und tretend hinten zu seinen Füßen, begann weinend mit Tränen zu benetzen seine Füße, und mit den Haaren ihres Kopfes wischte sie (sie) ab, und abküßte sie seine Füße und salbte (sie) mit dem Öl. [39](Es) sehend aber der Pharisaier, der ihn gerufen hatte, sprach er, bei sich selbst sagend: Dieser, wenn er wäre ein Prophet, erkennen würde er, wer und was für eine die Frau (ist), welche ihn berührt, daß eine Sünderin sie ist. [40]Und antwortend sprach Jesus zu ihm: Simon, ich habe mit dir etwas zu sprechen. Der aber: Lehrer, sprich, sagt er. [41]Zwei Schuldner hatte ein Geldverleiher; der eine schuldete fünfhundert Denare, der andere aber fünfzig. [42]Da sie nicht(s) hatten zurückzugeben, schenkte er (es) beiden. Wer nun von ihnen wird mehr ihn lieben? [43]Antwortend sprach Simon: Ich nehme an: (der,) dem das Mehrere er schenkte. Der aber sprach zu ihm: Richtig urteiltest du. [44]Und sich umwendend zu der Frau, sagte er dem Simon: Siehst du diese Frau? Hereinkam ich in dein Haus, Wasser gabst du mir nicht auf (die) Füße; sie aber, mit den Tränen benetzte sie meine Füße, und mit ihren Haaren abwischte sie (sie). [45]Einen Kuß gabst du mir nicht; sie aber, seit ich hereinkam, nicht ließ sie ab, abzuküssen meine Füße. [46]Mit Öl salbtest du nicht meinen Kopf; sie aber, mit Öl salbte sie meine Füße. [47]Deswegen sage ich dir: Erlassen sind ihre vielen Sünden, weil sie viel liebte; wem aber wenig erlassen wird, liebt wenig. [48]Er sprach aber zu ihr: Erlassen sind deine Sünden. [49]Und (es) begannen die mit (zu Tisch) Liegenden zu sagen bei sich: Wer ist dieser, der auch Sünden erläßt? [50]Er sprach aber zu der Frau: Dein Glaube hat dich gerettet; gehe in Frieden!

---

* Mt 26,6–13 (Nr. 249):

[6]Als aber Jesus war in Bethania im Haus Simons des Aussätzigen,

[7]kam zu ihm eine Frau, habend eine Alabasterflasche kostbaren Öls,

und ausschüttete sie (es) auf seinen Kopf, während er (zu Tisch) lag.

[8](Es) sehend aber die Schüler, wurden sie unwillig, sagend: Wozu diese Vergeudung? [9]Denn (es) hätte dies verkauft werden können für viel und gegeben werden (den) Armen.

Mk 14,3–9 (Nr. 249):

[3]Und als er war in Bethania im Haus Simons des Aussätzigen,

während er (zu Tisch) lag, kam eine Frau, habend eine Alabasterflasche echten, kostbaren Nardenöls; zerbrechend die Alabasterflasche, ausschüttete sie (es) auf seinen Kopf.

[4](Es) waren aber einige unwillig bei sich selbst: Wozu ist diese Vergeudung des Öls geschehen? [5]Denn es hätte dieses Öl verkauft werden können um über dreihundert Denare und gegeben werden den Armen; und anschnaubten sie sie.

Joh 12,1–8:

[1]Jesus nun kam sechs Tage vor dem Pascha nach Bethania, wo Lazaros war, den Jesus aus Toten erweckte. [2]Sie machten ihm nun ein Mahl dort, und Martha diente, Lazaros aber war einer von den (zu Tisch) Liegenden mit ihm. [3]Mariam nun, nehmend eine Litra echten, wertvollen Nardenöls, salbte die Füße von Jesus, und abwischte sie mit ihren Haaren seine Füße; das Haus aber wurde erfüllt vom Duft des Öls. [4](Es) sagte aber Judas, der Iskariotes, einer [von] seinen Schülern, der ihn übergeben sollte:

[5]Weshalb wurde dieses Öl nicht verkauft um dreihundert Denare und gegeben Armen? [6]Er sprach aber dies nicht, weil an den Armen

¹⁰(Es) erkennend aber, sprach Jesus zu ihnen: Was bereitet ihr Mühen der Frau? Denn ein rechtes Werk wirkte sie an mir; ¹¹denn allzeit habt ihr die Armen bei euch,

mich aber habt ihr nicht allzeit; ¹²denn da sie schüttete dieses Öl auf meinen Leib, zu meinem Begräbnis tat sie (es). ¹³Amen, ich sage euch: Wo immer verkündet wird dieses Evangelium in der ganzen Welt, geredet werden wird auch, was diese tat, zum Gedenken an sie.

⁶Jesus aber sprach : Laßt sie! Was bereitet ihr ihr Mühen? Ein rechtes Werk wirkte sie an mir. ⁷Denn allzeit habt ihr die Armen bei euch, und wann ihr wollt, könnt ihr ihnen gut tun, mich aber habt ihr nicht allzeit. ⁸Was sie hatte, tat sie; vorwegnahm sie, zu salben meinen Leib zum Begräbnis. ⁹Amen, ich sage euch aber: Wo immer verkündet wird das Evangelium in die ganze Welt, auch was diese tat, wird geredet werden zum Gedenken an sie.

ihm lag, sondern weil ein Dieb er war und, den Beutel habend, das Eingeworfene er entwendete. ⁷(Es) sprach nun Jesus : Laß sie, damit auf den Tag meines Begräbnisses sie es bewahre; ⁸denn die Armen allzeit habt ihr bei euch,

mich aber habt ihr nicht allzeit. vgl. V 7

77. Frauen in der Gefolgschaft Jesu

Lk 8,1–3

¹Und es geschah in der folgenden (Zeit), daß er selbst durchreiste Stadt und Dorf, verkündigend und (als Evangelium) verkündend das Königtum Gottes, * und die Zwölf mit ihm; ²und einige Frauen, die geheilt worden waren von bösen Geistern und Krankheiten, Maria, die Magdalenerin gerufene, von der sieben Dämonen herausgekommen waren, ** ³und Johanna, (die) Frau (des) Chuza, eines Verwalters (des) Herodes, und Susanna und andere viele, welche ihnen dienten aus ihrem Besitz. ***

---

* Mt 9,35 (Nr. 90): Und (es) durchzog Jesus die Städte alle und die Dörfer, lehrend in ihren Synagogen und verkündend das Evangelium des Königtums und heilend jede Krankheit und jede Schwäche.
Mk 6,6b (Nr. 128): Und er durchzog die Dörfer im Umkreis, lehrend.
** Mk 16,9 (Nr. 278): Auferstanden aber früh am Wochenersten, erschien er zuerst Maria, der Magdalenerin, von der er hinausgeworfen hatte sieben Dämonen.
*** Mt 27,55–56 (Nr. 268): ⁵⁵(Es) waren aber dort viele Frauen, von weitem schauend, welche gefolgt waren Jesus von der Galilaia, ihm zu dienen; ⁵⁶unter ihnen war Maria, die Magdalenerin, und Maria, die Mutter des Jakobos und Joseph, und die Mutter der Söhne (des) Zebedaios.
Mk 15,40–41 (Nr. 268): ⁴⁰(Es) waren aber auch Frauen von weitem schauend, unter denen auch Maria, die Magdalenerin, und Maria, (des) Jakobos des Kleinen und (des) Joses Mutter, und Salome, ⁴¹die, als er war in der Galilaia, ihm folgten und ihm dienten, und viele andere Mitheraufgestiegene mit ihm nach Hierosolyma.
Lk 23,49 (Nr. 268): Dastanden aber alle ihm Bekannten von weitem und Frauen, die ihm mitgefolgt waren von der Galilaia, dieses zu sehen.

Weitere Wirksamkeit in der Galilaia

78. Heilung eines Aussätzigen

Mt 8,1–4	Mk 1,40–45 (Nr. 31):	Lk 5,12–16 (Nr. 31):
[1] Als er aber herabgestiegen war vom Berg, folgten ihm viele Volksmengen. [2] Und siehe, ein Aussätziger, hinzukommend, fiel nieder vor ihm, sagend: Herr, wenn du willst, kannst du mich reinigen. [3] Und ausstreckend die Hand, berührte er ihn, sagend : Ich will, werde gereinigt! Und sogleich wurde gereinigt sein Aussatz.	[40] Und (es) kommt zu ihm ein Aussätziger, bittend ihn [und auf die Knie fallend] und sagend ihm: Wenn du willst, kannst du mich reinigen. [41] Und ergriffen ausstreckend die Hand, berührte er ihn und sagt ihm: Ich will, werde gereinigt! [42] Und sofort wegging von ihm der Aussatz, und er wurde gereinigt. [43] Und anschnaubend ihn, sofort warf er ihn hinaus [44] und sagt ihm : Sieh, daß zu keinem du etwas sprichst, sondern geh fort, zeig dich dem Priester und bring dar für deine Reinigung, was verordnete Moyses, zum Zeugnis ihnen! [45] Der aber, hinausgehend, begann, viel zu verkünden und herumzuerzählen das Wort, so daß er nicht mehr offen in eine Stadt hineingehen konnte, sondern draußen an einsamen Orten war er; und sie kamen zu ihm überallher.	[12] Und es geschah, als er in einer der Städte war, und siehe: ein Mann voll Aussatz; sehend aber den Jesus, fallend aufs Gesicht, bat er ihn, sagend: Herr, wenn du willst, kannst du mich reinigen. [13] Und ausstreckend die Hand, berührte er ihn, sagend : Ich will, werde gereinigt! Und sogleich ging der Aussatz weg von ihm.
[4] Und (es) sagt ihm Jesus: Sieh, daß zu keinem du sprichst, sondern geh fort, zeig dich dem Priester und bring dar die Gabe, die verordnete Moyses, zum Zeugnis ihnen!		[14] Und er gebot ihm, zu keinem zu sprechen, sondern, weggehend, zeig dich dem Priester und bring dar für deine Reinigung, gleichwie verordnete Moyses, zum Zeugnis ihnen! [15] (Es) verbreitete sich aber (noch) mehr das Wort über ihn, und zusammenkamen viele Volksmengen, zu hören und geheilt zu werden von ihren Krankheiten; [16] er aber war zurückgezogen in den Einöden und betend.

79. Der Hauptmann von Kapharnaum *

Mt 8,5–13	Lk 7,1–10 (Nr. 72):
[5] Als er aber hineinkam nach Kapharnaum, kam zu ihm ein Hauptmann, bittend ihn [6] und sagend: Herr, mein Knecht liegt im Haus gelähmt, arg gequält.	[1] Nachdem er erfüllt hatte alle seine Worte in die Ohren des Volkes, hineinkam er nach Kapharnaum. [2] Eines Hauptmanns Sklave aber, dem es schlecht ging, war im Begriff zu sterben; der war ihm teuer. [3] Hörend aber über Jesus, schickte er zu ihm Älteste der Judaier, bittend ihn, daß er, kommend, rette seinen Sklaven. [4] Die aber, herankommend zu Jesus,

⁷ Und er sagt ihm: Ich werde kommend ihn heilen.

⁸ Und antwortend sagte der Hauptmann: Herr,   nicht bin ich wert, daß unter mein Dach du hineinkommst,

aber sprich nur mit einem Wort, und geheilt werden wird mein Knecht. ⁹ Denn auch ich bin ein Mensch unter Vollmacht   , habend unter mir Soldaten, und sage ich diesem: Geh! Und er geht, und einem andern: Komm! Und er kommt, und meinem Sklaven: Tue dies! Und er tut (es). ¹⁰ (Es) hörend aber, staunte Jesus   und   sprach zu den (ihm) Folgenden   : Amen, ich sage euch: Bei keinem fand ich so großen Glauben in Israel. ¹¹ Ich sage euch aber: Viele werden von Osten und Westen kommen   und sich (zu Tisch) legen mit Abraham und Isaak und Jakob im Königtum der Himmel, ¹² die Söhne aber des Königtums werden hinausgeworfen werden in die Finsternis draußen; ** dort wird sein das Weinen und das Klappern der Zähne. ***

¹³ Und (es) sprach Jesus zum Hauptmann: Geh fort! Wie du glaubtest, soll dir geschehen. Und geheilt wurde [sein] Knecht in jener Stunde.

baten ihn eifrig, sagend: Würdig ist er, daß du ihm dies gewährst; ⁵ denn er liebt unser Volk, und die Synagoge baute selbst er uns.

⁶ Jesus aber ging mit ihnen. Als er aber schon nicht (mehr) weit entfernt war vom Haus, schickte der Hauptmann Freunde, sagend ihm: Herr, bemühe dich nicht, denn nicht bin ich wert, daß unter mein Dach du hineinkommst; ⁷ deshalb auch hielt ich mich nicht für würdig, zu dir zu kommen; aber sprich   mit einem Wort, und geheilt werden soll mein Knecht. ⁸ Denn auch ich bin ein Mensch, unter Vollmacht gestellt, habend unter mir Soldaten, und sage ich diesem: Geh! Und er geht, und einem anderen: Komm! Und er kommt, und meinem Sklaven: Tue dies! Und er tut (es). ⁹ Hörend aber dieses, staunte Jesus über ihn, und sich umwendend sprach er zu der ihm folgenden Volksmenge: Ich sage euch: Auch nicht in Israel fand ich so großen Glauben.   13,28–29 (Nr. 184): ²⁹ Und kommen werden sie von Osten und Westen und von Norden und Süden, und sie werden sich (zu Tisch) legen   im Königtum Gottes.

²⁸ Dort wird sein das Weinen und das Klappern der Zähne, *** wann ihr seht Abraham und Isaak und Jakob und alle Propheten im Königtum Gottes, euch aber als Hinausgeworfene draußen. ¹⁰ Und zurückkehrend ins Haus, fanden die Geschickten den Sklaven gesundend.

---

* Joh 4,46b–54: ^{46b} Und es war ein Königlicher, dessen Sohn krank war in Kapharnaum. ⁴⁷ Dieser, hörend, daß Jesus gekommen sei aus der Judaia in die Galilaia, wegging zu ihm und bat, daß er hinabsteige und heile seinen Sohn, denn er war im Begriff zu sterben. ⁴⁸ (Es) sprach nun Jesus zu ihm: Wenn nicht Zeichen und Wunder ihr seht, nicht glaubt ihr. ⁴⁹ (Es) sagt zu ihm der Königliche: Herr, steig hinab ehe mein Kind stirbt! ⁵⁰ (Es) sagt ihm Jesus: Geh, dein Sohn lebt! (Es) glaubte der Mensch dem Wort, das zu ihm sprach Jesus, und er ging. ⁵¹ Schon während er hinabstieg aber, begegneten ihm seine Sklaven, sagend, daß sein Knabe lebe. ⁵² Er erforschte nun die Stunde, in der es besser ihm ging; sie sprachen nun zu ihm: Gestern zur siebten Stunde verließ ihn das Fieber. ⁵³ (Es) erkannte nun der Vater, daß (es) [zu] jener Stunde (war), in der zu ihm sprach Jesus: Dein Sohn lebt; und (es) glaubte er und sein ganzes Haus. ⁵⁴ Dieses zweite Zeichen [aber] wieder tat Jesus kommend aus der Judaia in die Galilaia.
** Vgl. Mt 22,13 (Nr. 227); 25,30 (Nr. 245).
*** Vgl. Mt 13,42 (Nr. 119); 13,50 (Nr. 121); 22,13 (Nr. 227); 24,51 (Nr. 243); 25,30 (Nr. 245).

80. Heilung der Schwiegermutter des Petros

Mt 8,14–15	Mk 1,29–31 (Nr. 26):	Lk 4,38–39 (Nr. 26):

[14] Und
 	
kommend Jesus in das Haus von Petros,
 	
                sah er
dessen Schwiegermutter
      (aufs Bett) geworfen
    und fiebernd;
 	
[15] und
 	
            er berührte ihre Hand, und (es) verließ sie das Fieber; und
sie stand auf und diente ihm.
	[29] Und sofort, aus der Synagoge hinausgehend,
	      kamen sie in das Haus von Simon und Andreas mit Jakobos und Johannes.
	[30] Die Schwiegermutter Simons aber lag danieder,
	        fiebernd, und sofort reden sie zu ihm über sie.
	[31] Und hinzukommend richtete er sie auf, ergreifend die Hand; und (es) verließ sie das Fieber, und
	
	          sie diente ihnen.
		[38] Aufstehend aber von der Synagoge,
		hineinkam er in das Haus von Simon.
		
		(Die) Schwiegermutter des Simon aber war bedrängt von einem starken Fieber, und sie baten ihn für sie.
		[39] Und hintretend oberhalb von ihr, anfuhr er das Fieber, und es verließ sie;
		        auf der Stelle aber aufstehend, diente sie ihnen.

81. Heilungen am Abend

Mt 8,16–17	Mk 1,32–34 (Nr. 27):	Lk 4,40–41 (Nr. 27):

[16] Als es aber Abend geworden war,
         hinbrachten sie ihm viele
           Besessene;
und hinauswarf er die Geister durch ein Wort, und alle, denen es schlecht ging, heilte er,
	[32] Als es aber Abend geworden war, da untergegangen war die Sonne, brachten sie zu ihm alle, denen es schlecht ging, und die Besessenen;
	[33] und (es) war die ganze Stadt versammelt an der Tür. [34] Und er heilte viele, denen es schlecht ging durch mancherlei Krankheiten, und viele Dämonen warf er hinaus,
	
	      und
	nicht ließ er reden die Dämonen, weil sie ihn kannten.
		[40] Als aber
		        die Sonne unterging,
		
		alle, die Kranke hatten mit mancherlei Krankheiten, führten sie zu ihm; der aber, jedem einzelnen von ihnen die Hände auflegend, heilte sie.
		     [41] Herauskamen aber auch Dämonen von vielen,
		        schreiend und sagend: Du bist der Sohn Gottes. Und, anfahrend (sie), nicht ließ er sie reden, weil sie wußten, daß er der Christos sei. *

[17] auf daß erfüllt würde das Gesagte durch Isaias, den Propheten, (den) sagenden: Jes 53,4 *Er nahm unsere Schwachheiten, und die Krankheiten trug er.*		

---

* Mk 3,11–12 (Nr. 37): [11] Und die unreinen Geister, wann sie ihn erblickten, fielen nieder vor ihm und schrien, sagend: Du bist der Sohn Gottes. [12] Und anfuhr er sie viel, damit sie nicht ihn offenbar machten.

82. Von der Nachfolge Jesu

Mt 8,18−22

¹⁸Sehend aber Jesus eine Volksmenge um ihn, befahl er, wegzufahren zum Gegenüber. *
¹⁹Und hinzukommend,   ein Schriftkundiger sprach zu ihm: Lehrer, ich werde dir folgen, wo immer du hingehst. ²⁰Und (es) sagt ihm Jesus: Die Füchse haben Höhlen und die Vögel des Himmels Nester, der Sohn des Menschen aber hat nicht(s), wohin er den Kopf lege. ²¹Ein anderer aber [seiner] Schüler sprach zu ihm: Herr, erlaube mir, zuerst fortzugehen und zu begraben meinen Vater. ²²Jesus aber sagt ihm: Folge mir, und laß die Toten begraben ihre Toten!

Lk 9,57−60 (Nr. 160):

⁵⁷Und als sie gingen auf dem Weg, sprach einer   zu ihm: Ich werde dir folgen, wo immer du hingehst. ⁵⁸Und (es) sprach zu ihm Jesus: Die Füchse haben Höhlen und die Vögel des Himmels Nester, der Sohn des Menschen aber hat nicht(s), wohin er den Kopf lege. ⁵⁹Er sprach aber zu einem anderen: Folge mir! Der aber sprach   : [Herr], erlaube mir, fortgehend zuerst,   zu begraben meinen Vater. ⁶⁰Er sprach aber zu ihm: Laß die Toten begraben ihre Toten, du aber, weggehend, zeig an das Königtum Gottes.

---

* Mk 4,35 (Nr. 124): Und er sagt ihnen an jenem Tag, als es Abend geworden war: Laßt uns hinüberfahren zum Gegenüber!
Lk 8,22 (Nr. 124): Es geschah aber an einem der Tage, daß er selbst einstieg in ein Boot und seine Schüler, und er sprach zu ihnen: Laßt uns hinüberfahren zum Gegenüber des Sees! Und abfuhren sie.

83. Stillung des Seesturms

Mt 8,23−27

vgl. V 18 (Nr. 82)

²³Und
        als er eingestiegen war ins Boot, folgten ihm seine Schüler.
        vgl. V. 24 b
²⁴Und siehe, ein großes Beben entstand im Meer,

        so daß das Boot bedeckt wurde von den Wellen; er aber
                schlief.
²⁵Und hinzukommend weckten sie ihn, sagend: Herr,
                rette, wir werden vernichtet!
²⁶Und er sagt ihnen: Was seid ihr feige, Kleingläubige?

Mk 4,35−41 (Nr. 124):

³⁵Und er sagt ihnen an jenem Tag, als es Abend geworden war:

        Laßt uns hinüberfahren zum Gegenüber!
³⁶Und lassend die Volksmenge, mitnehmen sie ihn, wie er war, im Boot, und andere Boote waren mit ihm.
        vgl. V 38 a
³⁷Und (es) entsteht ein großer Sturmwind, und die Wellen warfen sich auf ins Boot, so daß schon gefüllt wurde das Boot.
³⁸Und er selbst war im Heck auf dem Kopfkissen schlafend. Und   sie wecken ihn und sagen ihm: Lehrer, nicht kümmert dich, daß wir vernichtet werden?
        vgl. V 40

Lk 8,22−25 (Nr. 124):

²²Es geschah aber an einem der Tage, daß er selbst einstieg in ein Boot und seine Schüler, und er sprach zu ihnen: Laßt uns hinüberfahren zum Gegenüber des Sees! Und abfuhren sie.

                ²³Als sie aber segelten, schlief er ein. Und herabstieg ein   Sturmwind auf den See und überflutet wurden sie und waren in Gefahr.

        vgl. V. 23 a
                ²⁴Hinzukommend aber, aufweckten sie ihn, sagend: Meister, Meister, wir werden vernichtet.
                vgl. V 25 a

Dann, aufgeweckt, anfuhr er
die Winde und das
Meer,
                             und
(es) wurde große Stille.
            vgl. V 26a

            [27]Die
Menschen aber staunten,
                     sagend:
            Was für einer ist
dieser, daß auch die Winde
            und das Meer
      ihm gehorchen?

[39]Und aufgeweckt, anfuhr er
den Wind und sprach zum
Meer: Schweig, sei stumm!
Und nachließ der Wind, und
(es) wurde große Stille.
[40]Und er sprach zu ihnen:
Was seid ihr feige? Noch
nicht habt ihr Glauben?
[41]Und sie fürchteten sich in
großer Furcht, und sie sagten
zueinander: Wer also ist
dieser, daß auch der Wind
                  und das Meer
      ihm gehorcht?

Der aber, aufgeweckt, anfuhr
den Wind und das Wogen des
Wassers;
und aufhörten sie, und
(es) wurde   Stille.
[25]Er sprach aber zu ihnen:

Wo (ist) euer Glaube?
Sich fürchtend aber staunten
sie,   sagend
zueinander: Wer also ist
dieser, daß auch den Winden
er befiehlt und dem Wasser,
und sie gehorchen ihm?

84. Heilung der Besessenen von Gadara

Mt 8,28–34

[28]Und als er gekommen war,
zum Gegenüber
ins Land der Gadarener,

begegneten ihm
            zwei Besessene,

            aus den Gräbern
herauskommende,
            sehr gefährliche,

            so daß nicht ver-
mochte einer, vorüberzugehen auf jenem Weg.

            [29]Und siehe,
sie schrien,
sagend: Was (ist zwischen) uns
und dir,   Sohn Gottes?
            Kamst du hierher
vor (der) Zeit, uns zu quälen?

Mk 5,1–20 (Nr. 125):

[1]Und   sie kamen
zum Gegenüber des Meeres
ins Land der Gerasener.

            [2]Und als er her-
auskam aus dem Boot, sofort
begegnete ihm aus den Gräbern ein Mensch in unreinem
Geist, [3]der die Behausung
hatte in den Grabstätten, und
auch mit einer Kette konnte
keiner mehr ihn binden,
[4]deswegen, (weil) er oft mit
Fußfesseln und Ketten gebunden worden war und zerrissen
worden waren von ihm die
Ketten und die Fußfesseln
zerrieben, und keiner vermochte ihn zu bändigen;
[5]und allzeit, nachts und tags,
war er in den Grabstätten und
in den Bergen, schreiend und
zerschlagend sich mit Steinen. [6]Und sehend den
Jesus von weitem, lief er und
fiel nieder vor ihm, [7]und
schreiend mit lauter Stimme,
sagt er: Was (ist zwischen) mir
und dir, Jesus, Sohn Gottes, des
Höchsten? Ich beschwöre
dich bei Gott, quäle mich

Lk 8,26–39 (Nr. 125):

[26]Und
            hinabsegelten sie
ins Land der Gerasener,
welches ist gegenüber der
Galilaia. [27]Als er aber herauskam auf das Land,
begegnete ihm ein Mann aus
der Stadt, habend Dämonen,
und geraume Zeit zog er nicht
an ein Gewand und in einem
Haus blieb er nicht, sondern
in den Grabstätten.
Vgl. V 29b

            [28]Sehend aber den
Jesus   , aufschreiend
fiel er nieder vor ihm, und
            mit lauter Stimme
sprach er: Was (ist zwischen) mir
und dir, Jesus, Sohn Gottes, des
Höchsten? Ich bitte
dich   , quäle mich

nicht! **8**Denn er sagte ihm:
Komm heraus, unreiner Geist,
aus dem Menschen!

vgl. VV 4–5

9Und er befragte ihn:
Was (ist) dein Name?
Und er sagt ihm: Legion (ist)
mein Name, weil wir
viele sind.   **10**Und
er bat ihn sehr, daß er nicht
sie schicke außerhalb des
Landes. **11**(Es) war aber
dort bei dem Berg eine große
Herde von
Schweinen weidend;

12und sie baten
ihn, sagend:
Schick uns in die
Schweine, damit wir in sie
hineingehen! **13**Und er
erlaubte (es) ihnen. Und
herauskommend
die un-
reinen Geister, hineingingen sie
in die Schweine, und
(es) raste die   Herde
hinunter den Abhang ins
Meer, etwa zweitausend, und
sie ersoffen im   Meer.
14Und die sie Weidenden
flohen, und sie
meldeten (es) in die Stadt und
in die Höfe; und sie kamen
zu sehen, was das
Geschehene ist. **15**Und sie
kommen zu Jesus und er-
blicken den Besessenen dasitzend,
bekleidet und
bei Sinnen, den, der den
Legion gehabt hatte, und sie
fürchteten sich. **16**Und (es)
erzählten ihnen, die
gesehen hatten, wie dem
Besessenen geschah, und

nicht! **29**Denn er gebot dem
unreinen Geist, herauszukom-
men von dem Menschen.
Denn lange Zeiten hatte er ihn
gepackt, und gefesselt wurde
er mit Ketten und mit
Fußfesseln gehalten, und
zerbrechend die Fesseln,
wurde er getrieben von dem
Dämon in die Einöden.
30(Es) befragte ihn aber
Jesus: Was ist dein Name?
Der aber sprach: Legion,
weil hineingekommen waren
viele Dämonen in ihn. **31**Und
sie baten ihn   , daß er nicht
befehle ihnen, in den Abgrund
fortzugehen. **32**(Es) war aber
dort   eine
Herde von beträchtlich (vielen) Schweinen, weidend am
Berg;
und sie baten
ihn,

daß er ihnen erlaube, in jene
hineinzugehen; und er
erlaubte (es) ihnen.
33Herauskommend aber von
dem Menschen, hineingingen
die Dämonen
in die Schweine, und
(es) raste die   Herde
hinunter den Abhang in den
See,   und
sie ersoff. **34**Sehend
aber die (sie) Weidenden das
Geschehene, flohen sie und
meldeten (es) in die Stadt und
in die Höfe. **35**Herauskamen
sie aber, zu sehen   das
Geschehene   , und sie
kamen zu Jesus und fanden
dasitzend den Menschen, von
dem die Dämonen herausge-
kommen waren, bekleidet und
bei Sinnen zu den Füßen von
Jesus,   und sie
fürchteten sich. **36**(Es)
meldeten ihnen aber, die
gesehen hatten, wie der
Besessene gerettet wurde.

30(Es) war aber
weit von ihnen eine
Herde   vie-
ler Schweine weidend.

31Die Dämonen aber baten
ihn, sagend: Wenn du uns
hinauswirfst, schick uns in die
Herde der Schweine!
32Und er sprach
zu ihnen: Geht fort! Die aber,
herauskommend,
weggingen sie

in die Schweine; und siehe,
(es) raste die ganze Herde
hinunter den Abhang ins
Meer,   und
sie starben in den Wassern.
33Die (sie) Weidenden aber
flohen, und
weggehend in die Stadt,
meldeten sie alles, auch das
von den Besessenen.
34Und siehe, die ganze Stadt
kam heraus zur Begegnung
mit Jesus,

	über die Schweine. [17]Und	[37]Und (es) bat ihn die

und
sehend ihn, baten sie,
    daß er fortgehe
von ihren Gebieten.

über die Schweine. [17]Und
sie begannen, ihn zu bitten,
    wegzugehen
von ihren Gebieten.

[18]Und als er einsteigt ins
Boot,
bat ihn der besessen Gewe-
sene,
    daß er mit
ihm sei. [19]Und nicht ließ er
ihn, sondern sagt ihm: Geh
fort in dein Haus zu den
Deinen und melde ihnen,
wieviel der Herr dir getan hat
und sich erbarmte deiner!
[20]Und wegging er und
begann zu verkünden in der
Dekapolis, wieviel ihm Jesus
getan, und alle staunten.

[37]Und (es) bat ihn die
ganze Menge der Umgegend
der Gerasener, wegzugehen
von ihnen, weil sie von großer
Furcht bedrängt wurden;
er aber, einsteigend in ein
Boot, kehrte zurück. [38](Es)
bat ihn aber der Mann, von
dem herausgekommen waren
die Dämonen, zu sein mit
ihm; er entließ ihn aber,
    sagend: [39]Kehre
zurück in dein Haus
    und erzähle,
wieviel dir Gott getan!

Und wegging er, durch die
ganze Stadt verkündend,
    wieviel ihm Jesus
getan.

85. Heilung eines Gelähmten

Mt 9,1–8 | Mk 2,1–12 (Nr. 32): | Lk 5,17–26 (Nr. 32):

[1]Und einsteigend in ein Boot,
fuhr er hinüber und kam in die
eigene Stadt.

[1]Und hineinkommend wieder
nach Kapharnaum nach Ta-
gen, wurde gehört, daß er im
Haus ist. [2]Und zusammenkamen viele, so daß es nicht
mehr Raum gab, auch nicht
an der Tür, und er redete zu
ihnen das Wort.

[17]Und es geschah an
einem der Tage, und er war
lehrend, und (es) waren dasitzend Pharisaier und Gesetzeslehrer, die gekommen waren aus jedem Dorf der Galilaia und Judaia und (aus) Jerusalem. Und (die) Kraft (des)
Herrn war (ihm gegeben), daß
er heile. [18]Und siehe,
Männer, bringend auf einem
Bett einen Menschen, der

[2]Und siehe,
hinbrachten sie ihm
einen auf ein Bett gelegten
Gelähmten.

[3]Und
sie kommen, bringend zu ihm
einen Gelähmten, getragen
von Vieren.

gelähmt war, und sie suchten,
ihn hineinzubringen und
hinzulegen [ihn] vor ihm.
[19]Und nicht findend, wie sie
hineinbrächten ihn
wegen der Volksmenge,
hinaufsteigend auf das Dach,
    durch die Ziegel
herabließen sie ihn mit dem
Bett in die Mitte vor Jesus.

[4]Und da sie (ihn) nicht
hinbringen konnten zu ihm
wegen der Volksmenge,
abdeckten sie das Dach, wo
er war, und (es) aufgrabend,
hinablassen sie die Bahre, wo
der Gelähmte daniederlag.

Und sehend Jesus ihren Glauben, sprach er zu dem Gelähmten: Hab Mut, Kind, erlassen werden deine Sünden.

³Und siehe, einige der Schriftkundigen sprachen bei sich:

Dieser lästert.

⁴Und sehend Jesus ihre Gedanken, sprach er : Weshalb denkt ihr Böses in euern Herzen? ⁵Was ist denn müheloser, zu sprechen: Erlassen werden deine Sünden, oder zu sprechen: Steh auf und geh umher? ⁶Damit ihr aber wißt, daß Vollmacht hat der Sohn des Menschen, auf der Erde zu erlassen Sünden – da sagt er dem Gelähmten:

Aufstehend, trag dein Bett und geh fort in dein Haus! ⁷Und aufstehend

wegging er in sein Haus. * ⁸(Es) sehend aber, fürchteten sich die Volksmengen und verherrlichten Gott, den gebenden solche Vollmacht den Menschen.

⁵Und sehend Jesus ihren Glauben, sagt er dem Gelähmten: Kind, erlassen werden deine Sünden.

⁶(Es) waren aber einige der Schriftkundigen dort sitzend und überlegend in ihren Herzen: ⁷Was dieser so redet? Er lästert; wer kann erlassen Sünden, außer einer, Gott? ⁸Und sofort erkennend Jesus mit seinem Geist, daß sie so überlegen bei sich, sagt er ihnen: Was überlegt ihr dieses in euren Herzen? ⁹Was ist müheloser, zu sprechen zu dem Gelähmten: Erlassen werden deine Sünden, oder zu sprechen: Steh auf und trag deine Bahre und geh umher? ¹⁰Damit ihr aber wißt, daß Vollmacht hat der Sohn des Menschen, zu erlassen Sünden auf der Erde – sagt er dem Gelähmten: ¹¹Dir sage ich, steh auf, trag deine Bahre und geh fort in dein Haus! ¹²Und er stand auf, und sofort, tragend die Bahre, hinausging er vor allen, * so daß alle sich entsetzten und Gott verherrlichen,

sagend: So (etwas) sahen wir niemals.

²⁰Und sehend ihren Glauben, sprach er: Mensch, erlassen sind dir deine Sünden. ²¹Und (es) begannen zu überlegen die Schriftkundigen und die Pharisaier, sagend: Wer ist dieser, der Lästerungen redet? Wer kann Sünden erlassen, außer allein Gott? ²²Erkennend aber Jesus ihre Überlegungen, antwortend sprach er zu ihnen: Was überlegt ihr in euren Herzen? ²³Was ist müheloser, zu sprechen: Erlassen sind dir deine Sünden, oder zu sprechen: Steh auf und geh umher? ²⁴Damit ihr aber wißt, daß der Sohn des Menschen Vollmacht hat, auf der Erde zu erlassen Sünden – sprach er zu dem Gelähmten: Dir sage ich, steh auf und, tragend dein Bett, geh in dein Haus! ²⁵Und auf der Stelle aufstehend vor ihnen, tragend, worauf er daniederlag, wegging er in sein Haus, * verherrlichend Gott. ²⁶Und Entsetzen erfaßte alle, und sie verherrlichten Gott und wurden erfüllt von Furcht, sagend: Wir sahen Ungeheuerliches heute.

---

* Joh 5,8–9a: ⁸(Es) sagt ihm Jesus: Steh auf, trag deine Bahre und geh umher! ^{9a}Und sogleich wurde gesund der Mensch und trug seine Bahre und ging umher.

86. Berufung des Matthaios (bzw. Levi) und Tischgemeinschaft mit Zöllnern

Mt 9,9–13

Mk 2,13–17 (Nr. 33):

¹³Und hinausging er wieder entlang dem Meer; und die ganze Volksmenge kam zu

Lk 5,27–32 (Nr. 33):

²⁷Und danach hinausging er

9Und weitergehend Jesus von dort, sah er einen Menschen, sitzend bei der Zollstelle, Matthaios genannt, und er sagt ihm: Folge mir! Und aufstehend folgte er ihm. **10**Und es geschah, als er (zu Tisch) lag im Haus, und siehe, viele Zöllner und Sünder, kommend, lagen (zu Tisch) mit Jesus und seinen Schülern.	ihm, und er lehrte sie. **14**Und weitergehend sah er Levi, den des Alphaios, sitzend bei der Zollstelle, und er sagt ihm: Folge mir! Und aufstehend folgte er ihm. **15**Und es geschieht, daß er (zu Tisch) liegt in seinem Haus, und viele Zöllner und Sünder lagen (zu Tisch) mit Jesus und seinen Schülern; denn sie waren viele, und sie folgten ihm.	und sah einen Zöllner mit Namen Levi sitzend bei der Zollstelle, und er sprach zu ihm: Folge mir! **28**Und zurücklassend alles, aufstehend folgte er ihm. **29**Und (es) bereitete einen großen Empfang für ihn Levi in seinem Haus, und (es) war eine große Menge von Zöllnern und anderen, die waren mit ihnen (zu Tisch) liegend.
11Und (es) sehend, sagten die Pharisaier seinen Schülern: Weshalb ißt euer Lehrer mit den Zöllnern und Sündern? **12**Der aber, hörend (es), sprach : Nicht nötig haben die Starken einen Arzt, sondern die, denen es schlecht geht. **13**Hingehend aber lernt, was es ist: *Erbarmen will ich und nicht ein Opfer;* * denn nicht kam ich, zu rufen Gerechte, sondern Sünder.	**16**Und die Schriftkundigen der Pharisaier, sehend, daß er ißt mit den Sündern und Zöllnern, sagten seinen Schülern: Mit den Zöllnern und Sündern ißt er? **17**Und hörend (es), sagt Jesus ihnen: Nicht nötig haben die Starken einen Arzt, sondern die, denen es schlecht geht; nicht kam ich, zu rufen Gerechte, sondern Sünder.	**30**Und (es) murrten die Pharisaier und ihre Schriftkundigen, zu seinen Schülern sagend: Weshalb eßt und trinkt ihr mit den Zöllnern und Sündern? **31**Und antwortend sprach Jesus zu ihnen: Nicht nötig haben die Gesunden einen Arzt, sondern die, denen es schlecht geht; **32**ich bin nicht gekommen, zu rufen Gerechte, sondern Sünder zu Umkehr.

Hos 6,6

---

* Mt 12,7 (Nr. 102): Wenn ihr aber erkannt hättet, was es ist: *Erbarmen will ich und nicht ein Opfer*, nicht hättet ihr verurteilt die Schuldlosen.

87. Die Fastenfrage

Mt 9,14–17	Mk 2,18–22 (Nr. 34):	Lk 5,33–39 (Nr. 34):
14Da kommen zu ihm die Schüler von Johannes, sagend: Weshalb fasten wir und die Pharisaier [viel], deine Schüler aber fasten nicht?	**18**Und (es) waren die Schüler von Johannes und die Pharisaier Fastende. Und sie kommen und sagen ihm: Weshalb fasten die Schüler von Johannes und die Schüler der Pharisaier , deine Schüler aber fasten nicht?	**33**Die aber sprachen zu ihm: Die Schüler von Johannes fasten häufig und verrichten Gebete, gleicherweise auch die der Pharisaier , die deinen aber essen und trinken.

[15]Und (es) sprach zu ihnen
Jesus: Können etwa die
Söhne des Brautgemachs
trauern, solange bei ihnen ist
der Bräutigam? *

            Kommen
werden aber Tage,   wann
weggenommen wurde von ih-
nen der Bräutigam, und dann
werden sie fasten.

[16]Keiner aber setzt
einen Flicken ungewalkten
Stoffes
      auf ein altes Gewand;
denn   (es) reißt sein
Füllstück vom Gewand,
          und schlimmer
wird (der) Riß.

[17]Und nicht schüttet man
jungen Wein in alte Häute;
wenn aber nun doch,
zerreißen
die Häute, und der Wein wird
verschüttet   , und die
Häute werden vernichtet;
sondern man schüttet jungen
Wein   in neue Häute,
        und beide werden
bewahrt.

[19]Und (es) sprach zu ihnen
Jesus: Können etwa die
Söhne des Brautgemachs,
    während der Bräutigam
bei ihnen ist, fasten? * (Für)
wie lange Zeit sie den Bräutigam bei sich haben, können
sie nicht fasten. [20]Kommen
werden aber Tage,   wann
weggenommen wurde von ih-
nen der Bräutigam, und dann
werden sie fasten an jenem
Tag.
   [21]Keiner   näht
einen Flicken ungewalkten
Stoffes
      auf ein altes Gewand;
wenn aber   doch, reißt das
Füllstück von ihm, das neue
vom alten, und schlimmer
wird (der) Riß.

[22]Und keiner schüttet
jungen Wein in alte Häute;
wenn aber   doch,
zerreißen wird der   Wein
die Häute, und der Wein wird
vernichtet   und die
Häute;
sondern   jungen
Wein   in neue Häute!

[34]Jesus aber sprach zu
ihnen: Könnt ihr etwa die
Söhne des Brautgemachs,
    während der Bräutigam
bei ihnen ist, fasten lassen? *

           [35]Kommen
werden aber Tage, und wann
weggenommen wurde von ih-
nen der Bräutigam,   dann
werden sie fasten an jenen
Tagen. [36]Er sagte aber auch
ein Gleichnis zu ihnen: Keiner,
einen Flicken von einem
neuen Gewand reißend, setzt
(ihn) auf ein altes Gewand;
wenn aber nun doch, wird er
auch das neue zerreißen, und
mit dem alten wird nicht
zusammenstimmen der
Flicken, der vom neuen.
[37]Und keiner schüttet
jungen Wein in alte Häute;
wenn aber nun doch,
zerreißen wird der junge Wein
die Häute, und er selbst wird
verschüttet werden, und die
Häute werden vernichtet werden; [38]sondern   jungen
Wein muß man in neue Häute
schütten. [39][Und] keiner,
trinkend alten, will jungen; denn
er sagt: Der alte ist gut.

---

* Joh 3,29: Der Habende die Braut ist der Bräutigam; der Freund aber des Bräutigams, der Dastehende und ihn
Hörende, mit Freude freut er sich über die Stimme des Bräutigams. Diese meine Freude nun ist erfüllt worden.

88. Heilung einer an Blutfluß Leidenden und Erweckung eines Mädchens

Mt 9,18–26

[18]Als dieses
er zu ihnen redete, siehe, ein
Vorsteher, kommend,

Mk 5,21–43 (Nr. 126):

[21]Und als Jesus hinüberge-
fahren war [im Boot] wieder
zum Gegenüber, zusammen-
kam eine große Volksmenge
bei ihm, und er war am Meer.

[22]Und (es) kommt einer der
Synagogenvorsteher mit Namen

Lk 8,40–56 (Nr. 126):

[40]Als aber zurückkehrte
Jesus,
           aufnahm
ihn die   Volksmenge;
denn (es) waren alle ihn
erwartend.
[41]Und siehe, (es) kam ein
Mann, dessen Name

fiel nieder vor ihm,

sagend:

Meine Tochter

starb soeben; aber
kommend leg deine Hand auf
sie,   und sie
wird leben.
¹⁹ Und aufstehend folgte ihm
Jesus und seine Schüler.

²⁰ Und siehe, eine Frau,
an Blutfluß leidend zwölf
Jahre,

hinkommend von hinten,
berührte die Quaste seines
Gewandes. ²¹ Denn sie sagte
bei sich: Wenn ich   nur
berührte sein Gewand ,
werde ich gerettet werden.

²² Jesus
aber, sich umwendend

und sie sehend,

Jairos,
          und sehend ihn,
fällt er zu seinen Füßen,
²³ und er bittet ihn sehr,
sagend:

Mit meinem Töchterchen
          vgl. V 42
geht es zum Letzten;
kommend leg die Hände ihr
auf, damit sie gerettet werde
und lebe ! ²⁴ Und wegging er
mit ihm. Und (es) folgte ihm
eine große Volksmenge, und
sie bedrängten ihn.
²⁵ Und   eine Frau, welche
war im Blutfluß   zwölf
Jahre ²⁶ und vieles leidend
von vielen Ärzten und ver-
ausgabend das Ganze von ihr
und keinen Nutzen habend,
sondern (viel)mehr zum
Schlimmeren kommend,
²⁷ hörend über Jesus,
kommend in der Volksmenge,
                      von hinten
berührte   sein
Gewand ; ²⁸ denn sie sagte:
          Wenn ich berühre
auch nur seine Gewänder,
werde ich gerettet werden.
²⁹ Und sofort vertrocknete
die Quelle ihres Blutes, und
sie erkannte am Leib, daß sie
geheilt ist von der Plage.
³⁰ Und sofort erkennend bei
sich die von ihm ausgegangene Kraft, sich umwendend
in der Volksmenge, sagte Jesus: Wer berührte mich an den
Gewändern?
³¹ Und (es) sagten ihm seine
Schüler: Du siehst die
Volksmenge , dich bedrän-
gend, und sagst: Wer berührte mich? ³² Und herumschau-
te er zu sehen, die dies getan
hatte.   vgl. V 30a
          ³³ Die Frau
aber,   sich fürchtend
und zitternd, wissend, was ihr
geschehen ist, kam und fiel

Jairos, und dieser war ein
Vorsteher der Synagoge, und
fallend zu den Füßen [des]
Jesus,   bat er ihn,
hineinzukommen in sein
Haus, ⁴² weil er eine
einziggeborene Tochter hatte
von etwa zwölf Jahren und
diese im Sterben war.

Als er aber fortging,
erstickten ihn (förmlich)
die   Volksmengen.

⁴³ Und   eine Frau, welche
war im Blutfluß seit zwölf
Jahren,   welche
[für Ärzte verbraucht hatte
ihren ganzen Besitz],
(aber) nicht konnte von
irgendjemandem geheilt werden,

⁴⁴ hinkommend von hinten,
berührte die Quaste seines
Gewandes,

und auf der Stelle stillstand
der Fluß ihres Blutes.

vgl. V 46b

⁴⁵ Und (es) sprach Je-
sus: Wer (ist), der mich
berührte?
Als aber alle leugneten,
sprach Petros: Meister, die
Volksmengen bedrängen dich
und pressen (dich). ⁴⁶ Jesus
aber sprach: (Es) berührte
mich jemand, denn ich erkannte
eine von mir ausgegangene
Kraft. ⁴⁷ Sehend aber die
Frau, daß sie nicht verborgen
blieb, zitternd
          kam sie, und nieder-

sprach: Hab
Mut, Tochter! Dein Glaube
hat dich gerettet. Und gerettet wurde die Frau von jener Stunde (an).

[23] Und kommend Jesus in
das Haus des Vorstehers
und sehend die Flötenspieler
und die Volksmenge lärmend,

[24] sagte er: Weicht!
Denn das Mädchen starb
nicht, sondern schläft. Und
sie verlachten ihn.
          [25] Als aber
hinausgeworfen war die
Volksmenge,

hineinkommend
          ergriff er ihre
Hand,

          und   aufstand
das Mädchen.

---

nieder vor ihm und sagte ihm
die ganze Wahrheit.

[34] Der aber sprach zu
ihr: Tochter, dein Glaube
hat dich gerettet; geh fort in
Frieden und sei gesund von
deiner Plage!
[35] Noch als er redet, kommen
          vom Synagogenvorsteher
          Sagende: Deine Tochter
starb; was noch bemühst du
den Lehrer? [36] Jesus aber,
überhörend das geredete
Wort, sagt dem Synagogenvorsteher: Fürchte dich nicht,
glaube nur!

[37] Und er ließ keinen mit sich
folgen, außer Petros und
Jakobos und Johannes, den
Bruder von Jakobos.
          vgl. V 40b
[38] Und sie kommen in
das Haus des Synagogenvor-
stehers, und er erblickt einen Tumult und Weinende und Heu-
lende sehr, [39] und hineingehend sagt er ihnen: Was lärmt
und weint ihr? Das Kind starb
nicht, sondern schläft. [40] Und
sie verlachten ihn.
          Er aber,
hinauswerfend alle, mitnimmt
den Vater des Kindes und die
Mutter und die mit ihm, und
hineingeht er, wo das Kind
war. [41] Und ergreifend die
Hand des Kindes, sagt er ihr:
Talitha kum, was ist übersetzt:
Mädchen, dir sage ich, steh
auf! [42] Und sofort stand auf
das Mädchen und ging umher;
denn es war von zwölf Jahren.

          vgl. V 43b
          Und
sie entsetzten sich [sofort] mit
großem Entsetzen.

---

fallend vor ihm, meldete sie
vor allem Volk, aus welchem
Grund sie ihn berührte, und
wie sie geheilt wurde auf der
Stelle. [48] Der aber sprach zu
ihr: Tochter, dein Glaube
hat dich gerettet; gehe in
Frieden!

[49] Noch als er redet, kommt
einer vom Synagogenvorsteher her,
sagend: Gestorben ist deine
Tochter; bemühe nicht mehr
den Lehrer! [50] Jesus aber,
          hörend (es),

          antwortete
ihm: Fürchte dich nicht,
glaube nur, und gerettet
werden wird sie! [51] Kommend aber in das Haus, nicht
ließ er hineingehen einen mit
ihm, außer Petros und
Johannes und Jakobos und
den Vater des Kindes und die
Mutter.

[52] (Es) weinten aber alle und
betrauerten sie.
Der aber sprach:
Weint nicht, denn sie starb
nicht, sondern schläft! [53] Und
sie verlachten ihn, wissend,
daß sie starb. [54] Er aber,
          vgl. V 51

          ergreifend ihre
Hand   , rief, sagend:

Kind,   steh
auf! [55] Und zurückkehrte ihr
Geist, und aufstand sie auf
der Stelle,   vgl. V. 42a   und

er ordnete an, daß ihr gegeben werde zu essen. [56] Und
(es) entsetzten sich
          ihre Eltern;

[26] Und hinausging diese Kunde in jenes ganze Land.	[43] Und auftrug er ihnen sehr, daß keiner erfahre dies, und er sagte, daß gegeben werde ihr zu essen.	der aber gebot ihnen , zu keinem zu sprechen über das Geschehene. vgl. V 55 b

89. Heilung zweier Blinder und eines Stummen *

Mt 9,27–34

[27] Und dem von dort weitergehenden Jesus folgten zwei Blinde, schreiend und sagend: Erbarme dich unser, Sohn Davids! [28] Als er aber ins Haus kam, kamen zu ihm die Blinden, und (es) sagt ihnen Jesus: Glaubt ihr, daß ich dies tun kann? Sie sagen ihm: Ja, Herr. [29] Da berührte er ihre Augen, sagend: Nach eurem Glauben soll euch geschehen! [30] Und geöffnet wurden ihre Augen. Und anschnaubte sie Jesus, sagend: Seht (zu), keiner soll (es) erfahren! [31] Die aber, herauskommend, erzählten herum über ihn in jenem ganzen Land. **

[32] Während sie aber weggingen, siehe, hinbrachten sie ihm einen stummen, besessenen Menschen. [33] Und als hinausgeworfen worden war der Dämon, redete der Stumme. Und (es) staunten die Volksmengen, sagend: Niemals erschien so (etwas) in Israel. [34] Die Pharisaier aber sagten: Mit dem Herrscher der Dämonen hinauswirft er die Dämonen. ***

---

* Mt 20,29–34 (Nr. 215):	Mk 10,46–52 (Nr. 215):	Lk 18,35–43 (Nr. 215):
[29] Und als sie herausgingen von Jericho, folgte ihm viel Volk. [30] Und siehe, zwei Blinde sitzend am Weg, hörend,	[46] Und sie kommen nach Jericho. Und als er herausgeht von Jericho und seine Schüler und eine beträchtliche Volksmenge, saß der Sohn von Timaios, Bartimaios, ein blinder Bettler, am Weg. [47] Und hörend,	[35] Es geschah aber bei seinem Nahekommen nach Jericho: Ein Blinder saß am Weg, bettelnd. [36] Hörend aber (die) durchziehende Volksmenge, erkundigte er sich, was dies sei. [37] Sie aber meldeten ihm: Jesus, der Nazoraier, geht vorbei. [38] Und er rief, sagend: Jesus, Sohn Davids,
daß Jesus vorbeigeht, schrien, sagend: Erbarme dich unser, [Herr], Sohn Davids! [31] Die Volksmenge aber anfuhr sie, daß sie schwiegen; die aber schrien mehr, sagend: Erbarme dich unser, Herr, Sohn Davids! [32] Und stehenbleibend rief Jesus sie	daß Jesus, der Nazarener, (es) ist, begann er zu schreien und zu sagen: Sohn Davids, Jesus, erbarme dich meiner! [48] Und anfuhren ihn viele, daß er schweige ; der aber schrie um vieles mehr: Sohn Davids, erbarme dich meiner! [49] Und stehenbleibend sprach Jesus: Ruft ihn! Und sie rufen den Blinden, sagend ihm: Hab Mut, steh auf, er ruft dich! [50] Der aber, wegwerfend sein Gewand, aufspringend, kam zu Jesus. [51] Und antwortend ihm, sprach Jesus: Was willst du, soll ich dir tun? Der Blinde aber sprach zu ihm: Rabbuni, daß ich wieder sehe! [52] Und Jesus sprach zu ihm: Geh fort! Dein Glaube hat	erbarme dich meiner! [39] Und die Vorangehenden anfuhren ihn, daß er schweige, er aber schrie um vieles mehr: Sohn Davids, erbarme dich meiner! [40] Stehengeblieben aber befahl Jesus, daß er geführt werde zu ihm.
und sprach: Was wollt ihr, soll ich euch tun? [33] Sie sagen ihm: Herr, daß sich öffnen unsere Augen. [34] Ergriffen aber berührte Jesus ihre Augen,		Als er aber nahekam, befragte er ihn: [41] Was willst du, soll ich dir tun? Der aber sprach : Herr, daß ich wieder sehe! [42] Und Jesus sprach zu ihm: Sieh wieder! Dein Glaube hat

und sogleich sahen sie wieder, und sie folgten ihm.	dich gerettet. Und sofort sah er wieder, und er folgte ihm auf dem Weg.	dich gerettet. [43]Und auf der Stelle sah er wieder, und er folgte ihm, verherrlichend Gott. Und das ganze Volk, sehend (es), gab Gott Lob.

** Vgl Mk 1,43–45 (Nr. 31): [43]Und anschnaubend ihn, sofort warf er ihn hinaus [44]und sagt ihm: Sieh, daß du zu keinem etwas sprichst, sondern geh fort, zeig dich dem Priester und bring dar für deine Reinigung, was verordnete Moyses, zum Zeugnis ihnen! [45]Der aber, hinausgehend, begann, viel zu verkünden und herumzuerzählen das Wort, so daß er nicht mehr offen in eine Stadt hineingehen konnte, sondern draußen an einsamen Orten war er; und sie kamen zu ihm überallher.

***Mt 12,22–24 (Nr. 106):	Mk 3,22 (Nr. 106):	Lk 11,14–15 (Nr. 169):	Joh 10,20:
[22]Da wurde hingebracht zu ihm ein Besessener, blind und stumm, und er heilte ihn, so daß der Stumme redete und sah. [23]Und außer sich gerieten alle Volksmengen und sagten: Ist etwa dieser der Sohn Davids? [24]Die Pharisaier aber, hörend (es), sprachen: Dieser wirft nicht hinaus die Dämonen, außer im Beelzebul, (dem) Herrscher der Dämonen.	Und die Schriftkundigen, die von Hierosolyma herabgestiegenen, sagten: Beelzebul hat er, und: Im Herrscher der Dämonen hinauswirft er die Dämonen.	[14]Und er war hinauswerfend einen Dämon [und der war] stumm; es geschah aber, als der Dämon herausging, redete der Stumme, und (es) staunten die Volksmengen. [15]Einige aber von ihnen sprachen: In Beelzebul, dem Herrscher der Dämonen, hinauswirft er die Dämonen.	(Es) sagten aber viele von ihnen: Einen Dämon hat er, und verrückt ist er; was hört ihr auf ihn?

90. Der Spruch von der Ernte

Mt 9,35–38	Mk 6,6b.34 (Nr. 128.132):	Lk 8,1; 10,2 (Nr. 77.161):
[35]Und (es) durchzog Jesus die Städte alle und die Dörfer, lehrend in ihren Synagogen und verkündend das Evangelium des Königtums und heilend jede Krankheit und jede Schwäche. * [36]Sehend aber die Volksmengen, wurde er ergriffen über sie, weil sie geschunden und hingeworfen waren *wie Schafe, nicht habend einen Hirten.*	[6b]Und er durchzog die Dörfer im Umkreis, lehrend. [34]Und herauskommend sah er eine große Volksmenge, und er wurde ergriffen über sie, weil sie waren *wie Schafe, nicht habend einen Hirten,* und er begann sie zu lehren vieles.	8,1 Und es geschah in der folgenden (Zeit), daß er selbst durchreiste Stadt und Dorf, verkündigend und (als Evangelium) verkündend das Königtum Gottes, und die Zwölf mit ihm.
[37]Da sagt er seinen Schülern: Die Ernte		10,2 Er sagte aber zu ihnen: Die Ernte

Num 27,17
Jdt 11,19
2 Chr 18,16

(ist) zwar viel, die Arbeiter aber (sind) wenige: [38]bittet nun den Herrn der Ernte, auf daß er ausschicke Arbeiter in seine Ernte.		(ist) zwar viel, die Arbeiter aber (sind) wenige; bittet nun den Herrn der Ernte, auf daß er Arbeiter ausschicke in seine Ernte.

---

* Mt 4,23 (Nr. 29): Und umherzog er in der ganzen Galilaia, lehrend in ihren Synagogen und verkündend das Evangelium des Königtums und heilend jede Krankheit und jede Schwäche im Volk.

91. Die Aussendung der Zwölf

Mt 10,1–16	Mk 6,7 (Nr. 128):	Lk 9,1 (Nr. 128):
[1]Und herbeirufend, seine zwölf Schüler,	[7]Und herbeiruft er die Zwölf, und er begann, sie zu schicken zwei (und) zwei, und er gab	[1] Zusammenrufend aber die Zwölf,
gab er ihnen Vollmacht über unreine Geister, um sie hinauszuwerfen und zu heilen jede Krankheit und jede Schwäche.	ihnen Vollmacht über die unreinen Geister.	gab er ihnen Kraft und Vollmacht über alle Dämonen und Krankheiten zu heilen.
	Mk 3,14–19 (Nr. 38): [14]Und er machte Zwölf, [die er auch Apostel nannte,] damit sie seien mit ihm und damit er sie schicke, zu verkünden [15]und Vollmacht zu haben, hinauszuwerfen die Dämonen;	Lk 6,13–16 (Nr. 38): [13]Und als es Tag wurde, herbeirief er seine Schüler, und auswählend aus ihnen zwölf, die er auch Apostel nannte,
[2]Der zwölf Apostel Namen aber sind diese: Als erster Simon, der Petros genannte, und Andreas, sein Bruder, und Jakobos, der des Zebedaios, und Johannes, sein Bruder,	[16][und er machte die Zwölf,] und auflegte er dem Simon als Namen Petros, [17]und Jakobos, den des Zebedaios, und Johannes, den Bruder des Jakobos, und er legte ihnen auf als Name[n] Boanerges, das ist: Söhne (des) Donners;	vgl. Apg 1,13 [14]Simon, den er auch nannte Petros, und Andreas, seinen Bruder, und Jakobos und Johannes
[3]Philippos und Bartholomaios, Thomas und Matthaios, der	[18]und Andreas und Philippos und Bartholomaios und Matthaios	Philippos und Bartholomaios, [15]und Matthaios

Mt	Mk	Lk	Lk
Zöllner, Jakobos, der des Alphaios, und Thaddaios, ⁴Si- mon, der Kananaier,	und Thomas und Jakobos, den des Alphaios, und Thaddaios und Si- mon, den Kananaier,	und Thomas, und Jakobos, (den des) Alphaios, und Si- mon, den Zelot gerufenen, ¹⁶und Judas, (den des) Jakobos, und Judas Iskarioth, der zum Verräter wurde.	
und Judas, der Iskariotes, der ihn auch Übergebende. ⁵Diese zwölf schickte Jesus (aus), gebietend ih- nen, sagend: Auf ei- nen Weg zu Heiden geht nicht fort, und in eine Stadt (der) Sa- mariter geht nicht hinein! ⁶Geht aber (viel)mehr zu den ver- lorenen Schafen (des) Hauses Israel!	¹⁹und Judas Iskarioth, der ihn auch übergab. Mk 6,8–11 (Nr. 128):	Lk 9,2–5 (Nr. 128): ²und er schickte sie (aus),	Lk 10,3–12 (Nr. 161):
⁷Hingehend aber verkündet, sagend: Nahegekommen ist das Königtum der Himmel. ⁸Kranke heilt, Tote erweckt, Aussätzige reinigt, Dämonen werft hin- aus! Umsonst emp- fingt ihr, umsonst gebt! ⁹Nicht erwerbt Gold, auch nicht Sil- ber, auch nicht Kup- fer(geld) in eure Gürtel, ¹⁰nicht eine Tasche für (den) Weg, auch nicht zwei Gewänder, auch nicht Sandalen, auch nicht einen Stock; denn wert (ist) der Arbeiter seiner Nahrung. ¹¹In wel- che Stadt aber immer oder (in welches) Dorf ihr hineingeht, forscht, wer in ihr (es) wert ist; und dort bleibt, bis ihr hinausgeht.	⁸und er gebot ihnen, daß sie nichts tragen auf (dem) Weg, außer einen Stock nur, nicht Brot, nicht Tasche, nicht im Gürtel Kupfer(geld), ⁹sondern unterge- bunden Sandalen; und: Nicht zieht an zwei Gewänder! ¹⁰Und er sagte ihnen: Wo ihr etwa hineingeht in ein Haus, dort bleibt, bis ihr hinausgeht von dort.	zu verkünden das Königtum Gottes und zu heilen [die Kranken], ³und er sprach zu ihnen: Nichts tragt auf dem Weg, weder Stock, noch Tasche, noch Brot, noch Silber(geld), noch [je] zwei Gewänder (sollten sie) haben. ⁴Und in welches Haus immer ihr hineingeht, dort bleibt und von dort geht hinaus!	vgl. V 9 ⁴Tragt nicht einen Geldbeutel, nicht eine Tasche, nicht Sandalen und keinen entlang des Weges grüßt! vgl. V 7b ⁵In wel- ches Haus immer aber ihr hineingeht, vgl. V 7c

12Hineingehend aber in das Haus, grüßt es! **13**Und wenn das Haus (es) wert ist, soll kommen euer Friede auf es; wenn aber nicht (es) wert ist, soll euer Friede zu euch zurückkehren.			zuerst sagt: Friede diesem Haus! **6**Und wenn dort ist ein Sohn (des) Friedens, wird ruhen auf ihm euer Friede; wenn aber nicht, wird er auf euch zurückkehren. **7**In dem Haus selbst aber bleibt, essend und trinkend das von ihnen; denn wert ist der Arbeiter seines Lohnes. Wechselt nicht von Haus zu Haus! **8**Und in welche Stadt immer ihr hineingeht und sie euch aufnehmen, eßt das euch Vorgesetzte **9**und heilt die Kranken in ihr und sagt ihnen: Nahegekommen ist zu euch das Königtum Gottes.
vgl. V 10b	vgl. 10b	vgl. V 4b	
vgl. V 8a			
vgl. V 7			
14Und wer immer euch nicht aufnimmt und nicht hört eure Worte, herausgehend aus (jenem) Haus oder jener Stadt, schüttelt ab den Staub eurer Füße!	**11**Und welcher Ort immer euch nicht aufnimmt, und sie euch nicht hören, herausgehend von dort schüttelt ab den Staub unter euren Füßen, zum Zeugnis ihnen!	**5**Und welche immer euch nicht aufnehmen, herausgehend von jener Stadt, schüttelt ab den Staub von euren Füßen, zum Zeugnis gegen sie!	**10**In welche Stadt aber immer ihr hineingeht und sie euch nicht aufnehmen, herausgehend auf ihre Straßen, sprecht: **11**Auch den Staub, den uns anhängenden aus eurer Stadt an den Füßen, wischen wir euch ab; jedoch dies erkennt, daß nahegekommen ist das Königtum Gottes! **12**Ich sage euch:
15Amen, ich sage euch: Erträglicher wird es ergehen (dem) Land Sodoma und Gomorra am Tag (des) Gerichts als jener Stadt.			Sodoma wird es an jenem Tag erträglicher ergehen als jener Stadt.

¹⁶Siehe, ich schicke euch wie Schafe inmitten von Wölfen; werdet also verständig wie die Schlangen und unverdorben wie die Tauben.

³Geht fort! Siehe, ich schicke euch wie Lämmer inmitten von Wölfen.

92. Vom Geschick der Boten

Mt 10,17–25 *

¹⁷Nehmt euch aber in acht vor den Menschen; denn sie werden euch übergeben in Synhedrien, und in ihren Synagogen werden sie euch geißeln. ¹⁸Und vor Statthalter aber und Könige werdet ihr geführt werden wegen meiner, zum Zeugnis ihnen und den Völkern. ¹⁹Wann sie aber übergeben euch, sorgt nicht, wie oder was ihr reden sollt; denn gegeben werden wird euch in jener Stunde, was ihr reden sollt; ²⁰denn nicht ihr seid die Redenden, sondern der Geist eures Vaters (ist) der Redende in euch. **
²¹Übergeben aber wird (der) Bruder (den) Bruder zum Tod und (der) Vater (das) Kind, und aufstehen werden Kinder gegen Eltern, und sie werden sie töten. ²²Und ihr werdet sein Gehaßte von allen wegen meines Namens; *** der Durchhaltende aber zum Ende, dieser wird gerettet werden. ²³Wann aber sie euch verfolgen in dieser Stadt, flieht in die andere; amen, denn ich sage euch, nicht werdet ihr zu Ende kommen mit den Städten Israels, bis kommt der Sohn des Menschen. ²⁴Nicht ist ein Schüler über dem Lehrer und nicht ein Sklave über seinem Herrn. **** ²⁵Es genügt dem Schüler, daß er wird wie sein Lehrer und der Sklave wie sein Herr. Wenn sie den Hausherrn Beelzebul riefen, um wieviel mehr seine Hausgenossen.

---

* Mt 24,9–14 (Nr. 236):

⁹Dann werden sie euch übergeben in Bedrängnis, und
            sie werden euch töten, und ihr werdet sein Gehaßte von allen Völkern

wegen meines Namens.

            vgl. V 14

¹⁰Und dann werden Anstoß nehmen viele, und sie werden einander übergeben, und sie werden hassen einander;

Mk 13,9–13 (Nr. 236):

⁹Seht aber ihr auf euch selbst;
            übergeben werden sie euch in Synhedrien, und in Synagogen werdet ihr geschunden werden, und vor Statthalter und Könige werdet ihr gestellt werden wegen meiner,
            zum Zeugnis ihnen. ¹⁰Aber zu allen Völkern muß zuerst verkündet werden das Evangelium. ¹¹Und wann sie euch führen, (euch) übergebend, nicht vorher sorgt euch, was ihr reden sollt, sondern was immer euch gegeben wird in jener Stunde, dies redet; denn nicht seid ihr die Redenden, sondern der heilige Geist.
            ¹²Und übergeben wird (der) Bruder (den)

Lk 21,12–19 (Nr. 236):
¹²Vor diesem allem aber werden sie ihre Hand legen an euch, und sie werden (euch) verfolgen, übergebend
            in die Synagogen und Gefängnisse (euch),   abgeführt vor Könige und Statthalter

wegen meines Namens; ¹³ablaufen wird es euch zum Zeugnis.

¹⁴Legt nun in eure Herzen, nicht vorher zu überlegen, euch zu verteidigen! ¹⁵Denn ich werde geben euch Mund und Weisheit, der nicht werden widerstehen oder widersprechen können alle eure Gegner. ¹⁶Übergeben aber werdet ihr werden auch von

	Bruder zum Tod und (der) Vater (das) Kind, und aufstehen werden Kinder gegen Eltern, und sie werden töten sie; [13]und ihr werdet sein Gehaßte von allen wegen meines Namens.	Eltern und Brüdern und Verwandten und Freunden,
[11]und viele Lügenpropheten werden aufstehen, und sie werden viele irreführen; [12]und wegen des Übervollwerdens der Ungesetzlichkeit wird sich abkühlen die Liebe der Vielen. [13]Der Durchhaltende aber zum Ende, dieser wird gerettet werden. [14]Und verkündet werden wird dieses Evangelium des Königtums auf dem ganzen Erdkreis zum Zeugnis allen Völkern, und dann wird kommen das Ende.	Der Durchhaltende aber zum Ende, dieser wird gerettet werden. vgl. V 10	und sie werden töten (einige) von euch, [17]und ihr werdet sein Gehaßte von allen wegen meines Namens. [18]Aber nicht ein Haar von eurem Kopf wird zugrundegehen. [19]In eurem Durchhalten erwerbt ihr euer Leben.

** Lk 12,11–12 (Nr. 175): [11]Wann sie aber hinführen euch zu den Synagogen und den Hoheiten und den Mächten, sorgt nicht, wie oder was ihr verteidigen sollt oder was ihr sprechen sollt! [12]Denn der heilige Geist wird euch lehren in der Stunde selbst, was nötig ist, zu sprechen.

*** Joh 15,21: Aber dieses alles werden sie tun an euch wegen meines Namens, weil nicht sie kennen den mich Schikkenden.

**** Lk 6,40 (Nr. 69): Nicht ist ein Schüler über dem Lehrer; ausgebildet aber, jeder wird sein wie sein Lehrer.

Joh 13,16: Amen, amen, ich sage euch: Nicht ist ein Sklave größer als sein Herr, noch ein Gesandter größer als der ihn Schickende.

Joh 15,20: Gedenkt des Wortes, das ich sprach zu euch: Nicht ist ein Sklave größer als sein Herr. Wenn mich sie verfolgten, werden auch euch sie verfolgen; wenn mein Wort sie bewahrten, werden auch das eurige sie bewahren.

93. Mahnung zu furchtlosem Bekennen

Mt 10,26–33	Lk 12,2–9 (Nr. 175):
[26]Fürchtet sie also nicht; denn nichts ist verhüllt, was nicht offenbart werden wird, und verborgen, was nicht erkannt werden wird. * [27]Was ich euch sage in der Finsternis, sprecht im Licht, und was ins Ohr ihr hört, verkündet auf den Dächern! [28]Und fürchtet euch nicht vor denen, die töten den Leib, die Seele aber nicht töten können; fürchtet aber mehr den, der sowohl Seele wie Leib vernichten kann in (der) Gehenna! [29]Werden nicht zwei Sperlinge für ein Assarion verkauft? Und nicht einer von ihnen wird fallen auf die Erde ohne euren Vater. ** [30]Von euch aber auch die Haare des Kopfes sind alle gezählt. ***	[2]Nichts aber ist ganz und gar verhüllt, was nicht offenbart werden wird, und verborgen, was nicht erkannt werden wird. * [3]Dagegen, wieviel ihr in der Finsternis spracht, im Licht wird es gehört werden, und was zum Ohr ihr redetet in den Kammern, wird verkündet werden auf den Dächern. [4]Ich sage aber euch, meinen Freunden: Fürchtet euch nicht vor denen, die töten den Leib, aber danach nicht (die Möglichkeit) haben, darüber hinaus etwas zu tun! [5]Zeigen aber werde ich euch, wen ihr fürchten sollt: Fürchtet den, der nach dem Töten Vollmacht hat, hineinzuwerfen in die Gehenna! Ja, ich sage euch: Diesen fürchtet! [6]Werden nicht fünf Sperlinge verkauft für zwei Assaria? Und nicht einer von ihnen ist vergessen vor Gott. ** [7]Aber auch die Haare eures Kopfes sind alle gezählt. ***

³¹Fürchtet euch also nicht! Von (den) vielen Sperlingen unterscheidet ihr euch.
³²Jeder nun, welcher sich bekennen wird zu mir vor den Menschen, bekennen werde auch ich mich zu ihm vor meinem Vater in [den] Himmeln; ³³welcher aber mich (ver)leugnet vor den Menschen, (ver)leugnen werde auch ich ihn vor meinem Vater in [den] Himmeln. ****

Fürchtet euch nicht! Von (den) vielen Sperlingen unterscheidet ihr euch.
⁸Ich sage euch aber: Jeder, der immer sich bekennt zu mir vor den Menschen, auch der Sohn des Menschen wird sich bekennen zu ihm vor den Engeln Gottes; ⁹der aber mich (Ver)leugnende vor den Menschen, wird verleugnet werden vor den Engeln Gottes. ****

* Mk 4,22 (Nr. 113):
Denn nicht ist Verborgenes, wenn nicht, damit es offenbart wird; und nicht wurde Geheimes, außer, damit es kommt ins Offenbare.

Lk 8,17 (Nr. 113):
Denn nicht ist Verborgenes, das nicht offenbar werden wird, und nicht Verborgenes, das nicht erkannt wird und ins Offenbare kommt.

** Mt 6,26 (Nr. 56):

Schaut auf zu den Vögeln des Himmels, daß sie nicht säen noch ernten noch sammeln in Scheunen, und euer himmlischer Vater nährt sie; unterscheidet nicht ihr euch (viel) mehr von ihnen?

Lk 12,23−24 (Nr. 177):
²³Denn das Leben ist mehr als die Nahrung und der Leib (mehr) als das Gewand.
²⁴Beachtet die Raben, daß sie nicht säen noch ernten, die nicht haben eine Kammer noch eine Scheune, und Gott nährt sie; um wieviel mehr unterscheidet ihr euch von den Vögeln.

*** Lk 21,18 (Nr. 236): Aber nicht ein Haar von eurem Kopf wird zugrundegehen.

**** Mk 8,38 (Nr. 144):

Denn wer immer sich schämt meiner und meiner Worte in diesem ehebrecherischen und sündigen Geschlecht, auch der Sohn des Menschen wird sich schämen seiner, wann er kommt in der Herrlichkeit seines Vaters mit den heiligen Engeln.

Lk 9,26 (Nr. 144):

Denn wer immer sich schämt meiner und meiner Worte, dessen wird der Sohn des Menschen sich schämen, wann er kommt in seiner Herrlichkeit und (der) des Vaters und der heiligen Engel.

94. Haß unter Nächststehenden

Mt 10,34−36

³⁴Meint nicht, daß ich kam, Frieden zu werfen auf die Erde; nicht kam ich, Frieden zu werfen, sondern ein Schwert. ³⁵Denn ich kam, zu entzweien

einen Menschen gegen seinen Vater und *eine Tochter gegen ihre Mutter* und *eine Schwiegertochter gegen ihre Schwiegermutter,* ³⁶und *Feinde des Menschen (werden) seine Hausgenossen.* *

Lk 12,51−53 (Nr. 179):

⁵¹Meint ihr, daß ich kam, Frieden zu geben auf der Erde? Nein, ich sage euch: sondern (eher) Zerteilung. ⁵²Denn es werden sein von jetzt (an) fünf in einem Haus Zerteilte, drei gegen zwei und zwei gegen drei, ⁵³zerteilt werden Vater gegen Sohn und *Sohn gegen Vater,* Mutter gegen die Tochter und *Tochter gegen die Mutter,* Schwiegermutter gegen ihre Schwiegertochter und *Schwiegertochter gegen die Schwiegermutter.* *

Mi 7,6

* Mt 24,10 (Nr. 236):
Und dann werden Anstoß nehmen viele, und sie werden einander übergeben, und sie werden hassen einander.

Mk 13,12 (Nr. 236):
Und übergeben wird (der) Bruder (den) Bruder zum Tod und (der) Vater (das) Kind, und aufstehen werden Kinder gegen Eltern, und sie werden töten sie.

Lk 21,16 (Nr. 236):
Übergeben aber werdet ihr werden auch von Eltern und Brüdern und Verwandten und Freunden, und sie werden töten (einige) von euch.

95. Bedingungen der Nachfolge

Mt 10,37–39	Lk 14,26–27 (Nr. 191):
³⁷Der Vater oder Mutter mehr Liebende als mich, nicht ist meiner wert, und der Sohn oder Tochter mehr Liebende als mich, nicht ist meiner wert; ³⁸und wer nicht nimmt sein Kreuz und folgt hinter mir, nicht ist meiner wert. ³⁹Der sein Leben Findende, wird es ver- lieren, und der sein Leben Verlierende wegen meiner, finden wird er es. *	²⁶Wenn einer kommt zu mir und nicht haßt seinen Vater und die Mutter und die Frau und die Kinder und die Brüder und die Schwestern und auch noch sein eigenes Leben, nicht kann er sein mein Schüler. ²⁷Welcher nicht trägt sein Kreuz und geht hinter mir (her), nicht kann er sein mein Schüler. Lk 17,33 (Nr. 205): Wer immer sucht sein Leben sich zu erhalten, verlieren wird er es, wer aber immer (es) verliert, lebendigerhalten wird er es. *

* Mt 16,24–25 (Nr. 144):	Mk 8,34–35 (Nr. 144):	Lk 9,23–24 (Nr. 144):	Joh 12,25:

²⁴Da
 	
sprach Jesus zu sei-
nen Schülern: Wenn
einer will hinter mir
(her)kommen, soll er
sich selbst verleugnen
und tragen sein Kreuz
       und mir folgen!
²⁵Denn wer immer
will sein Leben retten,
verlieren wird er es;
wer aber immer
verliert   sein
Leben wegen meiner,
 	
       finden wird er
es.
	³⁴Und herbeirufend
	die Volksmenge mit
	seinen Schülern,
	sprach er zu
	ihnen: Wenn
	einer will hinter mir
	folgen, soll er
	sich selbst (ver)leugnen
	und tragen sein Kreuz
	       und mir folgen!
	³⁵Denn wer immer
	sein Leben retten will,
	verlieren wird er es;
	wer aber
	verlieren wird sein
	Leben wegen meiner
	und des Evangeli-
	ums, retten wird er
	es.
		
		²³Er sagte aber zu
		allen: Wenn
		einer will hinter mir
		(her)gehen, soll er
		sich selbst (ver)leugnen
		und tragen sein Kreuz
		täglich und mir folgen!
		²⁴Denn wer immer
		will sein Leben retten,
		verlieren wird er es;
		wer aber immer
		verliert sein
		Leben wegen meiner,
		
		   dieser wird es ret-
		ten.
			
			    Der Liebende
			   sein Leben
			verliert es,
			und der
			Hassende sein
			Leben in dieser Welt,
			zum ewigen Leben
			wird er es bewah-
			ren.

96. Aufnahme der Schüler – Aufnahme Jesu

Mt 10,40–11,1	Mk 9,41 (Nr. 151):	Lk 10,16 (Nr. 161):
⁴⁰Der Aufnehmende euch, mich nimmt er auf, und der mich Aufnehmende nimmt auf den mich Schickenden. * ⁴¹Der einen Propheten Aufnehmende auf (den) Namen eines Propheten (hin), wird (den) Lohn eines Propheten empfangen, und der einen Gerechten Aufneh- mende auf (den) Namen eines Gerechten (hin), wird		¹⁶Der Hörende euch, mich hört er, und der Abweisende euch, mich weist er ab; der aber mich Abweisende weist ab den mich Schickenden. *

(den) Lohn eines Gerechten empfangen. [42]Und wer immer zu trinken gibt einem dieser Kleinen einen Becher kalten (Wassers) allein auf (den) Namen eines Schülers (hin), amen, ich sage euch: Nicht verliert er seinen Lohn. 11,1 Und es geschah, als Jesus zu Ende kam, Auftrag gebend seinen zwölf Schülern, ging er fort von dort, um zu lehren und zu verkünden in ihren Städten.	[41]Denn wer immer euch zu trinken gibt einen Becher Wassers im Namen, daß ihr (des) Christos seid, amen, ich sage euch: Nicht verliert er seinen Lohn.

* Mt 18,5 (Nr. 150): Und wer immer aufnimmt ein solches Kind in meinem Namen, mich nimmt er auf.	Mk 9,37 (Nr. 150): Wer immer eines solcher Kinder aufnimmt in meinem Namen, mich nimmt er auf; und wer immer mich aufnimmt, nicht mich nimmt er auf, sondern den mich Schickenden.	Lk 9,48a (Nr. 150): Wer immer aufnimmt dieses Kind in meinem Namen, mich nimmt er auf; und wer immer mich aufnimmt, aufnimmt den mich Schickenden.	Joh 13,20: Wer immer aufnimmt, wen ich schicken werde, mich nimmt er auf, der aber mich Aufnehmende aufnimmt den mich Schickenden.

97. Täuferanfrage und Antwort Jesu

Mt 11,2–6

[2]Johannes aber, hörend im Gefängnis die Werke des Christos,

schickend durch seine Schüler, [3]sprach zu ihm: Bist du der Kommende, oder sollen einen anderen wir erwarten?

[4]Und antwortend sprach Jesus zu ihnen: Hingehend meldet Johannes, was ihr hört und seht: [5]*Blinde sehen wieder*, und Lahme gehen umher, Aussätzige werden gereinigt, und *Taube hören*, und *Tote werden erweckt*, und Armen wird (ein Evangelium) verkündet; [6]und selig ist, wer immer nicht Anstoß nimmt an mir.

Lk 7,18–23 (Nr. 74):

[8]Und (es) meldeten (dem) Johannes seine Schüler über alles dieses. Und herbeirufend zwei seiner Schüler, [19]schickte Johannes zum Herrn, sagend: Bist du der Kommende, oder sollen einen anderen wir erwarten? [20]Herankommend aber zu ihm, sprachen die Männer: Johannes der Täufer schickte uns zu dir, sagend: Bist du der Kommende, oder sollen einen anderen wir erwarten? [21]In jener Stunde heilte er viele von Krankheiten und Geißeln und bösen Geistern, und vielen Blinden schenkte er zu sehen. [22]Und antwortend sprach er zu ihnen: Hingehend meldet Johannes, was ihr saht und hörtet: *Blinde sehen wieder*, Lahme gehen umher, Aussätzige werden gereinigt und *Taube hören*, *Tote werden erweckt*, Armen wird (ein Evangelium) verkündet; [23]und selig ist, wer immer nicht Anstoß nimmt an mir.

Jes 12,18; 35,5f; 42,18; 26,19; 61,1

98. Jesu Zeugnis über den Täufer

Mt 11,7–19

Lk 7,24–35 (Nr. 75):

[7] Während diese aber gingen, begann Jesus zu reden zu den Volksmengen über Johannes: Was kamt ihr heraus in die Öde zu sehen? Ein Rohr, vom Wind geschüttelt? [8] Doch, was kamt ihr heraus zu sehen? Einen Menschen in weiche (Gewänder) gekleidet? Siehe, die das Weiche Tragenden sind in den Häusern der Könige. [9] Doch, was kamt ihr heraus zu sehen? Einen Propheten? Ja, ich sage euch, und mehr als einen Propheten. [10] Dieser ist (es), über den geschrieben ist: *Siehe, ich schicke meinen Boten vor* deinem *Angesicht (her), der herrichten wird* deinen *Weg vor* dir. *

Ex 23,20
Mal 3,1

[11] Amen, ich sage euch: Nicht ist erweckt worden unter (den) Geborenen von Frauen ein Größerer als Johannes der Täufer; der Kleinere aber im Königtum der Himmel ist größer als er. [12] Von den Tagen aber (des) Johannes des Täufers bis jetzt wird das Königtum der Himmel vergewaltigt, und Gewalttätige reißen es (an sich). [13] Denn alle Propheten und das Gesetz bis zu Johannes prophezeiten; [14] und wenn ihr (es) annehmen wollt: Er ist Elias, der Kommen-Sollende. [15] Der Ohren Habende, er soll hören.

[24] Als aber weggingen die Boten (des) Johannes, begann er zu reden zu den Volksmengen über Johannes: Was kamt ihr heraus in die Öde zu sehen? Ein Rohr, vom Wind geschüttelt? [25] Doch, was kamt ihr heraus zu sehen? Einen Menschen, in weiche Gewänder gekleidet? Siehe, die in glanzvoller Kleidung und Schwelgerei Lebenden sind in den Königspalästen. [26] Doch, was kamt ihr heraus zu sehen? Einen Propheten? Ja ich sage euch, und mehr als einen Propheten. [27] Dieser ist (es), über den geschrieben ist: *Siehe, ich schicke meinen Boten vor* deinem *Angesicht (her), der herrichten wird* deinen *Weg vor* dir. *

[28] Ich sage euch: Ein Größerer unter (den) Geborenen von Frauen als Johannes ist keiner. Der Kleinere aber im Königtum Gottes ist größer als er. Lk 16,16 (Nr. 197): Das Gesetz und die Propheten (galten) bis Johannes; von da (an) wird das Königtum Gottes (als Evangelium) verkündet, und jeder dringt gewalttätig in es.

[29] Und das ganze (es) hörende Volk und die Zöllner gaben Gott recht, sich taufen lassend mit der Taufe (des) Johannes; [30] die Pharisäer aber und die Gesetzeskundigen wiesen den Ratschluß Gottes für sich selbst ab, nicht sich taufend lassend von ihm.

[16] Wem aber werde ich vergleichen dieses Geschlecht? Gleich ist es Kindern, sitzend auf den Märkten, die, zurufend den anderen, [17] sagen: Auf der Flöte spielten wir euch, und nicht tanztet ihr, Klagelieder sangen wir, und nicht trauertet ihr. [18] Denn (es) kam Johannes, weder essend noch trinkend, und sie sagen: Einen Dämon hat er. [19] (Es) kam der Sohn des Menschen, essend und trinkend, und sie sagen: Siehe, ein Mensch, ein Fresser und Weinsäufer, von Zöllnern ein Freund und von Sündern. Und gerechtgesprochen wurde die Weisheit von ihren Werken.

[31] Wem nun werde ich vergleichen die Menschen dieses Geschlechts, und wem sind sie gleich? [32] Gleich sind sie Kindern, auf dem Markt sitzend und zurufend einander, die sagen: Auf der Flöte spielten wir euch, und nicht tanztet ihr, Klagelieder sangen wir, und nicht weintet ihr. [33] Denn gekommen ist Johannes der Täufer, nicht essend Brot noch trinkend Wein, und ihr sagt: Einen Dämon hat er. [34] Gekommen ist der Sohn des Menschen, essend und trinkend, und ihr sagt: Siehe, ein Mensch, ein Fresser und Weinsäufer, ein Freund von Zöllnern und von Sündern. [35] Und gerechtgesprochen wurde die Weisheit von allen ihren Kindern.

---

* Mk 1,2 (Nr. 14): Gleichwie geschrieben ist in dem Isaias, dem Propheten: *Siehe, ich schicke meinen Boten vor deinem Angesicht (her), der herrichten wird* deinen *Weg*.

99. Weherufe über Städte in der Galilaia

Mt 11,20–24	Lk 10,13–15 (Nr. 161):

Mt 11,20–24

²⁰Da begann er zu schelten die Städte, in denen seine meisten Kraft(taten) geschahen, weil sie nicht umkehrten. ²¹Wehe dir, Chorazin, wehe dir, Bethsaida! Denn wenn in Tyros und Sidon geschehen wären die Kraft(taten), die bei euch geschehenen, längst   in Sack und Asche   wären sie umgekehrt. ²²Jedoch ich sage euch, Tyros und Sidon wird es erträglicher ergehen am Tag (des) Gerichts als euch. ²³Und du, Kapharnaum, wirst du nicht bis zum Himmel erhoben werden? Bis in (den) Hades wirst du hinabsteigen; denn wenn in Sodoma geschehen wären die Kraft(taten), die bei dir geschehenen, geblieben wäre es bis zum Heute. ²⁴Jedoch ich sage euch: (Dem) Land Sodoma wird es erträglicher ergehen am Tag (des) Gerichts als dir. *

Lk 10,13–15 (Nr. 161):

¹³Wehe dir, Chorazin, wehe dir, Bethsaida! Denn wenn in Tyros und Sidon geschehen wären die Kraft(taten), die geschehenen bei euch, längst wohl in Sack und Asche sitzend, wären sie umgekehrt. ¹⁴Jedoch   Tyros und Sidon wird es erträglicher ergehen im   Gericht als euch. ¹⁵Und du, Kapharnaum, wirst du nicht bis zum Himmel erhoben werden? Bis in den Hades wirst du hinabsteigen.

---

* Mt 10,15 (Nr. 91):
Amen, ich sage euch: Erträglicher wird es ergehen (dem) Land Sodoma und Gomorra am Tag (des) Gerichts als jener Stadt.

Lk 10,12 (Nr. 161):
Ich sage euch: Sodoma wird es an jenem Tag erträglicher ergehen als jener Stadt.

100. Jesu Lobpreis des Vaters

Mt 11,25–27	Lk 10,21–22 (Nr. 163):

Mt 11,25–27

²⁵In jener Zeit antwortend sprach Jesus: Ich preise dich, Vater, Herr des Himmels und der Erde, daß du verbargst dieses vor Weisen und Verständigen und es offenbartest Unmündigen; ²⁶ja, Vater, weil so es Gefallen fand vor dir. ²⁷Alles wurde mir übergeben von meinem Vater, und keiner erkennt den Sohn außer der Vater, auch den Vater erkennt keiner außer der Sohn und wem immer der Sohn (es) offenbaren will. *

Lk 10,21–22 (Nr. 163):

²¹In eben der Stunde jubelte er [in] dem heiligen Geist und sprach: Ich preise dich, Vater, Herr des Himmels und der Erde, daß du verbargst dieses vor Weisen und Verständigen und es offenbartest Unmündigen; ja, Vater, weil so es Gefallen fand vor dir. ²²Alles wurde mir übergeben von meinem Vater, und keiner erkennt, wer der Sohn ist, außer der Vater, und wer der Vater ist,   außer der Sohn und wem immer der Sohn (es) offenbaren will. *

---

* Joh 3,35: Der Vater liebt den Sohn, und alles hat er gegeben in seine Hand.
17,1b–2: ¹ᵇVater, gekommen ist die Stunde; verherrliche deinen Sohn, damit der Sohn verherrliche dich, ²gleichwie du ihm gabst Vollmacht über alles Fleisch, damit alles, was du ihm gegeben hast, er ihnen gebe: ewiges Leben.
7,29: Ich kenne ihn, weil ich von ihm (her) bin und jener mich schickte.
10,14–15: ¹⁴Ich bin der gute Hirt, und ich kenne die Meinigen, und (es) kennen mich die Meinigen, ¹⁵gleichwie mich kennt der Vater und ich kenne den Vater, und mein Leben gebe ich für die Schafe.

101. Der Heilandsruf Jesu

Mt 11,28–30

²⁸ Auf, zu mir alle sich Mühenden und Belasteten! Und ich werde euch ausruhen lassen. ²⁹ Nehmt mein

Jer 6,16 Joch auf euch und lernt von mir, weil sanft ich bin und demütig dem Herzen (nach), und *ihr werdet finden Ruhe für eure Seelen*; ³⁰ denn mein Joch ist erträglich und meine Last leicht.

102. Das Ährenrupfen an den Sabbaten

Mt 12,1–8	Mk 2,23–28 (Nr. 35):	Lk 6,1–5 (Nr. 35):
¹ In jener Zeit ging Jesus an den Sabbaten durch die Saaten; seine Schüler aber hungerten, und sie begannen, Ähren zu rupfen und zu essen.	²³ Und es geschah, daß er an den Sabbaten entlangging durch die Saaten, und seine Schüler begannen, einen Weg zu machen, rupfend die Ähren.	¹ Es geschah aber am Sabbat, daß er hindurchging durch Saaten, und (es) rupften seine Schüler und aßen die Ähren, (sie) mit den Händen zerreibend. ² Einige aber der Pharisaier
² Die Pharisaier aber, sehend (es), sprachen zu ihm: Siehe, deine Schüler tun, was nicht erlaubt ist, zu tun am Sabbat. * ³ Er aber sprach zu ihnen: Nicht last ihr , was David tat, als er hungerte und die mit ihm, ⁴ wie er hineinging in das Haus Gottes	²⁴ Und die Pharisaier sagten ihm: Sieh , was tun sie an den Sabbaten, was nicht erlaubt ist? * ²⁵ Und er sagt ihnen: Niemals last ihr , was David tat, als er Bedarf hatte und hungerte, er und die mit ihm, ²⁶ wie er hineinging in das Haus Gottes unter Abjathar, (dem) Hochpriester,	sprachen: Was tut ihr, was nicht erlaubt ist an den Sabbaten? * ³ Und antwortend zu ihnen sprach Jesus: Und nicht last ihr dies, was David tat, als er hungerte, er und die mit ihm [waren], ⁴ [wie] er hineinging in das Haus Gottes
und sie die Brote der Austellung aßen, was ihm nicht erlaubt war zu essen, auch nicht denen mit ihm, außer den Priestern allein? ⁵ Oder nicht last ihr im Gesetz, daß an den Sabbaten die Priester im Heiligtum den Sabbat entweihen und schuldlos sind? ⁶ Ich sage euch aber: Ein Größerer als das Heiligtum ist hier. ⁷ Wenn ihr aber erkannt hättet, was es ist: *Erbarmen will ich und nicht ein Opfer*, ** nicht hättet ihr verurteilt die Schuldlosen.	und die Brote der Ausstellung aß , die nicht erlaubt ist zu essen, außer den Priestern und auch denen gab, die mit ihm waren?	und die Brote der Austellung nehmend aß und denen mit ihm gab, die nicht erlaubt ist zu essen, außer allein den Priestern?
	²⁷ Und er sagte ihnen: Der Sabbat wurde wegen des Menschen und nicht der	⁵ Und er sagte ihnen:

Hos 6,6 (neben Vers 7 der Mt-Spalte)

⁸Denn Herr ist des Sabbats der Sohn des Menschen.	Mensch wegen des Sabbats; ²⁸daher: Herr ist der Sohn des Menschen auch des Sabbats.	Herr ist des Sabbats der Sohn des Menschen.

* Joh 5,10: (Es) sagten nun die Judaier dem Geheilten: Sabbat ist, und nicht ist dir erlaubt, zu tragen deine Bahre.
** Mt 9,13 (Nr. 86): Hingehend aber lernt, was es ist: *Erbarmen will ich und nicht ein Opfer;* denn nicht kam ich, zu rufen Gerechte, sondern Sünder.

103. Heilung einer vertrockneten Hand

Mt 12,9–14	Mk 3,1–6 (Nr. 36):	Lk 6,6–11 (Nr. 36):
⁹Und fortgehend von dort, kam er in ihre Synagoge; ¹⁰und siehe, ein Mensch, habend eine vertrocknete Hand. Und sie befragten ihn, sagend, ob es erlaubt ist, an den Sabbaten zu heilen?, damit sie anklagten ihn.	¹Und hineinkam er wieder in die Synagoge. Und (es) war dort ein Mensch, vertrocknet habend die Hand. ²Und sie belauerten ihn, ob an den Sabbaten er ihn heilen wird, damit sie anklagten ihn. ³Und er sagt dem Menschen, dem die vertrocknete Hand habenden: Steh auf, in die Mitte!	⁶Es geschah aber an einem anderen Sabbat, daß er hineinkam in die Synagoge und lehrte. Und (es) war ein Mensch dort, und seine rechte Hand war vertrocknet. ⁷(Es) belauerten ihn aber die Schriftkundigen und die Pharisaier, ob am Sabbat er heilt, damit sie (etwas) fänden, anzuklagen ihn. ⁸Er aber wußte ihre Überlegungen, sprach aber zu dem Mann, dem die vertrocknete Hand habenden: Steh auf und stell dich in die Mitte! Und aufstehend stellte er sich (hin).
¹¹Der aber sprach zu ihnen: Wer wird sein von euch ein Mensch, der haben wird ein einziges Schaf, und wenn dieses hineinfällt an Sabbaten in eine Grube, wird er es nicht ergreifen und aufrichten? ¹²Um wieviel (mehr) nun unterscheidet sich ein Mensch von einem Schaf. * Deshalb ist es erlaubt, an den Sabbaten recht zu tun.	⁴Und er sagt ihnen: Ist es erlaubt, an den Sabbaten Gutes zu tun oder Schlechtes zu tun, ein Leben zu retten oder zu töten? Die aber schwiegen. ⁵Und rings anschauend sie mit Zorn, ganz betrübt über die Verstocktheit ihres Herzens, sagt er dem Menschen: Strecke aus die	⁹(Es) sprach aber Jesus zu ihnen: Ich befrage euch, ob es erlaubt ist, am Sabbat Gutes zu tun oder Schlechtes zu tun, ein Leben zu retten oder zu vernichten? ¹⁰Und rings anschauend sie alle, sprach er zu ihm: Strecke aus deine
¹³Da sagt er dem Menschen: Strecke aus deine		

Hand! Und ausstreckte er (sie), und wiederhergestellt wurde sie, gesund wie die andere. [14]Hinausgehend aber die Pharisaier, faßten sie einen Beschluß gegen ihn, auf daß sie ihn vernichteten.	Hand! Und ausstreckte er (sie), und wiederhergestellt wurde seine Hand. [6]Und hinausgehend die Pharisaier sofort mit den Herodianern, faßten sie einen Beschluß gegen ihn, auf daß sie ihn vernichteten.	Hand! Der aber tat (es), und wiederhergestellt wurde seine Hand. [11]Sie aber wurden erfüllt von Unverstand und beredeten untereinander, was sie täten mit Jesus.

---

* Lk 14,5 (Nr. 187): Und zu ihnen sprach er: Wem von euch wird ein Sohn oder Rind in einen Brunnen fallen, und nicht sogleich wird er ihn heraufziehen am Tag des Sabbats?
Lk 13,15–16 (Nr. 182): [15](Es) antwortete ihm aber der Herr und sprach: Heuchler, löst nicht jeder von euch am Sabbat sein Rind oder den Esel von der Krippe und wegführend tränkt er (ihn)? [16]Diese aber, die eine Tochter Abrahams ist, die der Satan band, siehe, achtzehn Jahre, sollte sie nicht gelöst werden von dieser Fessel am Tag des Sabbats?

104. Eindrücke vom Wirken Jesu

Mt 12,15–21	Mk 3,7–12 (Nr. 37):	Lk 6,17–19 (Nr. 66):
[15]Jesus aber erkennend (es), entwich von dort. Und (es) folgten ihm viele [Volksmengen], 4,25 (Nr. 29): Und (es) folgten ihm große Volksmengen von der Galilaia und (der) Dekapolis und von Hierosolyma und Judaia und von jenseits des Jordanes.	[7]Und Jesus mit seinen Schülern entwich zum Meer, und eine große Menge von der Galilaia [folgte] und von der Judaia [8]und von Hierosolyma und von der Idumaia und von jenseits des Jordanes und (aus der Gegend) um Tyros und Sidon eine große Menge, hörend, wieviel er tat, kam zu ihm. [9]Und er sprach zu seinen Schülern, damit ein Boot ihm bereitliege wegen der Volksmenge, damit sie ihn nicht bedränge;	[17]Und hinabsteigend mit ihnen, stellte er sich auf einen ebenen Platz, und eine große Menge seiner Schüler, und eine große Menge des Volkes von der ganzen Judaia und von Jerusalem und der Meeresküste von Tyros und Sidon, [18]die kamen, ihn zu hören und geheilt zu werden von ihren Krankheiten;
und er heilte sie alle, 4,24: Und hinausging sein Ruf in die ganze Syria; und hinbrachten sie ihm alle, denen es schlecht ging, durch mancherlei Krankheiten und Qualen Bedrängte [und] Besessene und Mondsüchtige und Gelähmte; und er heilte sie. [16]und anfuhr er sie, damit sie nicht offenbar ihn machten, [17]damit erfüllt wird das Gesagte durch Isaias, den Propheten, (den) sagenden:	[10]denn viele heilte er, so daß sie herfielen über ihn, damit ihn berührten, wieviele Plagen hatten. [11]Und die unreinen Geister, wann sie ihn erblickten, fielen nieder vor ihm und schrien, sagend: Du bist der Sohn Gottes. * [12]Und anfuhr er sie viel, damit sie nicht ihn offenbar machten.	und die von unreinen Geistern Geplagten wurden geheilt, [19]und die ganze Volksmenge suchte ihn zu berühren, weil Kraft von ihm ausging und alle heilte.

[18] *Siehe, mein Knecht, den ich er-wählte, mein Geliebter, an dem Gefallen fand meine Seele; legen werde ich meinen Geist auf ihn, und ein Gericht wird er verkün-den den Völkern.* [19] *Nicht wird er streiten, und nicht wird er schrei-en, und nicht wird hören einer auf den Straßen seine Stimme.* [20] *Ein angebrochenes Rohr wird er nicht zerbrechen, und einen glimmenden Docht wird er nicht löschen, bis er führt zum Sieg das Gericht.* [21] *Und auf seinen Na-men werden Völker hoffen.*		Jes 42,1–4

* Mt 8,16–17 (Nr. 81): [16] Als es aber Abend ge-worden war, hinbrachten sie ihm viele Besessene: und hinaus-warf er die Geister durch ein Wort, und alle, denen es schlecht ging, heilte er, [17] auf daß erfüllt würde das Gesagte durch Isaias, den Propheten, (den) sagenden: *Er nahm unsere Schwachheiten, und die Krankheiten trug er.*	Mk 1,34 (Nr. 27): Und er heilte viele, denen es schlecht ging durch man-cherlei Krankheiten, und vie-le Dämonen warf er hinaus, und nicht ließ er reden die Dämonen, weil sie ihn kannten.	Lk 4,41 (Nr. 27): Herauskamen aber auch Dämonen von vielen, schreiend und sagend: Du bist der Sohn Got-tes. Und, anfahrend (sie), nicht ließ er sie reden, weil sie wuß-ten, daß er der Christos sei.
		Jes 53,4

105. Jesus und seine Angehörigen

Mk 3,20–21

[20] Und er kommt in ein Haus; und zusammenkommt wieder [die] Volksmenge, so daß sie nicht einmal Brot essen konnten. [21] Und (es) hörend, gingen die bei ihm aus, ihn zu ergreifen; denn sie sagten: Er geriet außer sich.

106. Verteidigung gegen den Beelzebulvorwurf

Mt 12,22–37	Mk 3,22–30	Lk 11,14–23 (Nr. 169):
[22] Da wurde hingebracht zu ihm ein Besessener, blind und stumm, und er heilte ihn, so daß der Stumme redete und sah. [23] Und außer sich gerieten alle Volksmengen und sagten: Ist etwa dieser		[14] Und er war hinauswerfend einen Dämon [und der war] stumm; es geschah aber, als der Dämon herausging, redete der Stumme, und (es) staunten die Volksmengen.

der Sohn Davids?
24 Die Pharisaier aber, hörend (es), sprachen: Dieser wirft nicht hinaus die Dämonen, außer mit dem Beelzebul, (dem) Herrscher der Dämonen. *
12,38 (Nr. 107): Da antworteten ihm einige der Schriftkundigen und Pharisaier, sagend: Lehrer, wir wollen von dir ein Zeichen sehen.
25 Kennend aber ihre Gedanken, sprach er zu ihnen:

Jedes Königtum, geteilt in sich, wird verwüstet,
und jede Stadt oder (jedes) Haus, geteilt in sich, wird nicht   bestehen.

26 Und wenn   der Satan den Satan hinauswirft, wurde er in sich geteilt; wie also wird bestehen sein Königtum?

27 Und wenn ich mit Beelzebul hinauswerfe die Dämonen, eure Söhne, mit wem werfen sie hinaus? Deswegen werden sie Richter sein über euch. **28** Wenn aber mit (dem) Geist Gottes ich hinauswerfe die Dämonen, also kam zu euch das Königtum Gottes.
29 Oder wie kann einer hineingehen in das Haus des Starken und seine Gefäße rauben, wenn er nicht zuerst band den Starken? Und dann wird er sein Haus ausrauben.

30 Der nicht mit mir ist, gegen mich ist er, und der nicht sammelt mit mir, zerstreut. **
31 Deshalb sage ich euch: Jede Sünde und Lästerung

---

22 Und die Schriftkundigen, die von Hierosolyma herabgestiegenen, sagten:
Beelzebul hat er, und: Mit dem Herrscher der Dämonen hinauswirft er die Dämonen. *

23 Und sie herbeirufend, in Gleichnissen sagte er ihnen:
Wie kann Satan Satan hinauswerfen? **24** Und wenn ein Königtum in sich geteilt wird, nicht kann bestehen jenes Königtum; **25** und wenn ein Haus in sich geteilt wird, nicht wird jenes Haus bestehen können.
26 Und wenn   der Satan aufstand wider sich und geteilt wurde, kann er nicht bestehen, sondern ein Ende hat er.

27 Doch nicht kann einer, in das Haus des Starken hineingehend, seine Gefäße ausrauben, wenn nicht zuerst den Starken er band, und dann wird er sein Haus ausrauben.

28 Amen, ich sage euch: Alles

---

15 Einige aber von ihnen sprachen:
Mit Beelzebul, dem Herrscher der Dämonen, hinauswirft er die Dämonen; *

16 andere aber, (ihn) versuchend, verlangten ein Zeichen aus (dem) Himmel von ihm. **17** Er aber, kennend ihre Gedanken, sprach zu ihnen:

Jedes Königtum, in sich zerteilt, wird verwüstet,

und Haus fällt auf Haus.

18 Wenn aber auch der Satan in sich zerteilt wurde, wie   wird bestehen sein Königtum? Denn ihr sagt, daß mit Beelzebul ich hinauswerfe die Dämonen. **19** Wenn aber ich mit Beelzebul hinauswerfe die Dämonen, eure Söhne, mit wem werfen sie hinaus? Deswegen werden sie eure Richter sein. **20** Wenn aber mit (dem) Finger Gottes [ich] hinauswerfe die Dämonen, also kam zu euch das Königtum Gottes.
21 Wann der Starke bewaffnet bewacht seinen Hof, in Frieden ist sein Besitz; **22** wenn aber ein Stärkerer als er, herbeikommend, ihn besiegt, nimmt er seine Rüstung, auf die er vertraute, und seine Beute verteilt er.
23 Der nicht mit mir ist, gegen mich ist er, und der nicht sammelt mit mir, zerstreut. **

wird erlassen werden den Menschen,

aber die Lästerung des Geistes wird nicht erlassen werden.
³²Und wer immer spricht ein Wort wider den Sohn des Menschen, erlassen werden wird ihm; wer aber immer spricht wider den heiligen Geist, nicht erlassen werden wird ihm, weder in diesem Aion noch im zukünftigen.

³³Entweder haltet den Baum für gut und seine Frucht für gut, oder haltet den Baum für faul und seine Frucht für faul; denn aus der Frucht wird der Baum erkannt. ***
³⁴Brut von Nattern, wie könnt ihr Gutes reden, die ihr böse seid? Denn aus dem Überfluß des Herzens redet der Mund. ³⁵Der gute Mensch wirft aus dem guten Schatz(behälter) heraus Gutes, und der böse Mensch wirft aus dem bösen Schatz(behälter) heraus Böses. ³⁶Ich sage euch aber: Jedes unnütze Wort, welches reden werden die Menschen, ablegen werden sie über es Rechenschaft am Tag (des) Gerichts. ³⁷Denn aus deinen Worten wirst du gerechtgesprochen werden, und aus deinen Worten wirst du verurteilt werden.

wird erlassen werden den Söhnen der Menschen, die Versündigungen und die Lästerungen, wieviel immer sie lästerten;

²⁹wer immer aber lästerte gegen den heiligen Geist, nicht hat Erlaß in Ewigkeit, sondern schuldig ist er ewiger Versündigung.
³⁰Weil sie sagten: Einen unreinen Geist hat er.

12,10 (Nr. 175):
Und jeder, der sagen wird ein Wort gegen den Sohn des Menschen, erlassen werden wird ihm; dem aber
gegen den heiligen Geist Lästernden, nicht erlassen werden wird (ihm).

6,43–45 (Nr. 70):
⁴³Denn nicht ist ein Baum gut, bringend faule Frucht, noch wieder ein Baum faul, bringend gute Frucht.
⁴⁴Denn jeder Baum wird aus seiner eigenen Frucht erkannt; ***

⁴⁵ᵇdenn aus (dem) Überfluß (des) Herzens redet sein Mund. ⁴⁵ᵃDer gute Mensch bringt aus dem guten Schatz(behälter) des Herzens hervor das Gute, und der böse
bringt aus dem bösen
hervor
das Böse.

---

* Mt 9,32–34 (Nr. 89): ³²Während sie aber weggingen, siehe, hinbrachten sie ihm einen stummen, besessenen Menschen. ³³Und als hinausgeworfen worden war der Dämon, redete der Stumme. Und (es) staunten die Volksmengen, sagend: Niemals erschien so (etwas) in Israel. ³⁴Die Pharisaier aber sagten: Im Herrscher der Dämonen hinauswirft er die Dämonen.
** Mk 9,40 (Nr. 151): Denn wer nicht ist gegen uns, für uns ist er.
Lk 9,50 (Nr. 151): Denn wer nicht ist gegen euch, für euch ist er.
*** Mt 7,18.16a (Nr. 62): ¹⁸Nicht kann ein guter Baum böse Früchte bringen und nicht ein fauler Baum gute Früchte bringen. ¹⁶ᵃAn ihren Früchten werdet ihr sie erkennen.

107. Das Zeichen des Jonas

Mt 12,38–42

³⁸Da antworteten ihm einige der Schriftkundigen und Pharisaier, sagend: Lehrer, wir wollen von dir ein Zeichen sehen. ³⁹Der aber antwortend sprach zu ihnen: Ein böses und ehebrecherisches Geschlecht verlangt ein Zeichen, aber ein Zeichen wird ihm nicht gegeben werden, wenn nicht das Zeichen (des) Jonas, * des Propheten. ⁴⁰Denn wie *Jonas war im Bauch des Seeungetüms drei Tage und drei Nächte*, so wird sein der Sohn des Menschen im Herzen der Erde drei Tage und drei Nächte. ⁴¹(Die) ninevitischen Männer werden aufstehen im Gericht mit diesem Geschlecht, und sie werden es verurteilen, weil sie umkehrten zur Verkündigung (des) Jonas, und siehe, mehr als Jonas (ist) hier. ⁴²(Die) Königin vom Südreich wird aufstehen im Gericht mit diesem Geschlecht , und sie wird es verurteilen, weil sie kam von den Enden der Erde, zu hören die Weisheit Solomons, und siehe, mehr als Solomon (ist) hier.

Jona 2,1

Lk 11,16.29–32 (Nr. 169.172):

¹⁶Andere aber, (ihn) versuchend, verlangten ein Zeichen aus (dem) Himmel von ihm. ²⁹Als aber die Volksmengen herzudrängten, begann er zu sagen: Dieses Geschlecht ist ein böses Geschlecht; ein Zeichen verlangt es, aber ein Zeichen wird ihm nicht gegeben werden, wenn nicht das Zeichen (des) Jonas. * ³⁰Denn gleichwie Jonas den Niniviten ein Zeichen wurde, so wird (es) sein auch der Sohn des Menschen für dieses Geschlecht. ³²(Die) ninevitischen Männer werden aufstehen im Gericht mit diesem Geschlecht, und sie werden es verurteilen, weil sie umkehrten zur Verkündigung (des) Jonas, und siehe, mehr als Jonas (ist) hier. ³¹(Die) Königin vom Südreich wird aufstehen im Gericht mit den Männern dieses Geschlechts, und sie wird sie verurteilen, weil sie kam von den Enden der Erde, zu hören die Weisheit Solomons, und siehe, mehr als Solomon (ist) hier.

* Mt 16,1–2 a.4 (Nr. 139):
¹Und hinzukommend die Pharisaier und Saddukaier, (ihn) versuchend, verlangten sie von ihm, ein Zeichen aus dem Himmel zu zeigen ihnen. ²ᵃDer aber antwortend sprach zu ihnen: ⁴Ein böses und ehebrecherisches Geschlecht verlangt ein Zeichen, und ein Zeichen wird ihm nicht gegeben werden, wenn nicht das Zeichen (des) Jonas. Und zurücklassend sie, wegging er.

Mk 8,11–12 (Nr. 139):
¹¹Und hinausgingen die Pharisaier und begannen zu streiten mit ihm, verlangend von ihm ein Zeichen vom Himmel, versuchend ihn. ¹²Und aufstöhnend in seinem Geist, sagt er: Was verlangt dieses Geschlecht ein Zeichen? Amen, ich sage euch, nicht wird gegeben werden diesem Geschlecht ein Zeichen.

108. Vom Rückfall

Mt 12, 43–45

⁴³Wann aber der unreine Geist herauskommt von dem Menschen, hindurchgeht er durch wasserlose Gegenden, suchend einen Ruheplatz, und nicht findet er. ⁴⁴Da sagt er: In mein Haus werde ich zurückkehren, von wo ich herauskam; und kommend findet er (es) leerstehend, gefegt und geschmückt. ⁴⁵Da geht er, und mit sich nimmt er sieben

Lk 11,24–26 (Nr. 170):

²⁴Wann der unreine Geist herauskommt von dem Menschen, hindurchgeht er durch wasserlose Gegenden, suchend einen Ruheplatz und nicht findend; [da] sagt er: Zurückkehren werde ich in mein Haus, von wo ich herauskam; ²⁵und kommend findet er (es) gefegt und geschmückt. ²⁶Da geht er, und mitnimmt er

andere Geister, böser als er selbst,   und
hineinkommend wohnen sie dort; und es
wird das Letzte jenes Menschen
schlimmer als das Erste. So wird es sein auch
mit diesem bösen Geschlecht.

andere Geister, böser als er selbst, sieben, und
hineinkommend wohnen sie dort; und es
wird das Letzte jenes Menschen
schlimmer als das Erste.

109. Die wahren Verwandten Jesu

Mt 12,46–50	Mk 3,31–35	Lk 8,19–21 (Nr. 123):
[46] Noch während er redet zu den Volksmengen, siehe, die Mutter und seine Brüder standen draußen, suchend mit ihm zu reden.	[31] Und (es) kommt seine Mutter und seine Brüder, und draußen stehend, schickten sie zu ihm, rufend ihn. [32] Und (es) saß um ihn eine Volksmenge, und sie sagen ihm: Siehe,	[19] Herbeikam aber zu ihm die Mutter und seine Brüder, und nicht konnten sie zusammentreffen mit ihm wegen der Volksmenge. [20] Gemeldet aber wurde ihm:
[47] [(Es) sprach aber einer zu ihm: Siehe, deine Mutter und deine Brüder, draußen stehen sie, suchend mit dir zu reden.] [48] Der aber antwortend sprach zu dem mit ihm Redenden: Wer ist meine Mutter, und welche sind meine Brüder? [49] Und ausstreckend seine Hand über seine Schüler, sprach er: Siehe, meine Mutter und meine Brüder! [50] Denn welcher immer tut den Willen meines Vaters in den Himmeln, er ist mein Bruder und (meine) Schwester und Mutter. *	deine Mutter und deine Brüder [und deine Schwestern] draußen suchen dich. [33] Und antwortend ihnen, sagt er: Wer ist meine Mutter und (welche sind) [meine] Brüder? [34] Und rings anschauend die um ihn im Kreis Sitzenden, sagt er: Sieh , meine Mutter und meine Brüder! [35] [Denn] wer immer tut den Willen Gottes, dieser ist mein Bruder und (meine) Schwester und Mutter. *	Deine Mutter und deine Brüder stehen draußen, sehen wollend dich. [21] Der aber antwortend sprach zu ihnen: Meine Mutter und meine Brüder sind diese: die das Wort Gottes Hörenden und Tuenden. *

* Joh 15,14: Ihr seid meine Freunde, wenn ihr tut, was ich euch gebiete.

110. Das Gleichnis vom Geschick der Saat

Mt 13,1–9	Mk 4,1–9	Lk 8,4–8
[1] An jenem Tag, als Jesus herausgekommen war aus dem Haus, saß er am Meer. [2] Und zusammenkamen bei ihm viele Volksmengen, so daß er, in ein Boot eingestiegen, sich setz-	[1] Und wieder begann er zu lehren am Meer; und zusammenkommt bei ihm eine ganz große Volksmenge , so daß er, in ein Boot eingestiegen, sich setz-	[4] Als aber zusammen war eine große Volksmenge und die aus jeder Stadt Hinausziehenden zu ihm,

te   , und die ganze Volksmenge
      stand am Strand. [3]Und er redete zu ihnen vieles in Gleichnissen, sagend:

Siehe, hinausging der Säende, um zu säen. [4]Und   bei seinem Säen – die einen (Samen) fielen entlang des Weges, und kommend die Vögel fraßen sie auf. [5]Andere aber fielen   auf das Felsige, wo sie nicht viel Erde hatten, und sogleich gingen sie auf wegen des Nicht-Tiefe-Habens an Erde; [6]als aber die Sonne aufging, wurden sie verbrannt, und wegen des Nicht-Wurzel-Habens vertrockneten sie. [7]Andere aber fielen   unter die Dornen, und   aufstiegen die Dornen, und sie erstickten sie.

[8]Andere aber fielen auf die gute Erde und gaben Frucht,
      das eine hundert, das andere sechzig, das andere dreißig. [9]Der Ohren Habende, er soll hören!

---

te im Meer, und die ganze Volksmenge, zum Meer hin auf dem Land waren sie. [2]Und er lehrte sie in Gleichnissen vieles, und er sagte ihnen in seiner Lehre: [3]Hört! Siehe, hinausging der Säende   zu säen. [4]Und es geschah beim Säen – das eine fiel entlang des Weges, und (es) kamen die Vögel und fraßen es auf. [5]Und anderes fiel   auf das Felsige, wo es nicht viel Erde hatte, und sofort ging es auf wegen des Nicht-Tiefe-Habens an Erde; [6]und als aufging die Sonne, wurde es verbrannt, und wegen des Nicht-Wurzel-Habens vertrocknete es. [7]Und anderes fiel   in die Dornen, und   aufstiegen die Dornen, und sie erstickten es, und Frucht gab es nicht. [8]Und andere (Samen) fielen in die rechte Erde und gaben Frucht, aufsteigend und wachsend, und brachten: eines dreißig und eines sechzig und eines hundert. [9]Und er sagte: Der Ohren hat zu hören, er soll hören!

---

sprach er durch ein Gleichnis:

[5]Hinausging der Säende, um zu säen seinen Samen. Und   bei seinem Säen – das eine fiel entlang des Weges, und zertreten wurde es, und die Vögel des Himmels   fraßen es auf. [6]Und anderes fiel nieder auf den Felsen,
      und gewachsen

vertrocknete es wegen des Nicht-Feuchtigkeit-Habens. [7]Und anderes fiel mitten unter die Dornen, und die mitgewachsenen Dornen erstickten es.

[8]Und anderes fiel in die gute Erde
      und gewachsen brachte es Frucht hundertfach.

Dies sagend, rief er: Der Ohren Habende zu hören er soll hören!

---

111. Der Zweck der Gleichnisreden

Mt 13,10–17

[10]Und hinzukommend sprachen die Schüler zu ihm: Weshalb redest du in Gleichnissen zu ihnen? [11]Der aber antwortend sprach zu ihnen: Euch ist es gegeben, zu erkennen die Geheimnisse des Königtums der Himmel, jenen aber ist es nicht gegeben. [12]Denn wer hat,

Mk 4,10–12

[10]Und als er allein war, fragten ihn die um ihn mit den Zwölf nach den Gleichnissen. [11]Und er sagte ihnen: Euch ist das Geheimnis des Königtums Gottes gegeben; jenen aber, denen draußen,

Lk 8,9–10

[9](Es) befragten ihn aber seine Schüler, was dieses Gleichnis besage. [10]Der aber sprach: Euch ist es gegeben, zu erkennen die Geheimnisse des Königtums Gottes, den übrigen aber

gegeben werden wird ihm, und überreich wird er gemacht werden; wer aber nicht hat, auch was er hat, wird weggenommen werden von ihm. [13]Deswegen rede ich in Gleichnissen zu ihnen , weil als Sehende sie nicht sehen und als Hörende sie nicht hören und nicht verstehen.

vgl. 4,25 (Nr. 113)

vgl. 8,18 b (Nr. 113)

geschieht alles in Gleichnissen, [12]damit *Sehende sehen und nicht schauen und Hörende hören und nicht verstehen, damit sie nicht etwa umkehren und ihnen erlassen werde.*

in Gleichnissen, damit als Sehende sie nicht sehen und als Hörende sie nicht verstehen.

Jes 6,9 f

[14]Und erfüllt wird ihnen die Prophetie (des) Isaias, die sagende: *Mit (dem) Gehör werdet ihr hören, und nicht sollt ihr verstehen, und sehend werdet ihr sehen, und nicht sollt ihr schauen.* [15]*Denn verstockt ist das Herz dieses Volkes, und mit den Ohren schwer hörten sie, und ihre Augen verschlossen sie, damit sie nicht schauen mit den Augen und mit den Ohren hören und mit dem Herz verstehen und umkehren und ich sie heilen werde.**

Jes 6,9 f (G)

Lk 10,23–24 (Nr. 163):

[23]Und sich umwendend zu den Schülern für sich, sprach er: Selig die Augen, die sehenden, was ihr seht, [24]Denn ich sage euch: Viele Propheten und Könige wollten schauen, was ihr seht, und nicht schauten sie, und hören, was ihr hört, und nicht hörten sie.

[16]Eure Augen aber (sind) selig, weil sie sehen, und eure Ohren, weil sie hören. [17]Amen, denn ich sage euch: Viele Propheten und Gerechte begehrten zu schauen, was ihr seht, und nicht schauten sie, und zu hören, was ihr hört, und nicht hörten sie.

---

* Joh 12,40: Blind gemacht hat er *ihre Augen*, und er verstockte ihr *Herz, damit sie nicht sehen mit den Augen und begreifen mit dem Herzen und umkehren, und ich sie heilen werde.*

112. Deutung des Gleichnisses vom Geschick der Saat

Mt 13,18–23	Mk 4,13–20	Lk 8,11–15
[18]Ihr nun, hört das Gleichnis des Säenden!	[13]Und er sagt ihnen: Nicht versteht ihr dieses Gleichnis, und wie werdet ihr alle Gleichnisse erkennen? [14]Der Säende sät das Wort.	[11]Das aber besagt dieses Gleichnis: Der Same ist das Wort Gottes.

[19] Jedesmal, wenn einer hört das Wort des Königtums und nicht versteht, kommt der Böse und raubt das Gesäte in seinem Herzen; dieser ist der entlang des Weges Gesäte. [20] Der aber auf das Felsige Gesäte, dieser ist der das Wort Hörende und sofort mit Freude es Aufnehmende, [21] nicht aber hat er eine Wurzel in sich, sondern auf (den) Augenblick ist er;

wenn aber entsteht Bedrängnis oder Verfolgung wegen des Wortes, sofort nimmt er Anstoß. [22] Der aber in die Dornen Gesäte , dieser ist der das Wort Hörende , aber die Sorge des Aions und der Trug des Reichtums

erstickt das Wort, und fruchtlos wird es. [23] Der aber auf die gute Erde Gesäte , dieser ist

der das Wort Hörende und Verstehende, der dann Frucht bringt , und der eine trägt hundert, der andere sechzig, der andere dreißig.

---

[15] Diese aber sind die entlang des Weges, wohin gesät wird das Wort   , und wann sie hören, sofort kommt der Satan und trägt weg das Wort, das in sie gesäte.

[16] Und diese sind die auf das Felsige Gesäten, die, wann sie hören das Wort,   sofort mit Freude es aufnehmen, [17] aber nicht haben sie eine Wurzel in sich, sondern auf (den) Augenblick sind sie; dann, wenn   entsteht Bedrängnis oder Verfolgung wegen des Wortes, sofort nehmen sie Anstoß. [18] Und andere sind die in die Dornen Gesäten; diese sind die das Wort Hörenden, [19] aber die Sorgen des Aions und der Trug des Reichtums und die Begierden um das Übrige hinzukommend ersticken das Wort, und fruchtlos wird es. [20] Und jene sind die auf die gute Erde Gesäten, welche

hören das Wort und (es) annehmen und   Frucht bringen: eines dreißig und eines sechzig und eines hundert.

---

[12] Die aber   entlang des Weges

sind die Hörenden, dann kommt der Teufel und trägt weg das Wort von ihrem Herzen, damit sie nicht, glaubend, gerettet werden. [13] Die aber auf dem Felsen (sind jene), die, wann sie hören, mit Freude annehmen das Wort, aber diese haben keine Wurzel,   (sie), die für einen Augenblick glauben und im Augenblick einer Versuchung

abfallen. [14] Das aber in die Dornen Gefallene, diese sind die Hörenden, aber von Sorgen   und   Reichtum und Vergnügungen des Lebens wer- den sie, wenn sie gehen, erstickt   und kommen nicht zur Reife. [15] Das aber   in der guten Erde, diese sind, welche mit rech- tem und gutem Herzen hörend das Wort,   (es) festhalten und   Frucht bringen in Geduld.

113. Sprüche zum Sinn der Gleichnisse

Mk 4,21–25

[21] Und er sagte ihnen: Kommt etwa die Leuchte, damit sie unter den Scheffel gestellt wird oder unter das Bett? Nicht, damit sie auf den Leuchter gestellt wird? * [22] Denn nicht ist Verborgenes, wenn nicht, damit es offenbart wird; und nicht wurde Geheimes, außer, damit es kommt ins Offenbare. ** [23] Wenn einer Ohren hat zu hören, er soll hören! [24] Und er sagte ihnen: Seht   (zu), was ihr hört! Mit welchem Maß ihr meßt, gemessen

Lk 8,16–18

[16] Keiner aber, eine Leuchte an- zündend, bedeckt sie mit einem Gefäß oder stellt (sie) unter ein Bett, sondern auf einen Leuchter stellt er (sie), damit die Hereinkommenden sehen das Licht. * [17] Denn nicht ist Verborgenes, das nicht offenbar werden wird, und nicht Geheimes, das nicht erkannt wird und ins Offenbare kommt. **

[18] Seht nun (zu), wie ihr hört!

werden wird euch und hinzugelegt werden wird
euch. ***

Mt 13,12 (Nr. 111):

¹²Denn wer hat, gegeben werden wird ihm, und überreich wird er gemacht werden; wer aber nicht hat, auch was er hat, wird weggenommen werden von ihm. ****	²⁵Denn wer hat, gegeben werden wird ihm; und wer nicht hat, auch was er hat, wird weggenommen werden von ihm. ****	Denn wer immer hat, gegeben werden wird ihm; und wer immer nicht hat, auch was er meint zu haben, wird weggenommen werden von ihm. ****

* Mt 5,15 (Nr. 41):
Auch zündet man nicht an eine Leuchte und
stellt sie   unter den
Scheffel, sondern auf den Leuchter, und sie
leuchtet allen im Haus.

** Mt 10,26 (Nr. 93):
Fürchtet sie also nicht; denn nichts ist
verhüllt, was nicht offenbart werden wird, und
verborgen, was nicht erkannt werden wird.

*** Mt 7,2 (Nr. 57):
Denn mit welchem Richtspruch ihr richtet,
werdet ihr gerichtet werden,

und mit welchem Maß ihr meßt,   gemessen
werden wird euch.

**** Mt 25,29 (Nr. 245):
Denn jedem Habenden wird gegeben
werden, und er wird überreich gemacht werden,
von dem Nicht-Habenden aber, auch was er hat,
wird weggenommen werden von ihm.

Lk 11,33 (Nr. 173):
Keiner, eine Leuchte anzündend,
stellt (sie) ins Verborgene, [auch nicht unter den
Scheffel,] sondern auf den Leuchter, damit die
Hereinkommenden das Licht sehen.

Lk 12,2 (Nr. 175):
Nichts aber ist ganz und gar
verhüllt, was nicht offenbart werden wird, und
verborgen, was nicht erkannt werden wird.

Lk 6,38 (Nr. 69):
Gebt, und gegeben werden wird euch; ein
rechtes Maß, ein gedrücktes, geschütteltes,
überfließendes, wird man geben in euren Schoß:
Denn mit welchem Maß ihr meßt, wiedergemessen
werden wird euch.

Lk 19,26 (Nr. 217):
Ich sage euch: Jedem Habenden wird gegeben
werden,
von dem Nicht-Habenden aber, auch was er hat,
wird weggenommen werden.

114. Das Gleichnis von der selbstwirksamen Saat

Mk 4,26–29

²⁶Und er sagte: So ist das Königtum Gottes, wie (wenn) ein Mensch warf den Samen auf die Erde ²⁷und
schläft und aufsteht Nacht und Tag, und der Same keimt und wird lang, wie er selbst nicht weiß.
²⁸Selbsttätig bringt die Erde Frucht, zuerst Halm, dann Ähre, dann voller Weizen in der Ähre. ²⁹Wann (es)
aber zuläßt die Frucht, sofort schickt er die Sichel, weil ansteht die Ernte.

115. Das Gleichnis vom Unkraut inmitten des Weizens

Mt 13,24–30

²⁴Ein anderes Gleichnis legte er ihnen vor, sagend: Verglichen wurde das Königtum der Himmel einem
Menschen, säend guten Samen auf seinem Acker. ²⁵Beim Schlafen der Menschen aber kam sein Feind,
und er säte darauf Unkraut inmitten des Weizens, und er ging weg. ²⁶Als aber keimte der Halm und Frucht

trug, da erschien auch das Unkraut. [27]Hinzukommend aber sprachen die Sklaven des Hausherrn zu ihm: Herr, sätest du nicht guten Samen auf deinem Acker? Woher also hat er Unkraut? [28]Der aber sagte ihnen: Ein feindlicher Mensch tat dies. Die Sklaven aber sagen ihm: Willst du nun, daß weggehend wir es sammeln? [29]Der aber sagt: Nein, damit ihr nicht, sammelnd das Unkraut, entwurzelt zugleich mit ihm den Weizen. [30]Laßt miteinander wachsen beide bis zur Ernte; und zur Zeit der Ernte werde ich sagen den Erntearbeitern: Sammelt zuerst das Unkraut und bindet es zu Bündeln, um es zu verbrennen; den Weizen aber sammelt in meine Scheune.

116. Das Gleichnis vom Senfkorn

Mt 13,31–32	Mk 4,30–32	Lk 13,18–19 (Nr. 183):
[31]Ein anderes Gleichnis legte er ihnen vor, sagend: Gleich ist das Königtum der Himmel einem Senfkorn, das nehmend ein Mensch säte auf seinem Acker; [32]das kleiner zwar ist als alle Samen, wann es aber wuchs, größer als die Gartengewächse ist es, und es wird ein Baum, so daß kommen *die Vögel des Himmels* und *nisten in seinen Zweigen.*	[30]Und er sagte : Wie sollen wir vergleichen das Königtum Gottes, oder in welchem Gleichnis sollen wir es darlegen? [31](Es ist) wie mit einem Senfkorn, das, wann es gesät wird auf die Erde, kleiner ist als alle Samen auf der Erde, [32]und wann es gesät wird, aufsteigt und größer wird als alle Gartengewächse und große Zweige macht, so daß unter seinem Schatten *die Vögel des Himmels* nisten können.	[18]Er sagte nun: Wem ist gleich das Königtum Gottes, und wem soll ich es vergleichen? [19]Gleich ist es einem Senfkorn, das nehmend ein Mensch warf in seinen Garten, und es wuchs und wurde zu einem Baum, und *die Vögel des Himmels nisteten in seinen Zweigen.*

Ps 103,12 (G)

117. Das Gleichnis vom Sauerteig

Mt 13,33	Lk 13,20–21 (Nr. 183):
[33]Ein anderes Gleichnis redete er zu ihnen: Gleich ist das Königtum der Himmel einem Sauerteig, den nehmend eine Frau hineinverbarg in drei Saton Mehl, bis daß es durchsäuert wurde ganz.	[20]Und wieder sprach er: Mit wem soll ich vergleichen das Königtum Gottes? [21]Gleich ist es einem Sauerteig, den nehmend eine Frau [hinein]verbarg in drei Saton Mehl, bis daß es durchsäuert wurde ganz.

118. Zur Bedeutung der Gleichnisreden Jesu

Mt 13,34–35	Mk 4,33–34
[34]Dieses alles redete Jesus in Gleichnissen zu den Volksmengen, und ohne Gleichnis redete er nichts	[33]Und mit vielen solchen Gleichnissen redete er zu ihnen das Wort, gleichwie sie (es) hören konnten; [34]ohne Gleichnis aber redete er nicht

zu ihnen,

³⁵ auf daß erfüllt würde das Gesagte durch den Propheten, (den) sagenden: *Öffnen werde ich in Gleichnissen meinen Mund, aussprechen werde ich Verborgenes seit Grundlegung* [(der) Welt].

zu ihnen, für sich aber den eigenen Schülern löste er alles auf.

Ps 78,2

119. Deutung des Gleichnisses vom Unkraut inmitten des Weizens

Mt 13,36–43

³⁶ Dann, verlassend die Volksmengen, kam er ins Haus. Und (es) kamen zu ihm seine Schüler, sagend: Erkläre uns das Gleichnis vom Unkraut des Ackers. ³⁷ Der aber antwortend sprach: Der Säende den guten Samen ist der Sohn des Menschen, ³⁸ der Acker aber ist die Welt; der gute Same aber, diese sind die Söhne des Königtums; das Unkraut aber sind die Söhne des Bösen, ³⁹ der Feind aber, der es Säende, ist der Teufel; die Ernte aber ist (die) Vollendung (des) Aions, die Erntearbeiter aber sind (die) Engel. ⁴⁰ Wie nun gesammelt wird das Unkraut und durch Feuer [ver]brannt wird, so wird es sein bei der Vollendung des Aions: ⁴¹ Schicken wird der Sohn des Menschen seine Engel, und sie werden sammeln aus seinem Königtum alle Ärgernisse und die Tuenden das Ungesetzliche, ⁴² und *sie werden sie werfen in den Feuerofen*; dort wird sein das Weinen und das Klappern der Zähne. * ⁴³ Dann werden die Gerechten aufleuchten wie die Sonne im Königtum ihres Vaters. Der Ohren Habende, er soll hören!

Dan 3,6

---

* Vgl. Mt 13,50 (Nr. 121) und die Anm. zu Mt 8,12 (Nr. 79)

120. Das Gleichnis vom Schatz und von der Perle

Mt 13,44–46

⁴⁴ Gleich ist das Königtum der Himmel einem Schatz, verborgen im Acker, den, nachdem er (ihn) gefunden hatte, ein Mensch verbarg, und in seiner Freude geht er fort, und er verkauft alles, wieviel er hat, und er kauft jenen Acker.
⁴⁵ Wieder gleich ist das Königtum der Himmel einem Menschen, einem Kaufmann, suchend schöne Perlen; ⁴⁶ nachdem er aber eine wertvolle Perle gefunden hatte, hat er, weggehend, alles verkauft, wieviel er hatte, und er kaufte sie.

121. Das Gleichnis vom Fischnetz

Mt 13,47–50

⁴⁷ Wieder gleich ist das Königtum der Himmel einem Schleppnetz, geworfen ins Meer und aus jeder Art (Fische) sammelnd; ⁴⁸ das, als es gefüllt war, zogen sie hinauf auf den Strand, und sich setzend sammelten sie die guten (Arten) in Gefäße, die faulen aber warfen sie hinaus. ⁴⁹ So wird es sein bei der Vollendung des Aions; hinausgehen werden die Engel, und sie werden aussondern die Bösen aus (der) Mitte der Gerechten, ⁵⁰ und *sie werden sie werfen in den Feuerofen*; dort wird sein das Weinen und das Klappern der Zähne. *

Dan 3,6

---

* Vgl. Mt 13,42 (Nr. 119) und die Anm. zu Mt 8,12 (Nr. 79)

122. Schlußwort: Das Gleichnis vom Hausherrn

Mt 13,51–52

[51] Habt ihr verstanden das alles? Sie sagen ihm: Ja. [52] Der aber sprach zu ihnen: Deshalb ist jeder Schrift-kundige, belehrt über das Königtum der Himmel, gleich einem Menschen, einem Hausherrn, welcher herausholt aus seinem Schatz(behälter) Neues und Altes.

123. Die wahren Verwandten Jesu

Mt 12,46–50 (Nr. 109):	Mk 3,31–35 (Nr. 109):	Lk 8,19–21
[46] Noch während er redet zu den Volksmengen, siehe, die Mutter und seine Brüder standen draußen, suchend mit ihm zu reden.	[31] Und (es) kommt seine Mutter und seine Brüder, und draußen stehend, schickten sie zu ihm, rufend ihn. [32] Und (es) saß um ihn eine Volksmenge, und sie sagen ihm: Siehe,	[19] Herbeikam aber zu ihm die Mutter und seine Brüder, und nicht konnten sie zusammentreffen mit ihm wegen der Volksmenge. [20] Gemeldet aber wurde ihm:
[47] [(Es) sprach aber einer zu ihm: Siehe, deine Mutter und deine Brüder, draußen stehen sie, suchend mit dir zu reden.] [48] Der aber antwortend sprach zu dem mit ihm Redenden: Wer ist meine Mutter, und welche sind meine Brüder? [49] Und ausstreckend seine Hand über seine Schüler, sprach er: Siehe, meine Mutter und meine Brüder! [50] Denn welcher immer tut den Willen meines Vaters in den Himmeln, er ist mein Bruder und (meine) Schwester und Mutter. *	deine Mutter und deine Brüder und deine Schwestern] draußen suchen dich. [33] Und antwortend ihnen, sagt er: Wer ist meine Mutter und (welche sind) [meine] Brüder? [34] Und rings anschauend die um ihn im Kreis Sitzenden, sagt er: Sieh, meine Mutter und meine Brüder! [35] [Denn] wer immer tut den Willen Gottes, dieser ist mein Bruder und (meine) Schwester und Mutter. *	Deine Mutter und deine Brüder stehen draußen, sehen wollend dich. [21] Der aber antwortend sprach zu ihnen: Meine Mutter und meine Brüder sind diese: die das Wort Gottes Hörenden und Tuenden. *

* Joh 15,14: Ihr seid meine Freunde, wenn ihr tut, was ich euch gebiete.

124. Stillung des Seesturms

Mt 8,18.23–27 (Nr. 82.83):	Mk 4,35–41	Lk 8,22–25
[18] Sehend aber Jesus eine Volksmenge um ihn, befahl er, wegzufahren	[35] Und er sagt ihnen an jenem Tag, als es Abend geworden war: Laßt uns hinüberfahren	[22] Es geschah aber an einem der Tage, daß er selbst einstieg in ein Boot und seine Schüler, und er sprach zu ihnen: Laßt uns hinüberfahren

zum Gegenüber.
²³Und

als er eingestiegen
war ins Boot, folgten ihm
seine Schüler.

vgl. V 24b
²⁴Und siehe, ein großes
Beben entstand im Meer,

so daß das Boot
bedeckt wurde von den Wellen; er aber

schlief.
²⁵Und hinzukommend weck-
ten sie ihn, sagend: Herr,

rette,
wir werden vernichtet!
²⁶Und er sagt ihnen: Was
seid ihr feige, Kleingläubige?
Dann, aufgeweckt, anfuhr er
die Winde und   das
Meer,

und
(es) wurde große Stille.

vgl. V 26a

²⁷Die
Menschen aber staunten,

sagend:
Was für einer ist
dieser, daß auch die Winde
und das Meer
ihm gehorchen?

zum Gegenüber!
³⁶Und lassend die Volks-
menge, mitnehmen sie ihn,
wie er war, im Boot, und
andere Boote waren mit ihm.

vgl. V 38a
³⁷Und (es) entsteht ein
großer Sturmwind,
und die Wellen warfen sich
auf ins Boot, so daß schon
gefüllt wurde das Boot.
³⁸Und er selbst war im Heck
auf dem Kopfkissen schla-
fend. Und   sie wecken
ihn und sagen ihm: Lehrer,
nicht kümmert dich, daß
wir vernichtet werden?

vgl. V 40

³⁹Und aufgeweckt, anfuhr er
den Wind und sprach zum
Meer: Schweig, sei stumm!
Und nachließ der Wind, und
(es) wurde große Stille.
⁴⁰Und er sprach zu ihnen:
Was seid ihr feige? Noch
nicht habt ihr Glauben?
⁴¹Und sie fürchteten sich in
großer Furcht, und sie sagten
zueinander: Wer also ist
dieser, daß auch der Wind
und das Meer
ihm gehorcht?

zum Gegenüber des Sees!
Und abfuhren sie.

²³Als sie
aber segelten, schlief er ein.
Und herabstieg ein
Sturmwind auf den See
und überflutet wurden sie und
waren in Gefahr.

vgl. V 23a
²⁴Hinzukom-
mend aber, aufweckten
sie ihn, sagend: Meister,
Meister,
wir werden vernichtet

vgl. V 25a

Der aber, aufgeweckt, anfuhr
den Wind und das Wogen des
Wassers;
und aufhörten sie, und
(es) wurde   Stille.
²⁵Er sprach aber zu ihnen:

Wo (ist) euer Glaube?
Sich fürchtend aber staunten
sie,   sagend
zueinander: Wer also ist
dieser, daß auch den Winden
er befiehlt und dem Wasser,
und sie gehorchen ihm?

125. Heilung des Besessenen von Gerasa

Mt 8,28–34 (Nr. 84):

²⁸Und als er gekommen war
zum Gegenüber
ins Land der Gadarener,

begegneten ihm
zwei Besessene,

aus den Gräbern herauskommende, sehr gefährliche,

Mk 5,1–20

¹Und sie kamen
zum Gegenüber des Meeres
ins Land der Gerasener.

²Und als er her-
auskam aus dem Boot, sofort
begegnete ihm aus den Gräbern ein Mensch in unreinem
Geist, ³der die Behausung
hatte in den Grabstätten, und
auch mit einer Kette konnte
keiner mehr ihn binden,

Lk 8,26–39

²⁶Und
hinabsegelten sie
ins Land der Gerasener,
welches ist gegenüber der
Galilaia. ²⁷Als er aber herauskam auf das Land,
begegnete ihm ein Mann aus
der Stadt, habend Dämonen,
und geraume Zeit zog er nicht
an ein Gewand und in einem
Haus blieb er nicht, sondern
in den Grabstätten.

vgl. V 29 b

so daß nicht ver-
mochte einer, vorüberzugehen
auf jenem Weg,

[4]deswegen, (weil) er oft mit
Fußfesseln und Ketten gebunden worden war und zerrissen
worden waren von ihm die
Ketten und die Fußfesseln
zerrieben, und keiner vermochte ihn zu bändigen;
[5]und allzeit, nachts und tags,
war er in den Grabstätten und
in den Bergen, schreiend und
zerschlagend sich mit Steinen. [6]Und sehend den
Jesus von weitem, lief er und
fiel nieder vor ihm, [7]und

[28]Sehend aber den
Jesus   , aufschreiend
fiel er nieder vor ihm, und

[29]Und siehe,
sie schrien,
sagend: Was (ist zwischen) uns
und dir,   Sohn Gottes?
          Kamst du hierher
vor (der) Zeit, uns zu quälen?

schreiend mit lauter Stimme,
sagt er: Was (ist zwischen) mir
und dir, Jesus, Sohn Gottes,
des Höchsten? Ich beschwöre
dich bei Gott, quäle mich
nicht! [8]Denn er sagte ihm:
Komm heraus, unreiner Geist,
aus dem Menschen!

          mit lauter Stimme
sprach er: Was (ist zwischen) mir
und dir, Jesus, Sohn Gottes,
des Höchsten? Ich bitte
dich   , quäle mich
nicht! [29]Denn er gebot dem
unreinen Geist, herauszukom-
men von dem Menschen.
Denn lange Zeiten hatte er ihn
gepackt, und gefesselt wurde
er mit Ketten und mit
Fußfesseln gehalten, und
zerbrechend die Fesseln,
wurde er getrieben von dem
Dämon in die Einöden.

vgl. VV 4–5

[9]Und er befragte ihn:
          Was (ist) dein Name?
Und er sagt ihm: Legion (ist)
mein Name, weil wir
viele sind.   [10]Und
er bat ihn sehr, daß er nicht
sie schicke außerhalb des
Landes. [11](Es) war aber
dort bei dem Berg eine große
Herde von
          Schweinen weidend;

[30](Es) befragte ihn aber
Jesus: Was ist dein Name?
Der aber sprach: Legion,
weil hineingekommen waren
viele Dämonen in ihn. [31]Und
sie baten ihn   , daß er nicht
befehle ihnen, in den Abgrund
fortzugehen. [32](Es) war aber
dort   eine
Herde von beträchtlich (vielen) Schweinen, weidend am
Berg;

[30](Es) war aber
weit von ihnen   eine
Herde   vie-
ler Schweine weidend.

[31]Die Dämonen aber baten
ihn, sagend: Wenn du uns
hinauswirfst, schick uns in die
Herde der Schweine!
          [32]Und er sprach
zu ihnen: Geht fort! Die aber,
herauskommend,
          weggingen

in die Schweine; und siehe,
(es) raste die ganze Herde

[12]und sie baten
ihn, sagend:
          Schick uns in die
Schweine, damit wir in sie
hineingehen! [13]Und er
erlaubte (es) ihnen. Und
herauskommend
          die unrei-
nen Geister, hineingingen sie
in die Schweine, und
(es) raste die   Herde

          und sie baten
ihn,

daß er ihnen erlaube, in jene
hineinzugehen; und er
erlaubte (es) ihnen.
[33]Herauskommend aber von
dem Menschen, hineingingen
          die Dämonen
in die Schweine, und
(es) raste die   Herde

hinunter den Abhang ins
Meer,   und
sie starben in den Wassern.
[33] Die (sie) Weidenden aber
                    flohen, und
weggehend in die Stadt,
meldeten sie alles, auch das
von den Besessenen.
[34] Und siehe, die ganze Stadt
kam heraus zur Begegnung
mit Jesus,

                           und
sehend ihn, baten sie,
           daß er fortgehe
von ihren Gebieten.

hinunter den Abhang ins
Meer, etwa zweitausend, und
sie ersoffen im Meer.
[14] Und die sie Weidenden
                    flohen, und sie
meldeten (es) in die Stadt und
in die Höfe; und sie kamen
           zu sehen, was das
Geschehene ist. [15] Und sie
kommen zu Jesus und er-
blicken den Besessenen dasitzend,
                    bekleidet und
bei Sinnen, den, der den
Legion gehabt hatte, und sie
fürchteten sich. [16] Und (es)
erzählten ihnen, die
gesehen hatten, wie dem
Besessenen geschah, und
über die Schweine. [17] Und
sie begannen, ihn zu bitten,
                    wegzugehen
von ihren Gebieten.

[18] Und als er einsteigt ins
Boot,
bat ihn der besessen Gewe-
sene,
                    daß er mit
ihm sei. [19] Und nicht ließ er
ihn, sondern sagt ihm: Geh
fort in dein Haus zu den
Deinen und melde ihnen,
wieviel der Herr dir getan hat
und sich erbarmte deiner!
[20] Und wegging er und
begann zu verkünden in der
Dekapolis, wieviel ihm Jesus
getan, und alle staunten.

hinunter den Abhang in den
See,   und
sie ersoff.   [34] Sehend
aber die (sie) Weidenden das
Geschehene, flohen sie und
meldeten (es) in die Stadt und
in die Höfe. [35] Herauskamen sie
aber, zu sehen   das
Geschehene   , und sie
kamen zu Jesus und fanden
dasitzend den Menschen, von
dem die Dämonen herausge-
kommen waren, bekleidet und
bei Sinnen zu den Füßen von
Jesus,   und sie
fürchteten sich. [36] (Es)
meldeten ihnen aber, die
gesehen hatten, wie der
Besessene gerettet wurde.
           [37] Und (es) bat ihn die
ganze Menge der Umgegend
der Gerasener, wegzugehen
von ihnen, weil sie von großer
Furcht bedrängt wurden;
er aber, einsteigend in ein
Boot, kehrte zurück. [38] (Es)
bat ihn aber der Mann, von
dem herausgekommen waren
die Dämonen, zu sein mit
ihm; er entließ ihn aber,
           sagend: [39] Kehre
zurück in dein Haus
           und erzähle,
wieviel dir Gott getan!

Und wegging er, durch die
ganze Stadt verkündend,
           wieviel ihm Jesus
getan.

126. Heilung einer an Blutfluß Leidenden und Erweckung der Tochter des Jairos

Mt 9,18–26 (Nr. 88):

Mk 5,21–43

[21] Und als Jesus hinüberge-
fahren war [im Boot] wieder
zum Gegenüber, zusammen-
kam eine große Volksmenge
bei ihm, und er war am Meer.

Lk 8,40–56

[40] Als aber zurückkehrte
Jesus,
           aufnahm
ihn die   Volksmenge;
denn (es) waren alle ihn

18 Als dieses
er zu ihnen redete, siehe, ein
Vorsteher, kommend,

fiel nieder vor ihm,

sagend:

Meine Tochter

starb soeben; aber
kommend leg deine Hand auf
sie,   und sie
wird leben.
19 Und aufstehend folgte ihm
Jesus und seine Schüler.

20 Und siehe, eine Frau,
an Blutfluß leidend zwölf
Jahre,

hinkommend von hinten,
berührte die Quaste seines
Gewandes. **21** Denn sie sagte
bei sich: Wenn ich   nur
berühre sein Gewand ,
werde ich gerettet werden.

22 Jesus
aber, sich umwendend

und sie sehend,

22 Und (es) kommt einer der
Synagogenvorsteher mit Namen
Jairos,
                und sehend ihn,
fällt er zu seinen Füßen,
23 und er bittet ihn sehr,
sagend:

Mit meinem Töchterchen
        vgl. V 42
geht es zum Letzten;
kommend leg die Hände ihr
auf, damit sie gerettet werde
und lebe ! **24** Und wegging er
mit ihm. Und (es) folgte ihm
eine große Volksmenge, und
sie bedrängten ihn.
25 Und   eine Frau, welche
war im Blutfluß   zwölf
Jahre **26** und vieles leidend
von vielen Ärzten und ver-
ausgabend das Ganze von ihr
und keinen Nutzen habend,
sondern (viel)mehr zum
Schlimmeren kommend,
27 hörend über Jesus,
kommend in der Volksmenge,
                von hinten
berührte   sein
Gewand ; **28** denn sie sagte:
        Wenn ich berühre
auch nur seine Gewänder,
werde ich gerettet werden.
29 Und sofort vertrocknete
die Quelle ihre Blutes, und
sie erkannte am Leib, daß sie
geheilt ist von der Plage.
30 Und sofort erkennend bei
sich die von ihm ausgegangene Kraft, sich umwendend
in der Volksmenge, sagte Jesus: Wer berührte mich an den
Gewändern?

31 Und (es) sagten ihm seine
Schüler: Du siehst die
Volksmenge , dich bedrän-
gend, und sagst: Wer berührte mich? **32** Und herumschau-
te er zu sehen, die dies getan
hatte.   vgl. V 30a

erwartend.
41 Und siehe, (es) kam ein
Mann, dessen Name
Jairos, und dieser war ein
Vorsteher der Synagoge, und
fallend zu den Füßen [des]
Jesus,   bat er ihn,
hineinzukommen in sein
Haus, **42** weil er eine
einziggeborene Tochter hatte
von etwa zwölf Jahren und
diese im Sterben war.

        Als er aber fortging,
erstickten ihn (förmlich)
die   Volksmengen.

43 Und   eine Frau, welche
war im Blutfluß seit zwölf
Jahren,   welche
[für Ärzte verbraucht hatte
ihren ganzen Besitz],
(aber) nicht konnte von
irgendjemandem geheilt werden,

44 hinkommend von hinten,
berührte die Quaste seines
Gewandes,

und auf der Stelle stillstand
der Fluß ihres Blutes.

45 Und (es) sprach Jesus: Wer (ist), der mich
berührte?
        vgl. V 46b
Als aber alle leugneten,
sprach Petros: Meister, die
Volksmengen bedrängen dich
und pressen (dich). **46** Jesus
aber sprach: (Es) berührte
mich jemand, denn ich erkannte
eine von mir ausgegangene

³³Die Frau aber, sich fürchtend und zitternd, wissend, was ihr geschehen ist, kam und fiel nieder vor ihm und sagte ihm die ganze Wahrheit.

Kraft. ⁴⁷Sehend aber die Frau, daß sie nicht verborgen blieb, zitternd kam sie, und niederfallend vor ihm, meldete sie vor allem Volk, aus welchem Grund sie ihn berührte, und wie sie geheilt wurde auf der Stelle. ⁴⁸Der aber sprach zu ihr: Tochter, dein Glaube hat dich gerettet; gehe in Frieden!

sprach: Hab Mut, Tochter! Dein Glaube hat dich gerettet. Und gerettet wurde die Frau von jener Stunde (an).

³⁴Der aber sprach zu ihr: Tochter, dein Glaube hat dich gerettet; geh fort in Frieden und sei gesund von deiner Plage!
³⁵Noch als er redet, kommen vom Synagogenvorsteher Sagende: Deine Tochter starb; was noch bemühst du den Lehrer? ³⁶Jesus aber, überhörend das geredete Wort, sagt dem Synagogenvorsteher: Fürchte dich nicht, glaube nur!

⁴⁹Noch als er redet, kommt einer vom Synagogenvorsteher her, sagend: Gestorben ist deine Tochter; bemühe nicht mehr den Lehrer! ⁵⁰Jesus aber, hörend (es), antwortete ihm: Fürchte dich nicht, glaube nur, und gerettet werden wird sie! ⁵¹Kommend aber in das Haus, nicht ließ er hineingehen einen mit ihm, außer Petros und Johannes und Jakobos und den Vater des Kindes und die Mutter.

³⁷Und er ließ keinen mit sich folgen, außer Petros und Jakobos und Johannes, den Bruder von Jakobos.
vgl. V 40b
³⁸Und sie kommen in das Haus des Synagogenvorstehers, und er erblickt einen Tumult und Weinende und Heulende sehr, ³⁹und hineingehend sagt er ihnen: Was lärmt und weint ihr? Das Kind starb nicht, sondern schläft. ⁴⁰Und sie verlachten ihn.

²³Und kommend Jesus in das Haus des Vorstehers und sehend die Flötenspieler und die Volksmenge lärmend,

²⁴sagte er: Weicht! Denn das Mädchen starb nicht, sondern schläft. Und sie verlachten ihn.
²⁵Als aber hinausgeworfen war die Volksmenge,

hineinkommend ergriff er ihre Hand,

⁵²(Es) weinten aber alle und betrauerten sie. Der aber sprach: Weint nicht, denn sie starb nicht, sondern schläft! ⁵³Und sie verlachten ihn, wissend, daß sie starb. ⁵⁴Er aber, vgl. V 51

Er aber, hinauswerfend alle, mitnimmt den Vater des Kindes und die Mutter und die mit ihm, und hineingeht er, wo das Kind war. ⁴¹Und ergreifend die Hand des Kindes, sagt er ihr: Talitha kum, was ist übersetzt: Mädchen, dir sage ich, steh auf!
⁴²Und sofort stand auf das Mädchen und ging umher; denn es war von zwölf Jahren.

ergreifend ihre Hand , rief, sagend:

Kind, steh auf! ⁵⁵Und zurückkehrte ihr Geist, und aufstand sie auf der Stelle, vgl. V 42a

und

und aufstand das Mädchen.

	vgl. V 43 b	er ordnete an, daß ihr gege-
	Und	ben werde zu essen. ⁵⁶Und
	sie entsetzten sich [sofort] mit	(es) entsetzten sich
	großem Entsetzen.	ihre Eltern;
	⁴³Und auftrug er ihnen sehr,	der aber gebot ihnen ,zu
²⁶Und hinausging diese	daß keiner erfahre dies, und	keinem zu sprechen über das
Kunde in jenes ganze Land.	er sagte, daß gegeben werde	Geschehene.
	ihr zu essen.	vgl. V 55 b

127. Predigt und Verwerfung Jesu in seiner Vaterstadt

Mt 13,53–58	**Mk 6,1–6a**	Lk 4,16.22.24 (Nr. 23):
⁵³Und es geschah, als Jesus beendete diese Gleichnisse, brach er auf von dort. ⁵⁴Und kommen in seine Vaterstadt,	¹Und hinausging er von dort und kommt in seine Vaterstadt, und (es) folgen ihm seine Schüler. ²Und als es Sabbat geworden, begann er zu lehren in der Synagoge, und viele Hörende gerieten außer sich,	¹⁶Und er kam nach Nazara, wo er aufgezogen worden war, und hineinging er nach seiner Gewohnheit am Tage der Sabbate in die Synagoge, und aufstand er zu lesen. ²²Und alle zeugten für ihn und staunten über die Worte der Gnade, die herauskommenden aus seinem Mund, * und sagten:
lehrte er sie in ihrer Synagoge, so daß sie außer sich gerieten		
und sagten: Woher (sind) diesem diese Weisheit * und die Kräfte?	sagend: Woher (ist) diesem dieses, und welche (sind) die Weisheit, die diesem gegebene, * und solche Kräfte, geschehend durch seine Hände? ³Ist nicht dieser der Zimmermann, **	
⁵⁵Ist nicht dieser des Zimmermanns Sohn? ** Wird nicht seine Mutter genannt Mariam und seine Brüder Jakobos und Joseph und Simon und Judas? ⁵⁶Und sind seine Schwestern nicht alle bei uns? Woher also (ist) diesem dieses alles? ⁵⁷Und sie nahmen Anstoß an ihm. Jesus aber sprach zu ihnen:	der Sohn der Maria und Bruder von Jakobos und Joses und Judas und Simon? Und sind nicht seine Schwestern hier bei uns? Und sie nahmen Anstoß an ihm. ⁴Und (es) sagte ihnen Jesus: Nicht ist ein Prophet ungeehrt, außer in seiner Vaterstadt	Ist nicht ein Sohn Josephs dieser? ** ²⁴Er aber sprach : Amen, ich sage euch: Kein Prophet ist genehm in seiner Vaterstadt. ***
Nicht ist ein Prophet ungeehrt, außer in (seiner) Vaterstadt		
und in seinem Haus. *** ⁵⁸Und nicht tat er dort viele Kraft(taten)	und bei seinen Verwandten und in seinem Haus. *** ⁵Und nicht konnte er dort tun irgendeine Kraft(tat), außer daß er, wenigen Kranken	

	die Hände auflegend, (sie) heilte. **6a** Und er staunte wegen ihres Unglaubens.	
wegen ihres Unglaubens.		

* Joh 7,15: (Es) staunten nun die Judaier, sagend: Wie kennt dieser Schriften als Ungelehrter?
** Joh 6,42: Ist dieser nicht Jesus, der Sohn Josephs, von dem wir kennen den Vater und die Mutter? Wie sagt er jetzt: Aus dem Himmel bin ich herabgestiegen?
*** Joh 4,44: Denn selbst bezeugte Jesus, daß ein Prophet in seinem eigenen Vaterland Ehre nicht hat.
Joh 7,5: Denn auch seine Brüder glaubten nicht an ihn.

128. Die Aussendung der Zwölf

Mt 9,35 (Nr. 90):	Mk 6,6b−13	Lk 9,1−6
35 Und (es) durchzog Jesus die Städte alle und die Dörfer, lehrend in ihren Synagogen und verkündend das Evangelium des Königtums und heilend jede Krankheit und jede Schwäche. 10,1.9−11.14 (Nr. 91): **1** Und herbeirufend seine zwölf Schüler,	**6b** Und er durchzog die Dörfer im Umkreis, lehrend.	
	7 Und herbeiruft er die Zwölf, und er begann, sie zu schicken zwei (und) zwei, und er gab ihnen Vollmacht über die unreinen Geister,	**1** Zusammenrufend aber die Zwölf,
gab er ihnen Vollmacht über unreine Geister, um sie hinauszuwerfen und zu heilen jede Krankheit und jede Schwäche. *		gab er ihnen Kraft und Vollmacht über alle Dämonen und Krankheiten zu heilen; **2** und er schickte sie (aus), zu verkünden das Königtum Gottes und zu heilen [die Kranken], **3** und er sprach zu ihnen: Nichts tragt auf dem Weg, weder
9 Nicht erwerbt Gold, auch nicht Silber, auch nicht Kupfer(geld) in eure Gürtel, **10** nicht eine Tasche für (den) Weg, auch nicht zwei Gewänder, auch nicht Sandalen, auch nicht einen Stock; ** denn wert (ist) der Arbeiter seiner Nahrung. ***	**8** und er gebot ihnen, daß sie nichts tragen auf (dem) Weg, außer einen Stock nur, nicht Brot, nicht Tasche, nicht im Gürtel Kupfer(geld), **9** sondern untergebunden Sandalen; und: Nicht zieht an zwei Gewänder! **	Stock , noch Tasche, noch Brot, noch Silber(geld), noch [je] zwei Gewänder (sollten sie haben). **
11 In welche Stadt aber immer oder (in welches) Dorf ihr hineingeht, forscht, wer in ihr (es) wert ist; und dort bleibt, bis ihr hinausgeht. **** **14** Und wer immer euch nicht aufnimmt und nicht hört eure Worte, herausgehend aus (jenem) Haus oder jener	**10** Und er sagte ihnen: Wo ihr etwa hineingeht in ein Haus, dort bleibt, bis ihr hinausgeht von dort. **** **11** Und welcher Ort immer euch nicht aufnimmt, und sie euch nicht hören, herausgehend von dort,	**4** Und in welches Haus immer ihr hineingeht, dort bleibt und von dort geht hinaus! **** **5** Und welche immer euch nicht aufnehmen, herausgehend von jener

Stadt, schüttelt ab den Staub eurer Füße! *****	schüttelt ab den Staub unter euren Füßen, zum Zeugnis ihnen! ***** [12]Und hinausgehend verkündeten sie, damit man umkehre, [13]und viele Dämonen warfen sie hinaus, und sie salbten mit Öl viele Kranke und heilten (sie).	Stadt, schüttelt ab den Staub von euren Füßen, zum Zeugnis gegen sie! ***** [6]Hinausgehend aber durchzogen sie die Dörfer, (das Evangelium) verkündend und heilend überall.

* Mt 10,7–8 (Nr. 91): [7]Hingehend aber verkündet, sagend : Nahegekommen ist das Königtum der Himmel. [8]Kranke heilt, Tote erweckt, Aussätzige reinigt, Dämonen werft hinaus! Umsonst empfingt ihr, umsonst gebt!	Mk 3,14–15 (Nr. 38): [14]Und er machte Zwölf, [die er auch Apostel nannte,] damit sie seien mit ihm und damit er sie schicke, zu verkünden [15]und Vollmacht zu haben, hinauszuwerfen die Dämonen.	Lk 10,9 (Nr. 161): Heilt die Kranken in ihr und sagt ihnen: Nahegekommen ist zu euch das Königtum Gottes.

** Lk 10,4 (Nr. 161): Tragt nicht einen Geldbeutel, nicht eine Tasche, nicht Sandalen und keinen entlang des Weges grüßt!

*** Lk 10,7b (Nr. 161): Denn wert ist der Arbeiter seines Lohnes.

**** Lk 10,7c (Nr. 161): Wechselt nicht von Haus zu Haus!

***** Lk 10,10–11 (Nr. 161): [10]In welche Stadt aber immer ihr hineingeht und sie euch nicht aufnehmen, herausgehend auf ihre Straßen, sprecht: [11]Auch den Staub, den uns anhängenden aus eurer Stadt an den Füßen, wischen wir euch ab; jedoch dies erkennt, daß nahegekommen ist das Königtum Gottes!

129. Das Urteil des Herodes und des Volkes über Jesus

Mt 14,1–2	Mk 6,14–16	Lk 9,7–9
[1]In jener Zeit hörte Herodes, der Tetrarch, das Gerücht über Jesus, [2]und er sprach zu seinen Knechten: Dieser ist Johannes der Täufer ; er wurde erweckt von den Toten, und deswegen wirken die Kräfte in ihm.	[14]Und (es) hörte der König Herodes, denn bekannt wurde sein Name, und man sagte: Johannes der Taufende ist erweckt worden aus Toten, und deswegen wirken die Kräfte in ihm. [15]Andere aber sagten: Elias ist er; andere aber sagten: Ein Prophet wie einer der Propheten. [16](Es) hörend aber sagte Herodes: Den ich enthaupten ließ, Johannes, dieser wurde erweckt.	[7](Es) hörte aber Herodes, der Tetrarch, all das Geschehene, und er war ratlos, weil gesagt wurde von einigen: Johannes wurde erweckt aus Toten, [8]von einigen aber: Elias erschien, von anderen aber: Ein Prophet, einer der alten, stand auf. [9](Es) sprach aber Herodes: Ich ließ enthaupten Johannes; wer aber ist dieser, über den ich höre solches? Und er suchte, ihn zu sehen.

130. Die Tötung Johannes des Taufenden

Mt 14,3−12

³Denn   Herodes,
ergreifend den Johannes, hatte gebunden [ihn]
und im Gefängnis verwahrt wegen Herodias, der
Frau (des) Philippos, seines Bruders.
                    ⁴Denn (es) sagte ihm Johannes
                    : Nicht ist dir erlaubt, sie zu
haben. *
    ⁵Und obwohl er ihn töten wollte, fürchtete
er die Volksmenge, weil für einen Propheten sie
ihn hielten.

⁶Als aber das Geburtsfest des Herodes war,

    tanzte die Tochter der Herodias in der Mitte,
und sie gefiel dem Herodes,

                    ⁷weshalb er mit einem Eid
zusicherte, ihr zu geben, was immer sie erbitte.

⁸Die aber, vorgeschoben von ihrer Mutter: Gib
mir, sagt sie,   hier auf
einem Teller den Kopf (des) Johannes des Täufers!
⁹Und der König,   betrübt   wegen der
Eide und der mit (zu Tisch) Liegenden, befahl,
daß (er) gegeben werde,   ¹⁰und
hinschickend

ließ er enthaupten [den] Johannes im Gefängnis.
¹¹Und gebracht wurde sein Kopf auf einem
Teller, und gegeben wurde er dem Mädchen,
und es   brachte (ihn) seiner Mutter.
¹²Und   hinkommend seine Schüler,
wegtrugen sie die Leiche, und sie begruben
sie#, und kommend meldeten sie (es) Jesus.

bzw. [ihn]

Mk 6,17−29

¹⁷Denn er, Herodes, (aus)schickend hatte
ergriffen den Johannes und hatte gebunden ihn
    im Gefängnis   wegen Herodias, der
Frau (des) Philippos, seines Bruders, weil er sie
geheiratet hatte; ¹⁸denn (es) sagte Johannes
dem Herodes: Nicht ist dir erlaubt, zu haben die
Frau deines Bruders. * ¹⁹Herodias aber
grollte ihm und wollte ihn töten, aber sie
konnte nicht; ²⁰denn Herodes fürchtete
Johannes, kennend ihn als einen Mann, gerecht
und heilig, und er bewahrte ihn, und hörend ihn,
war er sehr ratlos, und gern hörte er ihn.
²¹Und als ein günstiger Tag geworden,
als Herodes an seinem Geburtsfest ein Mahl
machte für seine Großen und die Chiliarchen
und die Ersten der Galilaia, ²²und als
hereinkam seine Tochter, (die der) Herodias,
und tanzte,
        gefiel sie dem Herodes und den mit (zu
Tisch) Liegenden. (Es) sprach der König zu dem
Mädchen: Bitte mich, was immer du willst, und
geben werde ich (es) dir! ²³Und er schwor ihr
[vielfach]: Was immer du mich bittest, geben
werde ich dir bis zur Hälfte meines Königrei-
ches. ²⁴Und hinausgehend sprach sie zu ihrer
Mutter: Was soll ich bitten? Die aber sprach:
Den Kopf (des) Johannes des Taufenden. ²⁵Und
hineingehend sofort mit Eile zum König, bat sie,
sagend: Ich will, daß sogleich du mir gibst auf
einem Teller den Kopf (des) Johannes des Täufers.
²⁶Und   ganz betrübt werdend wegen der
Eide und der (zu Tisch) Liegenden, wollte der
König sie nicht abweisen; ²⁷und sofort
(aus)schickend einen Henker, befahl der König,
zu bringen seinen Kopf. Und weggehend
ließ er enthaupten ihn im Gefängnis,
²⁸und er brachte seinen Kopf auf einem
Teller und gab ihn dem Mädchen,
und das Mädchen gab ihn seiner Mutter.
²⁹Und (es) hörend kamen seine Schüler und
trugen weg seine Leiche und legten sie in ein
Grab.

---

* Lk 3,19−20 (Nr. 18): ¹⁹Herodes aber, der Tetrarch, überführt von ihm wegen Herodias, der Frau seines Bruders, und
wegen allem Bösen, was getan hatte Herodes, ²⁰fügte auch dies zu allem hinzu, [und] einschloß er den Johannes im
Gefängnis.

131. Die Rückkehr der Schüler

Mk 6,30–31	Lk 9,10a
30 Und zusammenkommen die Apostel bei Jesus, und sie meldeten ihm alles, wieviel sie taten und wieviel sie lehrten. **31** Und er sagt ihnen: Auf, (geht) ihr selbst für euch an einen einsamen Ort, und ruht ein wenig! Denn (es) waren die Kommenden und die Fortgehenden viele, und nicht einmal zu essen hatten sie Zeit.	**10a** Und zurückkehrend erzählten ihm die Apostel , wieviel sie taten.

132. Die Speisung der Fünftausend *

Mt 14,13–21	Mk 6,32–44	Lk 9,10b–17	Joh 6,1–15
13 (Es) hörend aber, entwich Jesus von dort in einem Boot an einen einsamen Ort für sich;	**32** Und wegfuhren sie im Boot an einen einsamen Ort für sich. **33** Und man sah sie abfahrend, und (es) erfuhren viele,	**10b** Und sie mitnehmend, zog er sich zurück für sich in eine Stadt, gerufen Bethsaida.	**1** Danach wegging Jesus jenseits des Meeres der Galilaia, des von Tiberias.
und hörend (es), folgten die Volksmengen ihm zu Fuß von den Städten.	und zu Fuß von allen Städten liefen sie zusammen dort, und zuvorkamen sie ihnen.	**11** Die Volksmengen aber, (es) erkennend, folgten ihm;	**2** (Es) folgte ihm aber eine große Volksmenge, weil sie sahen die Zeichen, die er tat an den Kranken.
14 Und herauskommend sah er eine große Volksmenge, und er wurde ergriffen über sie,	**34** Und herauskommend sah er eine große Volksmenge, und er wurde ergriffen über sie, weil sie waren *wie Schafe, nicht habend einen Hirten,* ** und er begann sie zu lehren vieles.	und aufnehmend sie, redete er zu ihnen über das Königtum Gottes, und die Heilung nötig hatten, heilte er.	
und er heilte ihre Kranken.			**3** Hinaufstieg aber Jesus auf den Berg, und dort setzte er sich mit seinen Schülern. **4** (Es) war aber nahe das Pascha, das Fest der Judaier.
15 Als es aber Abend geworden war , kamen	**35** Und als (es) schon späte Stunde geworden war, kommend	**12** Der Tag aber begann sich zu neigen; hinzukommend aber die Zwölf, sprachen	

Num 27,17
Jdt 11,19
2 Chr 18,16

zu ihm die Schüler, sagend: Einsam ist der Ort und die Stunde schon vor- übergegangen; entlas- se die Volksmengen, damit, weggehend in die Dörfer, sie sich kaufen Speisen.	zu ihm, sagten seine Schüler: Einsam ist der Ort und schon späte Stunde; ³⁶entlas- se sie, damit, weggehend in die Höfe und Dörfer im Umkreis, sie sich kaufen, was sie essen (könnten).	sie zu ihm: Entlas- se die Volksmenge , damit, gehend in die Dörfer und Höfe im Umkreis, sie (sich) auflösen und Verpfle- gung finden, weil hier an einem einsamen Platz wir sind.	
¹⁶[Jesus] aber sprach zu ihnen: Nicht nötig ha- ben sie wegzugehen, gebt ihnen ihr zu es- sen!	³⁷Der aber antwortend sprach zu ihnen: Gebt ihnen ihr zu es- sen!	¹³Er sprach aber zu ihnen: Gebt ihnen ihr zu es- sen!	⁵Erhebend nun die Augen Jesus und se- hend, daß eine große Volksmenge kommt zu ihm, sagt er zu Phi- lippos: Woher sollen wir kaufen Brote, damit diese es- sen? ⁶Dies aber sag- te er, ihn versuchend; denn er selbst wußte, was er tun wollte.
¹⁷Die aber sagen ihm:	Und sie sagen ihm: Sollen wir weg- gehend kaufen für zweihundert Denare Brote und ihnen zu essen geben? ³⁸Der aber sagt ihnen: Wieviele Brote habt ihr? Geht fort, seht! Und (es) erfah- rend, sagen sie:	Die aber spra- chen: vgl. V 13b	⁷(Es) antwortete ihm Philippos: Für zweihundert Denare Brote genügen nicht für sie, damit jeder [ein] weniges emp- fange. ⁸(Es) sagt ihm einer von den Schülern, Andreas, der Bruder von Simon Petros: ⁹(Es) ist ein Knabe hier, der hat fünf Gerstenbrote und zwei Fische; aber was ist dieses für soviele?
Nicht(s) haben wir hier außer fünf Brote und zwei Fische. vgl. V 21	Fünf, und zwei Fische. vgl. V 37b vgl. V 44	Nicht haben wir mehr als fünf Brote und zwei Fische, wenn wir nicht, ge- hend, kaufen sollen für dieses ganze Volk Spei- sen. ¹⁴Denn (es) wa- ren etwa fünftausend Männer. Er sprach aber zu seinen Schü- lern:	vgl. V 10b
¹⁸Der aber sprach: Bringt mir sie hierher! ¹⁹Und befehlend, daß die Volksmengen sich hinlegten	³⁹Und er befahl ihnen, daß alle sich hinlegen,	Laßt sie sich hinlegen in	¹⁰(Es) sprach Jesus: Macht, daß die Men- schen sich lagern!

auf das Gras,	Gruppe um Gruppe, auf dem grünen Gras.	Abteilungen zu [etwa] fünfzig!	
			(Es) war aber viel Gras an dem Ort.
	[40]Und niederließen sie sich, Schar um Schar, zu hundert und zu fünfzig.	[15]Und sie taten so, und ließen alle sich hinlegen.	(Es) lagerten sich nun die Männer, an der Zahl etwa fünf- tausend.
nehmend die fünf Brote und die zwei Fische, auf- schauend zum Him- mel, segnete er, und brechend	[41]Und nehmend die fünf Brote und die zwei Fische, auf- schauend zum Him- mel, segnete und brach er die	[16]Nehmend aber die fünf Brote und die zwei Fische, auf- schauend zum Him- mel, segnete er sie und brach	[11](Es) nahm nun Je- sus die Brote,
			und dankend
gab er den Schü- lern die Brote, die Schüler aber den Volksmengen.	Brote, und gab (sie) [seinen] Schü- lern, damit sie (sie) vorlegten ihnen, auch die zwei Fische ließ er verteilen allen.	und gab (sie) den Schü- lern, vorzulegen (sie) der Volksmenge.	verteilte er den Liegenden, gleicherweise auch von den Fischen, wieviel sie wollten.
[20]Und (es) aßen alle und wurden gesättigt,	[42]Und (es) aßen alle und wurden gesättigt,	[17]Und (es) aßen und wurden gesättigt alle,	[12]Wie sie aber sich gesättigt hatten, sagt er seinen Schülern: Sammelt die übriggebliebenen Stücke, damit nicht etwas zugrunde geht.
und wegtrugen sie das Übrig- gebliebene der Stücke, zwölf volle Körbe.	[43]und wegtrugen sie Stücke, von zwölf Körben (die) Füllungen, auch von den Fischen.	und weggetragen wurde das ihnen Übrig- gebliebene an Stücken, zwölf Körbe.	[13]Sie sammelten nun und füllten zwölf Körbe mit Stücken von den fünf gerstenen Broten, die übriggeblieben waren denen, die gegessen hatten.
[21]Die Essenden aber waren etwa fünftausend Männer, ohne Frauen und Kinder.	[44]Und (es) waren die Essenden [die Brote] fünftausend Männer.	vgl. V 14a	vgl. V 10b
			[14]Die Menschen nun, sehend, welches Zeichen er tat, sag- ten: Dieser ist wahr- haft der Prophet, der in die Welt kommen- de. [15]Jesus nun er- kennend, daß sie im Begriff sind, zu kom- men und ihn zu ent- führen, damit sie (ihn) machten zum König, entwich wieder auf den Berg, er allein.

* Mt 15,32–39 (Nr. 138):

Mk 8,1–10 (Nr. 138):

[1] In jenen Tagen, als wieder eine große Volksmenge da ist und sie nicht(s) haben, was sie essen (könnten), herbeirufend die Schüler, sagt er ihnen: [2] Ergriffen werde ich über die Volksmenge, weil sie schon drei Tage bleiben bei mir und nicht(s) haben, was sie essen könnten; [3] und wenn ich sie entlasse hungrig in ihr Haus, werden sie erliegen auf dem Weg; und einige von ihnen sind von weit her gekommen. [4] Und (es) antworteten ihm seine Schüler: Woher wird einer diese hier sättigen können mit Broten in (der) Öde?

[32] Jesus aber, herbeirufend seine Schüler, sprach : Ergriffen werde ich über die Volksmenge, weil sie schon drei Tage bleiben bei mir und nicht(s) haben, was sie essen könnten; und entlassen will ich sie nicht hungrig , damit sie nicht erliegen auf dem Weg. [33] Und (es) sagen ihm die Schüler: Woher (kämen) uns in (der) Öde soviele Brote, um zu sättigen eine so große Volksmenge? [34] Und (es) sagt ihnen Jesus: Wieviele Brote habt ihr? Die aber sprachen: Sieben und wenige Fischchen. [35] Und gebietend der Volksmenge, sich niederzulassen auf die Erde, [36] nahm er die sieben Brote und die Fische, und dankend brach er (sie), und er gab (sie) den Schülern,
die Schüler aber den Volksmengen.
vgl. VV 34b.36a

[5] Und er fragte sie: Wieviel habt ihr Brote? Die aber sprachen: Sieben. vgl. V 7 [6] Und er gebietet der Volksmenge, sich niederzulassen auf der Erde; und nehmend die sieben Brote, dankend brach er (sie), und er gab (sie) seinen Schülern, damit sie vorlegten, und sie legten vor der Volksmenge . [7] Und sie hatten wenige Fischchen; und segnend sie, sagte er, auch diese vorzulegen.

[37] Und (sie) aßen alle und wurden gesättigt. Und das Übriggebliebene der Stücke trugen sie weg, sieben volle Körbe. [38] Die Essenden aber waren viertausend Männer, ohne Frauen und Kinder. [39] Und entlassend die Volksmengen, stieg er ein ins Boot, und er kam in die Gebiete von Magadan.

[8] Und sie aßen und wurden gesättigt, und wegtrugen sie Überreste an Stücken sieben Körbe. [9] Sie waren aber etwa viertausend. Und er entließ sie. [10] Und sofort, einsteigend ins Boot mit seinen Schülern, kam er in die (Landes)teile von Dalmanutha.

** Mt 9,36 (Nr. 90): Sehend aber die Volksmengen, wurde er ergriffen über sie, weil sie geschunden und hingeworfen waren *wie Schafe, nicht habend einen Hirten.*

133. Jesu Erscheinen auf dem Meer

Mt 14,22–33	Mk 6,45–52	Joh 6,16–21
[22] Und sogleich nötigte er die Schüler, einzusteigen ins Boot und vorauszufahren ihm zum Gegenüber, bis daß er entlasse die Volksmengen. [23] Und ent- lassend die Volksmengen, stieg er hinauf auf den Berg für sich, um zu beten. Als es aber Abend geworden war, allein war er dort. [24] Das Boot aber war schon viele Stadien vom Land entfernt, bedrängt	[45] Und sofort nötigte er seine Schüler, einzusteigen ins Boot und vorauszufahren zum Gegenüber nach Beth- saida, bis er selbst entläßt die Volksmenge . [46] Und sich verabschiedend von ihnen, wegging er auf den Berg, um zu beten. [47] Und als es Abend geworden war, war das Boot inmitten des Meeres, und er allein auf dem Land. [48] Und	[16] Als (es) aber Abend wurde, hinabstiegen seine Jünger zum Meer, [17] und einsteigend in ein Boot, fuhren sie jenseits des Meeres nach Kaphar- naum. Und Finster- nis war schon geworden, und noch nicht war gekommen zu ihnen Jesus, [18] und

von den Wellen,
      denn (es) war
entgegen der Wind. [25]Bei
(der) vierten Wache der Nacht
aber
kam er zu ihnen, umherge-
hend auf dem Meer.

[26]Die Schüler aber, sehend
ihn auf dem Meer
umhergehend, wurden ver-
wirrt, sagend: Ein
Gespenst ist (es), und vor
Furcht schrien sie.

[27]Sofort aber redete [Jesus]
zu ihnen, sagend:
Habt Mut, ich bin (es);
fürchtet euch nicht!
[28]Antwortend aber ihm,
sprach Petros: Herr, wenn du
(es) bist, befiehl mir, zu kommen zu dir auf den Wassern!
[29]Der aber sprach: Komm!
Und hinabsteigend vom Boot,
ging Petros umher auf den
Wassern und kam zu Jesus.
[30]Sehend aber den [starken]
Wind, fürchtete er sich, und
beginnend zu sinken, schrie
er, sagend: Herr, rette mich!
[31]Sogleich aber, ausstrek-
kend die Hand, ergriff ihn
Jesus und sagt ihm: Klein-
gläubiger, warum zweifeltest
du? [32]Und als sie hinaufstiegen   ins Boot,
      nachließ der Wind. [33]Die
aber im Boot fielen nieder vor
ihm, sagend: Wahrhaft,
Gottes Sohn bist du.

---

sehend sie, sich quälend
beim Rudern, denn es war der
Wind ihnen entgegen, um
(die) vierte Wache der Nacht

kommt er zu ihnen, umhergehend auf dem Meer, und er
wollte vorübergehen an ihnen.
[49]Die   aber, sehend
ihn auf dem Meer
umhergehend,
      meinten, daß es ein
Gespenst sei, und
      aufschrien sie; [50]denn
alle sahen ihn und wurden
verwirrt. Der aber redete sofort mit ihnen und sagt ihnen:
Habt Mut, ich bin (es);
fürchtet euch nicht!

[51]Und   hinauf-
stieg er zu ihnen ins Boot,
und nachließ der Wind;
und sehr [, im Übermaß] entsetzten sie sich bei sich;
[52]denn nicht hatten sie
verstanden aufgrund der Brote,
sondern (es) war ihr Herz
verstockt.

---

das Meer, weil ein starker
Wind wehte, wurde aufgewühlt.
[19]Als sie nun
gerudert waren etwa fünfund-
zwanzig Stadien oder dreißig,
sehen sie Jesus, umherge-
hend auf dem Meer und nahe
gekommen dem Boot,

      und sie fürchte-
ten sich.

[20]Der aber
      sagt ihnen:
      Ich bin (es),
fürchtet euch nicht!

[21]Sie wollten nun nehmen
ihn ins Boot, und sogleich
kam das Boot auf das Land,
zu dem sie hinfuhren.

134. Heilungen im Gebiet von Gennesaret *

Mt 14,34–36	**Mk 6,53–56**

³⁴Und hinüberfahrend kamen sie auf das Land, nach Gennesaret.   ³⁵Und   erkennend ihn, schickten die Männer jenes Ortes in jene ganze Umgegend, und hinbrachten sie ihm alle, denen es schlecht ging,

⁵³Und hinüberfahrend auf das Land, kamen sie nach Gennesaret und legten an. ⁵⁴Und als sie herauskamen aus dem Boot, sofort erkennend ihn,   ⁵⁵umherliefen sie in jenem ganzen Land und begannen auf den Bahren die, denen es schlecht ging, umherzutragen, wo sie hörten, daß er sei. ⁵⁶Und wo immer er hineinging in Dörfer oder in Städte oder in Höfe, auf den Märkten hinlegten sie die Schwachen,

³⁶und sie baten ihn, daß sie nur berührten die Quaste seines Gewandes;   und wieviele berührten, wurden gerettet.

und sie baten ihn, daß sie, wenn auch nur die Quaste seines Gewandes, berührten; und wieviele immer ihn berührten, wurden gerettet.

---

* Joh 6,22–25: ²²Am folgenden (Tag) sah die Volksmenge, die jenseits des Meeres stand, daß ein anderes Boot nicht dort war, außer einem, und daß nicht miteingestiegen war mit seinen Schülern Jesus ins Boot, sondern allein seine Schüler wegfuhren; ²³andere Boote kamen aus Tiberias nahe an den Ort, wo sie gegessen hatten das Brot, als gedankt hatte der Herr. ²⁴Als nun die Volksmenge sah, daß Jesus nicht dort ist und nicht seine Schüler, einstiegen sie selbst in die Boote, und sie kamen nach Kapharnaum, suchend Jesus. ²⁵Und findend ihn jenseits des Meeres, sprachen sie zu ihm: Rabbi, wann bist du hierher gekommen?

135. Reinheit und Unreinheit

Mt 15,1–20	**Mk 7,1–23**

¹Da   kommen zu Jesus von Hierosolyma Pharisaier und   Schriftkundige ,

¹Und zusammenkommen bei ihm die Pharisaier und einige der Schriftkundigen, kommend von Hierosolyma. ²Und als sie sehen einige seiner Schüler, daß sie mit gemeinen Händen, das ist: ungewaschenen, essen die Brote ³– denn die Pharisaier und alle Judaier, wenn nicht mit (der) Faust sie sich wuschen die Hände, essen nicht, festhaltend die Überlieferung der Älteren, ⁴und (kommend) vom Markt, wenn nicht sie sich besprengten, essen sie nicht, und anderes vieles ist (es), was sie übernahmen festzuhalten: Waschungen von Bechern und Näpfen und Töpfen [und Betten] –, ⁵und (es) befragen ihn die Pharisaier und die Schriftkundigen: Weshalb wandeln deine Schüler nicht nach der Überlieferung der Älteren, sondern essen mit gemeinen Händen das Brot? *

sagend: ²Weshalb übertreten deine Schüler die Überlieferung der Älteren? Denn nicht waschen sie [ihre] Hände, wann Brot sie essen. * ³Der aber antwortend sprach zu ihnen: Weshalb übertretet auch ihr das Gebot Gottes wegen eurer Überlieferung? ⁴Denn Gott sprach: *Ehre den Vater und die Mutter*, und: *Der Beschimpfende Vater oder Mutter soll mit Tod enden.* ⁵Ihr aber sagt: Wer immer spricht zum Vater oder zur Mutter: Weihegabe (sei), was immer

⁶Der aber   sprach zu ihnen:

vgl. VV 9–13

Ex 20,12
Dtn 5,16
Ex 21,17
Lev 20,9

du von mir Nutzen hättest, [6]nicht wird er ehren seinen Vater; und ihr entmachtetet das Wort Gottes wegen eurer Überlieferung. [7]Heuchler, recht prophezeite über euch Isaias,

Jes 29,13 (G) sagend: [8]*Dieses Volk ehrt mit den Lippen mich, ihr Herz aber hält sich weit fern von mir;* [9]*vergeblich aber verehren sie mich, lehrend als Lehren Gebote von Menschen.*

Recht prophezeite Isaias über euch Heuchler, wie geschrieben ist: *Dieses Volk ehrt mit den Lippen mich, ihr Herz aber hält sich weit fern von mir;* [7]*vergeblich aber verehren sie mich, lehrend als Lehren Gebote von Menschen.*
[8]Verlassend das Gebot Gottes, haltet ihr fest die Überlieferung der Menschen. [9]Und er sagte ihnen: Recht weist ihr ab das Gebot Gottes, damit ihr eure Überlieferung aufrichtet. [10]Denn Moyses sprach: *Ehre deinen Vater und deine Mutter*, und: *Der Beschimpfende Vater oder Mutter soll mit Tod enden.*
[11]Ihr aber sagt: Wenn ein Mensch spricht zum Vater oder zur Mutter: Korban, das ist: Weihegabe (sei), worin immer du von mir Nutzen hättest, [12]nicht mehr laßt ihr ihn etwas tun für den Vater oder die Mutter, [13]entmachtend das Wort Gottes durch eure Überlieferung, die ihr überliefert habt; und ähnliches solches tut ihr vieles.
[14]Und herbeirufend wieder die Volksmenge, sagte er ihnen: Hört mich alle und versteht!
[15]Nichts ist außerhalb des Menschen, hineingehend in ihn, was ihn gemein machen kann, sondern das aus dem Menschen Herausgehende ist das Gemeinmachende den Menschen. ⌗

vgl. VV 3–6

Ex 20,12
Dtn 5,16
Ex 21,17
Lev 20,9

[10]Und herbeirufend   die Volksmenge, sprach er zu ihnen: Hört   und versteht!
[11]Nicht   das Hineingehende in den Mund macht gemein den Menschen, sondern das Herausgehende aus dem Mund, dieses macht gemein den Menschen.
[12]Da, hinzukommend die Schüler, sagen sie ihm: Weißt du, daß die Pharisaier, hörend das Wort, Anstoß nahmen? [13]Der aber antwortend sprach: Jede Pflanze, die nicht pflanzte mein himmlischer Vater, wird entwurzelt werden.
[14]Laßt sie; als Blinde sind sie Führer [von Blinden]; wenn aber ein Blinder einen Blinden führt, werden beide in eine Grube fallen. **
[15]Antwortend aber sprach Petros zu ihm: Deute uns [dieses] Gleichnis! [16]Der aber sprach   : Noch seid auch ihr Unverständige?
[17]Nicht begreift ihr, daß alles Hineingehende in den Mund

in den Bauch gelangt und in (den) Abort ausgeschieden wird?

[17]Und als er hineinging in ein Haus, weg von der Volksmenge, befragten ihn seine Schüler   nach dem Gleichnis. [18]Und er sagt ihnen: So seid auch ihr Unverständige? Nicht begreift ihr, daß alles von außen Hineingehende in den Menschen nicht ihn gemein machen kann, [19]weil es nicht hineingeht in sein Herz, sondern in den Bauch, und in den Abort hinausgeht? – (damit) rein erklärend alle Speisen. [20]Er sagte aber: Das aus dem Menschen Herausgehende,

[18]Das Herausgehende aber aus dem Mund, aus dem Herzen kommt es heraus, und jenes macht gemein den Menschen. [19]Denn   aus dem Herzen   gehen aus   böse Gedanken, Morde, Ehebrüche, Unzüchtiges, Diebstähle, Falschzeugnisse,

jenes macht gemein den Menschen. [21]Denn von innen, aus dem Herzen der Menschen, gehen aus die schlechten Gedanken, Unzüchtiges, Diebstähle, Morde, [22]Ehebrüche,

Lästerungen.
²⁰Dieses
ist das Gemeinmachende den Menschen,
das Essen aber mit ungewaschenen Händen
macht nicht gemein den Menschen.

Habgierigkeiten, Bosheiten, List, Ausschwei-
fung, böses Auge, Lästerung, Überheblichkeit,
Unverstand; ²³all dieses Böse geht von innen
heraus und macht gemein den Menschen.

✠ V ¹⁶ ist ein „Wanderlogion" (vgl. Mk 4,23 u. ö.)

* Lk 11,37–41 (Nr. 174): ³⁷Bei seinem Reden aber bittet ihn ein Pharisaier, daß er frühstücke bei ihm; hineingehend
aber, ließ er sich nieder. ³⁸Der Pharisaier aber, sehend (es), staunte, weil er nicht zuerst sich wusch vor dem Frühstück.
³⁹(Es) sprach aber der Herr zu ihm: Jetzt, ihr Pharisaier, das Äußere des Bechers und des Tellers reinigt ihr, euer
Inneres aber ist voll von Raub und Bosheit. ⁴⁰Unvernünftige, macht nicht der Machende das Äußere auch das Innere?
⁴¹Jedoch das Inwendige gebt als Almosen, und siehe, alles ist euch rein.
** Lk 6,39 (Nr. 69): Er sprach aber auch ein Gleichnis zu ihnen: Kann etwa ein Blinder einen Blinden führen? Werden
nicht beide in eine Grube hineinfallen?

136. Die Syrophoinikerin (bzw. Chananaierin)

Mt 15,21–28

²¹Und herauskommend von dort, entwich
Jesus in die (Landes)teile von Tyros und Sidon.

²²Und siehe,
eine Frau, eine Chananaierin, von jenen Gebieten herauskommend, schrie, sagend: Erbarme dich meiner, Herr, Sohn Davids! Meine
Tochter   ist böse besessen. ²³Der aber
antwortete ihr nicht ein Wort. Und hinzukommend baten seine Schüler ihn, sagend: Entlaß
sie, denn sie schreit hinter uns (her). ²⁴Der aber
antwortend sprach: Nicht wurde ich geschickt,
außer zu den verlorenen Schafen des Hauses
Israel. ²⁵Die aber kommend fiel nieder vor ihm,

               sagend: Herr, hilf mir!
²⁶Der aber antwortend sprach:
               Nicht ist es recht,
zu nehmen das Brot der Kinder und hinzuwerfen
(es) den Hündchen. ²⁷Die aber
  sprach   : Ja, Herr; denn auch die Hündchen
          essen von den Bröckchen, den
fallenden vom Tisch ihrer Herren. ²⁸Da,
antwortend, sprach Jesus zu ihr: O Frau, groß
(ist) dein Glaube; es soll dir geschehen, wie du
willst.
          Und geheilt wurde ihre Tochter
von jener Stunde (an).

Mk 7,24–30

²⁴Von dort aber, aufstehend, ging er weg
          in die Gebiete von Tyros.
Und hineingehend in ein Haus, wollte er, keiner
solle (es) erfahren, aber nicht konnte er verborgen sein; ²⁵doch sofort, hörend über ihn,
eine Frau,

                                        deren
Töchterchen einen unreinen Geist hatte,

          kommend, fiel nieder zu seinen Füßen;
²⁶die Frau aber war Hellenin, Syrophoinikerin
der Abstammung (nach); und sie bat ihn, daß er
den Dämon hinauswerfe aus ihrer Tochter.
²⁷Und er   sagte ihr: Laß zuerst gesättigt
werden die Kinder; denn nicht ist es recht,
zu nehmen das Brot der Kinder und (es) den
Hündchen hinzuwerfen. ²⁸Die aber antwortete
und sagt ihm: Herr,   auch die Hündchen
unter dem Tisch essen von den Bröckchen
                              der Kinder. ²⁹Und
          er sprach zu ihr: Wegen dieses Wortes
geh fort, herausgekommen ist aus deiner Tochter der Dämon. ³⁰Und weggegangen in ihr
Haus, fand sie das Kind geworfen auf das Bett
und den Dämon herausgekommen.

137. Heilung eines Taubstummen (bzw. vieler Kranker) *

Mt 15,29–31

²⁹ Und   fortgehend von dort, kam Jesus   entlang am Meer der Galilaia, und hinaufsteigend auf den Berg setzte er sich dort.
³⁰ Und (es) kamen zu ihm viele Volksmengen, habend bei sich Lahme, Blinde, Krüppel, (Taub)stumme und viele andere, und sie legten sie hin zu seinen Füßen; und er heilte sie;

³¹ daher staunte die Volksmenge, sehend (Taub)stumme redend, Verkrüppelte gesund und Lahme umhergehend und Blinde sehend; und sie verherrlichten den Gott Israels.

Mk 7,31–37

³¹ Und wieder hinausgehend aus den Gebieten von Tyros, kam er durch Sidon ans Meer der Galilaia mitten in die Gebiete (der) Dekapolis.

³² Und man bringt ihm einen Tauben und Stummen, und man bittet ihn, daß er auflege ihm die Hand. ³³ Und wegnehmend ihn von der Volksmenge für sich, legte er seine Finger in seine Ohren, und spuckend berührte er seine Zunge, ³⁴ und aufschauend zum Himmel, stöhnte er und sagt ihm: Ephphatha, das ist: Werde geöffnet! ³⁵ Und [sogleich] öffnete sich sein Gehör, und gelöst wurde die Fessel seiner Zunge, und er redete richtig. ³⁶ Und er trug ihnen auf, daß sie (es) keinem sagen; soviel er aber ihnen auftrug, sie verkündeten (um so) mehr, überreichlich.
³⁷ Und über die Maßen gerieten sie außer sich, sagend: Recht hat er alles gemacht, und die Taub(stumm)en macht er hören und [die] Redelose[n] reden.

---

* Vgl. Nr. 141

138. Die Speisung der Viertausend *

Mt 15,32–39

³² Jesus aber, herbeirufend seine Schüler, sprach   : Ergriffen werde ich über die Volksmenge, weil sie schon drei Tage bleiben bei mir und nicht(s) haben, was sie essen könnten; und entlassen will ich sie nicht hungrig,   damit sie nicht erliegen auf dem Weg.
       ³³ Und (es) sagen ihm die Schüler: Woher (kämen) uns in (der) Öde soviele Brote, um zu sättigen eine so große Volksmenge? ³⁴ Und (es) sagt ihnen Jesus: Wieviele Brote habt ihr? Die aber sprachen: Sieben und wenige Fischchen. ³⁵ Und gebietend der Volksmenge, sich niederzulassen auf die Erde,   ³⁶ nahm er die sieben Brote und die Fische, und dankend brach er (sie), und

Mk 8,1–10

¹ In jenen Tagen, als wieder eine große Volksmenge da ist und sie nicht(s) haben, was sie essen könnten, herbeirufend die Schüler, sagt er ihnen: ² Ergriffen werde ich über die Volksmenge, weil sie schon drei Tage bleiben bei mir und nicht(s) haben, was sie essen könnten; ³ und wenn ich sie entlasse hungrig in ihr Haus, werden sie erliegen auf dem Weg; und einige von ihnen sind von weit her gekommen. ⁴ Und (es) antworteten ihm seine Schüler: Woher wird einer dieser hier sättigen können mit Broten in (der) Öde?
      ⁵ Und er fragte sie: Wieviel habt ihr Brote? Die aber sprachen: Sieben.   vgl. V 7   ⁶ Und er gebietet der Volksmenge, sich niederzulassen auf der Erde; und nehmend die sieben Brote,   dankend brach er (sie), und

er gab (sie) den Schülern,
      die Schüler aber den Volksmengen.
           vgl. VV 34b.36a

[37]Und (sie) aßen alle und wurden gesättigt. Und das Übriggebliebene der Stücke trugen sie weg, sieben volle Körbe. [38]Die Essenden aber waren viertausend Männer, ohne Frauen und Kinder. [39]Und entlassend die Volksmengen, stieg er ein ins Boot   ,und er kam in die Gebiete von Magadan.

er gab (sie) seinen Schülern, damit sie vorlegten, und sie legten vor der Volksmenge . [7]Und sie hatten wenige Fischchen; und segnend sie, sagte er, auch diese vorzulegen. [8]Und sie aßen   und wurden gesättigt, und wegtrugen sie Überreste an Stücken sieben   Körbe. [9]Sie   waren aber etwa viertausend.
Und er entließ sie.   [10]Und sofort, einsteigend ins Boot mit seinen Schülern,   kam er in die (Landes)teile von Dalmanutha.

---

* Vgl. Nr. 132

139. Die Zeichenforderung der Pharisaier (und Saddukaier)

Mt 16,1–4	**Mk 8,11–13**	Lk 12,54–56 (Nr. 180):

[1]Und hinzukommend die Pharisaier und Saddukaier, (ihn) versuchend, verlangten sie von ihm, ein Zeichen aus dem Himmel zu zeigen ihnen. [2]Der aber antwortend sprach zu ihnen:
      [Wenn es Abend wird, sagt ihr: Heiteres Wetter (kommt); denn (es) rötet sich der Himmel; [3]und (in der) Frühe: Heute (kommt) Sturm; denn (es) rötet sich der sich trübende Himmel.
           Das Angesicht   des Himmels zwar wißt ihr zu beurteilen, die Zeichen der Zeiten aber   könnt ihr nicht?]   [4]Ein böses und ehebrecherisches Geschlecht verlangt ein Zeichen, und ein Zeichen wird ihm nicht gegeben werden, wenn nicht das Zeichen (des) Jonas. * Und zurücklassend sie, wegging er.

[11]Und hinausgingen die Pharisaier und begannen zu streiten mit ihm, verlangend von ihm ein Zeichen vom Himmel, versuchend ihn. [12]Und aufstöhnend in seinem Geist, sagt er:

           Was verlangt dieses Geschlecht ein Zeichen? Amen, ich sage euch, nicht wird gegeben werden diesem Geschlecht ein Zeichen.*
[13]Und   lassend sie, wieder einsteigend, wegging er zum Gegenüber.

[54]Er sagte aber auch den Volksmengen: Wann ihr seht [die] Wolke aufgehend im Westen, sogleich sagt ihr, daß Regen kommt, und es wird so; [55]und wann (ihr seht den) Südwind wehend, sagt ihr, daß Hitze sein wird, und es wird. [56]Heuchler, das Angesicht der Erde und des Himmels   wißt ihr zu prüfen,   diese Zeit aber, wie(so) wißt ihr (sie) nicht zu prüfen?

---

* Mt 12,38–40 (Nr. 107):
[38]Da antworteten ihm einige der Schriftkundigen und Pharisaier, sagend: Lehrer, wir wollen

Lk 11,16.29–30 (Nr. 169.172):
[16]Andere aber,
           (ihn) versuchend, ver-

von dir ein Zeichen sehen. **39**Der aber antwortend sprach zu ihnen:

Ein böses und ehebrecherisches Geschlecht verlangt ein Zeichen, aber ein Zeichen wird ihm nicht gegeben werden, wenn nicht das Zeichen (des) Jonas, des Propheten. **40**Denn wie *Jonas war im Bauch des Seeungetüms drei Tage und drei Nächte*, so wird sein der Sohn des Menschen im Herzen der Erde drei Tage und drei Nächte.

langten ein Zeichen aus (dem) Himmel von ihm. **29**Als aber die Volksmengen herzudrängten, begann er zu sagen: Dieses Geschlecht ist ein böses Geschlecht; ein Zeichen verlangt es, aber ein Zeichen wird ihm nicht gegeben werden, wenn nicht das Zeichen (des) Jonas. **30**Denn gleichwie Jonas den Niniviten ein Zeichen wurde, so wird (es) sein auch der Sohn des Menschen für dieses Geschlecht.

Joh 6,30: Sie sprachen nun zu ihm: Was nun tust du für ein Zeichen, damit wir sehen und dir glauben? Was wirkst du?

140. Die unverständigen Schüler Jesu

Mt 16,5–12

5Und als die Schüler kamen zum Gegenüber, vergaßen sie, Brote mitzunehmen.

6Jesus aber sprach zu ihnen: Seht (zu) und nehmt euch in acht vor dem Sauerteig der Pharisaier und Saddukaier! *
7Die aber überlegten bei sich, sagend: Brote nahmen wir nicht (mit). **8**(Es) erkennend aber, sprach Jesus : Was überlegt ihr bei euch, Kleingläubige, daß Brot ihr nicht habt? **9**Noch nicht begreift ihr,

Jer 5,21

und nicht erinnert ihr euch an die fünf Brote der Fünftausend und wieviele Körbe ihr aufhobt? **10**Und nicht an die sieben Brote der Viertausend und wieviele Körbe ihr aufhobt?

11Wieso begreift ihr nicht, daß nicht über Brote ich zu euch sprach? Nehmt euch aber in acht vor dem Sauerteig der Pharisaier und Saddukaier! **12**Da verstanden sie, daß er nicht (davon) sprach, sich in acht zu nehmen vor dem Sauerteig der Brote, sondern vor der Lehre der Pharisaier und Saddukaier.

Mk 8,14–21

14Und sie vergaßen, mitzunehmen Brote, und außer einem Brot hatten sie nicht(s) mit sich im Boot. **15**Und er trug ihnen auf, sagend: Seht (zu), hütet euch vor dem Sauerteig der Pharisaier und dem Sauerteig (des) Herodes! *
16Und sie überlegten untereinander, daß Brote sie nicht haben. **17**Und (es) erkennend, sagt er ihnen: Was überlegt ihr, daß Brote ihr nicht habt? Noch nicht begreift ihr und nicht versteht ihr? Habt ihr verstockt euer Herz? **18***Augen habend seht ihr nicht, und Ohren habend hört ihr nicht?* ** Und nicht erinnert ihr euch, **19**als die fünf Brote ich brach für die Fünftausend, wieviele Körbe von Stücken voll ihr wegtrugt? Sie sagen ihm: Zwölf. **20**Als die sieben für die Viertausend, wievieler Körbe Füllungen an Stücken trugt ihr weg? Und sie sagen [ihm]: Sieben. **21**Und er sagte ihnen: Noch nicht versteht ihr?

---

* Lk 12,1 (Nr. 175): Als sich unterdessen versammelten Zehntausende der Volksmenge, so daß sie traten einander, begann er zu sagen zu seinen Schülern zuerst: Nehmt euch selbst in acht vor dem Sauerteig der Pharisaier, welcher ist Heuchelei!
** Joh 12,40: Blind gemacht hat er *ihre Augen*, und er verstockte ihr *Herz, damit sie nicht sehen mit den Augen und begreifen mit dem Herzen und umkehren, und ich sie heilen werde.*

141. Heilung eines Blinden *

Mk 8,22–26

[22]Und sie kommen nach Bethsaida. Und sie bringen ihm einen Blinden, und sie bitten ihn, daß er ihn berühre. [23]Und ergreifend die Hand des Blinden, hinausbrachte er ihn außerhalb des Dorfes, und spukkend in seine Augen, auflegend ihm die Hände, befragte er ihn: Siehst du etwas? [24]Und aufschauend sagte er: Ich sehe die Menschen: Wie Bäume sehe ich Umhergehende. [25]Dann wieder auflegte er die Hände auf seine Augen, und er sah klar und wurde wiederhergestellt, und anschaute er alles genau. [26]Und er schickte ihn in sein Haus, sagend: Aber nicht geh ins Dorf hinein!

---

* Vgl. Nr. 137 und Joh 9,1–7: [1]Und vorbeigehend sah er einen Menschen, blind von Geburt. [2]Und (es) fragten ihn seine Schüler, sagend: Rabbi, wer sündigte, dieser oder seine Eltern, daß er blind geboren wurde? [3](Es) antwortete Jesus: Weder sündigte dieser noch seine Eltern, sondern damit offenbar werden die Werke Gottes an ihm. [4]Wir müssen wirken die Werke des mich Schickenden, solange Tag ist; (es) kommt eine Nacht, da keiner kann wirken. [5]Wann in der Welt ich bin, Licht der Welt bin ich. [6]Dieses sprechend spuckte er zur Erde und machte einen Teig aus dem Speichel, und aufstrich er ihm den Teig auf die Augen, [7]und er sprach zu ihm: Geh fort, wasch dich im Teich des Siloam – was übersetzt wird: Gesandter! Wegging er nun und wusch sich und kam sehend.

Auf dem Weg in die Passion

142. Das Messiasbekenntnis des Petros *

Mt 16,13–20	Mk 8,27–30	Lk 9,18–21
[13]Kommend aber Jesus in die (Landes)teile von Kaisareia, dem von Philippos, fragte er seine Schüler, sagend : Wer, sagen die Menschen, daß der Sohn des Menschen sei? [14]Die aber sprachen : Die einen: Johannes der Täufer, andere aber: Elias, andere aber: Jeremias oder einer der Propheten. [15]Er sagt ihnen: Ihr aber, wer, sagt ihr, daß ich sei? [16]Antwortend aber sprach Simon Petros: Du bist der Christos, der Sohn des lebendigen Gottes. [17]Antwortend aber sprach Jesus zu ihm: Selig bist du, Simon Barjona, weil nicht Fleisch und Blut dir offen-	[27]Und hinausging Jesus und seine Schüler in die Dörfer von Kaisareia, dem von Philippos; und auf dem Weg befragte er seine Schüler, sagend ihnen: Wer, sagen die Menschen, daß ich sei? [28]Die aber sprachen zu ihm, sagend: Johannes der Täufer, und andere: Elias, andere aber: Einer der Propheten. [29]Und er befragte sie: Ihr aber, wer, sagt ihr, daß ich sei? Antwortend sagt ihm Petros: Du bist der Christos.	[18]Und es geschah, als er war betend allein, zusammen waren mit ihm die Schüler, und er befragte sie, sagend : Wer, sagen die Volksmengen, daß ich sei? [19]Die aber, antwortend, sprachen: Johannes der Täufer, andere aber: Elias, andere aber: Ein Prophet, einer der alten, stand auf. [20]Er sprach aber zu ihnen: Ihr aber, wer, sagt ihr, daß ich sei? Petros aber, antwortend, sprach: der Christos Gottes.

barten, sondern mein Vater in den Himmeln. [18]Und ich sage dir: Du bist Petros, und auf diesem Felsen werde ich bauen meine Kirche, und (die) Tore (des) Hades werden sie nicht überwinden. [19]Geben werde ich dir die Schlüssel des Königtums der Himmel, und was immer du bindest auf der Erde, wird gebunden sein in den Himmeln, und was immer du löst auf der Erde, wird gelöst sein in den Himmeln. **

[20]Dann trug er den Schülern auf, daß sie keinem sagten: Er ist der Christos.

[30]Und anfuhr er sie, daß sie keinem sagen über ihn.

[21]Der aber, anfahrend sie, gebot, keinem dies zu sagen.

---

* Joh 6,66–71: [66]Von da (an) gingen viele [von] seinen Schülern weg, zurück, und nicht mehr gingen sie mit ihm umher. [67](Es) sprach nun Jesus zu den Zwölf: Wollt nicht auch ihr fortgehen? [68](Es) antwortete ihm Simon Petros: Herr, zu wem sollen wir weggehen? Worte des ewigen Lebens hast du, [69]und wir haben geglaubt und wir haben erkannt, daß du bist der Heilige Gottes. [70](Es) antwortete ihnen Jesus: Habe ich nicht euch, die Zwölf, erwählt? Aber von euch ist einer ein Teufel. [71]Er redete aber vom Judas (des) Simon Iskariotes; denn dieser sollte ihn übergeben, einer von den Zwölfen.

** Mt 18,18 (Nr. 155): Amen, ich sage euch: Wieviel immer ihr bindet auf der Erde, wird gebunden sein im Himmel, und wieviel immer ihr löst auf der Erde, wird gelöst sein im Himmel.

Joh 20,22–23: [22]Und dies sprechend, anhauchte er (sie) und sagt ihnen: Empfangt heiligen Geist; [23]von welchen immer ihr erlaßt die Sünden, erlassen werden sie ihnen, von welchen ihr (sie) behaltet, behalten sind sie.

143. Erste Leidensankündigung

Mt 16,21–23	Mk 8,31–33	Lk 9,22
[21]Von da (an) begann Jesus zu zeigen seinen Schülern, daß er müsse nach Hierosolyma hingehen und vieles leiden von den Ältesten und Hochpriestern und Schriftkundigen und getötet werden und am dritten Tag erweckt werden.	[31]Und er begann zu lehren sie: (Es) muß der Sohn des Menschen vieles leiden und verworfen werden von den Ältesten und den Hochpriestern und den Schriftkundigen und getötet werden und nach drei Tagen aufstehen; [32]und in Offenheit redete er das Wort. Und Petros, herbeinehmend ihn, begann ihn anzufahren.	[22]Er sprach: (Es) muß der Sohn des Menschen vieles leiden und verworfen werden von den Ältesten und Hochpriestern und Schriftkundigen und getötet werden und am dritten Tag erweckt werden.
[22]Und herbeinehmend ihn, begann Petros ihn anzufahren, sagend: (Gott sei) dir gnädig, Herr; nicht soll dir dies geschehen. [23]Der aber, sich umwendend,	[33]Der aber, sich umwendend und	

sprach zu
Petros   : Geh fort,
hinter mich, Satan! Ein Ärgernis bist du mir, weil du nicht
sinnst das von Gott, sondern
das der Menschen.

sehend seine Schüler, fuhr
Petros an und sagt: Geh fort,
hinter mich, Satan,

weil du nicht
sinnst das von Gott, sondern
das der Menschen!

144. Von der Nachfolge Jesu

Mt 16,24–28	Mk 8,34–9,1	Lk 9,23–27
[24]Da sprach Jesus zu seinen Schülern: Wenn einer will hinter mir (her)kommen, soll er sich selbst verleugnen und tragen sein Kreuz und mir folgen! [25]Denn wer immer will sein Leben retten, verlieren wird er es; wer aber immer verliert sein Leben wegen meiner, finden wird er es. * [26]Denn was wird es nützen einem Menschen, wenn er die ganze Welt gewinnt, an sei- nem Leben aber bestraft wird? Oder was wird geben ein Mensch als Gegenwert seines Lebens?	[34]Und herbeirufend die Volksmenge mit seinen Schülern, sprach er zu ihnen: Wenn einer will hinter mir folgen, soll er sich selbst verleugnen und tragen sein Kreuz und mir folgen! [35]Denn wer immer will sein Leben retten, verlieren wird er es; wer aber verlieren wird sein Leben wegen meiner und des Evangeliums, retten wird er es. * [36]Denn was nützt es, daß ein Mensch gewinnt die ganze Welt und bestraft wird an seinem Leben? [37]Denn was könnte geben ein Mensch als Gegenwert seines Lebens? [38]Denn wer immer sich schämt meiner und meiner Worte in diesem ehebrecherischen und sün- digen Geschlecht, auch der Sohn des Menschen wird sich schämen seiner, wann er kommt in der Herrlichkeit seines Vaters mit den heiligen Engeln. **	[23]Er sagte aber zu allen: Wenn einer will hinter mir (her)gehen, soll er sich selbst (ver)leugnen und tragen sein Kreuz täglich und mir folgen! [24]Denn wer immer will sein Leben retten, verlieren wird er es; wer aber immer verliert sein Leben wegen meiner, dieser wird es retten. * [25]Denn was nützt es einem Menschen, der gewinnt die ganze Welt, sich selbst aber verliert oder bestraft wird?
[27]Denn es wird der Sohn des Menschen kommen in der Herrlichkeit seines Vaters mit seinen Engeln, ** und dann *wird er vergelten jedem nach seinem Tun.* [28]Amen, ich sage euch: (Es) sind einige der hier Stehenden, welche nicht kosten werden (den) Tod, bis sie sehen den Sohn des Menschen kom- mend in seinem Königtum. ***	9,1 Und er sagte ihnen: Amen, ich sage euch: (Es) sind einige der hier Stehenden, welche nicht kosten werden (den) Tod, bis sie sehen das Königtum Gottes, gekommen in Kraft. ***	[26]Denn wer immer sich schämt meiner und meiner Worte, dessen wird der Sohn des Menschen sich schämen , wann er kommt in seiner Herrlichkeit und (der) des Vaters und der heiligen Engel. ** [27]Ich sage euch aber wahrhaft: (Es) sind einige der hier Stehenden, die nicht kosten werden (den) Tod, bis sie sehen das Königtum Gottes. ***

Ps 62,13
Spr 24,12
Sir 35,22 (G)

* Mt 10,38–39 (Nr. 95):
[38]Wer nicht nimmt sein Kreuz und folgt hinter mir, nicht ist meiner wert.

[39]Der sein Leben Findende, wird es verlieren,
　　　　und der sein Leben Verlierende
wegen meiner, wird es finden.

Lk 14,27 (Nr. 191):
Welcher nicht trägt sein Kreuz und geht hinter mir (her), nicht kann er sein mein Schüler.
Lk 17,33 (Nr. 205):
Wer immer sucht sein Leben sich zu erhalten, verlieren wird er es, wer aber immer (es) verliert,
　　　　lebendigerhalten wird er es.

Joh 12,25: Der Liebende sein Leben verliert es, und der Hassende sein Leben in dieser Welt, zum ewigen Leben wird er es bewahren.

** Mt 10,33 (Nr. 93):
Welcher aber mich (ver)leugnet vor den Menschen, (ver)leugnen werde auch ich ihn vor meinem Vater in [den] Himmeln.

Lk 12,9 (Nr. 175):
Der aber mich (Ver)leugnende vor den Menschen, wird verleugnet werden　　　vor den Engeln Gottes.

*** Joh 8,51–52: [51]Amen, amen, ich sage euch, wenn einer mein Wort bewahrt, (den) Tod nicht schaut er in den Aion. [52](Es) sprachen [nun] zu ihm die Judaier: Jetzt haben wir erkannt, daß einen Dämon du hast. Abraham starb und die Propheten, und du sagst: Wenn einer mein Wort bewahrt, nicht wird er kosten (den) Tod in den Aion.

145. Die Verklärung Jesu

Mt 17,1–9	Mk 9,2–10	Lk 9,28–36
[1]Und nach sechs Tagen mitnimmt Jesus den Petros und　　Jakobos und Johannes, dessen Bruder, und hinaufbringt er sie auf einen hohen Berg für sich.	[2]Und nach sechs Tagen mitnimmt Jesus den Petros und den Jakobos und den Johannes, und hinaufbringt er sie auf einen hohen Berg für sich allein.	[28]Es geschah aber etwa acht Tage nach diesen Worten, [daß] mitnehmend　Petros und　　Johannes und Jakobos　　　　er hinaufstieg auf den　　Berg, um zu beten.
[2]Und er wurde umgestaltet vor ihnen, und (es) leuchtete sein Gesicht wie die Sonne, seine Gewänder aber wurden　　　　　weiß wie das Licht.	Und er wurde umgestaltet vor ihnen, [3]und seine Gewänder wurden strahlend ganz weiß, wie (sie) ein Walker auf der Erde nicht so weiß machen kann.	[29]Und es wurde bei seinem Beten die Gestalt seines Gesichtes andersartig und seine Kleidung　　　weiß aufblitzend.
[3]Und siehe, (es) erschien ihnen Moyses und Elias,　　　　sich unterredend mit ihm.	[4]Und　　(es) erschien ihnen Elias mit Moyses, und sie waren sich unterredend mit Jesus.	[30]Und siehe, zwei Männer unterredeten sich mit ihm, welche waren Moyses und Elias, [31]die, erschienen in Herrlichkeit, redeten über seinen Ausgang, den er im Begriff war zu erfüllen in Jerusalem. [32]Petros aber und die mit ihm waren beschwert vom Schlaf; aufwachend aber

⁴Antwortend aber sprach Petros zu Jesus: Herr, recht ist es, daß wir hier sind; wenn du willst, werde ich machen hier drei Zelte, dir eines und Moyses eines und Elias eines.

⁵Während er noch redet, siehe, eine lichte Wolke überschattete sie,

und siehe, eine Stimme aus der Wolke, sagend: Dieser ist mein geliebter Sohn, an dem ich Gefallen fand; hört ihn! ⁶Und hörend (es), fielen die Schüler auf ihr Gesicht und fürchteten sich sehr. ⁷Und hinzukam Jesus und, berührend sie, sprach er: Steht auf und fürchtet euch nicht! ⁸Erhebend aber ihre Augen, keinen sahen sie außer ihn, Jesus allein.

⁹Und während sie herabstiegen vom Berg, gebot ihnen Jesus, sagend: Zu keinem sprecht von dem Gesicht, bis daß der Sohn des Menschen aus Toten erweckt ist.

---

⁵Und antwortend sagt Petros zu Jesus: Rabbi, recht ist es, daß wir hier sind, und wir wollen machen drei Zelte, dir eines und Moyses eines und Elias eines. ⁶Denn nicht wußte er, was er antworte, denn erschreckt wurden sie. ⁷Und (es) entstand eine Wolke, überschattend sie,

und (es) kam eine Stimme aus der Wolke: Dieser ist mein geliebter Sohn,

hört ihn!

vgl. V 6b

⁸Und plötzlich, herumschauend, keinen mehr sahen sie, sondern Jesus allein mit ihnen. ⁹Und während sie herabstiegen vom Berg, auftrug er ihnen, daß sie keinem, was sie sahen, erzählten, außer wann der Sohn des Menschen aus Toten aufgestanden sei. ¹⁰Und das Wort hielten sie fest, unter sich streitend: Was ist das Aus-Toten-Aufstehen?

---

sahen sie seine Herrlichkeit und die zwei Männer, die bei ihm stehenden. ³³Und es geschah, als sie sich trennten von ihm, sprach Petros zu Jesus: Meister, recht ist es, daß wir hier sind, und wir wollen machen drei Zelte, eines dir und eines Moyses und eines Elias, nicht wissend, was er sagt. ³⁴Als er aber dieses sagte, entstand eine Wolke und überschattete sie; sie fürchteten sich aber bei ihrem Hineingehen in die Wolke. ³⁵Und eine Stimme kam aus der Wolke, sagend: Dieser ist mein erwählter Sohn,

ihn hört!

vgl. V 34b

³⁶Und beim Kommen der Stimme wurde gefunden Jesus allein.

vgl. V 37 (Nr. 147)

Und sie schwiegen, und keinem meldeten sie in jenen Tagen etwas (von dem), was sie gesehen hatten.

---

146. Von der Wiederkunft des Elias

Mt 17,10–13

¹⁰Und (es) befragten ihn die Schüler, sagend: Was nun sagen die Schriftkundigen: *Elias muß kommen zuerst?* ¹¹Der aber antwortend

Mk 9,11–13

¹¹Und sie befragten ihn , sagend: Wieso sagen die Schriftkundigen: *Elias muß kommen zuerst?* ¹²Der aber

Mal 3,23

Mal 3,24 sprach   : *Elias kommt* zwar   *und*
wird alles *wiederherstellen*;

[12]ich sage euch

aber: Elias kam schon, aber nicht erkannten
sie ihn, sondern sie taten an ihm, was sie
wollten;
so wird auch der Sohn des Menschen leiden
von ihnen. [13]Da verstanden die Schüler, daß
über Johannes den Täufer er sprach zu
ihnen.

sagte ihnen: Elias zwar, kommend zuerst,
stellt alles wieder her; aber wieso ist geschrieben über den Sohn des Menschen, daß er vieles
leidet und verachtet wird? [13]Doch ich sage
euch: Auch Elias ist gekommen,
           und sie taten   ihm, was sie
wollten, gleichwie geschrieben ist über ihn.

147. Heilung eines redelosen Knaben

Mt 17,14–21	Mk 9,14–29	Lk 9,37–43a
		[37]Es geschah aber am fol-genden Tag, als sie herabka-men vom Berg, entgegenkam ihm eine große Volksmenge.
[14]Und als sie ka-men	[14]Und kom-mend zu den Schülern, sahen sie eine große Volksmenge um sie und Schriftkundige, streitend gegen sie. [15]Und sofort, die ganze Volks-menge, als sie ihn sahen, erschraken sie und herbei-laufend begrüßten sie ihn. [16]Und er befragte sie: Was streitet ihr gegen sie?	
zur Volksmenge,		
kam zu ihm ein Mensch, auf die Knie fal-lend vor ihm [15]und sagend: Herr,	[17]Und (es) antwortete ihm einer aus der Volksmen-ge: Lehrer, ich	[38]Und siehe, ein Mann von der Volksmen-ge schrie, sagend: Lehrer, ich bitte dich, zu schauen auf meinen
erbarme dich meines Sohnes, denn er ist mond-süchtig, und schlecht ergeht es ihm; denn oft fällt er ins Feuer und oft ins Wasser.	brachte meinen Sohn zu dir, habend einen redelosen Geist; [18]und wo immer er ihn ergreift, reißt er ihn nieder, und er schäumt und knirscht die Zähne und erstarrt;	Sohn, weil einziggeboren er mir ist, [39]und siehe, ein Geist nimmt ihn, und plötzlich schreit er und zerrt ihn mit Schaum, und kaum geht er weg von ihm, ihn schindend;
[16]Und hin-brachte ich ihn deinen Schü-lern,	und ich sagte deinen Schü-lern, daß sie ihn hinauswerfen (sollten), aber nicht	[40]und ich bat deine Schü-ler, daß sie hinauswerfen ihn,
aber nicht konnten sie ihn heilen.	vermochten sie (es).	aber nicht konnten sie (es).
[17] Antwortend aber sprach Jesus: O ungläubiges und verkehrtes Geschlecht, bis wann werde ich mit euch sein? Bis wann werde ich ertragen euch? Bringt mir ihn hierher!	[19]Der aber, antwortend ihnen, sagt: O ungläubiges Geschlecht, bis wann werde ich bei euch sein? Bis wann werde ich ertragen euch? Bringt ihn zu mir! [20]Und sie brachten	[41] Antwortend aber sprach Jesus: O ungläubiges und verkehrtes Geschlecht, bis wann werde ich sein bei euch und ertragen euch? Führe her hierher deinen Sohn! [42]Noch

ihn zu ihm. Und sehend ihn,
riß der Geist sofort
ihn hin und her, und fallend
auf die Erde, wälzte er sich,
schäumend. 21 Und er befragte seinen Vater: Wie lange
Zeit ist es, daß dies ihm geschehen ist? Der aber sprach:
Von Kind an;
22 und oft auch ins Feuer
warf er ihn und in Gewässer,
damit er ihn vernichte; doch
wenn du etwas kannst, hilf
uns, ergriffen über uns!
23 Jesus aber sprach zu ihm:
Das Wenn-du-kannst – alles
(ist) möglich dem Glaubenden! 24 Sofort, schreiend,
sagte der Vater des Kindes:
Ich glaube; hilf meinem
Unglauben! 25 Sehend aber
Jesus, daß zusammenläuft
eine Volksmenge, anfuhr er
den unreinen Geist, sagend
ihm: Redeloser und stummer
Geist, ich befehle dir, komm
heraus aus ihm und nicht
mehr geh hinein in ihn! 26 Und
schreiend und viel zerrend
kam er heraus; und er wurde
wie tot, so daß die vielen
sagten: Er starb. 27 Jesus
aber, ergreifend seine Hand,
richtete ihn auf, und er stand
auf.

als er herbeikam aber, nieder-
riß ihn der Dämon, und er riß
ihn hin und her;

vgl. V 15 b

18 Und anfuhr ihn
Jesus,

anfuhr aber Jesus
den unreinen Geist,

und
herauskam von ihm der
Dämon,

und (es) war
geheilt der Knabe von jener
Stunde (an).

und er heilte den Knaben, und
zurückgab er ihn seinem Vater. 43a Außer sich gerieten
aber alle über die Hoheit
Gottes.

28 Und nachdem er hineinge-
gangen war in ein Haus,
befragten ihn seine Schüler
für sich:
Wieso konnten wir ihn
nicht hinauswerfen?
29 Und er sprach zu ihnen:

19 Da, kommend die Schüler
zu Jesus für sich, sprachen
sie: Weshalb konnten wir
nicht hinauswerfen ihn?
20 Der aber sagt ihnen:
Wegen eures Kleinglaubens,
amen, denn ich sage euch:
Wenn ihr habt einen Glauben
wie ein Senfkorn, werdet ihr
sagen diesem Berg:
Geh fort
von hier nach dort, und fortgehen wird er; und nichts wird

17,6 (Nr. 201):
(Es) sprach aber der Herr:

Wenn ihr hättet einen Glauben
wie ein Senfkorn, sagen würdet ihr wohl [diesem] Maulbeerfeigenbaum: Werde entwurzelt und gepflanzt im
Meer! Und gehorcht hätte er

euch unmöglich sein.# *	Diese Art kann durch nichts herauskommen, außer durch Gebet.	euch wohl. *
# V 21 ist sekundär, eingedrungen aus Mk 9,29.		

* Mt 21,21 (Nr. 223):
 Antwortend aber sprach Jesus zu ihnen:
 Amen, ich sage euch: Wenn ihr habt Glauben und nicht zweifelt, nicht allein das des Feigenbaumes werdet ihr tun, sondern auch wenn zu diesem Berg ihr sprecht: Werde weggetragen und werde geworfen ins Meer,

 werden wird er (es).

Mk 11,22–23 (Nr. 223):
[22] Und antwortend sagt ihnen Jesus: Habt Glauben an Gott! [23] Amen, ich sage euch:

 Wer immer spricht zu diesem Berg: Werde weggetragen und werde geworfen ins Meer, und nicht zweifelt in seinem Herzen, sondern glaubt, daß, was er redet, geschieht, zuteil wird es ihm.

148. Zweite Leidensankündigung

Mt 17,22–23	Mk 9,30–32	Lk 9,43b–45
[22] Als sie aber zusammen-gekommen waren in der Galilaia,	[30] Und von dort hinausge-hend, umhergingen sie durch die Galilaia, und nicht wollte er, daß einer (es) erführe; * [31] denn er lehrte seine Schü-ler und sagte ihnen:	
sprach zu ihnen Jesus:		[43b] Als aber alle staunten über alles, was er tat, sprach er zu seinen Schülern: [44] Legt euch in eure Ohren die-se Worte; denn der Sohn des Menschen ist im Begriff,
Der Sohn des Menschen ist im Begriff übergeben zu werden in (die) Hände von Menschen, [23] und sie werden töten ihn, und am dritten Tag wird er erweckt werden.	Der Sohn des Menschen wird übergeben in (die) Hände von Menschen, und sie werden töten ihn, und getötet, nach drei Tagen wird er aufstehen. [32] Die aber verstanden nicht das Wort,	übergeben zu werden in (die) Hände von Menschen.
Und sie wurden sehr betrübt.	und sie fürchte-ten sich, ihn zu befragen.	[45] Die aber verstanden nicht dieses Wort, und es war verborgen vor ih-nen, (so) daß sie es nicht wahrnahmen, und sie fürchte-ten sich, zu fragen ihn über dieses Wort.

* Joh 7,1: Und danach umherging Jesus in der Galilaia; denn nicht wollte er in der Judaia umhergehen, weil die Judaier suchten, ihn zu töten.

149. Die Steuer für das Heiligtum

Mt 17,24–27	Mk 9,33a
24 Als sie aber kamen nach Kapharnaum, kamen die die Doppeldrachmen Einnehmenden zu Petros und sprachen: Euer Lehrer, zahlt er nicht [die] Doppeldrachmen? **25** Er sagt: Ja. Und kommend ins Haus, kam ihm Jesus zuvor, sagend: Was dünkt dir, Simon? Die Könige der Erde, von welchen nehmen sie Zoll oder Steuer? Von ihren Söhnen oder von den Fremden? **26** Als er aber sprach: Von den Fremden, sagte ihm Jesus: Also sind frei die Söhne. **27** Damit wir aber nicht Anstoß geben ihnen: Gehend ans Meer, wirf eine Angel aus und nimm den ersten heraufsteigenden Fisch, und öffnend sein Maul, finden wirst du einen Stater; jenen nehmend, gib (ihn) ihnen für mich und dich!	**33a** Und sie kamen nach Kapharnaum.

150. Rangstreit der Schüler Jesu

Mt 18,1–5	Mk 9,33b–37	Lk 9,46–48
	33b Und im Haus angekommen, befragte er sie: Was überlegtet ihr auf dem Weg? **34** Die aber schwiegen; denn untereinander hatten sie beredet auf dem Weg, wer (der) Größere (sei).	
1 In jener Stunde kamen die Schüler zu Jesus, sagend: Wer also ist (der) Größere im Königtum der Himmel?		**46** Aufkam aber (die) Überlegung unter ihnen, wer (der) Größere sei von ihnen.
	35 Und sich setzend rief er die Zwölf und sagt ihnen: Wenn einer will Erster sein, soll er sein aller Letzter und aller Diener. *	
		vgl. V 48b
2 Und herbeirufend ein Kind, stellte er es in ihre Mitte **3** und sprach:	**36** Und nehmend ein Kind, stellte er es in ihre Mitte, und umarmend es, sprach er zu ihnen:	**47** Jesus aber kennend die Überlegung ihres Herzens, herbeinehmend ein Kind, stellte er es neben sich **48** und sprach zu ihnen:
Amen, ich sage euch: Wenn ihr euch nicht umwendet und werdet wie die Kinder, nicht kommt ihr hinein ins Königtum der Himmel. **4** Wer also sich erniedrigen wird wie dieses Kind, dieser ist der Größere im Königtum der Himmel. ** **5** Und wer immer aufnimmt ein solches	10,15 (Nr. 210): Amen, ich sage euch: Wer immer nicht aufnimmt das Königtum Gottes wie ein Kind, nicht kommt er hinein in es.	18,17 (Nr. 210): Amen, ich sage euch: Wer immer nicht aufnimmt das Königtum Gottes wie ein Kind, nicht kommt er hinein in es.
	37 Wer immer eines solcher Kinder auf-	Wer immer aufnimmt dieses Kind

Kind in meinem Namen, mich nimmt er auf. ***	nimmt in meinem Namen, mich nimmt er auf; und wer immer mich aufnimmt, nicht mich nimmt er auf, sondern den mich Schickenden. *** vgl. V. 35b	in meinem Namen, mich nimmt er auf; und wer immer mich aufnimmt, aufnimmt den mich Schickenden; *** denn (wer) der Kleinere unter euch allen ist, dieser ist groß.

* Mt 20,26–27 (Nr. 214):
26 Nicht so   soll es sein unter euch, sondern wer immer will unter euch groß werden, soll sein euer Diener, 27 und wer immer will unter euch sein Erster, soll sein euer Sklave.
23,11 (Nr. 232):
Der Größere aber von euch soll sein euer Diener.
	Mk 10,43–44 (Nr. 214):
	43 Nicht so aber ist es unter euch, sondern wer immer will groß werden unter euch, soll sein euer Diener, 44 und wer immer will unter euch sein Erster, soll sein aller Sklave.
		Lk 22,26 (Nr. 254):
		Ihr aber nicht so,
		            sondern der Größere unter euch soll werden wie der Jüngere und der
		            Führende wie der Dienende.

** Mt 23,12 (Nr. 232): Wer aber erhöhen wird sich selbst, erniedrigt werden wird er, und wer erniedrigen wird sich selbst, erhöht werden wird er.	Lk 14,11 (Nr. 188): Denn jeder Erhöhende sich selbst wird erniedrigt werden, und der Erniedrigende sich selbst wird erhöht werden. Lk 18,14 (Nr. 207): Denn jeder Erhöhende sich selbst wird erniedrigt werden, der aber Erniedrigende sich selbst wird erhöht werden.

*** Mt 10,40 (Nr. 96): Der Aufnehmende euch, mich nimmt er auf, und der mich Aufnehmende nimmt auf den mich Schickenden.	Lk 10,16 (Nr. 161): Der Hörende euch, mich hört er, und der Abweisende euch, mich weist er ab; der aber mich Abweisende weist ab den mich Schickenden.

Joh 13,20: Amen, amen, ich sage euch: Wer immer aufnimmt, wen ich schicken werde, mich nimmt er auf, der aber mich Aufnehmende aufnimmt den mich Schickenden.

151. Mahnung zur Duldsamkeit

Mk 9,38–41	**Lk 9,49–50**
38 (Es) sagte ihm Johannes: Lehrer, wir sahen einen in deinem Namen hinauswerfend Dämonen, und wir hinderten ihn, weil er nicht uns (nach)folgte. 39 Jesus aber sprach : Hindert ihn nicht! Denn keiner ist, der tun wird eine Kraft(tat) in meinem Namen und fähig sein wird, gleich mich zu beschimpfen; 40 denn wer nicht ist gegen uns, für uns ist er. *	49 Antwortend aber sprach Johannes: Meister, wir sahen einen in deinem Namen hinauswerfend Dämonen, und wir hinderten ihn, weil er nicht (nach)folgt mit uns. 50 (Es) sprach aber zu ihm Jesus: Hindert (ihn) nicht! Denn wer nicht ist gegen euch, für euch ist er. * Mt 10,42 (Nr. 96): 42 Und wer immer zu trinken gibt einem dieser Kleinen einen Becher kalten (Wassers) allein auf (den) Namen eines Schülers (hin),

41 Denn wer immer euch zu trinken gibt einen
                Becher   Wassers
        im Namen, daß ihr (des) Christos seid,	

amen, ich sage euch: Nicht verliert er seinen Lohn.

amen, ich sage euch : Nicht verliert er seinen Lohn.

* Mt 12,30 (Nr. 106):
Der nicht mit mir ist, gegen mich ist er, und der nicht sammelt mit mir, zerstreut.

Lk 11,23 (Nr. 169):
Der nicht mit mir ist, gegen mich ist er, und der nicht sammelt mit mir, zerstreut.

152. Warnung vor dem Anstoßgeben

Mt 18,6–9

⁶Wer aber immer Anstoß gibt einem dieser Kleinen, der Glaubenden an mich, zukommt ihm ,daß umgehängt würde ein Eselsmühlstein um seinen Nacken und er versenkt würde in der Tiefe des Meeres.

⁷Wehe der Welt wegen der Ärgernisse; denn (die) Notwendigkeit (besteht), daß die Ärgernisse kommen, jedoch wehe dem Menschen, durch den das Ärgernis kommt. ⁸Wenn aber deine Hand oder dein Fuß dir Anstoß gibt, schlag ihn ab und wirf (ihn) von dir ! Besser für dich ist es, hineinzugehen ins Leben als Krüppel oder Lahmer, als, zwei Hände oder zwei Füße habend, geworfen zu werden ins ewige Feuer.

⁹Und wenn dein Auge dir Anstoß gibt, reiß es aus und wirf (es) von dir! Besser für dich ist es, als Einäugiger ins Leben hineinzugehen, als, zwei Augen

Mk 9,42–48

⁴²Und wer immer Anstoß gibt einem einzigen dieser Kleinen, der Glaubenden [an mich], besser wäre es für ihn mehr, wenn herumgelegt wäre ein Eselsmühlstein um seinen Nacken und er geworfen wäre ins Meer.

⁴³Und wenn dir Anstoß gibt deine Hand, schlag sie ab! Besser ist es, daß du als Krüppel hineingehst ins Leben , als, die zwei Hände habend, hinzugehen in die Gehenna, in das unlöschbare Feuer. ✠ ⁴⁵Und wenn dein Fuß dir Anstoß gibt, schlag ihn ab! Besser ist es, daß du hineingehst ins Leben als Lahmer, als, die zwei Füße habend, geworfen zu werden in die Gehenna. ✠ ⁴⁷Und wenn dein Auge dir Anstoß gibt, wirf es weg! Besser ist es, daß du als Einäugiger hineingehst ins Königtum Gottes, als zwei Augen

Lk 17,1–3a (Nr. 199):

¹Er sprach aber zu seinen Schülern: Unmöglich ist, daß die Ärgernisse nicht kommen, jedoch wehe, durch den sie kommen; ²besser wäre für ihn ,wenn ein Mühlstein herumgelegt wäre um seinen Nacken und er geworfen wäre ins Meer, als daß er Anstoß gibt einem einzigen dieser Kleinen. ³ᵃNehmt euch in acht!

vgl. V 1

Jes 66,24	habend, geworfen zu werden in die Gehenna des Feuers. *

| habend, geworfen zu werden in die Gehenna, [48]wo *ihr Wurm nicht endet und das Feuer nicht gelöscht wird.* *

VV 44 und 46 sind sekundäre Wiederholungen von V 48 |

---

* Mt 5,29–30 (Nr. 44): [29]Wenn aber dein rechtes Auge dir Anstoß gibt, reiß es aus und wirf (es) von dir! Denn es ist nützlich(er) für dich, daß zugrundegeht eines deiner Glieder und nicht dein ganzer Leib geworfen wird in (die) Gehenna. [30]Und wenn deine rechte Hand dir Anstoß gibt, schlag sie ab und wirf (sie) von dir! Denn es ist nützlich(er) für dich, daß zugrundegeht eines deiner Glieder und nicht dein ganzer Leib in (die) Gehenna hingeht.

153. Mit Feuer gesalzen

Mk 9,49–50

[49]Denn jeder wird mit Feuer gesalzen werden. [50]Gut (ist) das Salz; wenn aber das Salz salzlos wird, mit was werdet ihr es würzen? * Habt in euch Salz und haltet Frieden untereinander!

| * Mt 5,13 (Nr. 41):
Ihr seid das Salz der Erde; wenn aber   das Salz schal wird, mit was wird es salzig gemacht werden?   Zu nichts hat es mehr Kraft, außer, hinausgeworfen, zertreten zu werden von den Menschen. | Lk 14,34–35 (Nr. 191):
[34]Gut also (ist) das Salz; wenn aber auch das Salz schal wird, mit was wird es gewürzt werden? [35]Weder für (die) Erde noch für (den) Mist ist es tauglich, hinauswirft man es. Der Habende Ohren zu hören, er höre! |

154. Das Gleichnis vom verirrten (bzw. verlorenen) Schaf

Mt 18,10–14	Lk 15,3–7 (Nr. 192):
[10]Seht (zu), daß ihr nicht verachtet eines dieser Kleinen; denn ich sage euch: Ihre Engel in (den) Himmeln schauen unablässig das Angesicht meines Vaters in (den) Himmeln. # [12]Was dünkt euch? Wenn es geschieht, (daß) einem Menschen hundert Schafe (gehören) und (es) verirrt sich eines von ihnen, wird er nicht verlassen die neunundneunzig auf den Bergen, und gehend sucht er das verirrte? [13]Und wenn es geschieht, daß er es findet, amen, ich sage euch: Er freut sich über es mehr als über die neunundneunzig, die nicht sich verirrten.	[3]Er sprach aber zu ihnen dieses Gleichnis, sagend: [4]Welcher Mensch von euch, habend hundert Schafe und verlierend von ihnen eines, läßt nicht zurück die neunundneunzig in der Öde, und geht zu dem verlorenen, bis er es findet? [5]Und wenn er (es) gefunden hat, auflegt er (es) auf seine Schultern, sich freuend, [6]und wenn er gekommen ist ins Haus, zusammenruft er die Freunde und die Nachbarn, sagend ihnen: Freut euch mit mir, weil ich fand mein Schaf, das verlorene. [7]Ich sage euch:

[14]So ist es nicht (der) Wille vor eurem Vater in (den) Himmeln, daß verlorengehe eines dieser Kleinen.

V 11 ist nur in einigen unbedeutenden Handschriften bezeugt.

So wird (mehr) Freude im Himmel sein über einen umkehrenden Sünder als über neunundneunzig Gerechte, welche nicht nötig haben eine Umkehr.

155. Verhalten gegen den sündigen Bruder

Mt 18,15–18

[15]Wenn aber gesündigt hat [gegen dich] dein Bruder, geh fort, überführe ihn zwischen dir und ihm allein. Wenn er dich hört, gewannst du deinen Bruder; [16]wenn er aber nicht hört, nimm mit dir noch einen oder zwei, damit *auf (dem) Mund von zwei Zeugen oder drei bestehe jedes Wort*; [17]wenn er aber vorbeihört an ihnen, sprich zur Gemeinde; wenn er aber auch an der Gemeinde vorbeihört, sei er dir wie der Heidnische und der Zöllner. [18]Amen, ich sage euch: Wieviel immer ihr bindet auf der Erde, wird gebunden sein im Himmel, und wieviel immer ihr löst auf der Erde, wird gelöst sein im Himmel.*

Lk 17,3b (Nr. 200):

Wenn   sündigt   dein
Bruder,   fahre ihn an,
            und wenn er umkehrt, erlasse ihm!

Dtn 19,15

* Mt 16,19 (Nr. 142): Geben werde ich dir die Schlüssel des Königtums der Himmel, und was immer du bindest auf der Erde, wird gebunden sein in den Himmeln, und was immer du löst auf der Erde, wird gelöst sein in den Himmeln. Joh 20,23: Von welchen immer ihr erlaßt die Sünden, erlassen werden sie ihnen, von welchen ihr (sie) behaltet, behalten sind sie.

156. Erhörung gemeinsamen Gebets

Mt 18,19–20

[19]Wieder [amen] sage ich euch: Wenn zwei übereinstimmen von euch auf der Erde in jeder Sache, die immer sie erbitten, geschehen wird es ihnen von meinem Vater in (den) Himmeln. [20]Denn wo zwei oder drei versammelt sind auf meinen Namen, dort bin ich in ihrer Mitte.

157. Vom Erlaß der Sünden des Bruders

Mt 18,21–22

[21]Dann, hinkommend, sprach Petros zu ihm: Herr, wie oft wird sündigen gegen mich mein Bruder, und ich werde ihm erlassen? Bis siebenmal? [22](Es) sagt ihm Jesus: Nicht sage ich dir: bis siebenmal, sondern bis siebzigmal sieben.

Lk 17,4 (Nr. 200):

[4]Und wenn siebenmal des Tags er sündigt gegen dich und siebenmal sich hinwendet zu dir, sagend: Ich kehre um, erlassen sollst du ihm!

158. Das Gleichnis vom begnadigten Schuldner und vom Aufleben der Schuld

Mt 18,23–35

[23]Deswegen wurde verglichen das Königtum der Himmel einem Menschen, einem König, der Abrechnung halten wollte mit seinen Sklaven. [24]Als er aber begann, (sie) abzuhalten, wurde hingebracht zu ihm einer, ein Schuldner von zehntausend Talenten. [25]Da er aber nicht(s) hatte zurückzugeben, befahl der Herr, daß er verkauft werde und die Frau und die Kinder und alles, wieviel er hat, und daß zurückgegeben werde.

[26]Fallend nun fiel der Sklave nieder vor ihm, sagend: Sei großmütig zu mir, und alles werde ich dir zurückgeben! [27]Ergriffen aber entließ der Herr jenes Sklaven ihn, und die Schuld erließ er ihm. [28]Herauskommend aber fand jener Sklave einen seiner Mitsklaven, der ihm schuldete hundert Denare, und ergreifend ihn, würgte er (ihn), sagend: Gib zurück, wenn du etwas schuldest! [29](Nieder)fallend nun bat sein Mitsklave ihn, sagend: Sei großmütig zu mir, und ich werde dir zurückgeben. [30]Der aber wollte nicht, sondern weggehend warf er ihn ins Gefängnis, bis er zurückgebe das Geschuldete. [31]Sehend nun seine Mitsklaven das Geschehene, wurden sie sehr betrübt, und kommend erklärten sie ihrem Herrn alles Geschehene. [32]Dann, herbeirufend ihn, sagt sein Herr ihm: Böser Sklave, all jene Schuld erließ ich dir, weil du mich batest; [33]mußtest nicht auch du dich erbarmen deines Mitsklaven, wie auch ich mich deiner erbarmte? [34]Und erzürnt übergab ihn sein Herr den Folterern, bis daß er zurückgebe alles Geschuldete. [35]So wird auch mein himmlischer Vater euch tun, wenn ihr nicht erlaßt, jeder seinem Bruder, von euren Herzen.

Die „Große Einschaltung" des Lukas (Lk 9,51–18,14)
Der sogenannte lukanische Reisebericht (Lk 9,51–19,27)

159. Das ungastliche Dorf der Samariter

Lk 9,51–56

[51]Es geschah aber, als sich erfüllten die Tage seiner Hinaufnahme, daß er richtete das Gesicht (darauf), zu gehen nach Jerusalem. [52]Und er schickte Boten vor seinem Angesicht (her). Und gehend, hineinkamen sie in ein Dorf (der) Samariter, um zu bereiten ihm (eine Herberge); [53]aber nicht nahmen sie ihn auf, weil sein Gesicht war gehend nach Jerusalem. [54]Sehend aber (es), sprachen die Schüler Jakobos und Johannes: Herr, willst du, daß wir sprechen, daß *Feuer herabsteigt vom Himmel und sie vertilgt?* [55]Sich umwendend aber, anfuhr er sie. [56]Und sie gingen in ein anderes Dorf.

2 Kön 1,10.12

160. Von der Nachfolge Jesu

Mt 8,19–22 (Nr. 82):	Lk 9,57–62
[19]Und hinzukommend, ein Schriftkundiger sprach zu ihm: Lehrer, ich werde dir folgen, wo immer du hingehst. [20]Und (es) sagt ihm Jesus: Die Füchse haben Höhlen und die Vögel des Himmels Nester, der Sohn des Menschen aber hat nicht(s), wohin er den Kopf lege.	[57]Und als sie gingen auf dem Weg, sprach einer zu ihm: Ich werde dir folgen, wo immer du hingehst. [58]Und (es) sprach zu ihm Jesus: Die Füchse haben Höhlen und die Vögel des Himmels Nester, der Sohn des Menschen aber hat nicht(s), wohin er den Kopf lege. [59]Er

[21] Ein anderer aber [seiner] Schüler
sprach zu ihm: Herr, erlaube mir
zuerst, fortzugehen und zu begraben meinen
Vater. [22] Jesus aber sagt ihm: Folge mir, und
laß die Toten begraben ihre Toten!

sprach aber zu einem anderen: Folge mir! Der
aber sprach   : [Herr], erlaube mir,
fortgehend zuerst,   zu begraben meinen
Vater. [60] Er sprach aber zu ihm:
Laß die Toten begraben ihre Toten, du aber,
weggehend, zeig an das Königtum Gottes.
[61] (Es) sprach aber auch ein anderer: Folgen werde
ich dir, Herr; zuerst aber erlaube mir, mich
zu verabschieden von denen in meinem Haus.
[62] (Es) sprach aber [zu ihm] Jesus: Kein die
Hand an (den) Pflug Legender und nach hinten
Sehender ist tauglich für das Königtum Gottes.

161. Aussendung der [Zweiund]siebzig

Mt 9,37–38 (Nr. 90):

Lk 10,1–16

[1] Danach aber aufzeigte der Herr andere
[zweiund-]siebzig und schickte sie zu zwei (und)
[zwei] (her) vor seinem Angesicht in jede Stadt
und (jeden) Ort, wohin er selbst kommen wollte. [2] Er sagte aber zu ihnen: Die Ernte (ist)

[37] Da sagt er   seinen Schülern: Die Ernte (ist)
zwar viel, die Arbeiter aber (sind) wenige;
[38] bittet nun den Herrn der Ernte, auf daß er
ausschicke Arbeiter in seine Ernte.
10,7–16 (Nr. 91): [16] Siehe, ich schicke euch wie
Schafe inmitten von Wölfen; werdet also
verständig wie die Schlangen und unverdorben
wie die Tauben.

zwar viel, die Arbeiter aber (sind) wenige;
bittet nun den Herrn der Ernte, auf daß er
Arbeiter ausschicke in seine Ernte.

   [3] Geht fort! Siehe, ich schicke euch wie
Lämmer inmitten von Wölfen.

[4] Tragt nicht einen Geldbeutel, nicht eine
Tasche, nicht Sandalen * und keinen entlang
des Weges grüßt! [5] In welches Haus immer aber
ihr hineingeht, zuerst sagt: Friede diesem Haus!
[6] Und wenn dort ist ein Sohn (des) Friedens,
wird ruhen auf ihm euer Friede; wenn aber nicht,
                               wird er auf euch
zurückkehren.

[12] Hineingehend aber in das
Haus , grüßt es!
[13] Und wenn das Haus (es) wert ist,
soll kommen euer Friede auf es; wenn aber nicht
(es) wert ist, soll euer Friede zu euch
zurückkehren.

[10b] denn wert (ist) der
Arbeiter seiner Nahrung.

[7] In dem Haus selbst aber bleibt, essend und
trinkend das von ihnen; denn wert ist der
Arbeiter seines Lohnes. Wechselt nicht von
Haus zu Haus! ** [8] Und in welche Stadt immer
ihr hineingeht und sie euch aufnehmen, eßt das
euch Vorgesetzte
[9] und heilt die Kranken in ihr

[8a] Kranke heilt, Tote erweckt,
Aussätzige reinigt, Dämonen werft hinaus!
[7] Hingehend aber verkündet,   sagend:
Nahegekommen ist   das Königtum
der Himmel.

                              und sagt ihnen:
Nahegekommen ist zu euch das Königtum
Gottes. [10] In welche Stadt aber immer ihr
hineingeht und sie euch nicht aufnehmen,
herausgehend auf ihre Straßen, sprecht:

¹¹ Auch den Staub, den uns anhängenden aus
eurer Stadt an den Füßen, wischen wir euch ab;
jedoch dies erkennt, daß nahegekommen ist das
Königtum Gottes! ***   ¹²Ich sage euch:
Sodoma wird es
an jenem Tag   erträglicher ergehen als
jener Stadt.

¹⁵Amen, ich sage euch:
Erträglicher wird es ergehen (dem) Land Sodoma
und Gomorra am   Tag (des) Gerichts als
jener Stadt.   11,21–23 (Nr. 99):
²¹Wehe dir, Chorazin, wehe dir, Bethsaida!
Denn wenn in Tyros und Sidon geschehen
wären die Kraft(taten), die geschehenen
bei euch, längst in Sack und Asche
wären sie umgekehrt. ²²Jedoch ich sage
euch, Tyros und Sidon wird es erträglicher
ergehen am Tag (des) Gerichts als euch. ²³Und
du, Kapharnaum, wirst du nicht bis zum Himmel
erhoben werden? Bis in (den) Hades wirst du
hinabsteigen.   10,40 (Nr. 96): Der Aufnehmende euch, mich nimmt er auf, und
                                        der
mich Aufnehmende nimmt auf den mich
Schickenden. ****

¹³Wehe dir, Chorazin, wehe dir, Bethsaida!
Denn wenn in Tyros und Sidon geschehen
wären die Kraft(taten), die geschehenen bei
euch, längst in Sack und Asche sitzend,
wären sie umgekehrt. ¹⁴Jedoch
                    Tyros und Sidon wird es erträglicher
ergehen im   Gericht als euch. ¹⁵Und
du, Kapharnaum, wirst du nicht bis zum Himmel
erhoben werden? Bis in den Hades wirst du
hinabsteigen.   ¹⁶Der Hörende
euch, mich hört er, und
der Abweisende euch, mich weist er ab; der aber
mich Abweisende weist ab den mich
Schickenden.****

---

* Mt 10,9–10 (Nr. 91):
⁹Nicht erwerbt Gold, auch nicht
Silber, auch nicht Kupfer(geld)
in eure Gürtel, ¹⁰nicht eine
Tasche für (den) Weg, auch nicht
zwei Gewänder, auch nicht
Sandalen, auch nicht
einen Stock; denn wert (ist) der
Arbeiter seiner Nahrung.

** Mt 10,11 b (Nr. 91):

Und dort bleibt, bis ihr
hinausgeht.

*** Mt 10,14 (Nr. 91):
Und wer immer euch nicht aufnimmt und nicht hört eure Worte,
herausgehend aus (jenem) Haus
oder jener Stadt, schüttelt ab den
Staub   eurer Füße!

**** Mt 18,5 (Nr. 150):
Und wer immer aufnimmt ein solches Kind in meinem Namen,
mich nimmt er auf.

Mk 6,8–9 (Nr. 128):
⁸Und er gebot ihnen, daß sie
nichts tragen auf (dem) Weg, außer
einen Stock nur, nicht Brot, nicht
Tasche, nicht im Gürtel Kupfer
(-geld), ⁹sondern untergebunden
Sandalen; und:
Nicht zieht an zwei Gewänder!

Mk 6,10 (Nr. 128):
Und er sagte ihnen: Wo ihr
etwa hineingeht in ein Haus,
          dort bleibt, bis ihr
hinausgeht von dort.

Mk 6,11 (Nr. 128):
Und welcher Ort euch nicht aufnimmt, und sie euch nicht hören,
herausgehend
von dort   schüttelt ab den
Staub unter euren Füßen, zum
Zeugnis ihnen!

Mk 9,37 (Nr. 150):
³⁷Wer immer eines solcher Kinder aufnimmt in meinem Namen,
mich nimmt er auf; und wer immer
mich aufnimmt, nicht mich nimmt
er auf, sondern den mich
Schickenden.

Lk 9,3 (Nr. 128):
Und er sprach zu ihnen:
Nichts tragt auf dem Weg,
weder Stock,   noch
Tasche, noch Brot, noch Silber,
(-geld),

noch [je] zwei Gewänder (sollten
sie) haben.

Lk 9,4 (Nr. 128):
Und in welches Haus immer
ihr hineingeht,
          dort bleibt und
von dort geht hinaus!

Lk 9,5 (Nr. 128):
Und welche immer euch nicht auf-
nehmen,
herausgehend von jener Stadt,
          schüttelt ab den
Staub von euren Füßen, zum
Zeugnis gegen sie!

Lk 9,48 (Nr. 150):
Wer immer aufnimmt dieses Kind
          in meinem Namen,
mich nimmt er auf; und wer immer
mich aufnimmt,
          aufnimmt den mich
Schickenden; denn (wer) der
Kleinere unter euch allen ist,
dieser ist groß.

Joh 13,20: Amen, amen, ich sage euch: Wer immer aufnimmt, wen ich schicken werde, mich nimmt er auf, der aber mich Aufnehmende aufnimmt den mich Schickenden.

Vgl. Joh 5,23: Damit alle ehren den Sohn, wie sie ehren den Vater. Der nicht Ehrende den Sohn, nicht ehrt den Vater, den ihn Schickenden.

Joh 15,23: Der mich Hassende, auch meinen Vater haßt er.

162. Rückkehr der [Zweiund]siebzig

Lk 10,17–20

[17]Zurückkehrten aber die [zweiund]siebzig mit Freude, sagend: Herr, auch die Dämonen sind uns untertan in deinem Namen. [18]Er sprach aber zu ihnen: Ich schaute den Satan wie einen Blitz aus dem Himmel fallend. * [19]Siehe, ich habe euch gegeben die Vollmacht, zu treten auf Schlangen und Skorpione, und auf all die Kraft des Feindes, und gewiß wird euch nichts schädigen. [20]Jedoch darüber freut euch nicht, daß die Geister euch untertan sind, freut euch aber, daß eure Namen eingeschrieben sind in den Himmeln.

---

* Vgl. Joh 12,31: Jetzt ist Gericht dieser Welt, jetzt wird der Herrschende dieser Welt hinausgeworfen werden nach draußen.

163. Jesu Lobpreis des Vaters und Seligpreisung der Augenzeugen

Mt 11,25–27 (Nr. 100):

[25]In jener Zeit antwortend sprach Jesus: Ich preise dich, Vater, Herr des Himmels und der Erde, daß du verbargst dieses vor Weisen und Verständigen und es offenbartest Unmündigen; [26]ja, Vater, weil so es Gefallen fand vor dir. [27]Alles wurde mir übergeben von meinem Vater, und keiner erkennt den Sohn außer der Vater, auch den Vater erkennt keiner außer der Sohn und wem immer der Sohn (es) offenbaren will. * 13,16–17 (Nr. 111):

[16]Eure Augen aber (sind) selig, weil sie sehen, und eure Ohren, weil sie hören. [17]Amen, denn ich sage euch: Viele Propheten und Gerechte begehrten zu schauen, was ihr seht, und nicht schauten sie, und zu hören, was ihr hört, und nicht hörten sie.

Lk 10,21–24

[21]In eben der Stunde jubelte er [in] dem heiligen Geist und sprach: Ich preise dich, Vater, Herr des Himmels und der Erde, daß du verbargst dieses vor Weisen und Verständigen und es offenbartest Unmündigen; ja, Vater, weil so es Gefallen fand vor dir. [22]Alles wurde mir übergeben von meinem Vater, und keiner erkennt, wer der Sohn ist, außer der Vater, und wer der Vater ist,   außer der Sohn und wem immer der Sohn (es) offenbaren will. * [23]Und sich umwendend zu den Schülern für sich, sprach er: Selig die Augen, die sehenden, was ihr seht. [24]Denn ich sage euch: Viele Propheten und Könige wollten schauen, was ihr seht, und nicht schauten sie, und hören, was ihr hört, und nicht hörten sie.

---

* Joh 3,35: Der Vater liebt den Sohn, und alles hat er gegeben in seine Hand.

Joh 17,1b–2: [1b]Vater, gekommen ist die Stunde; verherrliche deinen Sohn, damit der Sohn verherrliche dich, [2]gleichwie du ihm gabst Vollmacht über alles Fleisch, damit alles, was du ihm gegeben hast, er ihnen gebe: ewiges Leben.

Joh 7,29: Ich kenne ihn, weil ich von ihm (her) bin und jener mich schickte.

Joh 10,14–15: [14]Ich bin der gute Hirt, und ich kenne die Meinigen, und (es) kennen mich die Meinigen, [15]gleichwie mich kennt der Vater und ich kenne den Vater, und mein Leben gebe ich für die Schafe.

164. Frage nach dem Hauptgebot und Gleichnis vom barmherzigen Samariter

Mt 22,34–40 (Nr. 230):	Mk 12,28–31 (Nr. 230):	**Lk 10,25–37**
³⁴Die Pharisaier aber, hörend, daß zum Schweigen er brachte die Saddukaier, kamen zusammen daselbst, ³⁵und (es) befragte (ihn) einer von ihnen, [ein Gesetzeskundiger,] ihn versuchend: ³⁶Lehrer, welches Gebot (ist) groß im Gesetz? ³⁷Der aber sagte ihm:	²⁸Und hinzukommend einer der Schriftkundigen, hörend sie streitend, sehend, daß er recht geantwortet hatte ihnen, befragte ihn: Welches ist (das) erste Gebot von allem? ²⁹(Es) antwortete Jesus: (Das) erste ist: *Höre, Israel, (der) Herr unser Gott ist einziger Herr,*	²⁵Und siehe, ein Gesetzeskundiger stand auf, ihn versuchend, sagend: Lehrer, was tuend werde ich ewiges Leben erben? ²⁶Der aber sprach zu ihm: Im Gesetz, was ist geschrieben? Wie liest du? ²⁷Der aber, antwortend, sprach: *Du sollst*

Dtn 6,4

Dtn 6,5
Jos 22,5 (G)

Du sollst lieben (den) Herrn, deinen Gott, mit deinem ganzen Herzen und mit deiner ganzen Seele und mit deiner ganzen Einsicht. ³⁸Das ist das große und erste Gebot. ³⁹Ein zweites aber (ist) ihm gleich: *Du sollst*	³⁰*und du sollst lieben (den) Herrn, deinen Gott, aus deinem ganzen Herzen und aus deiner ganzen Seele und aus deiner ganzen Einsicht und aus deiner ganzen Kraft.* ³¹(Das) zweite (ist) dieses: *Du sollst*	*lieben (den) Herrn, deinen Gott, aus deinem ganzen Herzen und mit deiner ganzen Kraft und mit deiner ganzen Einsicht,*

Lev 19,18

lieben deinen Nächsten wie dich selbst. ⁴⁰An diesen zwei Geboten hängt das ganze Gesetz und die Propheten.	*lieben deinen Nächsten wie dich selbst.* Größer als dieses ist ein anderes Gebot nicht.	*und deinen Nächsten wie dich selbst.*

²⁸Er sprach aber zu ihm: Richtig antwortetest du; dies tue, und du wirst leben. ²⁹Der aber, wollend sich rechtfertigen, sprach zu Jesus: Und wer ist mein Nächster? ³⁰Aufnehmend (dies) sprach Jesus: Ein Mensch stieg hinab von Jerusalem nach Jericho und fiel unter Räuber, die ausziehend ihn und (ihm) Schläge versetzend, weggingen, lassend (ihn) halbtot. ³¹Durch Zufall aber stieg ein Priester hinab auf jenem Weg, und sehend ihn, ging er vorbei; ³²gleicherweise aber [war] auch ein Levit an den Ort kommend, und sehend (ihn), ging er vorbei. ³³Ein Samariter aber, der unterwegs war, kam zu ihm, und sehend (ihn), erbarmte er sich, ³⁴und hingehend verband er seine Wunden, daraufgießend Öl und Wein; ihn daraufsetzend aber auf das eigene Lasttier, führte er ihn in eine Herberge und sorgte für ihn. ³⁵Und am Tag darauf, herausnehmend, gab er zwei Denare dem Herbergswirt und sprach: Sorge für ihn, und was immer du dazu aufwendest, ich werde bei meinem Zurückkommen (es) dir zurückgeben. ³⁶Wer von diesen dreien dünkt dir, Nächster geworden zu sein des unter die Räuber Gefallenen? ³⁷Der aber sprach: Der getan hat das Erbarmen mit ihm. (Es) sprach aber zu ihm Jesus: Geh, und du tue gleicherweise!

165. Martha und Mariam *

Lk 10,38–42

[38] Bei ihrem Gehen aber hineinging er selbst in ein Dorf; eine Frau aber mit Namen Martha nahm ihn auf. [39] Und diese hatte eine Schwester, gerufen Mariam, und [die], dasitzend zu den Füßen des Herrn, hörte sein Wort. [40] Martha aber war überbeschäftigt mit viel Dienst; hintretend aber sprach sie: Herr, nicht kümmert dich, daß meine Schwester allein mich zurückließ zu dienen? Sprich nun zu ihr, damit sie mir beisteht. [41] Antwortend aber sprach zu ihr der Herr: Martha, Martha, du sorgst und beunruhigst dich um vieles, [42] eines aber ist nötig; denn Mariam wählte aus den guten Teil, welcher nicht wird weggenommen werden von ihr.

---

* Joh 11,1: (Es) war aber einer krankend, Lazaros von Bethania, aus dem Dorf Marias und Marthas, ihrer Schwester. Joh 12,1–3: [1] Jesus nun kam sechs Tage vor dem Pascha nach Bethania, wo Lazaros war, den Jesus aus Toten erweckte. [2] Sie machten ihm nun ein Mahl dort, und Martha diente, Lazaros aber war einer von den (zu Tisch) Liegenden mit ihm. [3] Mariam nun, nehmend eine Litra echten, wertvollen Nardenöls, salbte die Füße von Jesus, und abwischte sie mit ihren Haaren seine Füße; das Haus aber wurde erfüllt vom Duft des Öls.

166. Das Vater-Unser

Mt 6,9–13 (Nr. 51):

[9] So nun sollt ihr beten:
Unser Vater in den Himmeln; geheiligt werden soll dein Name; [10] kommen soll dein Königtum; geschehen soll dein Wille, wie im Himmel auch auf Erden; [11] unser nötiges Brot gib uns heute; [12] und erlaß uns unsere Schuldigkeiten, wie auch wir erließen unseren Schuldnern; [13] und nicht führe uns hinein in Versuchung, sondern rette uns vom Bösen.

Lk 11,1–4

[1] Und es geschah, als er war an einem Ort betend, wie er aufhörte, sprach einer seiner Schüler zu ihm: Herr, lehre uns beten, gleichwie auch Johannes lehrte seine Schüler. [2] Er sprach aber zu ihnen: Wann ihr betet, sagt:
Vater   , geheiligt werden soll dein Name; kommen soll dein Königtum;

[3] unser nötiges Brot gib uns täglich, [4] und erlaß uns unsere Sünden, denn auch wir selbst erlassen jedem uns Schuldenden; und nicht führe uns hinein in Versuchung.

167. Das Gleichnis vom bittenden Freund

Lk 11,5–8

[5] Und er sprach zu ihnen: Wer von euch wird haben einen Freund und wird gehen zu ihm mitternachts und spräche zu ihm: Freund, leih mir drei Brote, [6] da ein Freund von mir ankam vom Weg zu mir und ich nicht(s) habe, was ich ihm vorsetzen werde; [7] und jener von innen antwortend, spräche: Bereite mir nicht Mühen; schon ist die Tür verschlossen, und meine Kinder sind mit mir ins Bett; nicht kann ich, aufstehend, dir geben. [8] Ich sage euch, wenn er auch nicht ihm geben wird, aufstehend, weil er sein Freund ist, doch wegen seiner Unverschämtheit wird er, aufgestanden, ihm geben, wieviel er bedarf.

168. Vom Bitten und von der Erhörung

Mt 7,7–11 (Nr. 59):   **Lk 11,9–13**

⁷Bittet, und gegeben werden wird euch; sucht, und finden werdet ihr; klopft an, und geöffnet werden wird euch; ⁸denn jeder Bittende empfängt, und der Suchende findet, und dem Anklopfenden wird geöffnet werden. ⁹Oder wer von euch ist ein Mensch, den sein Sohn bitten wird um Brot , – wird er etwa einen Stein übergeben ihm? ¹⁰Oder auch um einen Fisch wird er bitten, – wird er etwa   eine Schlange übergeben ihm?

¹¹Wenn nun ihr, die ihr böse seid, wißt, gute Gaben zu geben euren Kindern, um wieviel mehr wird euer Vater in den Himmeln geben   Gutes den ihn Bittenden.

⁹Und ich sage euch: Bittet, und gegeben werden wird euch; sucht, und finden werdet ihr; klopft an, und geöffnet werden wird euch; ¹⁰denn jeder Bittende empfängt, und der Suchende findet, und dem Anklopfenden wird geöffnet [werden]. ¹¹Welchen Vater aber von euch   wird bitten der Sohn

um einen Fisch   ,und er wird anstelle eines Fisches eine Schlange ihm übergeben? ¹²Oder auch bitten wird er um ein Ei, wird er übergeben ihm einen Skorpion? ¹³Wenn nun ihr, die ihr böse seid, wißt, gute Gaben zu geben euren Kindern, um wieviel mehr wird der Vater, [der] aus (dem) Himmel, geben heiligen Geist den ihn Bittenden.

169. Verteidigung gegen den Beelzebulvorwurf

Mt 12,22–30 (Nr. 106):   Mk 3,22–27 (Nr. 106):   **Lk 11,14–23**

²²Da wurde hingebracht zu ihm ein Besessener, blind und stumm,   und er heilte ihn, so daß der Stumme redete und sah. ²³Und außer sich gerieten alle Volksmengen und sagten: Ist etwa dieser der Sohn Davids? ²⁴Die Pharisaier aber,

hörend (es), sprachen: Dieser wirft nicht hinaus die Dämonen, außer mit dem Beelzebul, (dem) Herrscher der Dämonen. *
12,38 (Nr. 107): Da antworteten ihm einige der Schriftkundigen und Pharisaier, sagend: Lehrer, wir wollen von dir ein Zeichen sehen. ²⁵Kennend aber ihre Gedanken, sprach er zu ihnen:

Jedes Königtum, geteilt in sich, wird verwüstet,

²²Und die Schriftkundigen, die von Hierosolyma herabgestiegenen, sagten: Beelzebul hat er, und: Mit dem Herrscher der Dämonen hinauswirft er die Dämonen. *

²³Und sie herbeirufend, in Gleichnissen sagte er ihnen: Wie kann Satan Satan hinauswerfen? ²⁴Und wenn ein Königtum in sich geteilt wird, nicht kann bestehen jenes

¹⁴Und er war hinauswerfend einen Dämon [und der war] stumm; es geschah aber, als der Dämon herausging, redete der Stumme, und (es) staunten die Volksmengen.

¹⁵Einige aber von ihnen sprachen: Mit Beelzebul, dem Herrscher der Dämonen, hinauswirft er die Dämonen; *

¹⁶andere aber, (ihn) versuchend, verlangten ein Zeichen aus (dem) Himmel von ihm. ¹⁷Er aber, kennend ihre Gedanken, sprach zu ihnen:

Jedes Königtum, in sich zerteilt, wird verwüstet,

und jede Stadt oder (jedes) Haus, geteilt in sich, wird nicht bestehen.

²⁶Und wenn der Satan den Satan hinauswirft, wurde er in sich geteilt; wie also wird bestehen sein Königtum?

²⁷Und wenn ich mit Beelzebul hinauswerfe die Dämonen, eure Söhne, mit wem werfen sie hinaus? Deswegen werden sie Richter sein über euch. ²⁸Wenn aber mit (dem) Geist Gottes ich hinauswerfe die Dämonen, also kam zu euch das Königtum Gottes. ²⁹Oder wie kann einer hineingehen in das Haus des Starken und seine Gefäße rauben, wenn er nicht zuerst band den Starken? Und dann wird er sein Haus ausrauben.

³⁰Der nicht mit mir ist, gegen mich ist er, und der nicht sammelt mit mir, zerstreut. **

Königtum; ²⁵und wenn ein Haus in sich geteilt wird, nicht wird jenes Haus bestehen können. ²⁶Und wenn der Satan aufstand wider sich und geteilt wurde, kann er nicht bestehen, sondern ein Ende hat er.

²⁷Doch nicht kann einer, in das Haus des Starken hineingehend, seine Gefäße ausrauben, wenn nicht zuerst den Starken er band, und dann wird er sein Haus ausrauben.

und Haus fällt auf Haus.

¹⁸Wenn aber auch der Satan in sich zerteilt wurde, wie wird bestehen sein Königtum? Denn ihr sagt, daß mit Beelzebul ich hinauswerfe die Dämonen. ¹⁹Wenn aber ich mit Beelzebul hinauswerfe die Dämonen, eure Söhne, mit wem werfen sie hinaus? Deswegen werden sie eure Richter sein. ²⁰Wenn aber mit (dem) Finger Gottes [ich] hinauswerfe die Dämonen, also kam zu euch das Königtum Gottes. ²¹Wann der Starke bewaffnet bewacht seinen Hof, in Frieden ist sein Besitz; ²²wenn aber ein Stärkerer als er, herbeikommend, ihn besiegt, nimmt er seine Rüstung, auf die er vertraute, und seine Beute verteilt er. ²³Der nicht mit mir ist, gegen mich ist er, und der nicht sammelt mit mir, zerstreut. **

---

* Mt 9,32–34 (Nr. 89): ³²Während sie aber weggingen, siehe, hinbrachten sie ihm einen stummen, besessenen Menschen. ³³Und als hinausgeworfen worden war der Dämon, redete der Stumme. Und (es) staunten die Volksmengen, sagend: Niemals erschien so (etwas) in Israel. ³⁴Die Pharisäer aber sagten: Im Herrscher der Dämonen hinauswirft er die Dämonen.
Joh 10,20: (Es) sagten aber viele von ihnen: Einen Dämon hat er, und verrückt ist er; was hört ihr auf ihn?
** Mk 9,40 (Nr. 151): Denn wer nicht ist gegen uns, für uns ist er.
Lk 9,50 (Nr. 151): Denn wer nicht ist gegen euch, für euch ist er.

170. Vom Rückfall

Mt 12,43–45 (Nr. 108):

⁴³Wann aber der unreine Geist herauskommt von dem Menschen, hindurchgeht er durch wasserlose Gegenden, suchend einen Ruheplatz, und nicht findet er. ⁴⁴Da sagt er: In mein Haus werde ich zurückkehren, von wo

Lk 11,24–26

²⁴Wann der unreine Geist herauskommt von dem Menschen, hindurchgeht er durch wasserlose Gegenden, suchend einen Ruheplatz und nicht findend ; [da] sagt er: Zurückkehren werde ich in mein Haus, von wo

ich herauskam; und kommend findet er (es)
leerstehend, gefegt und geschmückt.
[45] Da geht er, und mit sich nimmt er sieben
andere Geister, böser als er selbst,   und
hineinkommend wohnen sie dort; und es
wird das Letzte jenes Menschen
schlimmer als das Erste. So wird es sein auch
mit diesem bösen Geschlecht.

ich herauskam; [25] und kommend findet er (es)
                     gefegt und geschmückt.
[26] Da geht er, und mitnimmt er
andere Geister, böser als er selbst, sieben, und
hineinkommend wohnen sie dort; und es
wird das Letzte jenes Menschen
schlimmer als das Erste.

171. Seligpreisung der Mutter Jesu

Lk 11,27–28

[27] Es geschah aber, als er dieses sagte, sprach eine Frau aus der Volksmenge, erhebend (ihre) Stimme, zu ihm: Selig der Leib, der dich trug und (die) Brüste, an denen du sogst. [28] Er aber sprach: Vielmehr selig die Hörenden das Wort Gottes und (es) Bewahrenden.

172. Das Zeichen des Jonas

Mt 12,38–42 (Nr. 107):

[38] Da antworteten ihm einige der Schriftkundigen und Pharisaier, sagend: Lehrer, wir wollen von dir ein Zeichen sehen.
[39] Der aber
antwortend sprach zu ihnen: Ein böses und ehebrecherisches Geschlecht verlangt ein Zeichen, aber ein Zeichen wird ihm nicht gegeben werden, wenn nicht das Zeichen (des)
Jonas, * des Propheten. [40] Denn wie *Jonas war im Bauch des Seeungetüms drei Tage und drei Nächte*, so wird   sein   der Sohn des Menschen im Herzen der Erde drei Tage und drei Nächte. [41] (Die) ninevitischen Männer werden aufstehen im Gericht mit diesem Geschlecht, und sie werden es verurteilen, weil sie umkehrten zur Verkündigung (des) Jonas, und siehe, mehr als Jonas (ist) hier.
[42] (Die) Königin vom Südreich wird aufstehen im Gericht mit   diesem Geschlecht , und sie wird es verurteilen, weil sie kam von den Enden der Erde, zu hören die Weisheit Solomons, und siehe, mehr als Solomon (ist) hier.

Jona 2,1

Lk 11,16.29–32

11,16 (Nr. 169):
Andere aber, (ihn) versuchend, verlangten
          ein Zeichen aus (dem) Himmel von ihm.
[29] Als aber die Volksmengen herzudrängten, begann er zu sagen: Dieses Geschlecht ist ein böses   Geschlecht; ein Zeichen verlangt es, aber ein Zeichen wird ihm nicht gegeben werden, wenn nicht das Zeichen (des) Jonas. *   [30] Denn gleichwie Jonas   den Niniviten ein Zeichen wurde, so wird (es) sein auch der Sohn des Menschen für dieses Geschlecht.
[32] (Die) ninevitischen Männer werden aufstehen im Gericht mit diesem Geschlecht, und sie werden es verurteilen; weil sie umkehrten zur Verkündigung (des) Jonas, und siehe, mehr als Jonas (ist) hier.
[31] (Die) Königin vom Südreich wird aufstehen im Gericht mit den Männern dieses Geschlechts, und sie wird sie verurteilen, weil sie kam von den Enden der Erde, zu hören die Weisheit Solomons, und siehe, mehr als Solomon (ist) hier.

---

* Mt 16,1–2a.4 (Nr. 139):
[1] Und hinzukommend die Pharisaier und Sadduzaier, (ihn) versuchend,
verlangten sie von ihm, ein Zeichen aus dem

Mk 8,11–12 (Nr. 139):
[11] Und hinausgingen die Pharisaier
                     und begannen zu streiten mit ihm,
verlangend von ihm ein Zeichen vom

Himmel zu zeigen ihnen.
^{2a} Der aber antwortend sprach zu ihnen:
⁴ Ein böses und ehebrecherisches Geschlecht verlangt ein Zeichen, aber ein Zeichen wird ihm nicht gegeben werden, wenn nicht das Zeichen (des) Jonas. Und zurücklassend sie, wegging er.

Himmel, versuchend ihn. ¹² Und aufstöhnend in seinem Geist, sagt er:

Was verlangt dieses Geschlecht ein Zeichen? Amen, ich sage euch, nicht wird gegeben werden diesem Geschlecht ein Zeichen.

173. Sprüche vom Licht

Mt 5,15 (Nr. 41):

¹⁵ Auch zündet man nicht an eine Leuchte und stellt sie   unter den Scheffel, sondern auf den Leuchter, und sie leuchtet allen im Haus. *   Mt 6,22–23 (Nr. 54):
²² Die Leuchte des Leibes ist das Auge. Wenn nun dein Auge lauter ist, wird   dein ganzer Leib licht sein; ²³ wenn aber dein Auge böse ist, wird dein ganzer Leib finster sein. Wenn nun das Licht in dir Finsternis ist, wie groß (ist) die Finsternis!

Lk 11,33–36

³³ Keiner, eine Leuchte anzündend, stellt (sie) ins Verborgene, [auch nicht unter den Scheffel,] sondern auf den Leuchter, damit die Hereinkommenden das Licht sehen. *
³⁴ Die Leuchte des Leibes ist dein Auge. Wann   dein Auge lauter ist, ist auch dein ganzer Leib licht; wenn   es aber böse ist, (ist) auch dein   Leib finster. ³⁵ Achte nun, daß nicht das Licht in dir Finsternis ist.
³⁶ Wenn nun dein ganzer Leib licht (ist), nicht habend einen finsteren Teil, wird er sein ganz licht, wie wann die Leuchte mit (ihrem) Strahl dich erleuchtet.

* Mk 4,21 (Nr. 113):
Kommt etwa   die Leuchte, damit sie unter den Scheffel gestellt wird oder unter das Bett? Nicht, damit sie auf den Leuchter gestellt wird?

Lk 8,16 (Nr. 113):
Keiner aber, eine Leuchte anzündend, bedeckt sie mit einem Gefäß oder stellt (sie) unter ein Bett, sondern auf einen Leuchter stellt er (sie), damit die Hereinkommenden sehen das Licht.

Joh 8,12: Wieder nun redete zu ihnen Jesus, sagend: Ich bin das Licht der Welt; der mir Folgende geht gewiß nicht umher in der Finsternis, sondern er wird haben das Licht des Lebens.

174. Rede gegen die Pharisaier und die Gesetzeskundigen *

Mt 23,4.6–7.13.23–26.27.29–32.34–36 (Nr. 232):

Lk 11,37–54

³⁷ Bei seinem Reden aber bittet ihn ein Pharisaier, daß er frühstücke bei ihm; hineingehend aber, ließ er sich nieder. ³⁸ Der Pharisaier aber, sehend (es), staunte, weil er nicht zuerst sich wusch vor dem Frühstück.
³⁹ (Es) sprach aber der Herr zu ihm: Jetzt, ihr Pharisaier,   das Äußere des Bechers und des Tellers reinigt ihr, euer Inneres aber ist voll von Raub und Bosheit.
⁴⁰ Unvernünftige, machte nicht der Machende das Äußere auch das Innere? ⁴¹ Jedoch das

²⁵ Wehe euch, Schriftkundige und Pharisaier, Heuchler, weil ihr reinigt das Äußere des Bechers und der Schüssel, innen aber sind sie voll von Raub und Unbeherrschtheit.
²⁶ Blinder Pharisaier, reinige zuerst das Innen des Bechers,

damit auch sein Außen
rein wird.   [23]Wehe euch, Schriftkundige
und Pharisaier, Heuchler, weil ihr bezehntet die
Minze und den Dill und den Kümmel und
unterließet die gewichtigen (Teile) des Gesetzes,
das Recht und das Erbarmen und die Treue;
dieses [aber] müßte man tun und jenes nicht
lassen.   [6]Sie
lieben aber das Erstlager bei den Mählern und
die Erstsitze in den Synagogen [7]und die
Begrüßungen auf den Märkten ** und gerufen zu
werden von den Menschen Rabbi .
[27]Wehe euch, Schriftkundige und Pharisaier,
Heuchler, weil ihr gleicht geweißten Grabmälern,
welche außen zwar schön scheinen, innen aber
voll sind von Totengebein und jeder Unreinheit.

[4]Sie binden aber schwere [und unerträgliche]
Lasten, und auflegen sie (sie) auf die Schultern
der Menschen, selbst aber mit   ihrem Finger
nicht wollen sie bewegen sie. [29]Wehe euch,
Schriftkundige und Pharisaier, Heuchler, weil ihr
baut die Grabmäler der Propheten und
schmückt die Gräber der Gerechten, [30]und ihr
sagt: Wenn wir gewesen wären in den Tagen
unserer Väter, nicht wären wir gewesen ihre
Teilhaber am Blut der Propheten. [31]Daher
bezeugt ihr euch selbst, daß ihr Söhne derer
seid, die mordeten die Propheten. [32]Und ihr
machtet voll das Maß eurer Väter. [34]Deswegen
siehe   : Ich
schicke zu euch Propheten und Weise und
Schriftkundige;   (etliche) von ihnen werdet ihr
töten und kreuzigen, und (etliche) von ihnen
werdet ihr geißeln in euren Synagogen und
werdet ihr verfolgen von Stadt zu Stadt; [35]auf
daß komme über euch   alles gerechte Blut,
ausgegossen
auf der Erde, vom Blut Abels, des
Gerechten, bis zu dem Blut (des) Zacharias, (des)
Sohnes (des) Barachias, den ihr mordetet
zwischen dem Tempel und dem Altar. [36]Amen,
ich sage euch: Kommen wird dieses alles über
dieses Geschlecht. [13]Wehe aber euch,
Schriftkundige und Pharisaier, Heuchler, weil ihr
verschließt das Königtum der Himmel vor den
Menschen; denn ihr   geht nicht hinein, und
die Hineingehenden laßt ihr nicht hineinkommen. #

Inwendige gebt als Almosen, und siehe, alles ist
euch rein. [42]Aber wehe euch,
den Pharisaiern,   weil ihr bezehntet die
Minze und die Raute und alles Gemüse und
vorbeigeht
am Recht und an der Liebe zu Gott;
dieses aber müßte man tun und jenes nicht
lassen. [43]Wehe euch, den Pharisaiern, weil ihr
liebt
den Erstsitz in den Synagogen und die
Begrüßungen auf den Märkten. **

[44]Wehe euch,
weil ihr seid wie die unerkennbaren Gräber,
und die Menschen, [die] umhergehen darauf,
wissen (es) nicht.
[45]Antwortend aber, sagt einer der Gesetzeskundigen zu ihm: Lehrer, dieses sagend be-
schimpfst du auch uns. [46]Der aber sprach:
Auch euch, den Gesetzeskundigen, wehe, weil
ihr belastet die Menschen mit unerträglichen
Lasten,
und selbst, nicht mit einem eurer Finger
rührt ihr an die Lasten. [47]Wehe euch,
weil ihr
baut die Gräber der Propheten,

eure Väter aber töteten sie.   [48]Also seid ihr
Zeugen, und zustimmt ihr den Werken eurer
Väter, weil sie zwar sie töteten, ihr aber baut.
[49]Deswegen
auch sprach die Weisheit Gottes: Ich werde
schicken zu ihnen Propheten und Apostel,
und (etliche) von ihnen werden sie
töten

und
verfolgen,   [50]damit
gefordert wird von diesem Geschlecht das Blut
aller Propheten, das ausgegossene von Grundlegung (der) Welt (an), [51]vom Blut Abels
bis zum Blut (des) Zacharias, des
Zugrundegegangenen
zwischen dem Altar und dem Haus; ja,
ich sage euch, gefordert werden wird es von
diesem Geschlecht. [52]Wehe   euch,
den Gesetzeskundigen,   weil ihr
wegnahmt den Schlüssel der Erkenntnis;
ihr selbst kamt nicht hinein, und
die Hineingehenden hindertet ihr.

^{53}Und als er von dort herauskam, begannen die Schriftkundigen und die Pharisaier arg zu grollen und auf den Mund zu schauen ihm wegen mehrerem, ^{54}nachstellend ihm, zu erjagen etwas aus seinem Mund.

\# V 14 fehlt in den wichtigsten Handschriften.

---

* Vgl. Mt 15,1–9/Mk 7,1–9 (Nr. 135)
** Mk 12,38–39 (Nr. 232):
^{38}Hütet euch vor den Schriftkundigen, die wollen in Talaren umhergehen und Begrüßungen auf den Märkten ^{39}und Erstsitze in den Synagogen und Erstlager bei den Mählern.

Lk 20,46 (Nr. 232):
Nehmt euch in acht vor den Schriftkundigen, die umhergehen wollen in Talaren und lieben Begrüßungen auf den Märkten und Erstsitze in den Synagogen und Erstlager bei den Mählern.

175. Mahnung zu furchtlosem Bekennen

Mt 10,26–33 (Nr. 93):

Lk 12,1–12

^{1}Als sich unterdessen versammelten Zehntausende der Volksmenge, so daß sie traten einander, begann er zu sagen zu seinen Schülern zuerst: Nehmt euch selbst in acht vor dem Sauerteig der Pharisaier, welcher ist Heuchelei! *

^{26}Fürchtet sie also nicht; denn nichts ist verhüllt, was nicht offenbar werden wird, und verborgen, was nicht erkannt werden wird. ** ^{27}Was ich euch sage in der Finsternis, sprecht im Licht, und was ins Ohr ihr hört, verkündet auf den Dächern!

^{2}Nichts aber ist ganz und gar verhüllt, was nicht offenbar werden wird, und verborgen, was nicht erkannt werden wird. ** ^{3}Dagegen, wieviel ihr in der Finsternis spracht, im Licht wird es gehört werden, und was zum Ohr ihr redetet in den Kammern, wird verkündet werden auf den Dächern.

^{28}Und fürchtet euch nicht vor denen, die töten den Leib, die Seele aber nicht töten können;

fürchtet aber mehr den, der sowohl Seele wie Leib vernichten kann in (der) Gehenna! ^{29}Werden nicht zwei Sperlinge für ein Assarion verkauft? Und nicht einer von ihnen wird fallen auf die Erde ohne euren Vater. ^{30}Von euch aber auch die Haare des Kopfes sind alle gezählt. *** ^{31}Fürchtet euch also nicht! Von (den) vielen Sperlingen unterscheidet ihr euch.

^{4}Ich sage aber euch, meinen Freunden: Fürchtet euch nicht vor denen, die töten den Leib, aber danach nicht (die Möglichkeit) haben, darüber hinaus etwas zu tun! ^{5}Zeigen aber werde ich euch, wen ihr fürchten sollt: Fürchtet den, der nach dem Töten Vollmacht hat, hineinzuwerfen in die Gehenna! Ja, ich sage euch: Diesen fürchtet! ^{6}Werden nicht fünf Sperlinge verkauft für zwei Assaria? Und nicht einer von ihnen ist vergessen vor Gott. ^{7}Aber auch die Haare eures Kopfes sind alle gezählt. *** Fürchtet euch nicht! Von (den) vielen Sperlingen unterscheidet ihr euch.

^{32}Jeder nun, welcher sich bekennen wird zu mir vor den Menschen, bekennen werde auch ich mich zu ihm

^{8}Ich sage euch aber: Jeder, der immer sich bekennt zu mir vor den Menschen, auch der Sohn des Menschen wird sich bekennen zu ihm vor meinem Vater in [den] Himmeln; [33]welcher aber mich (ver)leugnet vor den Menschen, (ver)leugnen werde auch ich ihn vor meinem Vater in [den] Himmeln. ****

12,32 (Nr. 106):   [32]Und wer immer spricht ein Wort wider den Sohn des Menschen, erlassen werden wird ihm; wer aber immer spricht wider den heiligen Geist, nicht erlassen werden wird ihm, weder in diesem Aion noch im zukünftigen. *****

vor den Engeln Gottes; [9]der aber mich (Ver)leugnende vor den Menschen, wird verleugnet werden   vor den Engeln Gottes. ****

[10]Und jeder, der sagen wird ein Wort gegen den Sohn des Menschen, erlassen werden wird ihm; dem aber   gegen den heiligen Geist Lästernden, nicht erlassen werden wird (ihm). *****

[11]Wann sie aber hinführen euch zu den Synagogen und den Hoheiten und den Mächten, sorgt nicht, wie oder was ihr verteidigen sollt oder was ihr sprechen sollt!

[12]Denn der heilige Geist wird euch lehren in der Stunde selbst, was nötig ist, zu sprechen. ******

---

* Mt 16,6 (Nr. 140):
Jesus aber sprach zu ihnen: Seht (zu) und nehmt euch in acht vor dem Sauerteig der Pharisaier und   Saddukaier!

Mk 8,15 (Nr. 140):
Und er trug ihnen auf, sagend: Seht (zu), hütet euch vor dem Sauerteig der Pharisaier und dem Sauerteig (des) Herodes!

** Mk 4,22 (Nr. 113):
Denn nicht ist Verborgenes, wenn nicht, damit es offenbart wird; und nicht wurde Geheimes, außer, damit es kommt ins Offenbare.

Lk 8,17 (Nr. 113):
Denn nicht ist Verborgenes, das nicht offenbar werden wird, und nicht   Verborgenes, das nicht erkannt wird und ins Offenbare kommt.

*** Lk 21,18 (Nr. 236): Aber nicht ein Haar von eurem Kopf wird zugrundegehen.

**** Mk 8,38 (Nr. 144):
Denn wer immer sich schämt meiner und meiner Worte in diesem ehebrecherischen und sündigen Geschlecht, auch der Sohn des Menschen wird sich schämen seiner, wann er kommt in der Herrlichkeit   seines Vaters mit den heiligen Engeln.

Lk 9,26 (Nr. 144):
Denn wer immer sich schämt meiner und meiner Worte,   dessen wird der Sohn des Menschen sich schämen, wann er kommt in seiner Herrlichkeit und (der) des Vaters und der heiligen Engel.

***** Mt 12,31 (Nr. 106):
Deshalb sage ich euch: Jede Sünde und Lästerung wird erlassen werden   den Menschen,

aber die Lästerung des Geistes wird nicht erlassen werden.

Mk 3,28–29 (Nr. 106):
[28]Amen, ich sage euch: Alles   wird erlassen werden den Söhnen der Menschen, die Versündigungen und die Lästerungen, wieviel immer sie lästerten; [29]wer immer aber lästerte gegen den heiligen Geist, nicht hat Erlaß in Ewigkeit, sondern schuldig ist er ewiger Versündigung.

****** Mt 10,19–20 (Nr. 92):
[19]Wann sie aber übergeben euch, sorgt nicht, wie oder was ihr reden sollt;   denn gegeben werden wird euch in jener Stunde, was ihr reden sollt; [20]denn nicht ihr seid die Redenden, sondern der Geist eures Vaters (ist) der Redende in euch.

Mk 13,11 (Nr. 236):
Und wann sie führen euch, übergebend, nicht vorher sorgt euch, was ihr reden sollt, sondern was immer euch gegeben wird in jener Stunde, dies redet; denn nicht seid ihr die Redenden, sondern der heilige Geist.

Lk 21,14–15 (Nr. 236):
[14]Legt nun in eure Herzen, nicht vorher zu überlegen, euch zu verteidigen! [15]Denn ich werde geben euch Mund und Weisheit, der nicht werden widerstehen oder widersprechen können alle eure Gegner.

Joh 14,26: Der Fürsprecher aber, der heilige Geist, den schicken wird der Vater in meinem Namen, jener wird euch lehren alles und erinnern euch an alles, was [ich] sprach zu euch.

176. Wider die Habgier

Lk 12,13–21

¹³(Es) sprach aber einer aus der Volksmenge zu ihm: Lehrer, sprich zu meinem Bruder, teilen soll er mit mir das Erbe. ¹⁴Der aber sprach zu ihm: Mensch, wer stellte mich auf als Richter oder Teiler über euch? ¹⁵Er sprach aber zu ihnen: Seht (zu) und hütet euch vor aller Habgier, denn wenn einer Überfluß hat, nicht ist sein Leben aus seinem Besitz.
¹⁶Er sprach aber ein Gleichnis zu ihnen, sagend: Eines reichen Menschen Land trug gut. ¹⁷Und er überlegte bei sich, sagend: Was werde ich tun, weil nicht(s) ich habe, wo ich sammeln werde meine Früchte? ¹⁸Und er sprach: Dies werde ich tun: Niederreißen werde ich meine Scheunen, und größere werde ich bauen, und sammeln werde ich dort den ganzen Weizen und meine Güter; ¹⁹und sagen werde ich meiner Seele: Seele, du hast viele Güter liegend für viele Jahre; ruhe aus, iß, trink, freu dich! ²⁰(Es) sprach aber zu ihm Gott: Unvernünftiger, in dieser Nacht fordert man ein deine Seele von dir; was du aber bereitetest, für wen wird es sein? ²¹So (steht da) der Schätze Sammelnde für sich, aber nicht auf Gott (hin) Reiche.

177. Vom Sorgen und Schätzesammeln

Mt 6,25–33 (Nr. 56):	Lk 12,22–34
	²²Er sprach aber zu [seinen] Schülern:
²⁵Deswegen sage ich euch: Sorgt euch nicht um euer Leben, was ihr essen sollt [oder was ihr trinken sollt] und nicht um euren Leib, was ihr anziehen sollt! Ist nicht das Leben mehr als die Nahrung und der Leib (mehr) als das Gewand? ²⁶Schaut auf zu den Vögeln des Himmels, daß sie nicht säen noch ernten noch sammeln in Scheunen, und euer himmlischer Vater nährt sie; unterscheidet nicht ihr euch (viel) mehr von ihnen? ²⁷Wer aber von euch kann, sorgend, hinzulegen zu seinem Alter eine einzige Elle?	Deswegen sage ich euch: Sorgt euch nicht um das Leben, was ihr essen sollt, und nicht um den Leib, was ihr anziehen sollt! ²³Denn das Leben ist mehr als die Nahrung und der Leib (mehr) als das Gewand. ²⁴Beachtet die Raben , daß sie nicht säen noch ernten, die nicht haben eine Kammer noch eine Scheune, und Gott nährt sie; um wieviel mehr unterscheidet ihr euch von den Vögeln. ²⁵Wer aber von euch kann, sorgend, zu seinem Alter hinzulegen eine Elle? ²⁶Wenn nun nicht (das) Geringste ihr könnt, was sorgt ihr euch um die übrigen (Dinge)?
²⁸Und um ein Gewand, was sorgt ihr euch? Beobachtet die Lilien des Ackers, wie sie wachsen; nicht mühen sie sich noch spinnen sie; ²⁹ich sage euch aber: Auch nicht Solomon in seiner ganzen Herrlichkeit war umkleidet wie eine von diesen. ³⁰Wenn aber Gott das Gras des Ackers, das heute ist und morgen in (den) Ofen geworfen wird, so kleidet, nicht um viel mehr euch, Kleingläubige? ³¹ Sorgt euch	²⁷Beachtet die Lilien , wie sie wachsen; nicht mühen sie sich noch spinnen sie; ich sage euch aber: Auch nicht Solomon in seiner ganzen Herrlichkeit war umkleidet wie eine von diesen. ²⁸Wenn aber Gott im Acker das Gras, das heute ist und morgen in (den) Ofen geworfen wird, so kleidet, um wieviel mehr euch, Kleingläubige. ²⁹Und ihr, sucht

also nicht, sagend: Was sollen wir essen? oder: Was sollen wir trinken? oder: Womit sollen wir uns umkleiden? **32** Denn alles dieses erstreben die Völker   ; denn (es) weiß euer himmlischer Vater, daß ihr alles dessen bedürft.

33 Sucht aber zuerst das Königtum [Gottes] und seine Gerechtigkeit, und dieses alles wird euch hinzugelegt werden.

6,19–21 (Nr. 53):
19 Sammelt euch nicht Schätze auf der Erde, wo Motte und Wurm vernichten und wo Diebe einbrechen und stehlen;
20 sammelt euch aber Schätze im Himmel, wo weder Motte noch Wurm vernichten und wo Diebe nicht einbrechen und nicht stehlen;
21 denn wo dein Schatz ist, dort wird sein auch dein Herz.

nicht,   was ihr essen sollt und was ihr trinken sollt und beunruhigt euch nicht! **30** Denn dieses alles erstreben die Völker der Welt, euer   Vater aber weiß, daß ihr   dessen bedürft.
31 Jedoch sucht   sein Königtum, und dieses   wird euch hinzugelegt werden.
32 Fürchte dich nicht, kleine Herde, denn es gefiel eurem Vater, euch zu geben das Königtum.
33 Verkauft euren Besitz und gebt ein Almosen!

Macht euch nicht veraltende Geldbeutel, einen unerschöpflichen Schatz in den Himmeln, wo ein Dieb nicht nahekommt, noch eine Motte (etwas) vernichtet;
34 denn wo euer Schatz ist, dort wird auch euer Herz sein.

178. Mahnung zur Wachsamkeit

Mt 24,43–51 (Nr. 243):

Ex 12,11

43 Jenes aber erkennt: Wenn der Hausherr wüßte, zu welcher (Nacht)wache der Dieb kommt, wachen würde er, und nicht ließe er (zu), daß eingebrochen wird (in) sein Haus.
44 Deswegen werdet auch ihr bereit, denn zu welcher Stunde ihr (es) nicht meint, kommt der Sohn des Menschen. **

45 Wer also ist der treue und verständige Sklave, den aufstellte der Herr über sein Hausgesinde, zu geben ihnen die Nahrung zur (bestimmten) Zeit? **46** Selig jener Sklave, den, kommend, sein Herr finden wird, so tuend; **47** amen, ich sage euch: Über all seinen

Lk 12,35–48

35 Es sollen sein *eure Hüften umgürtet* und die Leuchten brennend; **36** und ihr (sollt sein) gleich Menschen, erwartend ihren Herrn, wann er aufbricht von der Hochzeit, damit sie, wenn er kommt und klopft, sogleich ihm öffnen. **37** Selig jene Sklaven, die, kommend, der Herr finden wird wachend; amen, ich sage euch: Umgürten wird er sich und sie hinlegen (lassen) und entlanggehend ihnen dienen. * **38** Und wenn er in der zweiten und wenn er in der dritten (Nacht)wache kommt und findet (sie) so, selig sind jene! **39** Dies aber erkennt: Wenn der Hausherr wüßte, zu welcher Stunde der Dieb kommt,   nicht ließe er zu, daß eingebrochen wird (in) sein Haus.
40 Werdet auch ihr bereit, denn zu welcher Stunde ihr (es) nicht meint, kommt der Sohn des Menschen. ** **41** (Es) sprach aber Petros: Herr, sagst du zu uns dieses Gleichnis, oder auch zu allen? **42** Und (es) sprach der Herr: Wer also ist der treue Verwalter, der verständige, den aufstellen wird der Herr über seine Dienerschaft, zu geben   zur (bestimmten) Zeit [die] Verpflegungsration? **43** Selig jener Sklave, den, kommend, sein Herr finden wird, tuend so. **44** Wahrhaft, ich sage euch: Über all seinen

Besitz wird er ihn aufstellen. [48]Wenn aber spricht jener üble Sklave in seinem Herzen: Zeit läßt sich mein Herr, [49]und er beginnt zu schlagen seine Mitsklaven, ißt aber und trinkt mit den Betrunkenen, [50]kommen wird der Herr jenes Sklaven an einem Tag, an dem er (es) nicht erwartet, und in einer Stunde, in der er (es) nicht erkennt, [51]und zweiteilen wird er ihn, und seinen Teil wird er mit den Heuchlern festsetzen; dort wird sein das Weinen und das Klappern der Zähne.

Besitz wird er ihn aufstellen. [45]Wenn aber spricht jener Sklave in seinem Herzen: Zeit läßt sich mein Herr zu kommen, und er beginnt zu schlagen die Knechte und die Mägde und zu essen und zu trinken und betrunken zu werden, [46]kommen wird der Herr jenes Sklaven an einem Tag, an dem er (es) nicht erwartet, und in einer Stunde, in der er (es) nicht erkennt, und zweiteilen wird er ihn und seinen Teil wird er mit den Ungläubigen festsetzen.

[47]Jener Sklave aber, der kennt den Willen seines Herrn, aber nicht bereitete oder tat nach seinem Willen, wird geschunden werden mit vielen (Schlägen); [48]der (ihn) aber nicht kennt, aber tat, was Schläge wert ist, wird geschunden werden mit wenigen (Schlägen). Jedem aber, dem gegeben wurde viel, viel wird verlangt werden von ihm, und wem sie anvertrauen viel, mehr werden sie fordern von ihm.

---

* Vgl. Joh 13,4–5: [4]Aufsteht er vom Mahl und legt die Obergewänder ab, und nehmend ein Leinen, umgürtete er sich; [5]dann schüttete er Wasser in das Becken und begann zu waschen die Füße der Schüler und abzuwischen mit dem Leinen, mit dem er war umgürtet.

** Mk 13,33.35 (Nr. 241): [33]Seht (zu), wacht! Denn nicht wißt ihr, wann die Zeit ist. [35]Wacht also! Denn nicht wißt ihr, wann der Herr des Hauses kommt, ob spät oder mitternachts oder beim Hahnenschrei oder (in der) Frühe.

179. Haß unter Nächststehenden

Mt 10,34–36 (Nr. 94):

Lk 12,49–53

[49]Feuer kam ich zu werfen auf die Erde, und was will ich, wenn (nicht), (daß) es schon angezündet wäre. [50]Eine Taufe aber habe ich getauft zu werden, und wie bin ich bedrängt, bis daß sie vollendet wird. *
[51]Meint ihr, daß ich kam, Frieden zu geben auf der Erde? Nein, ich sage euch: sondern (eher) Zerteilung. [52]Denn es werden sein von jetzt (an) fünf in einem Haus Zerteilte, drei gegen zwei und zwei gegen drei, [53]zerteilt werden

[34]Meint nicht, daß ich kam, Frieden zu werfen auf die Erde; nicht kam ich, Frieden zu werfen, sondern ein Schwert. [35]Denn
ich kam, zu entzweien

einen Menschen gegen seinen Vater und eine Tochter gegen ihre Mutter

und eine Schwiegertochter gegen ihre Schwiegermutter, [36]und *Feinde des Menschen (werden) seine Hausgenossen.* **

Vater gegen Sohn und *Sohn* gegen *Vater*, Mutter gegen die Tochter, und *Tochter gegen die Mutter,* Schwiegermutter gegen ihre Schwiegertochter und *Schwiegertochter gegen die Schwiegermutter.* **

Mi 7,6

* Mk 10,38 (Nr. 214): Jesus aber sprach zu ihnen: Nicht wißt ihr, was ihr erbittet. Könnt ihr den Kelch trinken, den ich trinke, oder die Taufe, die ich getauft werde, getauft werden?

** Mt 24,10 (Nr. 236):	Mk 13,12 (Nr. 236):	Lk 21,16 (Nr. 236):
Und dann werden Anstoß nehmen viele, und sie werden einander übergeben, und sie werden hassen einander.	Und übergeben wird (der) Bruder (den) Bruder zum Tod und (der) Vater (das) Kind, und aufstehen werden Kinder gegen Eltern, und sie werden töten sie.	Übergeben aber werdet ihr werden auch von Eltern und Brüdern und Verwandten und Freunden, und sie werden töten (einige) von euch.

180. Die Zeichen der Zeit – Zeit für Versöhnung

Mt 16,2–3 (Nr. 139):	Lk 12,54–59
[2] Der aber antwortend sprach zu ihnen: [Wenn es Abend wird, sagt ihr: Heiteres Wetter (kommt); denn (es) rötet sich der Himmel; [3] und (in der) Frühe: Heute (kommt) Sturm; denn (es) rötet sich der sich trübende Himmel. Das Angesicht des Himmels zwar wißt ihr zu beurteilen, die Zeichen der Zeiten aber könnt ihr nicht?]	[54] Er sagte aber auch den Volksmengen: Wann ihr seht [die] Wolke aufgehend im Westen, sogleich sagt ihr, daß Regen kommt, und es wird so; [55] und wann ihr seht (den) Südwind wehend, sagt ihr, daß Hitze sein wird, und es wird. [56] Heuchler, das Angesicht der Erde und des Himmels wißt ihr zu beurteilen, diese Zeit aber, wie(so) wißt ihr (sie) nicht zu beurteilen? [57] Warum aber urteilt ihr nicht auch von euch selbst aus das Rechte? [58] Denn wenn du
5,25–26 (Nr. 43): Sei ein Wohlgesonnener deinem Widersacher, (und zwar) schnell, solange du mit ihm auf dem Weg bist, damit dich nicht übergeben wird der Widersacher dem Richter und der Richter dem Diener und du ins Gefängnis geworfen wirst. [26] Amen, ich sage dir: Nicht wirst du herausgehen von dort, bis du zurückgibst den letzten Kodrantes.	fortgehst mit deinem Widersacher zu einem Vorsteher, auf dem Weg gibt (dir) Mühe, loszukommen von ihm, damit er dich nicht fortschleppt zum Richter, und der Richter dich übergeben wird dem Schergen, und der Scherge dich werfen wird ins Gefängnis. [59] Ich sage dir: Nicht wirst du herausgehen von dort, bis auch das letzte Lepta du zurückgibst.

181. Rechtzeitige Umkehr

Lk 13,1–9

[1] Anwesend aber waren irgendwelche eben zu der Zeit, meldend ihm über die Galiläer, deren Blut Pilatos mischte mit ihren Opfern.
[2] Und antwortend sprach er zu ihnen: Meint ihr, daß diese Galiläer Sünder waren, mehr als alle Galiläer, weil dieses sie erlitten haben? [3] Nein, ich sage euch: Sondern wenn ihr nicht umkehrt, alle werdet ihr gleicherweise zugrundegehen. [4] Oder jene achtzehn, auf die der Turm fiel am Siloam und sie tötete, meint ihr, daß sie Schuldner waren, mehr als alle Menschen, die Jerusalem bewohnen? [5] Nein, ich sage euch: Sondern wenn ihr nicht umkehrt, alle werdet ihr ebenso zugrundegehen.

⁶Er sagte aber dieses Gleichnis: Einen Feigenbaum hatte einer gepflanzt in seinem Weinberg, und er kam, suchend Frucht an ihm, und nicht fand er. ⁷Er sprach aber zu dem Winzer: Siehe, drei Jahre, seitdem ich komme, suchend Frucht an diesem Feigenbaum, und nicht finde ich; hau ihn [nun] aus, weshalb auch saugt er die Erde aus? ⁸Der aber antwortend sagt ihm: Herr, laß ihn auch dieses Jahr, bis daß ich grabe (herum) um ihn und werfe Mist, ⁹vielleicht auch trägt er Frucht in der Zukunft; wenn aber nicht, aushauen wirst du ihn.

182. Heilung einer verkrümmten Frau

Lk 13,10–17

¹⁰Er war aber lehrend in einer der Synagogen an den Sabbaten. ¹¹Und siehe, eine Frau, habend einen Krankheitsgeist achtzehn Jahre, und sie war gekrümmt und konnte sich nicht aufrichten zur Gänze. ¹²Sehend aber sie, herbeirief sie Jesus und sprach zu ihr: Frau, sei befreit von deiner Krankheit, ¹³und auflegte er ihr die Hände; und auf der Stelle wurde sie wieder aufgerichtet und verherrlichte Gott. ¹⁴Antwortend aber der Synagogenvorsteher, unwillig, weil Jesus am Sabbat heilte, sagte der Volksmenge: Sechs Tage sind, an denen man arbeiten muß; an ihnen nun, kommend, laßt euch heilen, aber nicht am Tag des Sabbats. ¹⁵(Es) antwortete ihm aber der Herr und sprach: Heuchler, löst nicht jeder von euch am Sabbat sein Rind oder den Esel von der Krippe und wegführend tränkt er (ihn)? ¹⁶Diese aber, die eine Tochter Abrahams ist, die der Satan band, siehe, achtzehn Jahre, sollte sie nicht gelöst werden von dieser Fessel am Tag des Sabbats? * ¹⁷Und als er dieses sagte, schämten sich alle seine Gegner, und die ganze Volksmenge freute sich über alle glanzvollen (Taten), die geschahen von ihm.

* Mt 12,11–12 (Nr. 103): ¹¹Der aber sprach zu ihnen: Wer wird sein von euch ein Mensch, der haben wird ein einziges Schaf, und wenn dieses hineinfällt an Sabbaten in eine Grube, wird er es nicht ergreifen und aufrichten? ¹²Um wieviel (mehr) nun unterscheidet sich ein Mensch von einem Schaf. Deshalb ist es erlaubt, an Sabbaten recht zu tun.	Lk 14,5 (Nr. 187): Und zu ihnen sprach er: Wem von euch wird ein Sohn oder Rind in einen Brunnen fallen, und nicht sogleich wird er ihn heraufziehen am Tag des Sabbats?

183. Die Gleichnisse vom Senfkorn und Sauerteig

Mt 13,31–33 (Nr. 116.117):	Mk 4,30–32 (Nr. 116):	Lk 13,18–21
³¹Ein anderes Gleichnis legte er ihnen vor, sagend: Gleich ist das Königtum der Himmel	³⁰Und er sagte : Wie sollen wir vergleichen das Königtum Gottes, oder in welchem Gleichnis sollen wir es darlegen? ³¹(Es ist) wie mit einem	¹⁸Er sagte nun: Wem ist gleich das Königtum Gottes, und wem soll ich es vergleichen? ¹⁹Gleich ist es einem
einem Senfkorn, das nehmend ein Mensch säte auf seinem Acker; ³²das kleiner zwar ist als alle Samen, wann es aber wuchs, größer als die Gartengewächse ist es, und es wird ein Baum, so daß	Senfkorn, das wann es gesät wird auf die Erde, kleiner ist als alle Samen auf der Erde, ³²und wann es gesät wird, aufsteigt und größer wird als alle Gartengewächse und große Zweige macht, so daß unter	Senfkorn, das nehmend ein Mensch warf in seinen Garten, und es wuchs und wurde zu einem Baum,

<table>
<tr>
<td>Ps 103,12 (G)</td>
<td>

kommen *die Vögel des Him-mels* und *nisten in seinen Zweigen*. ³³ Ein anderes Gleich-nis redete er zu ihnen:

Gleich ist das Königtum der Himmel
einem Sauerteig, den neh-mend eine Frau hinein-verbarg in drei Saton Mehl,
bis daß es durchsäuert wurde ganz.

</td>
<td>

seinem Schatten *die Vögel des Him-mels nisten* können.

</td>
<td>

und *die Vögel des Him-mels   nisteten in seinen Zweigen*. ²⁰ Und wieder sprach er: Mit wem soll ich vergleichen das Königtum Gottes? ²¹ Gleich ist es einem Sauerteig, den neh-mend eine Frau [hinein-] verbarg in drei Saton Mehl, bis daß es durchsäuert wurde ganz.

</td>
</tr>
</table>

184. Die Gleichnisrede von der engen und verschlossenen Tür

Mt 7,13–14 (Nr. 61):	Lk 13,22–30
	²² Und er durchwanderte (die Gegend) nach Städten und Dörfern, lehrend und eine Reise machend nach Hierosolyma. ²³ (Es) sprach aber einer zu ihm: Herr, ob (es) wenige sind, die gerettet werden? Der aber sprach zu ihnen:
¹³ Geht hinein durch das enge Tor! Denn breit (ist) das Tor und weit der Weg, der ins Verderben führende, und viele sind die Hindurchgehenden durch es; ¹⁴ wie eng (ist) das Tor und gedrängt der Weg, der ins Leben führende, und wenige sind die ihn Findenden!	²⁴ Kämpft, hineinzugehen durch die enge Tür,

denn viele, sage ich euch, werden suchen hineinzugehen und (es) nicht vermögen. |

²⁵ Von (der Zeit) an, da aufsteht der Hausherr und verschließt die Tür und ihr beginnt, draußen zu stehen und zu klopfen an die Tür, sagend: Herr, öffne uns, und antwortend wird er euch sagen: Nicht kenne ich euch, woher ihr seid. ²⁶ Da werdet ihr beginnen zu sagen: Wir aßen vor dir und tranken, und auf unseren Straßen lehrtest du;

7,22–23 (Nr. 63):
²² Viele werden sagen zu mir an jenem Tag: Herr, Herr, prophezeiten wir nicht in deinem Namen, und warfen wir (nicht) in deinem Namen Dämo-nen hinaus, und taten wir (nicht) in deinem Namen viele Kraft(taten)? ²³ Und dann werde ich bekennen ihnen: Niemals kannte ich euch;

Ps 6,9
1 Makk 3,6 *geht weg von mir, die ihr wirkt das Ungesetzliche!*

²⁷ und   sprechen wird er, sagend euch: Nicht kenne ich [euch], woher ihr seid; *entfernt euch von mir, alle Wirker von Unrecht!* ²⁸ Dort wird sein das Weinen und das Klappern der Zähne, wann ihr seht Abraham und Isaak und Jakob und alle Propheten im Königtum Gottes, euch aber als Hinausgewor-fene draußen. ²⁹ Und kommen werden sie von Osten und Westen und von Norden und Süden, und sie werden sich (zu Tisch) legen im Königtum Gottes.

8,11–12 (Nr. 79):
¹¹ Ich sage euch aber: Viele werden von Osten und Westen kommen und   sich (zu Tisch) legen mit Abraham und Isaak und Jakob im Königtum der Himmel, ¹² die Söhne aber des Königtums werden

³⁰ Und siehe, es sind Letzte, die sein werden

hinausgeworfen werden in die Finsternis
draußen; dort wird sein das Weinen und das
Klappern der Zähne.

Erste, und es sind Erste, die sein werden
Letzte. *

---

* Mt 19,30 (Nr. 211):
Viele Erste aber werden sein Letzte und   Letzte
Erste.
Mt 20,16 (Nr. 212):
So werden sein die Letzten Erste und die Ersten
Letzte.

Mk 10,31 (Nr. 211):
Viele Erste aber werden sein Letzte und [die] Letzte[n]
Erste.

185. Wort über Herodes

Lk 13,31–33

³¹ In eben der Stunde hinzukamen einige Pharisaier, sagend ihm: Geh hinaus und geh fort von hier, denn Herodes will dich töten. ³² Und er sprach zu ihnen: Geht, und sprecht zu diesem Fuchs: Siehe, hinauswerfe ich Dämonen, und Heilungen vollbringe ich heute und morgen, und am dritten (Tag) werde ich vollendet. ³³ Jedoch muß ich heute und morgen und am kommenden (Tag) gehen, weil es nicht angeht, daß ein Prophet zugrundegeht außerhalb Jerusalems.

186. Klage über Jerusalem

Mt 23,37–39 (Nr. 232):

³⁷ Jerusalem, Jerusalem, die tötet die
Propheten und steinigt die zu ihr Geschickten,
wie oft wollte ich zusammenführen deine Kinder,
auf welche Weise ein Vogel zusammenführt seine
Jungen unter die Flügel, und nicht wolltet ihr.
³⁸ Siehe, gelassen wird euch euer Haus öde.
³⁹ Denn ich sage euch: Nicht sollt ihr mich
sehen ab jetzt, bis   ihr sprecht:
Gesegnet der Kommende im Namen (des)
Herrn.

Lk 13,34–35

³⁴ Jerusalem, Jerusalem, die tötet die
Propheten und steinigt die zu ihr Geschickten,
wie oft wollte ich zusammenführen deine Kinder,
auf welche Weise ein Vogel (zusammenführt) seine
Brut unter die Flügel, und nicht wolltet ihr.
³⁵ Siehe, gelassen wird euch euer Haus (öde).
     Ich sage euch [aber]: Nicht sollt ihr sehen
mich   ,bis [kommen wird, wann] ihr sprecht:
Gesegnet der Kommende im Namen (des)   Ps 118,26
Herrn.

187. Heilung eines Wassersüchtigen

Lk 14,1–6

¹ Und es geschah, als er ging in (das) Haus eines der Vorsteher [der] Pharisaier am Sabbat, Brot zu essen, daß sie waren ihn belauernd.
² Und siehe, ein wassersüchtiger Mensch war vor ihm. ³ Und antwortend sprach Jesus zu den Gesetzeskundigen und Pharisaiern, sagend: Ist es erlaubt am Sabbat zu heilen oder nicht? ⁴ Die aber blieben ruhig. Und anfassend heilte er ihn und entließ (ihn). ⁵ Und zu ihnen sprach er: Wem von euch wird ein Sohn oder Rind in einen Brunnen fallen, und nicht sogleich wird er ihn heraufziehen am Tag des Sabbats? * ⁶ Und nicht vermochten sie entgegenzureden auf dieses.

* Mt 12,11–12 (Nr. 103):

11 Der aber sprach zu ihnen: Wer wird sein von euch ein Mensch, der haben wird ein einziges Schaf, und wenn dieses hineinfällt an Sabbaten in eine Grube, wird er es nicht ergreifen und aufrichten? **12** Um wieviel (mehr) nun unterscheidet sich ein Mensch von einem Schaf.   Deshalb ist es erlaubt, an Sabbaten recht zu tun.

Lk 13,15–16 (Nr. 182):

15 (Es) antwortete ihm aber der Herr und sprach: Heuchler, löst nicht jeder von euch am Sabbat sein Rind oder den Esel von der Krippe und wegführend tränkt er (ihn)?

16 Diese aber, die eine Tochter Abrahams ist, die der Satan band, siehe, achtzehn Jahre, sollte sie nicht gelöst werden von dieser Fessel am Tag des Sabbats?

188. Wahl der Plätze

Lk 14,7–11

7 Er sagte aber zu den Gerufenen ein Gleichnis, achtend darauf, wie die Erstlager sie auswählten, sagend zu ihnen: **8** Wann du gerufen wirst von einem zu einer Hochzeit, leg dich nicht (zu Tisch) auf das Erstlager damit nicht ein Angesehenerer als du gerufen ist von ihm, **9** und (es) kommt, der dich und ihn gerufen hat, (und) er wird dir sagen: Gib diesem Platz! Und dann wirst du beginnen, mit Schande den letzten Platz einzunehmen. **10** Sondern, wann du gerufen wirst, geh, laß dich nieder auf den letzten Platz, damit, wann kommt, der dich gerufen hat, er dir sagen wird: Freund, rücke höher hinauf! Dann wird dir Ehre (zuteil) vor allen mit (zu Tisch) Liegenden mit dir. **11** Denn jeder Erhöhende sich selbst wird erniedrigt werden, und der Erniedrigende sich selbst wird erhöht werden. *

* Mt 23,12 (Nr. 232):

Wer aber erhöhen wird sich selbst, erniedrigt werden wird er, und wer erniedrigen wird sich selbst, erhöht werden wird er.

Lk 18,14 (Nr. 207):

Denn jeder Erhöhende sich selbst wird erniedrigt werden, der aber Erniedrigende sich selbst wird erhöht werden.

189. Von den rechten Gästen

Lk 14,12–14

12 Er sagte aber auch dem, der ihn gerufen hatte: Wann du machst ein Frühstück oder Mahl, rufe nicht deine Freunde und nicht deine Brüder und nicht deine Verwandten und nicht reiche Nachbarn, damit nicht auch sie dich gegenrufen und dir Vergeltung geschieht. **13** Sondern, wann einen Empfang du machst, rufe Arme, Krüppel, Lahme, Blinde! **14** Und selig wirst du sein, weil nicht(s) sie haben, dir zu vergelten, denn vergolten werden wird dir bei der Auferstehung der Gerechten.

190. Das Gleichnis vom großen Mahl

Mt 22,1–10 (Nr. 227):

1 Und antwortend sprach Jesus wieder in Gleichnissen zu ihnen, sagend: **2** Verglichen wurde das Königtum der Himmel einem Menschen, einem König, welcher machte eine

Lk 14,15–24

15 Hörend aber dieses sprach einer der mit (zu Tisch) Liegenden zu ihm: Selig, welcher ißt Brot im Königtum Gottes. **16** Der aber sprach zu ihm:

Ein Mensch machte ein

Hochzeit für seinen Sohn. ³Und er schickte seine Sklaven,   zu rufen die Gerufenen zur Hochzeit, aber nicht wollten sie kommen. ⁴Wieder schickte er andere Sklaven, sagend: Sprecht zu den Gerufenen: Siehe, mein Mahl habe ich bereitet, meine Ochsen und die Masttiere (sind) geschlachtet, und alles (ist) bereit; auf, zur Hochzeit! ⁵Die aber, nicht kümmernd sich, gingen weg, der eine auf den eigenen Acker, der andere zu seinem Geschäft;

⁶die übrigen aber, ergreifend seine Sklaven, mißhandelten und töteten (sie).

⁷Der König aber wurde zornig, und schickend seine Heere, vernichtete er jene Mörder, und ihre Stadt zündete er an. ⁸Da sagt er seinen Sklaven: Die Hochzeit ist zwar bereit, die Gerufenen aber waren nicht würdig;

⁹geht nun an die Kreuzungen der Wege, und wieviele immer ihr findet, ruft zur Hochzeit. ¹⁰Und hinausgehend jene Sklaven auf die Wege, sammelten sie alle, die sie fanden, Böse und Gute; und gefüllt wurde der Hochzeitssaal von (zu Tisch) Liegenden.

großes Mahl und rief viele, ¹⁷und er schickte seinen Sklaven zur Stunde des Mahls, zu sprechen zu den Gerufenen: Kommt,

weil es schon bereit ist! ¹⁸Aber sie begannen auf einmal alle, sich zu entschuldigen. Der erste sprach zu ihm: Einen Acker kaufte ich, und ich bin gezwungen, hinausgehend, ihn zu sehen; ich bitte dich, halte mich für entschuldigt. ¹⁹Und ein anderer sprach: Fünf Joch Rinder kaufte ich, und ich gehe, sie zu prüfen; ich bitte dich, halte mich für entschuldigt. ²⁰Und ein anderer sprach: Eine Frau heiratete ich, und deswegen kann ich nicht kommen.

²¹Und ankommend meldete der Sklave seinem Herrn dieses. Da, zornig geworden,

sprach der Hausherr zu seinem Sklaven:

Geh schnell hinaus auf die Straßen und Gassen der Stadt, und die Armen und Krüppel und Blinden und Lahmen führe herein, hierher! ²²Und (es) sprach der Sklave: Herr, es ist geschehen, was du befahlst, und noch ist Platz. ²³Und (es) sprach der Herr zu dem Sklaven: Geh   hinaus an die Wege und Zäune und zwinge (sie) hereinzukommen, damit gefüllt wird mein Haus!

²⁴Denn ich sage euch: Keiner jener Männer, die gerufen waren, wird kosten mein Mahl.

191. Voraussetzungen der Nachfolge

Mt 10,37–38 (Nr. 95):

³⁷Der
Vater oder Mutter mehr Liebende als mich, nicht ist meiner nicht wert, und der Sohn oder Tochter mehr Liebende als mich,   nicht

Lk 14,25–35

²⁵Mitgingen aber mit ihm viele Volksmengen, und sich umwendend sprach er zu ihnen: ²⁶Wenn einer kommt zu mir und nicht haßt seinen Vater und die Mutter und die Frau und die Kinder und die Brüder und die Schwestern und auch noch sein eigenes Leben, nicht kann

ist meiner wert; [38]und wer nicht nimmt
sein Kreuz und folgt hinter mir, nicht
ist meiner wert. *

er sein mein Schüler. [27]   Welcher nicht trägt
sein Kreuz und geht hinter mir (her), nicht kann
er sein mein Schüler. *
[28]Denn wer von euch, der einen Turm bauen
will, nicht zuerst, sich setzend, berechnet den
Aufwand, ob er hat (genug) zur Vollendung?
[29]Damit nicht etwa, wenn er setzte ein
Fundament und nicht vermag zu vollenden, alle
Schauenden beginnen, ihn zu verspotten,
[30]sagend: Dieser Mensch begann zu bauen
und nicht vermochte er zu vollenden.
[31]Oder welcher König, (daran) gehend mit
einem anderen König zusammenzutreffen zum
Krieg, wird nicht, sich setzend, zuerst beraten,
ob er fähig ist, mit zehntausend entgegen-
zutreten dem mit zwanzigtausend Kommenden
gegen ihn? [32]Wenn aber nicht, schickt er, wenn
der noch weit ist, eine Gesandtschaft (und) bittet um die (Bedingungen) für Frieden. [33]So also
kann jeder von euch, der nicht sich trennt von
all seinem Besitz, nicht sein mein Schüler.
[34]Gut also (ist) das Salz; wenn aber auch das
Salz schal wird, mit was wird es gewürzt
werden? [35]Weder für (die) Erde noch für
(den) Mist ist es tauglich, hinauswirft
man es. Der Habende Ohren zu hören, er
höre! **

---

* Mt 16,24 (Nr. 144):

    Da sprach Jesus
zu seinen Schülern: Wenn
einer will hinter mir (her-)
kommen, soll er sich selbst
verleugnen und tragen sein Kreuz
   und mir folgen!

Mk 8,34 (Nr. 144):
Und herbeirufend die Volksmenge mit seinen Schülern,
sprach er zu ihnen: Wenn
einer will hinter mir
folgen, soll er sich selbst
verleugnen und tragen sein Kreuz
   und mir folgen!

Lk 9,23 (Nr. 144):

    Er sagte
aber zu allen: Wenn
einer will hinter mir (her-)
gehen, soll er sich selbst
(ver)leugnen und tragen sein Kreuz
   täglich und mir folgen!

** Mt 5,13 (Nr. 41):
Ihr seid das Salz der Erde; wenn aber das Salz schal wird,
mit was wird es salzig gemacht werden? Zu nichts hat es
mehr Kraft, außer, hinausgeworfen, zertreten zu
werden von den Menschen.

Mk 9,50 (Nr. 153):
Gut (ist) das Salz; wenn aber das Salz salzlos wird,
mit was werdet ihr es würzen?

192. Das Gleichnis vom verlorenen Schaf

Mt 18,12–14 (Nr. 154):

Lk 15,1–7:

[1]Es waren aber ihm sich nähernd alle Zöllner
und Sünder, ihn zu hören. [2]Und (es) murrten
sowohl die Pharisaier und die Schriftkundigen,
sagend: Dieser nimmt Sünder an und ißt mit
ihnen.

[12] Was dünkt euch?

Wenn es geschieht, (daß) einem Menschen hundert Schafe (gehören) und (es) verirrt sich eines von ihnen, wird er nicht verlassen die neunundneunzig auf den Bergen, und hingehend sucht er das verirrte? [13] Und wenn es geschieht, daß er es findet, amen, ich sage euch:

Er freut sich über es mehr als über die neunundneunzig, die nicht sich verirrten.

[14] So ist es nicht (der) Wille von eurem Vater in (den) Himmeln, daß verlorengehe eines dieser Kleinen.

[3] Er sprach aber zu ihnen dieses Gleichnis, sagend: [4] Welcher Mensch von euch, habend hundert Schafe und verlierend von ihnen eines, nicht läßt zurück die neunundneunzig in der Öde, und geht zu dem verlorenen, bis er es findet? [5] Und wenn er (es) gefunden hat, auflegt er (es) auf seine Schultern, sich freuend,

[6] und wenn er gekommen ist ins Haus, zusammenruft er die Freunde und die Nachbarn, sagend ihnen: Freut euch mit mir, weil ich fand mein Schaf, das verlorene. [7] Ich sage euch: So wird (mehr) Freude im Himmel sein über einen umkehrenden Sünder als über neunundneunzig Gerechte, welche nicht nötig haben eine Umkehr.

193. Das Gleichnis von der verlorenen Drachme

Lk 15,8–10

[8] Oder welche Frau, habend zehn Drachmen, wenn sie verliert eine Drachme, zündet nicht an eine Leuchte und fegt das Haus und sucht sorgfältig, bis daß sie findet? [9] Und wenn sie gefunden hat, zusammenruft sie die Freundinnen und Nachbarinnen, sagend: Freut euch mit mir, weil ich fand die Drachme, die ich verlor. [10] So, sage ich euch, entsteht Freude vor den Engeln Gottes über einen umkehrenden Sünder.

194. Das Gleichnis vom verlorenen Sohn (bzw. den verlorenen Söhnen)

Lk 15,11–32

[11] Er sprach aber: Ein Mensch hatte zwei Söhne. [12] Und (es) sprach der jüngere von ihnen zum Vater: Vater, gib mir den (mir) zufallenden Teil des Vermögens! Der aber zuteilte ihnen den Besitz. [13] Und nach nicht vielen Tagen sammelte alles der jüngere Sohn, verreiste in ein fernes Land, und dort verpraßte er sein Vermögen, liederlich lebend. [14] Als er aber verausgabt hatte alles, entstand eine starke Hungersnot über jenes Land, und er begann Mangel zu leiden. [15] Und gehend, anschloß er sich einem der Bürger jenes Landes, und er schickte ihn auf seine Äcker, zu weiden Schweine, [16] und er begehrte, sich zu sättigen von den Schoten, die die Schweine fraßen, und keiner gab (sie) ihm. [17] In sich gehend aber, sagte er: Wieviele Lohnarbeiter meines Vaters haben Überfluß an Broten, ich aber gehe an (der) Hungersnot hier zugrunde. [18] Aufgestanden, gehen werde ich zu meinem Vater und sagen werde ich ihm: Vater, ich sündigte gegen den Himmel und vor dir, [19] nicht mehr bin ich wert, gerufen zu werden dein Sohn; mache mich wie einen deiner Lohnarbeiter! [20] Und aufgestanden ging er zu seinem Vater. Noch als er aber weit entfernt war, sah ihn sein Vater und erbarmte sich, und laufend fiel er um seinen Hals, und abküßte er ihn. [21] (Es) sprach aber der Sohn zu ihm: Vater, ich sündigte gegen den Himmel und vor dir, nicht mehr bin ich wert, gerufen zu werden dein Sohn. [22] (Es) sprach aber der Vater zu seinen Sklaven: Schnell bringt heraus das erste Gewand und bekleidet ihn, und gebt einen Ring an seine Hand und Sandalen an die Füße, [23] und bringt das gemästete Kalb, schlachtet, und essend wollen wir feiern, [24] weil dieser mein Sohn tot war und auflebte, verloren war

und gefunden wurde. Und sie begannen zu feiern. [25](Es) war aber sein älterer Sohn auf (dem) Acker; und wie er, kommend, nahekam dem Haus, hörte er Musik und Reigen, [26]und herbeirufend einen der Knechte, erkundigte er sich, was dieses sei. [27]Der aber sprach zu ihm: Dein Bruder ist gekommen, und (es) schlachtete dein Vater das gemästete Kalb, weil gesund er ihn zurückempfing. [28]Zornig aber wurde er, und nicht wollte er hineingehen, sein Vater aber, herauskommend, bat ihn. [29]Der aber antwortend sprach zu seinem Vater: Siehe, soviele Jahre diene ich dir und niemals überging ich dein Gebot, und mir gabst du niemals einen Bock, damit mit meinen Freunden ich feiere; [30]als aber dieser dein Sohn, der auffressende deinen Besitz mit Dirnen, kam, schlachtetest du ihm das gemästete Kalb. [31]Der aber sprach zu ihm: Kind, du bist allzeit bei mir, und alles Meine ist dein; [32]feiern aber und sich freuen mußte man, weil dieser dein Bruder tot war und auflebte, und verloren (war) und gefunden wurde.

195. Das Gleichnis vom ungerechten Verwalter

Lk 16,1–13

[1]Er sagte aber auch zu den Schülern: Ein Mensch war reich; der hatte einen Verwalter, und dieser wurde ihm verklagt als zerstreuend seinen Besitz. [2]Und rufend ihn, sprach er zu ihm: Was höre ich dies über dich? Gib die Rechenschaft ab über deine Verwaltung, denn nicht kannst du noch (länger) verwalten. [3](Es) sprach aber bei sich der Verwalter: Was werde ich tun, weil mein Herr wegnimmt die Verwaltung von mir? Graben kann ich nicht, zu betteln schäme ich mich. [4]Ich erkannte, was ich tun werde, damit, wann ich entfernt werde aus der Verwaltung, sie mich aufnehmen in ihre Häuser. [5]Und herbeirufend einzeln jeden der Schuldner seines Herrn, sagte er dem ersten: Wieviel schuldest du meinem Herrn? [6]Der aber sprach: Hundert Bat Öl. Der aber sprach zu ihm: Nimm deine Schriften und, dich setzend, schnell schreibe fünfzig! [7]Danach zu einem anderen sprach er: Du aber, wieviel schuldest du? Der aber sprach: Hundert Kor Weizen. Er sagt ihm: Nimm deine Schriften und schreibe achtzig. [8]Und es lobte der Herr den Verwalter der Ungerechtigkeit, weil klug er handelte; denn die Söhne dieses Aions sind klüger als die Söhne des Lichts in ihrer eigenen Art. [9]Und ich sage euch, macht euch Freunde aus dem Mammon der Ungerechtigkeit, damit, wann es aufhört, sie euch aufnehmen in die ewigen Zelte.
[10]Der Treue im Geringsten, auch im Vielen ist er treu, und der im Geringsten Ungerechte, auch im Vielen ist er ungerecht. [11]Wenn ihr nun im ungerechten Mammon nicht treu wart, wer wird das Wahre euch anvertrauen? [12]Und wenn ihr im Fremden nicht treu wart, wer wird das Eure euch geben?

Mt 6,24 (Nr. 55):	
[24]Keiner kann zwei Herren dienen; denn entweder den einen wird er hassen, und den anderen wird er lieben, oder er wird an den einen sich halten, und den anderen wird er verachten. Nicht könnt ihr Gott dienen und (dem) Mammon.	[13]Kein Hausdiener kann zwei Herren dienen; denn entweder den einen wird er hassen, und den anderen wird er lieben, oder er wird an den einen sich halten, und den anderen wird er verachten. Nicht könnt ihr Gott dienen und (dem) Mammon.

196. Von der Selbstgerechtigkeit der Pharisaier

Lk 16,14–15

[14](Es) hörten aber dieses alles die Pharisaier, die geldgierig sind, und sie verhöhnten ihn. [15]Und er sprach zu ihnen: Ihr seid die sich selbst Gerechtsprechenden vor den Menschen, Gott aber erkennt eure Herzen; denn das bei Menschen Hohe, ein Greuel (ist es) vor Gott.

197. Geltung des Gesetzes und Ehescheidung

Mt 11,12–13 (Nr. 98):

Lk 16,16–18

[12] Von den Tagen aber (des) Johannes des Täufers bis jetzt wird das Königtum der Himmel vergewaltigt, und Gewalttätige reißen es (an sich). [13] Denn alle Propheten und das Gesetz bis zu Johannes prophezeiten.   Mt 5,18 (Nr. 42):

[16] Das Gesetz und die Propheten (galten) bis Johannes;   von da (an) wird das Königtum Gottes (als Evangelium) verkündet, und jeder dringt gewalttätig in es.

[18] Amen, denn ich sage euch: Bis vergeht der Himmel und die Erde, nicht ein einziges Jota oder ein einziges Häkchen vergeht vom Gesetz, bis alles geschieht.   Mt 5,32 (Nr. 45):

[17] Leichter aber ist, daß der Himmel und die Erde vergehen, als daß ein einziges Häkchen des Gesetzes (weg-) fällt.

[32] Ich aber sage euch: Jeder Entlassende seine Frau, ausgenommen aufgrund von Unzucht, macht, daß zum Ehebruch sie genommen wird, und wer immer eine Entlassene heiratet, bricht die Ehe. *

[18] Jeder Entlassende seine Frau und Heiratende eine andere bricht die Ehe, und der eine vom Mann Entlassene Heiratende bricht die Ehe.

---

* Mt 19,9 (Nr. 209):
Ich sage euch aber: Wer immer entläßt seine Frau – nicht bei Unzucht – und heiratet eine andere, bricht die Ehe.

Mk 10,11–12 (Nr. 209):
[11] Und er sagt ihnen: Wer immer entläßt seine Frau und heiratet eine andere, bricht die Ehe gegen sie; [12] und wenn sie, entlassend ihren Mann, heiratet einen anderen, bricht sie die Ehe.

198. Gleichnis von einem Reichen und dem armen Lazaros

Lk 16,19–31

[19] Ein Mensch aber war reich, und er zog sich an Purpurgewand und Feinleinen, feiernd täglich glänzend. [20] Ein Armer aber mit Namen Lazaros war hingeworfen vor sein Tor, geschwürig [21] und begehrend, sich zu sättigen vom Fallenden vom Tisch des Reichen; aber auch die Hunde, kommend, beleckten seine Geschwüre. [22] Es geschah aber, daß der Arme starb und daß er fortgetragen wurde von den Engeln in den Schoß Abrahams; (es) starb aber auch der Reiche, und er wurde begraben. [23] Und im Hades erhebend seine Augen, (denn) er war in Qualen, sieht er Abraham von weitem und Lazaros in seinem Schoß. [24] Und rufend sprach er: Vater Abraham, erbarme dich meiner und schick Lazaros, damit er tauche die Spitze seines Fingers in Wasser und abkühle meine Zunge, weil ich leide in dieser Flamme. [25] (Es) sprach aber Abraham: Kind, gedenke, daß du empfingst deine Güter in deinem Leben, und Lazaros gleicherweise die Übel; jetzt aber wird er hier getröstet, du aber leidest. [26] Und zu allem diesem ist zwischen uns und euch eine große Kluft aufgerichtet, auf daß die hinübergehen Wollenden von hier zu euch, (es) nicht können, noch von dort zu uns sie durchgelangen. [27] Er sprach aber: Ich bitte dich nun, Vater, daß du ihn schickst ins Haus meines Vaters, [28] denn ich habe fünf Brüder, auf daß er ihnen bezeuge, damit nicht auch sie kommen in diesen Ort der Qual. [29] (Es) sagt aber Abraham: Sie haben Moyses und die Propheten; hören sollen sie sie. [30] Der aber sprach: Nein, Vater Abraham, doch wenn einer von den Toten kommt zu ihnen, umkehren werden sie. [31] Er aber sprach zu ihm: Wenn Moyses und die Propheten sie nicht hören, auch nicht, wenn einer aus Toten aufsteht, werden sie überzeugt werden.

199. Warnung vor dem Anstoßgeben

Mt 18,6–7 (Nr. 152):

6 Wer aber immer Anstoß gibt einem   dieser Kleinen, der Glaubenden an mich,
                    zukommt
ihm   , daß umgehängt würde ein Eselsmühlstein um seinen Nacken und er versenkt würde in der Tiefe des Meeres.

7 Wehe der Welt wegen der Ärgernisse; denn (die) Notwendigkeit (besteht), daß die Ärgernisse kommen, jedoch wehe dem Menschen, durch den das Ärgernis kommt.

Mk 9,42 (Nr. 152):

42 Und wer immer Anstoß gibt einem einzigen dieser Kleinen, der Glaubenden [an mich],
        besser wäre es für ihn mehr, wenn ein Eselsmühlstein umgelegt wäre um seinen Nacken und er geworfen wäre ins Meer.

Lk 17,1–3a

1 Er sprach aber zu seinen Schülern: Unmöglich ist, daß die Ärgernisse nicht kommen, jedoch wehe, durch den sie kommen; **2** besser wäre für ihn   , wenn ein Mühlstein umgelegt wäre um seinen Nacken und er geworfen wäre ins Meer, als daß er Anstoß gibt einem einzigen dieser Kleinen.
3a Nehmt euch in acht!

vgl. V 1

200. Verhalten gegen den sündigen Bruder

Mt 18,15 (Nr. 155):

15 Wenn aber gesündigt hat [gegen dich] dein Bruder, geh fort, überführe ihn zwischen dir und ihm allein. Wenn er dich hört, gewannst du deinen Bruder.

Mt 18,21–22 (Nr. 157):
21 Dann hinkommend sprach Petros zu ihm: Herr, wie oft wird sündigen gegen mich mein Bruder, und ich werde ihm erlassen? Bis siebenmal? **22** (Es) sagt ihm Jesus: Nicht sage ich dir: bis siebenmal, sondern bis siebzigmal sieben.

Lk 17,3b–4

3b Wenn   sündigt   dein Bruder,   fahre ihn an, und wenn er umkehrt, erlasse ihm!

4 Und wenn siebenmal des Tags er sündigt gegen dich und siebenmal sich hinwendet zu dir, sagend: Ich kehre um, erlassen sollst du ihm!

201. Vom Glauben

Mt 17,20 (Nr. 147)

20 Der aber sagt ihnen: Wegen eures Kleinglaubens, amen, denn ich sage euch: Wenn ihr habt einen Glauben wie ein Senfkorn, werdet ihr sagen diesem Berg:

Lk 17,5–6

5 Und (es) sprachen die Apostel zum Herrn: Verleihe uns Glauben! **6** (Es) sprach aber der Herr: Wenn ihr habt einen Glauben wie ein Senfkorn, sagen würdet ihr [diesem] Maulbeerfeigen-

Geh fort von hier nach dort, und fortgehen wird er; und nichts wird euch unmöglich sein. *

baum: Werde entwurzelt und gepflanzt im Meer! Und gehorchen würde er euch. *

---

* Mt 21,21 (Nr. 223):
Antwortend aber sprach Jesus zu ihnen:

Amen, ich sage euch: Wenn ihr habt Glauben und nicht zweifelt, nicht allein das des Feigenbaumes werdet ihr tun, sondern auch wenn zu diesem Berg ihr sprecht: Werde weggetragen und werde geworfen ins Meer,

werden wird er (es).

Mk 11,22–23 (Nr. 223):
[22] Und antwortend sagt ihnen Jesus: Habt Glauben an Gott! [23] Amen, ich sage euch:

Wer immer spricht zu diesem Berg: Werde weggetragen und werde geworfen ins Meer, und nicht zweifelt in seinem Herzen, sondern glaubt, daß, was er redet, geschieht, zuteil wird es ihm.

202. Das Gleichnis vom Sklaven

Lk 17,7–10

[7] Wer aber von euch, habend einen Sklaven pflügend oder weidend, wird, wenn er hereinkommt vom Acker, ihm sagen: Sogleich herkommend, leg dich (zu Tisch)! [8] Sondern wird er nicht ihm sagen: Bereite, was ich speisen werde, und dich umgürtend bediene mich, solange ich esse und trinke, und danach wirst du essen und trinken? [9] Hat er etwa Dank dem Sklaven, weil er tat das Angeordnete? [10] So auch ihr, wann ihr tatet alles euch Angeordnete, sagt: Unnütze Sklaven sind wir; was wir schuldeten zu tun, haben wir getan.

203. Heilung der zehn Aussätzigen

Lk 17,11–19

[11] Und es geschah beim Gehen nach Jerusalem, daß er durchzog mitten durch Samareia und Galilaia. [12] Und als er hineinkam in ein Dorf, begegneten [ihm] zehn aussätzige Männer, die stehenblieben von weitem, [13] und sie erhoben (die) Stimme, sagend: Jesus, Meister, erbarme dich unser! [14] Und sehend (sie), sprach er zu ihnen: Geht, zeigt euch den Priestern! Und es geschah, bei ihrem Fortgehen wurden sie rein. [15] Einer aber von ihnen, sehend, daß er geheilt wurde, kehrte zurück, mit lauter Stimme verherrlichend Gott, [16] und er fiel aufs Gesicht vor seinen Füßen, dankend ihm; und er war ein Samariter. [17] Antwortend aber sprach Jesus: Wurden nicht die zehn rein? Wo aber (sind) die neun? [18] Nicht fanden sich (welche), zurückkehrend, Gott die Ehre zu geben, außer dieser Fremdstämmige? [19] Und er sprach zu ihm: Aufstehend geh! Dein Glaube hat dich gerettet.

204. Vom Kommen des Königtums Gottes

Lk 17,20–21

[20] Befragt aber von den Pharisaiern, wann das Königtum Gottes kommt, antwortete er ihnen und sprach: Nicht kommt das Königtum Gottes unter Beobachtung, [21] auch werden sie nicht sagen: Siehe, hier! oder: Dort! Denn siehe, das Königtum Gottes ist unter euch.

205. Das Kommen des Sohnes des Menschen

Mt 24,26–27 (Nr. 237):

Lk 17,22–37

²⁶Wenn sie also sprechen zu euch: Siehe   , in der Öde ist er, geht nicht hinaus! Siehe, in den Kammern, glaubt (es) nicht! ²⁷Denn wie der Blitz ausgeht von Osten und scheint bis Westen,

so wird sein die Ankunft des Sohnes des Menschen.

²²Er sprach aber zu den Schülern: Kommen werden Tage, da ihr begehren werdet, einen der Tage des Sohnes des Menschen zu sehen, und nicht werdet ihr sehen. ²³Und sagen werden sie euch: Siehe dort! [oder:] Siehe hier! Geht nicht hin   und folgt nicht! ²⁴Denn wie der Blitz, blitzend, vom (einen Ende) unter dem Himmel bis zum (anderen Ende) unterm Himmel leuchtet, so wird sein   der Sohn des Menschen [an seinem Tag]. * ²⁵Zuerst aber muß er vieles leiden und verworfen werden von diesem Geschlecht. **

Mt 24,37–39 (Nr. 242):
³⁷Denn   wie   die Tage des Noe, so wird sein die Ankunft des Sohnes des Menschen. ³⁸Denn wie sie waren in [jenen] Tagen vor der Sintflut essend und trinkend, heiratend und verheiratend, bis zu (dem) Tag, an dem hineinging Noe in die Arche ³⁹und sie (es) nicht erkannten, bis die Sintflut kam und wegtrug alle;

²⁶Und gleichwie es geschah in den Tagen Noes, so wird es sein in den Tagen des Sohnes des Menschen:

²⁷Sie aßen, sie tranken, sie heirateten, sie wurden verheiratet, bis zu (dem) Tag, an dem hineinging Noe in die Arche   und die Sintflut kam und alle vernichtete. ²⁸Gleicherweise gleichwie es geschah in den Tagen Lots: Sie aßen, sie tranken, sie kauften, sie verkauften, sie pflanzten, sie bauten; ²⁹an (dem) Tag aber, an dem Lot herausging von Sodoma, regnete Feuer und Schwefel vom Himmel und vernichtete alle. ³⁰Genauso wird es sein am Tag, an dem der Sohn des Menschen offenbart wird. ³¹An jenem Tag, wer sein wird auf dem Dach und seine Sachen im Haus (hat), nicht soll er herabsteigen, sie wegzutragen, und der im Acker gleicherweise, nicht soll er zurückkehren nach hinten. *** ³²Erinnert euch der Frau Lots! ³³Wer immer sucht sein Leben sich zu erhalten, verlieren wird er es, wer aber immer (es) verliert,   lebendigerhalten wird er es. ****

so   wird sein [auch] die Ankunft des Sohnes des Menschen.

Mt 10,39 (Nr. 95):
³⁹Der   sein Leben Findende, verlieren wird er es, und der   sein Leben Verlierende wegen meiner, finden wird er es. ****
Mt 24,40–41 (Nr. 242):
⁴⁰Dann werden sein zwei auf dem Acker,   einer wird mitgenommen   und   einer wird (zurück-) gelassen; ⁴¹(es werden sein) zwei Mahlende an der Mühle,   eine wird mitgenommen   und   eine wird (zurück)gelassen.
Mt 24,28 (Nr. 237):
²⁸wo immer ist die Leiche, dort werden sich versammeln die Geier.

³⁴Ich sage euch, in dieser Nacht werden sein zwei auf einem Bett, der eine wird mitgenommen werden, und der andere wird (zurück-) gelassen werden; ³⁵(es) werden sein zwei Mahlende an demselben (Ort), die eine wird mitgenommen werden, die andere aber wird (zurück)gelassen werden. #
³⁷Und antwortend sagen sie ihm: Wo, Herr? Der aber sprach zu ihnen: Wo der Leib (ist), dort auch werden die Geier sich versammeln.

V 36 ist aus Mt 24,40 eingedrungen

* Mt 24,23–25 (Nr. 237):

²³Dann, wenn einer zu euch spricht: Siehe, hier (ist) der Christos! oder: Hier!, glaubt (es) nicht! ²⁴Denn aufstehen werden Lügenchristosse und Lügenpropheten, und geben werden sie große Zeichen und Wunder, so daß sie irreführen, wenn möglich, auch die Auserwählten. ²⁵Siehe, vorhergesagt habe ich (es) euch.

Mk 13,21–23 (Nr. 237):

²¹Und dann, wenn einer zu euch spricht: Sieh, hier (ist) der Christos, sieh, dort!, glaubt (es) nicht! ²²Denn aufstehen werden Lügenchristosse und Lügenpropheten, und geben werden sie Zeichen und Wunder, um irrezuführen, wenn möglich, die Auserwählten. ²³Ihr aber seht (zu)! Vorhergesagt habe ich euch alles.

** Mt 16,21 (Nr. 143):

Von da (an) begann Jesus zu zeigen seinen Schülern, daß er müsse nach Hierosolyma hingehen und vieles leiden von den Ältesten und Hochpriestern und Schriftkundigen und getötet werden und am dritten Tag erweckt werden.

Mk 8,31 (Nr. 143):

Und er begann zu lehren sie: (Es) muß der Sohn des Menschen vieles leiden und verworfen werden von den Ältesten und den Hochpriestern und den Schriftkundigen und getötet werden und nach drei Tagen aufstehen.

Lk 9,22 (Nr. 143):

Er sprach: (Es) muß der Sohn des Menschen vieles leiden und verworfen werden von den Ältesten und Hochpriestern und Schriftkundigen und getötet werden und am dritten Tag erweckt werden.

*** Mt 24,17–18 (Nr. 237):

¹⁷Der auf dem Dach soll nicht herabsteigen, wegzutragen die (Dinge) aus seinem Haus, ¹⁸und der auf dem Acker soll nicht zurückkehren nach hinten, wegzutragen sein Gewand.

Mk 13,15–16 (Nr. 237):

¹⁵Der auf dem Dach [aber] soll nicht herabsteigen und nicht hineingehen, wegzutragen etwas aus seinem Haus, ¹⁶und der auf dem Acker soll nicht umkehren nach hinten, zu holen sein Gewand.

**** Mt 16,25 (Nr. 144):

²⁵Denn wer immer will sein Leben retten, verlieren wird er es; wer aber immer verliert sein Leben wegen meiner, finden wird er es.

Mk 8,35 (Nr. 144):

³⁵Denn wer immer will sein Leben retten, verlieren wird er es; wer aber verlieren wird sein Leben wegen meiner und des Evangeliums, retten wird er es.

Lk 9,24 (Nr. 144):

Denn wer immer will sein Leben retten, verlieren wird er es; wer aber immer verliert sein Leben wegen meiner, dieser wird es retten.

Joh 12,25: Der Liebende sein Leben verliert es, und der Hassende sein Leben in dieser Welt, zum ewigen Leben wird er es bewahren.

206. Das Gleichnis vom Richter und von der Witwe

Lk 18,1–8

¹Er sagte aber ein Gleichnis ihnen bezüglich der Notwendigkeit, daß sie allzeit beten und nicht ermüden, ²sagend: Ein Richter war in einer Stadt, Gott nicht fürchtend und sich vor einem Menschen nicht scheuend. ³Eine Witwe aber war in jener Stadt und kam zu ihm, sagend: Recht verschaffe mir vor meinem Widersacher! ⁴Und nicht wollte er für (einige) Zeit. Danach aber sprach er bei sich: Wenn auch Gott ich nicht fürchte noch vor einem Menschen ich mich scheue, ⁵weil jedoch mir Mühe bereitet diese Witwe, werde ich Recht verschaffen ihr, damit nicht am Ende sie, kommend, mir ins Gesicht schlägt. ⁶(Es) sprach aber der Herr: Hört, was der Richter der Ungerechtigkeit sagt! ⁷Gott aber, wird er nicht schaffen das Recht seiner Auserwählten, der rufenden zu ihm tags und nachts, und großmütig sein gegen sie? ⁸Ich sage euch: Schaffen wird er ihr Recht in Kürze. Jedoch der Sohn des Menschen, wird er wohl kommend finden den Glauben auf der Erde?

207. Das Gleichnis vom Pharisaier und vom Zöllner

Lk 18,9–14

[9]Er sprach aber zu einigen Vertrauenden auf sich selbst, daß sie sind Gerechte, und Verachtenden die übrigen, dieses Gleichnis: [10]Zwei Menschen hinaufstiegen zum Heiligtum zu beten, der eine ein Pharisaier und der andere ein Zöllner. [11]Der Pharisaier, sich hinstellend, betete bei sich dieses: Gott, ich danke dir, daß nicht ich bin wie die übrigen der Menschen, Räuber, Ungerechte, Ehebrecher, oder auch wie dieser Zöllner; [12]ich faste zweimal die Woche, ich verzehnte alles, wieviel ich erwerbe. [13]Der Zöllner aber, von weitem stehend, nicht wollte die Augen erheben zum Himmel, sondern er schlug seine Brust, sagend: Gott, sei gnädig mir, dem Sünder! [14]Ich sage euch, hinabstieg dieser gerechtfertigt in sein Haus in Vergleich zu jenem; denn jeder Erhöhende sich selbst wird erniedrigt werden, der aber Erniedrigende sich selbst wird erhöht werden. *

---

* Mt 23,12 (Nr. 232):
Wer aber erhöhen wird sich selbst,
erniedrigt werden wird er, und wer erniedrigen
wird sich selbst, erhöht werden wird er.

Lk 14,11 (Nr. 188):
Denn jeder Erhöhende sich selbst
wird erniedrigt werden, und der Erniedrigende
sich selbst wird erhöht werden.

Wirksamkeit in der Judaia

208. Jesu Aufbruch von der Galilaia in die Judaia

Mt 19,1–2

[1]Und es geschah, als Jesus beendete diese Worte, aufbrach er von der Galilaia, und er kam in die Gebiete der Judaia jenseits des Jordanes. [2]Und es folgten ihm viele Volksmengen,

und er heilte sie dort.

Mk 10,1

[1]Und von dort, aufstehend, kommt er in die Gebiete der Judaia [und] jenseits des Jordanes, und zusammenkommen wieder Volksmengen zu ihm, und wie er gewohnt war, wieder lehrte er sie.

209. Von Ehescheidung und Ehelosigkeit

Mt 19,3–12

[3]Und hinzukamen zu ihm Pharisaier, versuchend ihn und sagend: Ob es erlaubt ist einem Menschen, zu entlassen seine Frau aus jedem Grund? [4]Der aber antwortend sprach:
vgl. VV 7–8

Nicht last ihr, daß der Erschaffende von Anfang   (an)
Gen 1,27; 5,2 *männlich und weiblich machte   sie?*
[5]Und er sprach: *Dessentwegen wird zurücklas-*

Mk 10,2–12

[2]Und hinzukommende Pharisaier befragten ihn   , ob es erlaubt ist einem Mann, (seine) Frau zu entlassen – versuchend ihn. [3]Der aber antwortend sprach zu ihnen: Was gebot euch Moyses? [4]Die aber sprachen: (Es) erlaubte Moyses, einen Scheidebrief zu schreiben und zu entlassen. [5]Jesus aber sprach zu ihnen: Wegen eurer Hartherzigkeit schrieb er euch dieses Gebot.
[6]Von Anfang (der) Schöpfung (an) aber *männlich und weiblich machte er sie;*
[7]*dessentwegen wird zurücklas-*

sen ein Mensch den Vater und die Mutter, und anschließen wird er sich   seiner Frau, und (es) werden sein die zwei zu einem Fleisch. **6**Daher nicht mehr sind sie zwei, sondern ein Fleisch. Was nun Gott zusammenjochte, soll ein Mensch nicht trennen. **7**Sie sagen ihm: Warum nun gebot Moyses, einen Scheidebrief zu geben und [sie] zu entlassen? **8**Er sagt ihnen: Moyses erlaubte euch wegen eurer Hartherzigkeit, eure Frauen zu entlassen; von Anfang (an) aber ist es nicht gewesen so. **9**Ich sage euch aber: Wer immer entläßt seine Frau – nicht bei Unzucht – und heiratet eine andere, bricht die Ehe. *

10(Es) sagen ihm [seine] Schüler: Wenn so ist die Sache des Menschen mit der Frau, ist es nicht nützlich zu heiraten. **11**Der aber sprach zu ihnen: Nicht alle fassen [dieses] Wort, sondern (die), denen es gegeben ist. **12**Denn (es) sind Verschnittene, welche aus (dem) Mutterleib geboren wurden so, und (es) sind Verschnittene, welche verschnitten wurden von den Menschen, und (es) sind Verschnittene, welche sich selbst verschnitten wegen des Königtums der Himmel. Der fassen Könnende soll (es) fassen!

sen ein Mensch seinen Vater und die Mutter [und anschließen wird er sich an seine Frau], **8**und (es) werden sein die zwei zu einem Fleisch; daher nicht mehr sind sie zwei, sondern ein Fleisch. **9**Was nun Gott zusammenjochte, soll ein Mensch nicht trennen.

Gen 2,24 (G)

vgl. VV 4–5

10Und im Haus wieder befragten ihn die Schüler über dies. **11**Und er sagt ihnen : Wer immer entläßt seine Frau und heiratet eine andere, bricht die Ehe gegen sie; * **12**und wenn sie, entlassend ihren Mann, heiratet einen anderen, bricht sie die Ehe.

---

* Mt 5,32 (Nr. 45):
Jeder Entlassende seine Frau – ausgenommen aufgrund von Unzucht – macht, daß zum Ehebruch sie genommen wird, und wer immer eine   Entlassene heiratet, bricht die Ehe.

Lk 16,18 (Nr. 197):
Jeder Entlassende seine Frau und Heiratende eine andere bricht die Ehe, und der   eine vom Mann Entlassene Heiratende bricht die Ehe.

210. Segnung der Kinder

Mt 19,13–15	Mk 10,13–16	Lk 18,15–17
13Da wurden hingebracht zu ihm Kinder, damit er die Hände auflege ihnen und bete; die Schüler aber fuhren sie an.	**13**Und hinbrachten sie zu ihm Kinder, damit er sie berühre; die Schüler aber fuhren sie an. **14**(Es) sehend aber, wurde Jesus unwillig und sprach zu ihnen: Laßt die Kinder kommen zu mir, hindert sie nicht,	**15**Hinbrachten sie aber zu ihm auch die Säuglinge, damit er sie berühre; sehend aber (das) die Schüler, fuhren sie sie an.
14Jesus aber sprach: Laßt die Kinder und hindert sie nicht, zu kommen zu mir; denn solcher ist das Königtum der Himmel.		**16**Jesus aber herbeirief sie, sagend : Laßt die Kinder kommen zu mir und hindert sie nicht,
Mt 18,3 (Nr. 150):	denn solcher ist das Königtum Gottes!	denn solcher ist das Königtum Gottes!
Amen, ich sage euch: Wenn	**15**Amen, ich sage euch : Wer	**17**Amen, ich sage euch: Wer

ihr euch nicht umwendet und werdet wie die Kinder, nicht kommt ihr hinein ins Königtum der Himmel. * ^15Und als er ihnen die Hände aufgelegt hatte, ging er von dort.	immer nicht aufnimmt das Königtum Gottes wie ein Kind, nicht kommt er hinein in es. * ^16Und umarmend sie, segnete er (sie), legend die Hände auf sie.	immer nicht aufnimmt das Königtum Gottes wie ein Kind, nicht kommt er hinein in es.

* Joh 3,3.5: ^3(Es) antwortete Jesus und sprach zu ihm: Amen amen, ich sage dir, wenn nicht einer geboren wird von oben, nicht kann er sehen das Königtum Gottes.
^5(Es) antwortete Jesus: Amen, amen, ich sage dir, wenn nicht einer geboren wird aus Wasser und Geist, nicht kann er hineinkommen ins Königtum Gottes.

211. Von Reichtum und Nachfolge

Mt 19,16–30	Mk 10,17–31	Lk 18,18–30
^16Und siehe, einer hinzukommend sprach zu ihm: Lehrer, was Gutes soll ich tun, damit ich habe ewiges Leben? ^17Der aber sprach zu ihm : Was fragst du mich über das Gute? Einer ist der Gute; wenn du aber willst ins Leben hineingehen, bewahre die Gebote! ^18Er sagt ihm: Welche? Jesus aber sprach: Das: *Nicht sollst du morden, nicht sollst du ehebrechen, nicht sollst du stehlen, nicht sollst du falschzeugen,* ^19*ehre den Vater und die Mutter,* und *lieben sollst du deinen Nächsten wie dich selbst.* ^20(Es) sagt ihm der junge Mann: Dieses alles hielt ich, wessen noch ermangle ich? ^21(Es) sagte ihm Jesus: Wenn du willst vollkommen sein, geh fort, verkaufe deinen Besitz und gib (ihn) [den] Armen, und du wirst haben einen Schatz in (den) Himmeln, und auf, folge	^17Und als er sich auf (den) Weg machte, herbeilaufend einer und auf die Knie fallend vor ihm, befragte er ihn: Guter Lehrer, was soll ich tun, damit ewiges Leben ich erbe? ^18Jesus aber sprach zu ihm : Was nennst du mich gut? Keiner (ist) gut, wenn nicht einer, Gott. ^19Die Gebote kennst du: *Nicht sollst du morden, nicht sollst du ehebrechen, nicht sollst du stehlen, nicht sollst du falschzeugen, nicht sollst du berauben, ehre deinen Vater und die Mutter.* ^20Der aber sagte ihm: Lehrer, dieses alles hielt ich seit meiner Jugend. ^21Jesus aber, anschauend ihn, liebte ihn und sprach zu ihm: Eines mangelt dir: Geh fort, wieviel du hast, verkaufe und gib (es) [den] Armen, und du wirst haben einen Schatz im Himmel, und auf, folge	^18Und (es) befragte ihn ein Vorsteher, sagend: Guter Lehrer, was tuend werde ich ewiges Leben erben? ^19(Es) sprach aber zu ihm Jesus: Was nennst du mich gut? Keiner (ist) gut, wenn nicht einer, Gott. ^20Die Gebote kennst du: *Nicht sollst du ehebrechen, nicht sollst du morden, nicht sollst du stehlen, nicht sollst du falschzeugen, ehre deinen Vater und die Mutter.* ^21Der aber sprach: Dieses alles hielt ich seit (meiner) Jugend. ^22(Es) hörend aber sprach Jesus zu ihm: Noch eines fehlt dir: Alles, wieviel du hast, verkaufe und verteile (es den) Armen, und du wirst haben einen Schatz in [den] Himmeln, und auf, folge

Marginal references (Mt column):
Ex 20,12–16
Dtn 5,16–20
Sir 4,1(G)
Lev 19,18

mir! [22] Hörend aber der
junge Mann das Wort,
wegging er betrübt; denn
er hatte viele Güter.

[23] Jesus aber sprach
zu seinen Schülern: Amen,
ich sage euch: Ein Reicher
wird schwer hineingehen ins
Königtum der Himmel!

[24] Wieder sa-
ge ich euch aber:

Müheloser ist es,
daß ein Kamel durch (das)
Loch einer Nadel hindurchgeht, als daß ein Reicher hin-
einkommt ins Königtum Gottes. [25] (Es) hörend aber die
Schüler, gerieten sie außer sich
sehr, sagend : Wer also
kann gerettet werden? [26] (Sie)
anschauend aber, sprach Jesus zu ihnen: Bei Menschen
ist dies unmöglich,
bei Gott aber (ist) alles
möglich.
[27] Da, antwortend sprach
Petros zu ihm: Siehe, wir
verließen alles und folgten
dir. Was also wird sein mit
uns? [28] Jesus aber sprach zu
ihnen: Amen, ich sage euch:
Ihr, die mir
Folgenden,

bei der Wiedergeburt, wann
sich setzt der Sohn des Menschen auf den Thron seiner
Herrlichkeit,

werdet auch ihr sitzen
auf zwölf Thronen, richtend
die zwölf Stämme Israels.
[29] Und jeder, welcher verließ
Häuser oder Brüder oder
Schwestern oder Vater oder
Mutter oder Kinder oder
Äcker wegen meines Na-
mens,

mir! [22] Der aber, entsetzt
über das Wort,
wegging betrübt; denn
er hatte viele Güter.
[23] Und herumschauend sagt
Jesus seinen Schülern:

Wie schwer werden die
die Güter Habenden ins
Königtum Gottes hin-
eingehen! [24] Die Schüler aber
erschraken bei seinen Worten. Jesus aber, wieder antwortend, sagt ihnen: Kinder,
wie schwer ist es, ins
Königtum Gottes hineinzu-
gehen; [25] müheloser ist es,
daß ein Kamel durch [das]
Loch [der] Nadel hindurchgeht, als daß ein Reicher ins
Königtum Gottes hinein-
geht. [26] Die aber
gerieten übermäßig außer sich,
sagend zu sich: Und wer
kann gerettet werden? [27] Anschauend sie , sagt
Jesus : Bei Menschen
(ist es) unmöglich, doch nicht
bei Gott; denn alles (ist)
möglich bei Gott.
[28] (Es) begann zu sagen ihm
Petros : Siehe, wir
verließen alles und sind dir
gefolgt.
[29] (Es) sagte Jesus:
Amen, ich sage euch,

keiner ist, der verließ
Haus oder Brüder oder
Schwestern oder Mutter oder
Vater oder Kinder oder Äcker
wegen meiner und wegen des
Evangeliums,

mir! [23] Der aber, hörend
dieses,
wurde ganz betrübt; denn
er war sehr reich.
[24] Sehend aber ihn [ganz betrübt geworden], sprach Jesus: Wie schwer gehen die
die Güter Habenden ins
Königtum Gottes hin-
ein;

[25] denn müheloser ist es,
daß ein Kamel durch (die)
Öffnung einer Nadel hineingeht, als daß ein Reicher ins
Königtum Gottes hinein-
geht. [26] (Es) sprachen aber
die (es) Hörenden:
Und wer
kann gerettet werden? [27] Der
aber sprach:

Das Unmögliche bei Men-
schen,
möglich ist es bei Gott.
[28] Es) sprach aber
Petros : Siehe, wir,
verlassend das Eigene, folgten
dir!
[29] Der aber sprach zu
ihnen: Amen, ich sage euch:
22,28–30 (Nr. 254): [28] Ihr aber seid
die, die verblieben sind
bei mir in meinen Versuchun-
gen; [29] und ich vermache
euch, gleichwie mir vermach-
te mein Vater ein Königtum,
[30] damit ihr eßt und trinkt an
meinem Tisch in meinem Königtum, und sitzen werdet ihr
auf Thronen, die zwölf
Stämme Israels richtend.
Keiner ist, der verließ
Haus oder Frau oder Brüder
oder Eltern
oder Kinder
wegen des
Königtums Gottes, [30] der

Hundertfaches wird er empfangen,	³⁰ohne daß er empfängt Hundertfaches: jetzt in dieser Zeit Häuser und Brüder und Schwestern und Mütter und Kinder und Äcker unter Verfolgungen, und im kommenden Aion ewiges Leben.	nicht [zurück]empfängt ein Vielfaches in dieser Zeit
und ewiges Leben wird er erben.		und im kommenden Aion ewiges Leben. 13,30 (Nr. 184): Und siehe, es sind Letzte, die sein werden Erste, und es sind Erste, die sein werden Letzte.
³⁰Viele Erste aber werden sein Letzte und Letzte Erste.	³¹Viele Erste aber werden sein Letzte und [die] Letzte[n] Erste.	

212. Das Gleichnis von den Arbeitern im Weinberg

Mt 20,1–16

¹Denn gleich ist das Königtum der Himmel einem Menschen, einem Hausherrn, welcher herauskam gleich (in der) Frühe, zu mieten Arbeiter in seinen Weinberg. ²Übereinkommend aber mit den Arbeitern auf einen Denar den Tag, schickte er sie in seinen Weinberg. ³Und herauskommend um (die) dritte Stunde, sah er andere untätig stehend auf dem Markt, ⁴und zu jenen sprach er: Geht auch ihr fort in den Weinberg, und was immer gerecht ist, werde ich euch geben! ⁵Die aber gingen hin. Wieder [aber] herauskommend um (die) sechste und neunte Stunde, tat er ebenso. ⁶Um die elfte aber herauskommend, fand er andere stehend, und er sagt ihnen: Was seid ihr hier gestanden den ganzen Tag untätig? ⁷Sie sagen ihm: Weil keiner uns mietete. Er sagt ihnen. Geht auch ihr fort in den Weinberg! ⁸Als es aber Abend geworden war, sagt der Herr des Weinbergs seinem Verwalter: Ruf die Arbeiter und erstatte ihnen den Lohn, beginnend bei den Letzten bis zu den Ersten! ⁹Und kommend die um die elfte Stunde, empfingen sie je einen Denar. ¹⁰Und kommend meinten die Ersten, daß mehr sie empfingen; und (es) empfingen [den] je einen Denar auch sie. ¹¹Empfangend aber murrten sie gegen den Hausherrn, ¹²sagend: Diese Letzten arbeiteten eine einzige Stunde, und gleich machtest du sie uns, die wir trugen die Last des Tages und die Hitze. ¹³Der aber, antwortend, sprach zu einem jeden von ihnen: Freund, nicht tue ich Unrecht dir; kamst du nicht auf einen Denar überein mit mir? ¹⁴Nimm das Deine und geh fort! Ich will aber diesem Letzten geben wie auch dir. ¹⁵[Oder] ist mir nicht erlaubt, was ich will, zu tun an den Meinen? Oder ist dein Auge böse, weil ich gut bin? ¹⁶So werden sein die Letzten Erste und die Ersten Letzte. *

---

* Mt 19,30 (Nr. 211): Viele Erste aber werden sein Letzte und Letzte Erste.
Mk 10,31 (Nr. 211): Viele Erste aber werden sein Letzte und [die] Letzte[n] Erste.
Lk 13,30 (Nr. 184): Und siehe, es sind Letzte, die sein werden Erste, und es sind Erste, die sein werden Letzte.

213. Dritte Leidensankündigung

Mt 20,17–19	Mk 10,32–34	Lk 18,31–34
¹⁷Und hinaufsteigend nach Hierosolyma,	³²Sie waren aber auf dem Weg hinaufsteigend nach Hierosolyma, und (es) war vorangehend ihnen Jesus, und sie erschraken; die Folgenden aber fürchteten sich.	

mitnahm Jesus
die zwölf [Schüler] für sich,
und auf dem Weg sprach er
zu ihnen:
18 Siehe, hinaufsteigen wir
nach Hierosolyma, und der
Sohn des Menschen wird
übergeben werden den Hochpriestern und Schriftkundigen, und sie werden verurteilen ihn zum Tod **19** und
übergeben ihn
den Heiden zum Verspot-
ten

und
Geißeln und
Kreuzigen, und am dritten Tag
wird er erweckt werden.

Und mitnehmend wieder
die Zwölf , be-
gann er ihnen zu sagen das
ihm widerfahren Werdende:
33 Siehe, hinaufsteigen wir
nach Hierosolyma, und der
Sohn des Menschen wird
übergeben werden den Hochpriestern und den Schriftkundigen, und sie werden verurteilen ihn zum Tod und
übergeben ihn
den Heiden **34** und
verspotten ihn
und anspucken
ihn
und
geißeln ihn und
töten, und nach drei Tagen
wird er aufstehen.

31 Mitnehmend aber
die Zwölf,
sprach er
zu ihnen:
Siehe, hinaufsteigen wir
nach Jerusalem, und vollendet werden wird alles Ge-
schriebene durch die Propheten über den Sohn des Menschen;
32 denn
übergeben werden wird er
den Heiden, und verspot-
tet und mißhan-
delt und angespuckt
werden wird er,
33 und nachdem sie ihn
gegeißelt haben, werden sie
töten ihn, und am dritten Tag
wird er aufstehen. **34** Und sie
verstanden davon nichts, und
(es) war diese Rede verborgen vor ihnen, und nicht
erkannten sie das Gesagte.

214. Von der Rangordnung unter den Schülern Jesu

Mt 20,20–28

20 Da kam zu ihm die Mutter
der Söhne (des) Zebedaios mit ihren
Söhnen, niederfallend und erbittend etwas von
ihm. **21** Der aber sprach
zu ihr: Was willst du?
Sie sagt ihm: Sprich, daß sitzen diese
meine zwei Söhne, einer zu deiner Rechten und
einer zu deiner Linken in deinem
Königtum. **22** Antwortend aber sprach Jesus:
Nicht wißt ihr, was ihr erbittet. Könnt ihr trinken den Kelch, den ich trinken werde?

Sie sagen ihm: Wir können. **23** Er
sagt ihnen: Zwar werdet ihr meinen
Kelch trinken,

das Sitzen aber zu meiner
Rechten und zur Linken [dies] zu geben, ist
nicht meine (Sache), sondern (ist für die,) denen es
bereitet ist von meinem Vater.

Mk 10,35–45

35 Und hinzukommen zu ihm Jakobos und
Johannes, die Söhne (des) Zebedaios, sagend ihm: Lehrer, wir wollen, daß, was immer
wir dich bitten, du uns tust. **36** Der aber sprach
zu ihnen: Was wollt ihr, daß [ich] euch tun soll?
37 Die aber sprachen zu ihm: Gib uns, daß,
einer zu deiner Rechten und
einer zur Linken, wir sitzen in deiner
Herrlichkeit! **38** Jesus aber sprach zu ihnen:
Nicht wißt ihr, was ihr erbittet. Könnt ihr trinken den Kelch, den ich trinke , oder die
Taufe, die ich getauft werde, getauft werden? *
39 Die aber sprachen zu ihm: Wir können. Jesus
aber sprach zu ihnen: Den
Kelch, den ich trinke, werdet ihr trinken, und
die Taufe, die ich getauft werde, werdet ihr
getauft werden, **40** das Sitzen aber zu meiner
Rechten oder zur Linken zu geben, ist
nicht meine (Sache), sondern (ist für die,) denen
es bereitet ist.

²⁴Und (es) hörend, wurden die Zehn unwillig über die zwei Brüder. ²⁵Jesus aber, herbeirufend sie, sprach : Ihr wißt, daß die Führer der Völker sich ihrer bemächtigen und die Großen sie vergewaltigen. ²⁶Nicht so soll es sein unter euch, sondern wer immer will unter euch groß werden, soll sein euer Diener, ²⁷und wer immer will unter euch sein Erster, soll sein euer Sklave; ** ²⁸wie der Sohn des Menschen nicht kam, bedient zu werden, sondern zu dienen und zu geben sein Leben als Lösegeld anstelle vieler.

⁴¹und (es) hörend, begannen die Zehn unwillig zu sein über Jakobos und Johannes. ⁴²Und herbeirufend sie, sagt Jesus ihnen: Ihr wißt daß die über die Völker zu herrschen Geltenden sich ihrer bemächtigen und ihre Großen sie vergewaltigen. ⁴³Nicht so aber ist es unter euch, sondern wer immer will groß werden unter euch, soll sein euer Diener, ⁴⁴und wer immer will unter euch sein Erster, soll sein aller Sklave; ** ⁴⁵denn auch der Sohn des Menschen kam nicht, bedient zu werden, sondern zu dienen und zu geben sein Leben als Lösegeld anstelle vieler.

Lk 22,24–27 (Nr. 254):
²⁴(Es) entstand aber auch Streit bei ihnen, wer von ihnen gilt, größer zu sein. ²⁵Der aber sprach zu ihnen:
Die Könige der Völker herrschen über sie, und ihre Gewalthaber werden Wohltäter gerufen. ²⁶Ihr aber nicht so, sondern der Größere unter euch soll werden wie der Jüngere und der Führende wie der Dienende. ** ²⁷Denn wer (ist) größer: Der (zu Tisch) Liegende oder der Dienende? Nicht der (zu Tisch) Liegende? Ich aber bin in eurer Mitte wie der Dienende.

* Lk 12,50 (Nr. 179): Eine Taufe aber habe ich getauft zu werden, und wie bin ich bedrängt, bis daß sie vollendet wird.

** Mt 23,11 (Nr. 232):
Der Größere aber von euch soll sein euer Diener.

Mk 9,35 (Nr. 150):
Wenn einer will Erster sein, soll er sein aller Letzter und aller Diener.

Lk 9,48b (Nr. 150):
Denn (wer) der Kleinere unter euch allen ist, dieser ist groß.

Joh 13,12–17: ¹²Als er nun gewaschen hatte ihre Füße [und] genommen hatte seine Obergewänder und sich wieder lagerte, sprach er zu ihnen: Erkennt ihr, was ich euch getan habe? ¹³Ihr ruft mich: Der Lehrer, und: Der Herr, und recht redet ihr; denn ich bin (es). ¹⁴Wenn nun ich wusch eure Füße, der Herr und der Lehrer, schuldet auch ihr, einander zu waschen die Füße; ¹⁵denn ein Beispiel gab ich euch, damit, gleichwie ich euch tat, auch ihr tut. ¹⁶Amen, amen, ich sage euch: Nicht ist ein Sklave größer als sein Herr, noch ein Gesandter größer als der ihn Schickende. ¹⁷Wenn dieses ihr wißt, selig seid ihr, wenn ihr es tut.

215. Heilung eines Blinden *

Mt 20,29–34	Mk 10,46–52	Lk 18,35–43
²⁹Und als sie herausgingen von Jericho, folgte ihm viel Volk. ³⁰Und siehe, zwei Blinde sitzend am Weg, hörend, daß Jesus vorbeigeht, schrien, sa-	⁴⁶Und sie kommen nach Jericho. Und als er herausgeht von Jericho und seine Schüler und eine beträchtliche Volksmenge, saß der Sohn von Timaios, Bartimaios, ein blinder Bettler, am Weg. ⁴⁷Und hörend, daß Jesus, der Nazarener, (es) ist, begann er zu schreien und zu	³⁵Es geschah aber bei seinem Nahekommen nach Jericho: Ein Blinder saß am Weg, bettelnd. ³⁶Hörend aber (die) durchziehende Volksmenge, erkundigte er sich, was dies sei. ³⁷Sie aber meldeten ihm: Jesus, der Nazoraier, geht vorbei. ³⁸Und er rief, sa-

gend: Erbarme dich unser, [Herr], Sohn Davids! [31] Die Volksmenge aber anfuhr sie, daß sie schwiegen; die aber schrien mehr, sagend: Erbarme dich unser, Herr, Sohn Davids! [32] Und stehenbleibend rief Jesus sie

und sprach: Was wollt ihr, soll ich euch tun? [33] Sie sagen ihm: Herr, daß sich öffnen unsere Augen. [34] Ergriffen aber berührte Jesus ihre Augen, und sogleich sahen sie wieder, und sie folgten ihm.

sagen: Sohn Davids, Jesus, erbarme dich meiner! [48] Und anfuhren ihn viele, daß er schweige; der aber schrie um vieles mehr: Sohn Davids, erbarme dich meiner! [49] Und stehenbleibend sprach Jesus: Ruft ihn! Und sie rufen den Blinden, sagend ihm: Hab Mut, steh auf, er ruft dich! [50] Der aber, wegwerfend sein Gewand, aufspringend, kam zu Jesus. [51] Und antwortend ihm, sprach Jesus: Was willst du, soll ich dir tun? Der Blinde aber sprach zu ihm: Rabbuni, daß ich wieder sehe! [52] Und Jesus sprach zu ihm: Geh fort! Dein Glaube hat dich gerettet. Und sofort sah er wieder, und er folgte ihm auf dem Weg.

gend: Jesus, Sohn Davids, erbarme dich meiner! [39] Und die Vorangehenden anfuhren ihn, daß er schweige, er aber schrie um vieles mehr: Sohn Davids, erbarme dich meiner! [40] Stehengeblieben aber befahl Jesus, daß er geführt werde zu ihm.

Als er aber nahekam, befragte er ihn: [41] Was willst du, soll ich dir tun? Der aber sprach : Herr, daß ich wieder sehe! [42] Und Jesus sprach zu ihm: Sieh wieder! Dein Glaube hat dich gerettet. [43] Und auf der Stelle sah er wieder, und er folgte ihm, verherrlichend Gott. Und das ganze Volk, sehend (es), gab Gott Lob.

---

* Mt 9,27–31 (Nr. 89): [27] Und dem von dort weitergehenden Jesus folgten zwei Blinde, schreiend und sagend: Erbarme dich unser, Sohn Davids! [28] Als er aber ins Haus kam, kamen zu ihm die Blinden, und (es) sagt ihnen Jesus: Glaubt ihr, daß ich dies tun kann? Sie sagen ihm: Ja, Herr. [29] Da berührte er ihre Augen, sagend: Nach eurem Glauben soll euch geschehen! [30] Und geöffnet wurden ihre Augen. Und anschnaubte sie Jesus, sagend: Seht (zu), keiner soll (es) erfahren! [31] Die aber, herauskommend, erzählten herum über ihn in jenem ganzen Land.

216. Jesus und Zakchaios

Lk 19,1–10

[1] Und hineinkommend durchzog er Jericho. [2] Und siehe, ein Mann, mit Namen gerufen Zakchaios, und er war Oberzöllner, und er (war) reich; [3] und er suchte Jesus zu sehen, wer er ist, und konnte (es) nicht wegen der Volksmenge, weil von Gestalt klein er war. [4] Und vorauslaufend nach vorn, hinaufstieg er auf einen Maulbeerfeigenbaum, damit er sehe ihn, weil jenes (Wegs) er im Begriff war durchzuziehen. [5] Und als er kam an den Ort, aufschauend sprach Jesus zu ihm: Zakchaios, eilend steig herab, denn heute muß in deinem Haus ich bleiben! [6] Und eilend herabstieg er, und aufnahm er ihn, sich freuend. [7] Und alle (es) Sehenden murrten, sagend: Bei einem sündigen Mann hineinging er, einzukehren. [8] Stehengeblieben aber sprach Zakchaios zum Herrn: Siehe, die Hälfte meines Besitzes, Herr, gebe ich den Armen, und wenn von einem etwas ich erpreßte, zurückgebe ich vierfaches. [9] (Es) sprach aber zu ihm Jesus: Heute geschah Heil diesem Haus, weil auch er ein Sohn Abrahams ist; [10] denn (es) kam der Sohn des Menschen, zu suchen und zu retten das Verlorene.

217. Das Gleichnis von den Mna (bzw. Talenten)

Mt 25,14–30 (Nr. 245):

Lk 19,11–27

[11]Da sie aber hörten dieses, hinzufügend sprach er ein Gleichnis, weil er nahe war Jerusalem und sie meinten, daß auf der Stelle im Begriff sei das Königtum Gottes zu erscheinen. [12]Er sprach nun: Ein hochgeborener Mensch * zog in ein fernes Land, zu empfangen für sich ein Königtum und zurückzukehren. [13]Rufend aber seine zehn Sklaven, gab er ihnen zehn Mna und sprach zu ihnen: Handelt (damit), bis ich komme!

[14]Denn wie ein Mensch, * verreisend,

rief die eigenen Sklaven und ihnen übergab seinen Besitz, [15]und dem (einen) gab er fünf Talente, dem (anderen) zwei, dem (anderen) eines, jedem nach der eigenen Kraft, und er verreiste. Indem sogleich [16]wegging , der die fünf Talente empfangen hatte, arbeitete er mit ihnen und gewann andere fünf; [17]ebenso der die zwei (empfangen hatte), er gewann andere zwei. [18]Der aber das eine empfangen hatte, hingehend grub er die Erde auf und verbarg das Silber(geld) seines Herrn.

[14]Seine Bürger aber haßten ihn und schickten eine Gesandtschaft hinter ihm (her), sagend: Nicht wollen wir, daß dieser als König herrsche über uns! [15]Und es geschah bei seinem Zurückkommen, nachdem er empfangen hatte das Königtum, daß er sprach, daß ihm gerufen werden diese Sklaven, denen er gegeben hatte das Silber(geld), damit er erkenne, was sie erhandelten. [16]Herankam aber der Erste,

[19]Nach viel Zeit aber kommt der Herr jener

Sklaven und hält Abrechnung mit ihnen.

[20]Und hinzukommend (der), der die fünf Talente empfangen hatte, brachte er hinzu andere fünf Talente, sagend: Herr, fünf Talente übergabst du mir; sieh, andere fünf Talente gewann ich.   [21](Es) sagte ihm sein Herr: Gut, guter und treuer Sklave, über weniges warst du treu, über vieles werde ich dich stellen; geh ein in die Freude deines Herrn! [22]Hinzukommend [aber] auch der mit den zwei Talenten sprach: Herr, zwei Talente übergabst du mir; sieh, andere zwei Talente gewann ich. [23](Es) sagte   ihm sein Herr: Gut, guter und treuer Sklave, über weniges warst du treu, über vieles werde ich dich stellen; geh ein in die Freude deines Herrn! [24]Hinzukommend aber auch (der), der das eine Talent empfangen hatte, sprach: Herr,

ich kannte dich, daß du ein harter Mensch bist, erntend, wo du nicht sätest, und sammelnd von dort, (wo) du nicht

sagend: Herr, dein Mna arbeitete zehn Mna hinzu. [17]Und er sprach zu ihm: Wohlan, guter   Sklave, weil im Geringsten treu du warst, habe Vollmacht über zehn Städte!

[18]Und (es) kam der Zweite, sagend: Dein Mna, Herr, machte fünf Mna. [19]Er sprach aber auch zu diesem:

Und du, über fünf Städte werde (bevollmächtigt)! [20]Und der andere kam, sagend: Herr, siehe, dein Mna, das ich niedergelegt hatte in einem Schweißtuch; [21]denn ich fürchtete dich, weil ein strenger Mensch du bist! Du nimmst, was du nicht hinlegtest, und du erntest, was du nicht sätest.

ausstreutest; [25] und (dich) fürchtend, hingehend verbarg ich dein Talent in der Erde; sieh,
du hast das Deine! [26] Antwortend aber sprach
sein Herr zu ihm:

Böser und träger Sklave, du wußtest, daß
ich ernte, wo ich nicht säte,
und sammle von dort, (wo) ich nicht ausstreute?
[27] Du hättest also hinlegen müssen mein Silber(geld)
den Geldwechslern, und kommend hätte ich
empfangen das Meine mit Zins.

[28] Nehmt also weg von ihm
das Talent und gebt (es) dem Habenden die
zehn Talente.

[29] Denn jedem
Habenden wird gegeben werden, und er wird
überreich gemacht werden, von dem Nicht-
Habenden aber, auch was er hat, wird
weggenommen werden von ihm. ** [30] Und den
unnützen Sklaven werft hinaus in die Finsternis
draußen! Dort wird sein das Weinen und das
Klappern der Zähne. ***

[22] Er sagt
ihm: Aus deinem Mund werde ich dich
richten, böser   Sklave. Du wußtest, daß
ich ein strenger Mensch bin, nehmend, was ich
nicht hinlegte, und erntend, was ich nicht säte?
[23] Und weshalb gabst du nicht mein Silber(geld)
auf einen (Wechsel)tisch? Und ich, kommend,
mit Zins hätte ich es eingefordert. [24] Und zu den
Dabeistehenden sprach er: Nehmt   weg von ihm
das Mna und gebt (es) dem die zehn Mna
Habenden! – [25] Und sie sprachen zu ihm: Herr,
er hat zehn Mna! – [26] Ich sage euch: Jedem
Habenden wird gegeben werden,
von dem Nicht-
Habenden aber, auch was er hat, wird
weggenommen werden. **

[27] Jedoch diese meine Feinde,
die nicht wollten, daß ich als König herrsche über
sie, führt sie hierher und schlachtet sie ab vor mir!

---

* Mk 13,34 (Nr. 241): Wie ein Mensch auf Reisen, (zurück)lassend sein Haus und gebend seinen Sklaven die Vollmacht, jedem sein Werk – und dem Türhüter gebot er, daß er wache.

** Mt 13,12 (Nr. 111):	Mk 4,25 (Nr. 113):	Lk 8,18 (Nr. 113):
Denn wer hat, gegeben werden wird ihm, und über- reich wird er gemacht wer- den; wer aber nicht hat, auch was er hat, wird weggenommen werden von ihm.	Denn wer hat, ihm wird gegeben werden; und wer nicht hat, auch was er hat, wird von ihm weggenommen wer- den.	Denn wer immer hat, gegeben werden wird ihm; und wer immer nicht hat, auch was er meint zu haben, wird weggenommen werden von ihm.

*** Vgl. die Anm. zu Mt 8,12 (Nr. 79)

Letzte Wirksamkeit in Jerusalem
(Mt 21–27 / Mk 11–15 / Lk 19,28–23,56)

218. Der Einzug in Hierosolyma

Mt 21,1–9	Mk 11,1–10	Lk 19,28–40	Joh 12,12–19
		[28] Und dieses spre- chend ging er vor- (aus), hinaufsteigend nach Hierosolyma.	

¹ Und	**¹** Und	**²⁹** Und es geschah,
als sie nahekamen	als sie nahekommen	als er nahekam
nach Hierosolyma	nach Hierosolyma,	
und kamen nach	nach	nach
Bethphage	Bethphage und	Bethphage und
zum	Bethania zum	Bethania zu dem
Berg der Ölbäume,	Berg der Ölbäume,	Berg, dem Ölberg
da schickte Je-	schickt	gerufenen, schickte
sus zwei Schüler,	er zwei seiner Schüler	er zwei der Schüler,
² sagend ihnen:	**²** und sagt ihnen:	**³⁰** sagend:
Geht in das Dorf	Geht fort in das Dorf	Geht fort in das Dorf
euch gegenüber, und	euch gegenüber, und	gegenüber, in
sogleich	sofort, hineingehend	dem ihr hineingehend
finden werdet	in es, finden werdet	finden
ihr eine Eselin	ihr ein Füllen	werdet ein Füllen
angebunden und ein	angebunden, auf das	angebunden, auf das
Füllen bei ihr;	keiner (der) Men-	keiner (der) Men-
	schen noch sich	schen jemals sich
lösend (sie),	setzte; löst es und	setzte, und lösend es,
führt (sie) zu mir!	bringt (es her)!	führt (es her)!
³ Und wenn einer zu	**³** Und wenn einer zu	**³¹** Und wenn einer
euch etwas spricht,	euch spricht:	euch fragt: Weshalb
	Was tut ihr dies?	löst ihr (es)?, werdet
werdet ihr sagen: Der	Sprecht: Der	ihr so sagen: Der
Herr hat sie nötig;	Herr hat es nötig, und	Herr hat es nötig.
sofort aber wird er sie	sofort schickt er es	
schicken.	wieder hierher.	
⁴ Dies aber ist ge-		
schehen, damit erfüllt		
wird das Gesagte		vgl. VV 14b–15
durch den Propheten,		
(den) sagenden:		
⁵ *Sprecht zur Tochter*		
Sion: Siehe, dein Kö-		
nig kommt zu dir,		
sanft und aufgestiegen		
auf eine Eselin und		
auf ein Füllen, (dem)		
Jungen eines Zugtiers.		
⁶ Gehend aber die	**⁴** Und weggingen sie	**³²** Weggehend aber,
Schüler	und fanden ein Fül-	fanden (es) die
	len, angebunden bei	Geschickten, gleich-
	(der) Tür draußen	wie er gesprochen
und	auf der Straße, und	hatte zu ihnen.
tuend,	sie lösen es.	**³³** Als sie aber lösten
	⁵ Und einige der dort	das Füllen,
	Stehenden sagten	sprachen seine
	ihnen:	Herren zu ihnen:
	Was tut ihr, lösend	Was löst ihr
	das Füllen? **⁶** Die	das Füllen? **³⁴** Die
gleichwie ihnen	aber sprachen zu ih-	aber sprachen: Der
	nen, gleichwie Jesus	Herr hat es nötig.

Jes 62,11
Sach 9,9

aufgetragen hatte
Jesus,
7 führten sie die
Eselin und das Füllen
(herbei), und   aufleg-
ten sie auf sie die Ge-
wänder, und darauf-
setzte er sich auf sie.
8 Die ganz große Volksmenge aber breitete aus
ihre Gewänder auf
dem Weg, andere
aber schlugen Zwei-
ge ab von den Bäu-
men und breiteten
(sie) aus auf dem
Weg.
9 Die Volksmengen
aber, die ihm
vorausgehenden und
die   folgenden,

schrien,
sagend:
Hosanna dem Sohn
Davids; *gesegnet der*
Kommende
        im Namen (des)
Herrn;

        Hosanna
in den Höhen!
        vgl. VV 6–7
        vgl. VV 4–5

---

gesprochen hatte,
        und sie ließen sie.
7 Und sie bringen
        das Füllen zu
Jesus, und sie werfen
auf es ihre Gewän-
der, und
er setzte sich auf es.
8 Und viele
        breiteten aus
ihre Gewänder auf
den Weg, andere
aber Büschel, ab-
schlagend (sie) von
den Äckern.

9 Und
        die
Vorausgehenden und
die (ihm) Folgenden

        schrien:

Hosanna
        ; gesegnet der
Kommende
        im Namen (des)
Herrn; **10** gesegnet
das kommende Kö-
nigtum unseres Va-
ters David; *Hosanna*
in den Höhen!
        vgl. VV 4.7

---

35 Und sie führten
        es zu
Jesus, und daraufle-
gend ihre Gewänder
auf das Füllen, da-
raufsetzten sie Jesus.
36 Als er aber ging, unter
(ihm) breiteten sie aus
ihre Gewänder auf
dem Weg.

37 Als er aber
schon nahekam an den
Abstieg des Berges
der Ölbäume, begann
die ganze Menge der
Schüler, sich freuend
zu loben Gott mit
lauter Stimme wegen
all der Kraft(taten),
die sie sahen,
38 sagend:
        Gesegnet der
Kommende, der Kö-
nig, im Namen (des)
Herrn;

        im Himmel Frie-
de und Herrlichkeit
in (den) Höhen!
        vgl. VV 32.35

        V 14a
12 Am folgenden
(Tag) die große
Volksmenge, die
gekommen war zum
Fest, als sie hörten,
daß Jesus kommt
nach Hierosolyma,
13 nahmen die Zwei-
ge der Palmen, und
hinaus gingen sie zur
Begegnung mit ihm,

        und sie schrien:

Hosanna   Ps 118,25f
        ; gesegnet der
Kommende
        im Namen (des)
Herrn, [und] der
König Israels!

                        Ps 148,1
                        Ijob 16,19
        14 Als aber
gefunden hatte Jesus
einen Esel, setzte er
sich auf ihn, gleich-
wie geschrieben ist:
15 *Fürchte dich*   Sach 9,9
nicht, Tochter Sion;   Jes 35,4; 40,9
siehe, dein König
kommt, sitzend auf
einem Eselsfüllen.
16 Dieses nicht
erkannten seine
Schüler zuerst, aber
als verherrlicht wurde
Jesus, da erinnerten
sie sich, daß dieses

	39 Und einige der Pharisaier von der Volksmenge sprachen zu ihm: Lehrer, fahre deine Schüler an! **40** Und antwortend sprach er: Ich sage euch, wenn diese schweigen werden, die Steine werden schreien.	war über ihn geschrieben und dieses sie getan hatten für ihn. **17** (Es) bezeugte nun die Volksmenge, die mit ihm war, als er den Lazaros rief aus dem Grab und ihn erweckte aus Toten. **18** Deswegen [auch] ging ihm entgegen die Volksmenge, weil sie hörten, daß er getan hatte dieses Zeichen. **19** Die Pharisaier nun sprachen zueinander: Ihr seht, daß es (euch) nichts nützt; sieh, die Welt ging hinter ihm her.

219. Weissagung der Zerstörung der Stadt

Lk 19,41–44

41 Und als er nahekam, sehend die Stadt, weinte er über sie, **42** sagend: Wenn (doch) erkannt (hättest) an diesem Tag auch du die (Bedingungen) für Frieden! Jetzt aber wurde es verborgen vor deinen Augen. **43** Denn (es) werden kommen Tage über dich, und aufwerfen werden deine Feinde einen Wall vor dir, und rings umzingeln werden sie dich, und bedrängen werden sie dich (von) überallher, **44** und dem Erdboden gleichmachen werden sie dich und deine Kinder in dir, und nicht werden sie lassen Stein auf Stein in dir, dafür daß du nicht erkanntest die Zeit deiner Heimsuchung.

220. Jesus im Heiligtum

Mt 21,10–17	Mk 11,11	Lk 19,45–46 (Nr. 222):
10 Und als er hineinging nach Hierosolyma, erbebte die ganze Stadt, sagend: Wer ist dieser? **11** Die Volksmengen aber sagten: Dieser ist der Prophet Jesus, der vom Na-	**11** Und hineinging er nach Hierosolyma	

zareth der Galilaia. ¹²Und
hineinging Jesus ins
Heiligtum, und hinauswarf
er alle Verkaufenden und Kau-
fenden im Heiligtum, und die
Tische der Geldwechsler stieß er
um und die Sitze der die Tauben Verkaufenden, ¹³und er
sagt ihnen: Geschrieben ist:
Mein Haus wird Haus (des)
Gebets gerufen werden, ihr
aber macht es *zu einer Höhle*
von Räubern. ¹⁴Und (es) kamen zu ihm Blinde und Lahme im Heiligtum, und er heilte
sie. ¹⁵Sehend aber die Hochpriester und die Schriftkundigen das Staunenswerte, das
er tat, und die Kinder, die
schreienden im Heiligtum und
sagenden: Hosanna dem
Sohn Davids, wurden sie unwillig ¹⁶und sprachen zu
ihm: Hörst du was diese sagen? Jesus aber sagt ihnen:
Ja. Niemals last ihr:
Aus (dem) Mund von
Unmündigen und Säuglingen
bereitetest du Lob? ¹⁷Und
zurücklassend sie, hinausging
er aus der Stadt nach
Bethania und übernachtete
dort.

	ins	⁴⁵Und
Heiligtum,		hineingehend ins
		Heiligtum, begann er hinaus-
vgl. VV 15–17 (Nr. 222)		zuwerfen die Verkaufenden,

⁴⁶sagend ihnen: Geschrieben ist:
Und *(es) wird sein mein Haus ein*   Jes 56,7
Haus (des) Gebets, ihr
aber machtet es *zu einer Höhle*   Jer 7,11
von Räubern.

Ps 8,3 (G)

und rings
anschauend alles, als schon
spät war die Stunde, hinausging
er   nach
Bethania mit den Zwölf.

221. Verfluchung des Feigenbaums

Mt 21,18–19

¹⁸(In der) Frühe aber, hinaufgehend in die Stadt,
                    hungerte (ihn). ¹⁹Und sehend
einen einzelnen Feigenbaum auf dem Weg,
        kam er zu ihm,
und   nichts fand er an ihm außer
Blätter allein,
                und   er sagt ihm:
Niemals mehr soll aus dir   eine
Frucht werden in Ewigkeit. Und (es) vertrocknete
auf der Stelle der Feigenbaum.

Mk 11,12–14

¹²Und am folgenden (Tag), als sie hinausgingen von Bethania, hungerte (ihn). ¹³Und sehend
einen   Feigenbaum von weitem, der Blätter
hatte, kam er   , ob er wohl etwas fände an ihm,
und kommend zu ihm, nichts fand er   außer
Blätter   ; denn es war nicht die Zeit (der)
Feigen. ¹⁴Und antwortend sprach er zu ihm:
Niemals mehr in Ewigkeit soll von dir einer eine
Frucht essen. Und (es) hörten seine Schüler.

222. Reinigung des Heiligtums

Mt 21,12–13 (Nr. 220):	**Mk 11,15–19**	**Lk 19,45–48**	Joh 2,13–17
			13Und nahe war das Pascha der Judaier, und hinaufstieg Jesus nach Hierosolyma.
	15Und sie kommen nach Hierosolyma. Und hineingehend ins Heiligtum,		**14**Und er fand
12Und hineinging Jesus ins Heiligtum,	ins Heiligtum,	**45**Und hineingehend ins Heiligtum,	im Heiligtum die Rinder und Schafe und Tauben Verkaufenden und die Wechsler dasitzend, **15**und, machend eine Peitsche aus Stricken, alle
und hinauswarf er alle Verkaufenden und Kaufenden im Heiligtum, und die Tische der Geldwechsler	begann er hinauszuwerfen die Verkaufenden und die Kaufenden im Heiligtum, und die Tische der Geldwechsler	begann er hinauszuwerfen die Verkaufenden	warf er hinaus aus dem Heiligtum, sowohl die Schafe als auch die Rinder, und von den Geldwechslern goß er aus das Münzgeld, und die Tische
stieß er um und die Sitze der die Tauben Verkaufenden,	und die Sitze der die Tauben Verkaufenden stieß er um,		warf er um, **16**und zu den die Tauben Verkaufenden sprach er: Hinweg dieses von hier, macht nicht das Haus meines Vaters zu einem Handelshaus.
	16und nicht ließ er zu, daß einer hindurchtrage ein Gefäß durch das Heiligtum.		
13und er sagt ihnen: Geschrieben ist:	**17**Und er lehrte und sagte ihnen: Ist nicht geschrieben:	**46**sagend ihnen: Geschrieben ist: Und	
Jes 56,7 *Mein Haus wird Haus (des) Gebets gerufen werden,*	*Mein Haus wird Haus (des) Gebets gerufen werden für alle Völker?* Ihr aber habt	*(es) wird sein mein Haus ein Haus (des) Gebets,*	
ihr aber Jer 7,11 macht es *zu einer Höhle von Räubern.*	es gemacht *zu einer Höhle von Räubern.*	*ihr aber* machtet es *zu einer Höhle von Räubern.*	
			17(Es) erinnerten sich seine Schüler, daß geschrieben ist: *Der Eifer um dein Haus wird mich auffressen.*
Ps 69,10			

22,33 (Nr. 229): Und
(es) hörend, gerieten
die Volksmengen
        außer sich über
seine Lehre.

18 Und
(es) hörten die Hoch-
priester   und die
Schriftkundigen, und
sie suchten, wie sie
ihn vernichteten;
denn sie fürchteten
ihn,

                    denn die
ganze Volksmenge
geriet außer sich über
seine Lehre.
19 Und als es spät
wurde, hinausgingen
sie außerhalb der
Stadt.

47 Und er war leh-
rend täglich im
Heiligtum. Die Hoch-
priester aber und die
Schriftkundigen
        suchten ihn
zu vernichten, und
die Ersten des Volks,
48 und nicht fanden
sie, was sie tun
(könnten), denn das
ganze Volk
klammerte sich (an
ihn), ihn hörend.
21,37 (Nr. 247):
Er war aber die Tage im
Heiligtum lehrend, die
Nächte aber, hinaus-
gehend, übernachtete
er an dem Berg, dem
Ölberg gerufenen.

223. Der vertrocknete Feigenbaum

Mt 21,20–22

20 Und   sehend (es),

            staunten die Schüler, sagend:
                    Wie vertrocknete auf
der Stelle der Feigenbaum?   **21** Antwortend
aber sprach Jesus zu ihnen:
Amen, ich sage euch: Wenn ihr habt Glauben
und nicht zweifelt, nicht allein das des
Feigenbaumes werdet ihr tun, sondern auch
wenn zu diesem Berg ihr sprecht: Werde
weggetragen und werde geworfen ins Meer,

            werden wird er (es); *
        22 und alles, wieviel
immer ihr erbittet im Gebet, glaubend
            werdet ihr (es) empfangen. **
6,14–15 (Nr. 51):
14 Denn wenn ihr   erlaßt den
Menschen ihre Übertretungen, wird erlassen
auch euch euer himmlischer Vater; **15** wenn ihr
aber nicht erlaßt den Menschen, auch euer Vater
wird nicht erlassen eure Übertretungen.

Mk 11,20–25

20 Und entlanggehend (in der) Frühe, sahen sie
den Feigenbaum, vertrocknet von (den) Wurzeln
(her). **21** Und sich erinnernd sagt ihm Petros:
Rabbi, sieh, der Feigenbaum, den du ver-
fluchtest, ist vertrocknet! **22** Und antwortend
sagt ihnen Jesus: Habt Glauben an Gott!
23 Amen, ich sage euch:

                                Wer immer
spricht zu diesem Berg: Werde
weggetragen und werde geworfen ins Meer, und
nicht zweifelt in seinem Herzen, sondern glaubt,
daß, was er redet, geschieht, zuteil wird es ihm. *
24 Deswegen sage ich euch,   alles, wieviel
        ihr betet und erbittet, glaubt, daß ihr (es)
erhieltet, und zuteil wird es euch! **

25 Und wann ihr (da)steht betend, erlaßt, wenn
ihr etwas habt gegen einen, damit
auch euer Vater in den Himmeln erlasse euch

            eure Übertretungen. #

V 26 ist aus Mt 6,14–15 eingedrungen.

* Mt 17,20 (Nr. 147):
20Der aber sagt ihnen: Wegen eures
Kleinglaubens, amen, denn ich sage euch:
Wenn ihr habt einen Glauben wie ein Senfkorn,
werdet ihr sagen diesem Berg:
              Geh fort von hier nach dort,
und fortgehen wird er; und nichts wird euch
unmöglich sein.

Lk 17,6 (Nr. 201):
6(Es) sprach aber der Herr:

Wenn ihr habt einen Glauben wie ein Senfkorn,
sagen würdet ihr [diesem] Maulbeerfeigenbaum: Werde entwurzelt und gepflanzt im Meer!
Und gehorchen würde er euch.

** Joh 14,13–14: **13**Und was immer ihr bittet in meinem Namen, dieses werde ich tun, damit verherrlicht wird der Vater im Sohn. **14**Wenn etwas ihr mich bittet in meinem Namen, ich werde (es) tun.
Joh 16,23: Und an jenem Tag werdet ihr mich gar nichts fragen. Amen, amen, ich sage euch: Wenn um etwas ihr bittet den Vater in meinem Namen, geben wird er euch.

224. Die Frage nach der Vollmacht Jesu

Mt 21,23–27	Mk 11,27–33	Lk 20,1–8
23Und als er kam ins Heilig-tum, kamen zu ihm, während er lehrte, die Hochpriester und die Ältesten des Volkes, sagend: In welcher Vollmacht tust du dieses? Und wer gab dir die-se Vollmacht? * **24**Antwortend aber sprach Jesus zu ihnen: Fragen werde euch auch ich ein einziges Wort, wenn ihr das mir sagt, werde auch ich euch sagen, in wel-cher Vollmacht ich dieses tue: **25**Die Taufe (des) Johannes, woher war sie? Vom Himmel oder von Menschen? Die aber überlegten bei sich, sagend: Wenn wir sprechen: Vom Himmel, sa-gen wird er uns: Weshalb nun glaubtet ihr ihm nicht? **26**Wenn wir aber sprechen: Von Menschen, fürch-ten wir die Volksmenge; denn alle halten für einen Propheten den Johannes. **27**Und	**27**Und sie kommen wieder nach Hierosolyma. Und wäh-rend er umhergeht im Heilig-tum, kommen zu ihm die Hochpriester und die Schrift-kundigen und die Ältesten, **28**und sie sagten ihm: In welcher Vollmacht tust du dieses? Oder wer gab dir die-se Vollmacht, damit du dieses tust? * **29**Jesus aber sprach zu ihnen: Fragen werde ich euch ein einziges Wort, und antwortet mir, und ich werde euch sagen, in wel-cher Vollmacht ich dieses tue. **30**Die Taufe (des) Johannes, vom Himmel war sie oder von Menschen? Antwor-tet mir! **31**Und sie überlegten bei sich, sagend: Wenn wir sprechen: Vom Himmel, wird er sagen: Weshalb [nun] glaubtet ihr ihm nicht? **32**Doch sollen wir sprechen: Von Menschen? – Sie fürch-teten (aber) die Volksmenge; denn alle hielten den Johannes wirklich (dafür), daß er ein Prophet war. **33**Und	**1**Und es geschah an einem der Tage, als er lehrte das Volk im Heilig-tum und (das Evangelium) verkündete, hinzutraten die Hochpriester und die Schrift-kundigen mit den Ältesten, **2**und sie sprachen, sagend zu ihm: Sprich zu uns, in welcher Vollmacht du dieses tust, oder wer ist der Gebende dir diese Vollmacht? * **3**Antwortend aber sprach er zu ihnen: Fragen werde euch auch ich ein Wort, und sprecht zu mir: **4**Die Taufe (des) Johannes, vom Himmel war sie oder von Menschen? **5**Die aber überlegten bei sich, sagend: Wenn wir sprechen: Vom Himmel, wird er sagen: Weshalb glaubtet ihr ihm nicht? **6**Wenn wir aber sprechen: Von Menschen, wird das ganze Volk uns steinigen, denn überzeugt ist es, daß Johannes ein Prophet ist. **7**Und

antwortend sprachen sie zu Jesus: Wir wissen (es) nicht. (Es) sagte ihnen auch er: Auch ich sage euch nicht, in welcher Vollmacht ich dieses tue.	antwortend sagen sie zu Jesus: Wir wissen (es) nicht. Und Jesus sagt ihnen: Auch ich sage euch nicht, in welcher Vollmacht ich dieses tue.	sie antworteten, nicht zu wissen woher. ⁸Und Jesus sprach zu ihnen: Auch ich sage euch nicht, in welcher Vollmacht ich dieses tue.

* Vgl. Joh 2,18–22: ¹⁸(Es) antworteten nun die Judaier und sprachen zu ihm: Welches Zeichen zeigst du uns, daß du dieses tust? ¹⁹(Es) antwortete Jesus und sprach zu ihnen: Löst diesen Tempel auf, und in drei Tagen werde ich ihn aufrichten. ²⁰(Es) sprachen nun die Judaier: Sechsundvierzig Jahre wurde gebaut dieser Tempel, und du wirst in drei Tagen ihn aufrichten? ²¹Jener aber redete über den Tempel seines Leibes. ²²Als er nun auferweckt wurde aus Toten, erinnerten sich seine Schüler, daß er dies redete, und sie glaubten der Schrift und dem Wort, das Jesus sprach.

225. Das Gleichnis von den zwei Kindern

Mt 21,28–32

²⁸Was aber dünkt euch? Ein Mensch hatte zwei Kinder. Und kommend zum ersten, sprach er: Kind, geh fort heute, arbeite im Weinberg! ²⁹Der aber antwortend sprach: Ich will nicht; zuletzt aber, Reue bekommend, ging er hin. ³⁰Kommend aber zu dem anderen sprach er ebenso. Der aber antwortend sprach: Ich (will), Herr! Aber nicht ging er hin. ³¹Wer von den zweien tat den Willen des Vaters? Sie sagen: Der erste. (Es) sagt ihnen Jesus: Amen, ich sage euch: Die Zöllner und die Dirnen gehen euch voran ins Königtum Gottes.
³²Denn (es) kam Johannes zu euch auf (dem) Weg (der) Gerechtigkeit, und nicht glaubet ihr ihm, die Zöllner aber und die Dirnen glaubten ihm; ihr aber, sehend (es), auch nicht zuletzt bekamt ihr Reue, ihm zu glauben. *

* Lk 7,29–30 (Nr. 75): ²⁹Und das ganze (es) hörende Volk und die Zöllner sprachen Gott gerecht, sich taufen lassend mit der Taufe (des) Johannes; ³⁰die Pharisaier aber und die Gesetzeskundigen wiesen den Willen Gottes bei sich selber ab, nicht sich taufend lassend von ihm.

226. Das Gleichnis von den Weinbergpächtern

Mt 21,33–46	Mk 12,1–12	Lk 20,9–19
³³Ein anderes Gleichnis hört! Es war ein Mensch, ein Hausherr, welcher pflanzte einen Weinberg, und einen Zaun setzte er um ihn herum, und er grub in ihm eine Kelter, und er baute einen Turm, und er vergab ihn an Bauern, und er verreiste. ³⁴Als aber nahekam die Zeit der Früchte, schickte er seine Sklaven zu den	¹Und er begann, zu ihnen in Gleichnissen zu reden: Einen Weinberg pflanzte ein Mensch, und er setzte herum einen Zaun, und er grub eine Kelter, und er baute einen Turm, und er vergab ihn an Bauern, und er verreiste. ²Und er schickte zu den Bauern zur (rechten) Zeit	⁹Er begann aber zum Volk zu sagen dieses Gleichnis: [Ein] Mensch pflanzte einen Weinberg, und er vergab ihn an Bauern, und er verreiste geraume Zeit. ¹⁰Und zur (rechten) Zeit schickte er zu den Bauern einen Sklaven,

Bauern,
          zu nehmen
seine Früchte.
35 Und die Bauern, nehmend
seine Sklaven: Den einen
   schunden sie, den anderen
aber töteten sie, den anderen
aber steinigten sie. **36** Wieder schickte er
andere Sklaven, mehr als die
ersten, und sie taten ihnen
ebenso.

37 Zuletzt aber schickte er zu
ihnen seinen Sohn,

sagend: Scheuen werden sie sich
vor meinem Sohn. **38** Die Bauern
aber, sehend den Sohn, sprachen bei sich: Dieser ist der
Erbe; auf, töten wir ihn, und
behalten wir sein Erbe!
39 Und nehmend ihn, warfen
sie (ihn) hinaus außerhalb des
Weinbergs, und sie töteten
(ihn). **40** Wann nun kommt
der Herr des Weinbergs, was
wird er tun jenen Bauern?
41 Sie sagen ihm: Als Böse
wird er sie bös zugrunde-
richten,
und den Weinberg wird er
vergeben an andere Bauern,
welche ihm abgeben werden
die Früchte zu ihren Zeiten.

42 (Es) sagt ihnen
Jesus: Niemals last ihr in den
Ps 118,22 Schriften: *(Der) Stein,*
den verwarfen die Bauenden,
dieser wurde zum Haupt-
Ps 118,23 *stein; vom Herrn wurde*
dieses, und es ist staunens-
wert in unseren Augen?
43 Deswegen sage ich euch:

---

einen Sklaven, damit er von
den Bauern nehme von den
Früchten des Weinbergs;
3 und   nehmend
ihn,
     schunden sie (ihn) und
schickten (ihn) leer (weg).
     4 Und wie-
der schickte er zu ihnen einen
anderen Sklaven; und jenen
schlugen sie auf den Kopf
und entehrten sie.
5 Und   einen
anderen schickte er; und
jenen töteten sie, und viele
andere, die einen schindend,
die anderen tötend.

6 Noch einen hatte er, einen
geliebten Sohn; er schickte
ihn als letzten zu ihnen,
sagend: Scheuen werden sie sich
vor meinem Sohn. **7** Jene Bauern
aber   spra-
chen zu sich: Dieser ist der
Erbe; auf, töten wir ihn, und
unser wird sein das Erbe!
8 Und nehmend (ihn), töteten
sie ihn und warfen ihn hinaus
außerhalb des Weinbergs.

9 Was [nun]
wird   tun der Herr des
Weinbergs?   Kom-
men wird er, und zugrunde-
richten wird er die Bauern,
und geben wird er den
Weinberg anderen.

10 Und nicht last ihr diese
Schrift: *(Der) Stein,*
den verwarfen die Bauenden,
dieser wurde zum Haupt-
stein; **11** *vom Herrn wurde*
dieses, und es ist staunens-
wert in unseren Augen?

---

          damit von der
Frucht des Weinbergs sie
ihm geben werden;
die Bauern aber,
          nachdem sie (ihn)
geschunden hatten, weg-
schickten ihn leer.   **11** Und
fortfuhr er, einen anderen
Sklaven zu schicken; die
aber, nachdem sie auch jenen
geschunden und entehrt hatten,
wegschickten (ihn) leer.
12 Und fortfuhr er, einen
dritten zu schicken; die aber,
nachdem sie auch diesen
verwundet hatten, hinauswarfen
(ihn).
13 (Es) sprach aber der Herr
des Weinbergs: Was werde
ich tun? Schicken werde ich
meinen Sohn, den geliebten;
     vielleicht werden sie
sich vor diesem scheuen.
     14 Sehend aber ihn,
überlegten die Bauern untereinander, sagend: Dieser ist der
Erbe;   töten wir ihn, damit
unser wird das Erbe!
15 Und hinauswerfend ihn
außerhalb des Weinbergs,
töteten sie (ihn).

          Was nun
wird ihnen tun der Herr des
Weinbergs?   **16** Kommen wird er, und zugrunde-
richten wird er diese Bauern,
und geben wird er den
Weinberg anderen.

(Es) hörend aber sprachen
sie: Niemals!
17 Der aber, anschauend sie,
sprach: Was nun ist dieses
Geschriebene: *(Der) Stein,*
den verwarfen die Bauenden,
dieser wurde zum Haupt-
stein?

Weggenommen werden wird
von euch das Königtum
Gottes, und gegeben werden
wird es einem Volk, bringend
seine Früchte. [⁴⁴Und der
Fallende auf diesen Stein wird
zerschellen; auf wen aber
immer er fällt, zermalmen wird
er ihn.] ⁴⁵Und hörend die
Hochpriester und die Pharisaier seine Gleichnisse, erkannten sie, daß über sie er
redet; ⁴⁶und suchend, ihn
zu ergreifen,

                   fürch-
teten sie die Volksmengen, da
für einen Propheten sie ihn
hielten.   vgl. V 45

    vgl. 22,22 (Nr. 228)

---

¹²Und sie suchten

     vgl. V 12 b
           ihn
zu ergreifen,
       aber sie fürch-
teten die Volksmenge ;
denn sie erkannten, daß er
gegen sie das Gleichnis
sprach.
Und lassend ihn, gingen sie
weg.

---

¹⁸Jeder
Fallende auf jenen Stein wird
zerschellen; auf wen aber
immer er fällt, zermalmen wird
er ihn. ¹⁹Und (es) suchten
die Schriftkundigen und die
Hochpriester
     vgl. V 19 b
          Hand
zu legen an ihn in eben der
Stunde, aber sie fürch-
teten das Volk,
denn sie erkannten, daß er
gegen sie sprach dieses
Gleichnis.

---

227. Das Gleichnis vom königlichen Hochzeitsmahl

Mt 22,1–14

¹Und antwortend sprach Jesus wieder in
Gleichnissen zu ihnen, sagend: ²Verglichen
wurde das Königtum der Himmel einem Menschen, einem König, welcher machte eine
Hochzeit für seinen Sohn. ³Und er schickte
seine Sklaven   , zu
rufen die Gerufenen zur Hochzeit, aber nicht
wollten sie kommen. ⁴Wieder schickte er andere Sklaven, sagend: Sprecht zu den Gerufenen: Siehe, mein Mahl habe ich bereitet, meine
Ochsen und die Masttiere (sind) geschlachtet,
und alles (ist) bereit; auf, zur Hochzeit!
⁵Die aber, nicht kümmernd sich, gingen weg,
der eine auf den eigenen Acker, der andere zu
seinem Geschäft;

      ⁶die übrigen aber, ergreifend

Lk 14,15–24 (Nr. 190):

¹⁵Hörend aber dieses sprach einer der mit (zu
Tisch) Liegenden zu ihm: Selig, welcher ißt Brot im
Königtum Gottes. ¹⁶Der aber
       sprach zu ihm:
            Ein Mensch
              machte ein
großes Mahl und rief viele, ¹⁷und er schickte
seinen Sklaven zur Stunde des Mahls, zu
sprechen zu den Gerufenen: Kommt,

weil es schon bereit ist!
¹⁸Aber sie begannen auf einmal alle, sich zu
entschuldigen. Der erste sprach zu ihm: Einen
Acker kaufte ich, und ich bin gezwungen, hinausgehend, ihn zu sehen; ich bitte dich, halte
mich für entschuldigt. ¹⁹Und ein anderer
sprach: Fünf Joch Rinder kaufte ich, und ich
gehe, sie zu prüfen; ich bitte dich, halte mich
für entschuldigt. ²⁰Und ein anderer sprach:
Eine Frau heiratete ich, und deswegen kann ich
nicht kommen.

seine Sklaven, mißhandelten und töteten
(sie).
⁷Der König aber wurde zornig, und
schickend seine Heere, vernichtete er jene Mörder, und ihre Stadt zündete er an.
⁸Da sagt er seinen Sklaven: Die Hochzeit ist
zwar bereit, die Gerufenen aber waren nicht
würdig;

²¹Und ankommend meldete der Sklave seinem
Herrn dieses. Da, zornig geworden,

sprach der Hausherr zu seinem Sklaven:

Geh schnell hinaus auf die Straßen und
Gassen der Stadt und die Armen und Krüppel
und Blinden und Lahmen führe herein, hierher!
²²Und(es) sprach der Sklave: Herr, es ist
geschehen, was du befahlst, und noch ist Platz.
²³Und (es) sprach der Herr zu dem Sklaven:
Geh hinaus an die Wege und Zäune und zwinge
(sie) hereinzukommen, damit gefüllt wird mein
Haus!

⁹geht nun an die Kreuzungen der Wege, und
wieviele immer ihr findet, ruft zur Hochzeit.
      ¹⁰Und hinausgehend jene Sklaven auf die
Wege, sammelten sie alle, die sie fanden,
Böse und Gute; und gefüllt wurde der Hochzeitssaal von (zu Tisch) Liegenden.

²⁴Denn ich sage euch: Keiner jener Männer,
die gerufen waren, wird kosten mein Mahl.

¹¹Hereinkommend aber der König, zu schauen die (zu Tisch) Liegenden, sah er dort
einen Menschen, nicht bekleidet mit einem Hochzeitsgewand, ¹²und er sagt ihm:
Freund, wie kamst du hier herein, nicht habend ein Hochzeitsgewand? Der aber ver-
stummte. ¹³Da sprach der König zu den Dienern: Bindend seine Füße und Hände werft
ihn hinaus in die Finsternis draußen; dort wird sein das Weinen und das Klappern der
Zähne. * ¹⁴Denn viele sind Berufene, wenige aber Auserwählte.

* Vgl. die Anm. zu Mt 8,12 (Nr. 79).

228. Die Frage der Pharisaier nach der Kaisersteuer

Mt 22,15–22	Mk 12,13–17	Lk 20,20–26
¹⁵Dann weggehend faßten die Pharisaier einen Beschluß, auf daß sie ihn fingen in ei- nem Wort. ¹⁶Und sie schicken ihm ihre Schüler mit den Herodianern,	¹³Und sie schicken zu ihm einige der Pharisaier und der Herodianer, damit sie ihn fingen im Wort.	²⁰Und belauernd (ihn) schickten sie Aufpasser, heuchelnd, daß sie selbst gerecht seien, damit sie faßten ihn beim Wort, so daß sie übergäben ihn der Hoheit und der Vollmacht des Statthalters. ²¹Und sie befragten ihn, sagend: Lehrer, wir wissen, daß richtig du redest und lehrst und
sagend: Lehrer, wir wissen, daß wahrhaftig du bist und den Weg Gottes in Wahrheit du lehrst und du dich um keinen kümmerst. Denn nicht siehst du auf (das)	¹⁴Und kom- mend sagen sie ihm: Lehrer, wir wissen, daß wahrhaftig du bist und du dich um keinen kümmerst; denn nicht siehst du auf (das)	nicht (Rücksicht) nimmst (auf) ein

Gesicht von Menschen;
¹⁷sprich also
zu uns, was dir dünkt: Ist es
erlaubt, Steuer zu geben
(dem) Kaiser oder nicht?

¹⁸Er-
kennend aber ihre Bosheit,
sprach Jesus   : Was
versucht ihr mich, Heuchler?
¹⁹Zeigt mir die Steuermünze!
          Die aber brach-
ten ihm hin einen Denar.
²⁰Und er sagt ihnen: Von wem
(ist) dieses Bild und die
Aufschrift? ²¹Sie   sagen
   ihm: (Vom) Kaiser.
Da   sagt er
ihnen: Gebt also   das (des)
Kaisers   (dem) Kaiser
und das Gottes Gott!
²²Und (es) hörend,

          staunten sie,
     und lassend ihn, gingen
sie weg.

Gesicht von Menschen, sondern in Wahrheit den Weg
Gottes lehrst du: Ist es
erlaubt, Steuer zu geben
(dem) Kaiser oder nicht?
Sollen wir geben oder sollen
wir nicht geben? ¹⁵Der aber,
kennend ihre Heuchelei,
sprach   zu ihnen: Was
versucht ihr mich?
Bringt mir einen Denar, damit
ich sehe! ¹⁶Die aber brachten   (einen).
Und er sagt ihnen: Von wem
(ist) dieses Bild und die
Aufschrift? Die aber sprachen
zu ihm: (Vom) Kaiser.
¹⁷Jesus aber sprach zu
ihnen: Das (des)
Kaisers gebt (dem) Kaiser
und das Gottes Gott!
Und

          sie erstaunten
über ihn.
     vgl. 12,12c (Nr. 226)

Gesicht.
sondern in Wahrheit den Weg
Gottes lehrst: ²²Ist es uns
erlaubt, (dem) Kaiser Steuer
zu geben oder nicht?

²³Durchschau-
end aber ihre Verschlagen-
heit, sprach er zu ihnen:

²⁴Zeigt mir einen Denar!

          Von wem
hat er Bild und
Aufschrift? Die aber sprachen:
          (Vom) Kaiser.
²⁵Der aber sprach zu
ihnen: Daher gebt das (des)
Kaisers   (dem) Kaiser
und das Gottes Gott!
²⁶Und nicht vermochten sie,
ihn zu fassen bei einer Rede
vor dem Volk, und staunend
über seine Antwort schwiegen
sie.

---

229. Die Frage der Saddukaier nach der Auferstehung

Mt 22,23–33	Mk 12,18–27	Lk 20,27–40

²³An jenem Tag hinzukamen
   zu ihm Saddukaier,
sagend, nicht gebe es Auferstehung,   und sie
befragten ihn, ²⁴sagend:
Lehrer, Moyses sprach
   : *Wenn einer
stirbt,*
   nicht habend
Kinder, als Schwager heira-
ten soll sein Bruder dessen
Frau, und aufstellen soll er
Nachkommenschaft seinem
Bruder.   ²⁵Es waren
aber bei uns sieben Brüder;
und der erste, nachdem er
geheiratet hatte, starb, und
nicht habend   Nachkommenschaft, hinterließ er seine

---

¹⁸Und es kommen
   Saddukaier zu ihm, welche
sagen,   Auferste-
hung gebe es nicht, und sie
befragten ihn, sagend:
¹⁹Lehrer, Moyses schrieb
uns: *Wenn jemandes Bruder*
stirbt und zurückläßt eine
Frau *und nicht hinterläßt ein*
Kind,   daß *neh-*
me sein Bruder die Frau
und erstehen lasse er
Nachkommenschaft seinem
Bruder.
   ²⁰Sieben Brüder waren;
und der erste
nahm eine Frau und sterbend
nicht hinterließ er Nachkommenschaft; ²¹und der zweite

---

²⁷Hinzukommend aber eini-
ge der Saddukaier – die [Da-
gegen]redenden, Auferste-
hung gebe es nicht –,
befragten ihn, ²⁸sagend:
Lehrer, Moyses schrieb
uns: *Wenn jemandes Bruder*   Dtn 25,5f
stirbt,   habend eine
Frau, und dieser
kinderlos ist,   daß *neh-*   Gen 38,8
me sein Bruder die Frau
und erstehen lasse er
Nachkommenschaft seinem
Bruder.
²⁹Nun waren sieben Brüder;
und der erste,
nehmend eine Frau, starb
kinderlos;
   ³⁰und der zweite

Frau seinem Bruder; [26] gleicherweise auch der zweite und der dritte bis zu den sieben.

[27] Zuletzt aber von allen starb die Frau. [28] Bei der Auferstehung nun, wessen der sieben Frau wird sie sein? Denn alle hatten sie.

[29] Antwortend aber sprach Jesus zu ihnen: Ihr irrt, nicht kennend die Schriften und nicht die Kraft Gottes;

[30] denn bei der Auferstehung weder heiraten sie, noch werden sie verheiratet,

sondern wie Engel im Himmel sind sie.

[31] Über die Auferstehung der Toten aber, nicht last ihr

das euch Gesagte von Gott, (dem) sagenden:

Ex 3,6

[32] *Ich bin der Gott Abrahams und der Gott Isaaks und der Gott Jakobs?* Nicht ist er [der] Gott Toter, sondern Lebender.
[33] Und (es) hörend, gerieten die Volksmengen außer sich über seine Lehre.

---

nahm sie, und er starb, nicht zurücklassend Nachkommenschaft; und der dritte ebenso; [22] und die sieben nicht hinterließen Nachkommenschaft. Zuletzt von allen starb auch die Frau.

[23] Bei der Auferstehung, [wann sie aufstehen,] wessen von ihnen Frau wird sie sein? Denn die sieben hatten sie als Frau.

[24] (Es) sagte ihnen Jesus: Irrt ihr nicht deswegen, nicht kennend die Schriften und nicht die Kraft Gottes?

[25] Denn wann sie aus Toten aufstehen, weder heiraten sie, noch werden sie verheiratet,

sondern sie sind wie Engel in den Himmeln.

[26] Über die Toten aber, daß sie erweckt werden, nicht last ihr im Buch von Moyses beim Dornbusch, wie Gott zu ihm sprach, sagend: *Ich, der Gott Abrahams und [der] Gott Isaaks und [der] Gott Jakobs?* [27] Nicht ist er ein Gott Toter, sondern Lebender; viel irrt ihr.

---

[31] und der dritte nahm sie, ebenso aber auch die sieben, nicht zurückließen sie Kinder und starben. [32] Zuletzt starb auch die Frau. [33] Die Frau nun, bei der Auferstehung, wessen von ihnen Frau wird sie? Denn die sieben hatten sie als Frau.

[34] Und (es) sprach zu ihnen Jesus: Die Söhne dieses Aions heiraten und werden verheiratet, [35] die aber gewürdigt wurden, jenes Aions teilhaftig zu werden und der Auferstehung aus Toten, weder heiraten sie, noch werden sie verheiratet; [36] denn auch sterben können sie nicht mehr, denn Engelgleiche sind sie und Söhne Gottes sind sie, als der Auferstehung Söhne. [37] Daß aber erweckt werden die Toten, zeigte auch Moyses beim Dornbusch, wie er nennt (den) Herrn *den Gott Abrahams und Gott Isaaks und Gott Jakobs.* [38] Gott aber ist nicht (ein Gott) Toter, sondern Lebender, denn alle leben ihm. [39] Antwortend aber sprachen einige der Schriftkundigen: Lehrer, recht sprachst du. [40] Denn nicht mehr wagten sie, ihn zu fragen irgendetwas.

---

230. Die Frage eines Gesetzeskundigen nach dem ersten Gebot

Mt 22,34–40	Mk 12,28–34	Lk 10,25–28 (Nr. 164):
[34] Die Pharisaier aber, hörend, daß zum Schweigen er brachte die Saddukaier, ka-	[28] Und hinzukommend einer der Schriftkundigen,	[25] Und siehe, ein Gesetzeskundiger stand

men zusammen daselbst,
³⁵ und (es) befragte (ihn) einer
von ihnen, [ein Gesetzeskundi-
ger,] ihn versuchend:
³⁶ Lehrer, welches Gebot ist
groß im Gesetz? ³⁷ Der
aber sagte   ihm:

*Du sollst
lieben (den) Herrn, deinen
Gott, mit deinem ganzen
Herzen und mit deiner ganzen Seele und mit deiner
ganzen Einsicht.*
³⁸ Das ist das große und
erste Gebot. ³⁹ Ein zweites
aber (ist) ihm gleich: *Du sollst
lieben deinen Nächsten wie
dich selbst.* ⁴⁰ An diesen
zwei Geboten hängt das gan-
ze Gesetz und die Propheten.

vgl. V 46

hörend sie streitend,
sehend, daß er recht
geantwortet hatte ihnen,
befragte ihn:
   Welches ist (das) erste
Gebot von allem? ²⁹ (Es)
antwortete Jesus: (Das) erste
ist: *Höre, Israel, (der) Herr
unser Gott ist einziger Herr,*
      ³⁰ *und du sollst
lieben (den) Herrn, deinen
Gott, aus deinem ganzen
Herzen und aus deiner ganzen Seele und aus deiner
ganzen Einsicht und aus deiner ganzen Kraft.*
      ³¹ (Das) zweite
(ist) dieses: *Du sollst
lieben deinen Nächsten wie
dich selbst.* Größer als dieses
ist ein anderes Gebot nicht.

³² Und (es) sprach zu ihm der
Schriftkundige: Recht, Lehrer,
in Wahrheit sprachst du: *Einziger ist (er), und nicht ist
ein anderer außer ihm;* ³³ und
das *Ihn-Lieben aus dem
ganzen Herzen und aus dem
ganzen Verstehen und aus
der ganzen Kraft* und das
*Den-Nächsten-Lieben wie
sich selbst* ist überreichlich
mehr als alle Brandopfer
und Schlachtopfer. ³⁴ Und
Jesus, sehend [ihn], daß er
vernünftig geantwortet hatte,
sprach zu ihm: Nicht weit bist
du vom Königtum Gottes.
Und keiner wagte mehr, ihn
zu befragen.

auf,

ihn versuchend, sagend:
Lehrer, was tuend werde ich
ewiges Leben erben? ²⁶ Der
aber sprach zu ihm: Im Ge-
setz, was ist geschrieben?
Wie liest du? ²⁷ Der aber,
antwortend, sprach: *Du sollst
lieben (den) Herrn, deinen
Gott, aus deinem ganzen
Herzen und mit deiner ganzen Seele und mit deiner
ganzen Kraft und mit deiner
ganzen Einsicht,*

*und deinen Nächsten wie
dich selbst.* ²⁸ Er sprach aber zu
ihm: Richtig antwortetest du;
dies tue, und du wirst leben.

vgl. 20,39 (Nr. 229)

vgl. 20,40 (Nr. 229)

Dtn 6,4

Dtn 6,5
Jos 22,5 (G)

Lev 19,18

Dtn 6,4; 4,35
Jes 45, 21

Dtn 6,5
Jos 22,5 (G)

Lev 19,18

231. Der Christos als Davids Sohn bzw. Herr

Mt 22,41–46	**Mk 12,35–37a**	**Lk 20,41–44**
⁴¹ Als aber zusammenge- kommen waren die Pharisaier, befragte sie Jesus, ⁴² sagend:	³⁵ Und antwortend sagte Jesus, lehrend im Hei- ligtum: Wieso sagen die	⁴¹ Er sprach aber zu ihnen: Wieso sagen sie,

Was dünkt euch über den
Christos? Wessen Sohn ist er?
Sie sagen ihm: Des David.
[43] Er sagt ihnen: Wie nun ruft
David im   Geist ihn Herr,
sagend: [44] *(Es) sprach (der)*
Herr zu meinem Herrn: Sitze
zu meiner Rechten, bis ich
hinlege deine Feinde
          unter deine Füße?
[45] Wenn also David
ihn Herr ruft,   wie ist
er sein Sohn? [46] Und keiner
konnte antworten ihm ein
Wort, und nicht wagte einer
von jenem Tag (an) mehr, ihn
zu befragen.

Ps 110,1

Schriftkundigen, daß der
Christos Sohn Davids ist?

[36] David selbst sprach
im heiligen Geist:
          (Es) sprach (der)
Herr zu meinem Herrn: Sitze
zu meiner Rechten, bis ich
hinlege deine Feinde
          unter deine Füße!
[37a] David selbst nennt
ihn Herr, und woher ist
er sein Sohn?

vgl. V 34b

der
Christos sei Davids Sohn?

[42] Denn David selbst sagt
im Buch (der) Psalmen:
          (Es) sprach (der)
Herr zu meinem Herrn: Sitze
zu meiner Rechten, [43] bis ich
hinlege deine Feinde als Fuß-
bank deiner Füße!
[44] David also
ruft ihn Herr, und wie ist
er sein Sohn?

vgl. V 40

232. Rede gegen Schriftkundige und Pharisaier

Mt 23,1–39	**Mk 12,37b–40**	**Lk 20,45–47**
[1] Da redete Jesus zu den Volksmengen und zu seinen Schülern, [2] sagend: Auf des Moyses Sitz setzten sich die Schriftkundigen und die Pharisaier. [3] Alles nun, was immer sie sprechen zu euch, tut und bewahrt, nach ihren Werken aber tut nicht! Denn sie reden, aber nicht tun sie. [4] Sie binden aber schwere [und unerträgliche] Lasten, und auflegen sie (sie) auf die Schultern der Menschen, selbst aber mit ihrem Finger nicht wollen sie bewegen sie. [5] Alle ihre Werke aber tun sie zum Gesehenwerden bei den Menschen; denn breit machen sie ihre Gebetsriemen, und groß machen sie die Quasten,	[37b] und [die] große Volksmenge hörte ihn gern. [38] Und in seiner Lehre sagte er:	[45] Während aber das ganze Volk hörte, sprach er zu [seinen] Schülern:
		11,46 (Nr. 174): Der aber sprach: Auch euch, den Gesetzeskundigen, wehe, weil ihr belastet die Menschen mit unerträglichen Lasten, und
		selbst, nicht mit einem eurer Finger rührt ihr an die Lasten.
[6] sie lieben aber das Erstlager bei den Mählern und die	Hütet euch vor den Schriftkundigen, die wollen in Talaren umhergehen und Begrüßungen auf den Märkten [39] und Erstsitze in den Synagogen und Erstlager bei den Mählern,	[46] Nehmt euch in acht vor den Schriftkundigen, die umhergehen wollen in Talaren und lieben Begrüßungen auf den Märkten und Erstsitze in den Synagogen und Erstlager bei den Mählern,

Erstsitze in den Synagogen
[7] und die Begrüßungen auf
den Märkten und gerufen zu
werden von den Menschen
Rabbi.
[8] Ihr aber sollt nicht gerufen
werden Rabbi; denn einer ist
euer Lehrer, ihr alle aber seid
Brüder. [9] Auch Vater sollt ihr
nicht rufen (einen) von euch
auf der Erde, denn einer ist
euer Vater, der himmlische.
[10] Auch sollt ihr nicht gerufen
werden Meister, denn euer
Meister ist einer, der Christos.
[11] Der Größere aber von
euch soll sein euer Diener. *
[12] Wer aber erhöhen wird
sich selbst, erniedrigt werden
wird er, und wer erniedrigen
wird sich selbst, erhöht
werden wird er. **
[13] Wehe aber euch,
Schriftkundige und Pharisaier,
Heuchler, weil ihr verschließt
das Königtum der Himmel vor
den Menschen; denn ihr
geht nicht hinein, und die
Hineingehenden laßt ihr nicht
hineinkommen. #

[15] Wehe euch, Schriftkundige
und Pharisaier, Heuchler, weil
ihr durchzieht das Meer und
das Trockene, zu machen einen einzigen zum Proselyten,
und wann er (es) geworden
ist, macht ihr ihn zum Sohn
(der) Gehenna, zweimal
(mehr als) ihr.

V 14 fehlt in den wichtigsten
Handschriften

[40] die Auffressenden die
Häuser der Witwen und zum
Schein lang Betenden: Diese
werden empfangen überreich-
liches Gericht.

11,43 (Nr. 174): Wehe euch,
den Pharisaiern, weil ihr liebt
den Erstsitz in den Synagogen und die Begrüßungen auf
den Märkten.

11,52 (Nr. 174):
Wehe   euch, den
Gesetzeskundigen,
        weil ihr wegnahmt den
Schlüssel der Erkenntnis;
                ihr selbst
kamt nicht hinein, und die
Hineingehenden hindertet ihr.

[47] die auffressen die
Häuser der Witwen und zum
Schein lang beten: Diese
werden empfangen überreich-
liches Gericht.

[16]Wehe euch, blinde Führer, die ihr sagt: Wer immer aber schwört beim Tempel, nichts ist es; wer immer aber schwört beim Gold des Tempels, schuldet. [17]Törichte und Blinde, wer ist denn größer, das Gold oder der das Gold heiligende Tempel? [18]Und: Wer immer schwört beim Altar, nichts ist es; wer immer aber schwört bei der auf ihm (liegenden) Gabe, schuldet. [19]Blinde, was ist denn größer, die Gabe oder der Altar, der heiligende die Gabe? [20] Der Schwörende also beim Altar, schwört bei ihm und bei all dem auf ihm; [21]und der Schwörende beim Tempel, schwört bei ihm und bei dem ihn Bewohnenden, [22]und der Schwörende beim Himmel, schwört beim Thron Gottes und bei dem Sitzenden auf ihm.

[23]Wehe euch, Schriftkundige und Pharisaier, Heuchler, weil ihr bezehntet die Minze und den Dill und den Kümmel und unterließet die gewichtigen (Teile) des Gesetzes, das Recht und das Erbarmen und die Treue; dieses [aber] müßte man tun und jenes nicht lassen. [24]Blinde Führer, die ihr durchseiht die Mücke, das Kamel aber verschlingt. [25]Wehe euch, Schriftkundige und Pharisaier, Heuchler, weil ihr reinigt das Äußere des Bechers und der Schüssel, innen aber sind sie voll von Raub und Unbeherrschtheit. [26]Blinder Pharisaier, reinige zuerst das Innen des Bechers, damit auch sein Außen rein wird.

[27]Wehe euch, Schriftkundige und Pharisaier, Heuchler, weil ihr gleicht geweißten Grabmälern, welche außen zwar schön scheinen, innen aber voll sind von Totengebein und jeder Unreinheit. [28]So auch ihr, außen zwar scheint ihr den Menschen gerecht, innen aber seid ihr voll von Heuchelei und Ungesetzlichkeit. [29]Wehe euch, Schriftkundige und Pharisaier, Heuchler, weil ihr baut die Grabmäler der Propheten und schmückt die Gräber der Gerechten, [30]und ihr sagt: Wenn wir gewesen wären in den Tagen unserer Väter, nicht wären wir gewesen ihre Teilhaber am Blut der Propheten. [31]Daher bezeugt ihr euch selbst, daß ihr Söhne derer seid, die mordeten die Propheten. [32]Und ihr machtet voll das Maß eurer Väter. [33]Schlangen, Brut von Nattern, wie flieht ihr vor dem Gericht der Gehenna? [34]Deswegen siehe:

11,39–42.44.47–51 (Nr. 174):
[42]Aber wehe euch,   den Pharisaiern,   weil ihr bezehntet die Minze und die Raute und alles Gemüse und vorbeigeht am Recht und an der Liebe zu Gott; dieses aber müßte man tun und jenes nicht lassen.

[39](Es) sprach aber der Herr zu ihm: Jetzt, ihr   Pharisaier, das Äußere des Bechers und des Tellers reinigt ihr, euer Inneres aber ist voll von Raub und Bosheit. [40]Unvernünftige, macht nicht der Machende das Äußere auch das Innere? [41]Jedoch das Inwendige gebt als Almosen, und siehe, alles ist euch rein. [44]Wehe euch, weil ihr seid wie die unerkennbaren Gräber, und die Menschen, [die] umhergehen darauf, wissen (es) nicht.

[47]Wehe euch, weil ihr baut die Gräber der Propheten,

eure Väter aber töteten sie. [48]Also seid ihr Zeugen, und zustimmt ihr den Werken eurer Väter, weil sie zwar sie töteten, ihr aber baut.

[49]Deswegen auch sprach die Weisheit Gottes:

Ich   schicke zu euch Propheten und
Weise und Schriftkundige; (etliche) von ihnen
werdet ihr töten und kreuzigen, und (etliche) von
ihnen werdet ihr geißeln in euren Synagogen
und werdet ihr verfolgen von Stadt zu Stadt;
[35] auf daß komme über euch
alles gerechte Blut,   ausgegossen
                    auf der Erde, vom Blut Abels,
des Gerechten, bis zu dem Blut (des) Zacharias, (des) Sohnes (des) Barachias, den ihr
mordetet zwischen dem Tempel und dem Altar.
[36] Amen, ich sage euch: Kommen wird dieses
alles über dieses Geschlecht.
                    [37] Jerusalem, Jerusalem, die
tötet die Propheten und steinigt die zu ihr Geschickten, wie oft wollte ich zusammenführen
deine Kinder, auf welche Weise ein Vogel
zusammenführt seine Jungen unter die Flügel,
und nicht wolltet ihr. [38] Siehe, gelassen wird
euch euer Haus öde. [39] Denn ich sage euch:
Nicht sollt ihr mich sehen ab jetzt, bis
                    ihr sprecht: *Gesegnet der Kom-*
mende im Namen (des) Herrn.

Ich werde schicken zu ihnen Propheten und
Apostel, und   (etliche) von ihnen
werden sie töten und

                    verfolgen,
[50] damit gefordert wird von diesem Geschlecht
das Blut aller Propheten, das ausgegossene von
Grundlegung (der) Welt (an), [51] vom Blut Abels
                    bis zum Blut (des) Zacha-
rias, des   Zugrundegegangenen zwischen dem Altar und dem Haus;
ja, ich sage euch, gefordert werden wird
es von diesem Geschlecht.
13,34–35 (Nr. 186): [34] Jerusalem, Jerusalem, die
tötet die Propheten und steinigt die zu ihr Geschickten, wie oft wollte ich zusammenführen
deine Kinder, auf welche Weise ein Vogel
(zusammenführt) seine Brut unter die Flügel,
und nicht wolltet ihr. [35] Siehe, gelassen wird
euch euer Haus (öde). Ich sage euch [aber]:
Nicht sollt ihr sehen mich   , bis [kommen
wird, wann] ihr sprecht: *Gesegnet der Kom-*   Ps 118,26
mende im Namen (des) Herrn.

---

*

Mt 20,26–27 (Nr. 214):
[26] Nicht so   soll es sein unter
euch, sondern wer immer will
unter euch groß werden, soll
sein euer Diener, [27] und wer
immer will unter euch sein
Erster, soll sein euer Sklave.

** **Mt 18,4 (Nr. 150):**

                    Wer also sich
erniedrigen wird wie dieses Kind, dieser ist der
Größere im Königtum der Himmel.

Mk 9,35 (Nr. 150):
Und sich setzend rief er die
Zwölf und sagt ihnen: Wenn
einer will Erster sein, soll er
sein aller Letzter und aller
Diener.

Mk 10,43–44 (Nr. 214):
[43] Nicht so aber ist es unter
euch, sondern, wer immer will
groß werden unter euch, soll
sein euer Diener, [44] und wer
immer will unter euch sein
Erster, soll sein aller Sklave.

Lk 9,48b (Nr. 150):

                    Denn (wer)
der Kleinere unter euch
allen ist, dieser ist groß.

Lk 22,26 (Nr. 254):
Ihr aber nicht so,
                    sondern der
Größere unter euch soll werden
wie der Jüngere und der

Führende wie der Dienende.

Lk 14,11 (Nr. 188):
Denn jeder Erhöhende sich selbst wird
erniedrigt werden, und der Erniedrigende
sich selbst wird erhöht werden.
Lk 18,14b (Nr. 207):
Denn jeder Erhöhende sich selbst wird
erniedrigt werden, der aber Erniedrigende sich
selbst wird erhöht werden.

233. Die arme Witwe

Mk 12,41–44

[41] Und sich setzend gegenüber dem Schatzkasten, sah er, wie die Volksmenge Kupfer(geld) wirft in den Schatzkasten. Und viele Reiche warfen viel; [42] und kommend, eine arme Witwe warf zwei Lepta, das ist ein Kodrantes. [43] Und herbeirufend seine Schüler, sprach er zu ihnen: Amen, ich sage euch: Diese arme Witwe warf mehr als alle in den Schatzkasten Werfenden; [44] denn alle warfen aus ihrem Überfluß, diese aber warf aus ihrem Mangel alles, wieviel sie hatte, ihren ganzen Besitz.

Lk 21,1–4

[1] Aufschauend aber sah er die in den Schatzkasten ihre Gaben werfenden Reichen. [2] Er sah aber eine arme Witwe, werfend dort(hin) zwei Lepta, [3] und er sprach: Wahrhaft, ich sage euch: Diese arme Witwe warf mehr als alle; [4] denn alle diese warfen aus ihrem Überfluß zu den Gaben, diese aber warf aus ihrem Mangel den ganzen Besitz, den sie hatte.

Die synoptische Apokalypse
(Mt 24 / Mk 13 / Lk 21)

234. Ankündigung der Zerstörung des Heiligtums

Mt 24,1–2

[1] Und herauskommend Jesus vom Heiligtum, ging er weg, und hinzukamen seine Schüler, zu zeigen ihm die Bauten des Heiligtums. [2] Der aber antwortend sprach zu ihnen: Nicht seht ihr dieses alles? Amen, ich sage euch: Nicht wird gelassen hier Stein auf Stein, der nicht zerstört werden wird.

Mk 13,1–2

[1] Und als er herausgeht aus dem Heiligtum, sagt ihm einer seiner Schüler: Lehrer, sieh, was für Steine und was für Bauten! [2] Und Jesus sprach zu ihm: Siehst du diese großen Bauten? Nicht wird gelassen hier Stein auf Stein, der nicht zerstört wird.

Lk 21,5–6

[5] Und als einige sagten über das Heiligtum, daß mit schönen Steinen und Weihegeschenken es geschmückt ist, sprach er: [6] Dieses, was ihr schaut, kommen werden Tage, an denen nicht wird gelassen werden Stein auf Stein, der nicht zerstört werden wird.

235. Der Anfang vom Ende

Mt 24,3–8

[3] Als er aber saß auf dem Berg der Ölbäume, kamen zu ihm die Schüler für sich, sagend: Sprich zu uns: Wann wird dieses sein und was (ist)

Mk 13,3–8

[3] Und als er saß auf dem Berg der Ölbäume gegenüber dem Heiligtum, befragte ihn für sich Petros und Jakobos und Johannes und Andreas: [4] Sprich zu uns: Wann wird dieses sein und was (ist)

Lk 21,7–11

[7] Sie befragten ihn aber, sagend: Lehrer, wann nun wird dieses sein, und was (ist)

das Zeichen deiner Ankunft und (der) Vollendung des Aions?
[4]Und antwortend sprach Jesus zu ihnen : Seht (zu), daß nicht einer euch irreführt!
[5]Denn viele werden kommen in meinem Namen, sagend: Ich bin der Christos, und viele werden sie irreführen.
[6]Ihr werdet aber hören von Kriegen und Gerüchten von Kriegen; seht (zu), erschreckt nicht! Denn es muß geschehen, doch noch nicht ist (es) das Ende.

[7]Denn aufstehen wird Volk gegen Volk und Königtum gegen Königtum, und (es) werden sein Hungersnöte und Erdbeben an (manchen) Orten; [8]alles dieses aber (ist der) Anfang (der) Wehen.

das Zeichen, wann dieses alles im Begriff ist vollendet zu werden?
[5]Jesus aber begann zu sagen ihnen: Seht (zu), daß nicht einer euch irreführt!
[6]Viele werden kommen in meinem Namen, sagend: Ich bin (es), und viele werden sie irreführen.
[7]Wann ihr aber hört von Kriegen und Gerüchten von Kriegen, erschreckt nicht! Es muß geschehen, doch noch nicht (ist es) das Ende.

[8]Denn aufstehen wird Volk gegen Volk und Königtum gegen Königtum, (es) werden sein Erdbeben an (manchen) Orten, (es) werden sein Hungersnöte; (der) Anfang (der) Wehen (ist) dieses.

das Zeichen, wann dieses im Begriff ist zu geschehen?

[8]Der aber sprach : Seht (zu), daß ihr nicht irregeführt werdet! Denn viele werden kommen in meinem Namen, sagend: Ich bin (es), und: Die Zeit ist nahegekommen! Nicht geht hinter ihnen (her)! [9]Wann ihr aber hört von Kriegen und Aufständen, ängstigt euch nicht! Denn dieses muß geschehen zuerst, doch nicht sogleich (ist es) das Ende.
[10]Dann sagte er ihnen: Aufstehen wird Volk gegen Volk und Königtum gegen Königtum, [11]und große Erdbeben und an (manchen) Orten Hungersnöte und Seuchen werden sein, Schrecknisse und vom Himmel große Zeichen werden sein.

236. Ankündigung von Verfolgungen und Drangsalen

Mt 24,9–14	Mk 13,9–13	Lk 21,12–19

[9]Dann werden sie euch übergeben in Bedrängnis, und sie werden euch töten, und ihr werdet sein Gehaßte von allen Völkern wegen meines Namens.

vgl. V 14

[9]Seht aber ihr auf euch selbst; übergeben werden sie euch in Synhedrien, und in Synagogen werdet ihr geschunden werden, und vor Statthalter und Könige werdet ihr gestellt werden wegen meiner, zum Zeugnis ihnen. [10]Aber zu allen Völkern muß zuerst verkündet werden das Evangelium. [11]Und wann sie euch führen, (euch) übergebend, nicht vorher sorgt euch, was ihr reden sollt, sondern was

[12]Vor diesem allem aber werden sie ihre Hand legen an euch, und sie werden (euch) verfolgen, übergebend in die Synagogen und Gefängnisse (euch), abgeführt vor Könige und Statthalter wegen meines Namens; [13]ablaufen wird es euch zum Zeugnis.

[14]Legt nun in eure Herzen, nicht vorher zu überlegen, euch zu verteidigen! [15]Denn

[10]Und dann werden Anstoß nehmen viele, und sie werden einander übergeben, und sie werden hassen einander; **

immer euch gegeben wird in jener Stunde, dies redet; denn nicht seid ihr die Redenden, sondern der heilige Geist. *

ich werde geben euch Mund und Weisheit, der nicht werden widerstehen oder widersprechen können alle eure Gegner. * [16]Übergeben aber werdet ihr werden auch von Eltern und Brüdern und Verwandten und Freunden,

[12]Und übergeben wird (der) Bruder (den) Bruder zum Tod und (der) Vater (das) Kind, und aufstehen werden Kinder gegen Eltern, und sie werden töten sie; **

[11]und viele Lügenpropheten werden aufstehen, und sie werden viele irreführen; [12]und wegen des Übervollwerdens der Ungesetzlichkeit wird sich abkühlen die Liebe der Vielen.   [13]Der Durchhaltende aber zum Ende, dieser wird gerettet werden. *****   [14]Und verkündet werden wird dieses Evangelium des Königtums auf dem ganzen Erdkreis zum Zeugnis allen Völkern, und dann wird kommen das Ende.

und sie werden töten (einige) von euch, ** [17]und ihr werdet sein Gehaßte von allen wegen meines Namens. *** [18]Aber nicht ein Haar von eurem Kopf wird zugrundegehen. **** [19]In eurem Durchhalten erwerbt ihr euer Leben.

[13]und ihr werdet sein Gehaßte von allen wegen meines Namens. ***

Der Durchhaltende aber zum Ende, dieser wird gerettet werden.

vgl. V 10

---

* Lk 12,11–12 (Nr. 175): [11]Wann sie aber hinführen euch zu den Synagogen und den Hoheiten und den Mächten, sorgt nicht, wie oder was ihr verteidigen sollt oder was ihr sprechen sollt! [12]Denn der heilige Geist wird euch lehren in der Stunde selbst, was nötig ist, zu sprechen.
Joh 14,26: Der Fürsprecher aber, der heilige Geist, den schicken wird der Vater in meinem Namen, jener wird euch lehren alles und erinnern euch an alles, was [ich] sprach zu euch.

** Mt 10,35–36 (Nr. 94):
[35]Denn ich kam,

zu entzweien
einen Menschen gegen seinen Vater
      und *eine Tochter gegen ihre Mutter*

und *eine Schwiegertochter gegen ihre Schwiegermutter,* [36]und *Feinde des Menschen (werden) seine Hausgenossen.*

Lk 12,52–53 (Nr. 179):
[52]Denn es werden sein von jetzt (an) fünf in einem Haus Zerteilte, drei gegen zwei und zwei gegen drei, [53]zerteilt werden Vater gegen Sohn und *Sohn* gegen   *Vater,* Mutter gegen die Tochter, und *Tochter gegen die Mutter,* Schwiegermutter gegen ihre Schwiegertochter und *Schwiegertochter gegen die Schwiegermutter.*

*** Joh 15,21: Aber dieses alles werden sie tun an euch wegen meines Namens, weil nicht sie kennen den mich Schickenden.
Joh 16,2: Zu aus der Synagoge Ausgestoßenen werden sie euch machen; doch (es) kommt eine Stunde, daß jeder euch Tötende meint, einen Dienst zu erbringen für Gott.

**** Mt 10,30 (Nr. 93):
Von euch aber auch die Haare des Kopfes sind alle gezählt. [31]Fürchtet euch also nicht! Von (den) vielen Sperlingen unterscheidet ihr euch.

Lk 12,7 (Nr. 175):
      Aber auch die Haare eures Kopfes sind alle gezählt. Fürchtet euch   nicht! Von (den) vielen Sperlingen unterscheidet ihr euch.

***** Mt 10,17–22 (Nr. 92): [17]Nehmt euch aber in acht vor den Menschen; denn sie werden euch übergeben in Synhedrien, und in ihren Synagogen werden sie euch geißeln. [18]Und vor Statthalter aber und Könige werdet ihr geführt werden wegen meiner, zum Zeugnis ihnen und den Völkern. [19]Wann sie aber übergeben euch, sorgt nicht, wie oder was ihr reden sollt; denn gegeben werden wird euch in jener Stunde , was ihr reden sollt; ²⁰denn nicht ihr seid die Redenden, sondern der Geist eures Vaters (ist) der Redende in euch. ²¹Übergeben aber wird (der) Bruder (den) Bruder zum Tod und (der) Vater (das) Kind, und aufstehen werden Kinder gegen Eltern, und sie werden sie töten. ²²Und ihr werdet sein Gehaßte von allen wegen meines Namens; der Durchhaltende aber zum Ende, dieser wird gerettet werden.

237. Der Höhepunkt der Drangsal in der Judaia

Mt 24,15–28	Mk 13,14–23	Lk 21,20–24	
¹⁵Wann nun ihr seht *den Greuel der Verwüstung*, den angesprochenen durch Daniel, den Propheten, stehend an heiligem Ort – der Lesende soll begreifen –, ¹⁶dann sollen die in der Judaia fliehen in die Berge, ¹⁷der auf dem Dach soll nicht herabsteigen,	¹⁴Wann aber ihr seht *den Greuel der Verwüstung* stehend, wo er nicht darf – der Lesende soll begreifen –, dann sollen die in der Judaia fliehen in die Berge, ¹⁵der auf dem Dach [aber] soll nicht herabsteigen und nicht hineingehen,	²⁰Wann aber ihr seht umringt von Heeren Jerusalem, dann erkennt, daß nahegekommen ist seine Verwüstung.	Dan 9,27; 11,31; 12,11
wegzutragen die (Dinge) aus seinem Haus, ¹⁸und der auf dem Acker soll nicht zurück-kehren nach hinten, wegzutra-gen sein Gewand. * ¹⁹Wehe aber den Schwangeren und den Säugenden in jenen Tagen! ²⁰Betet aber, damit nicht geschehe eure Flucht winters und nicht am Sabbat!	wegzutragen etwas aus seinem Haus, ¹⁶und der auf dem Acker soll nicht zurück-kehren nach hinten, wegzutra-gen sein Gewand. * ¹⁷Wehe aber den Schwangeren und den Säugenden in jenen Tagen! ¹⁸Betet aber, damit es nicht geschehe winters;	²¹Dann sollen die in der Judaia fliehen in die Berge, und die in seiner Mitte sollen hinausziehen, und die in den Landschaften sollen nicht hineingehen in es, ²²weil dies Tage (der) Rache sind, daß erfüllt wird alles Geschriebene. ²³Wehe den Schwangeren und den Säugenden in jenen Tagen!	
²¹Denn sein wird dann große Bedrängnis, dergleichen nicht geschehen ist von Anfang (der) Welt bis zum Jetzt und auch gewiß nicht geschehen wird. ²²Und wenn nicht abgekürzt würden jene Tage, nicht würde gerettet werden jedes Fleisch; wegen der Auserwählten aber werden abgekürzt werden jene Tage.	¹⁹denn (es) werden sein jene Tage eine Bedrängnis, dergleichen nicht geschehen ist eine solche von Anfang (der) Schöpfung, die Gott schuf, bis zum Jetzt und gewiß nicht geschehen wird. ²⁰Und wenn nicht abgekürzt hätte (der) Herr die Tage, nicht würde gerettet werden jedes Fleisch; doch wegen der Auserwählten, die er auswählte, abkürzte er die Tage.	Denn große Not wird sein auf der Erde und Zorn für dieses Volk; ²⁴und fallen werden sie durch (die) Schärfe (des) Schwertes, und gefangengenommen werden sie werden zu den Völkern allen, und Jerusalem wird sein getreten von Völkern, bis daß erfüllt werden (die) Zeiten (der) Völker.	
²³Dann, wenn einer zu euch spricht: Siehe, hier (ist) der Christos! oder: Hier!, glaubt (es) nicht! ²⁴Denn aufstehen werden Lügenchristosse und Lügenpropheten, und geben	²¹Und dann, wenn einer zu euch spricht: Sieh, hier (ist) der Christos, sieh, dort!, glaubt (es) nicht! ²²Denn aufstehen werden Lügenchristosse und Lügenpropheten, und geben	17,23–24.37 (Nr. 205): Und sagen werden sie euch: Siehe dort! [oder:] Siehe hier! Geht nicht hin	

werden sie große Zeichen und Wunder, so daß sie irreführen, wenn möglich, auch die Auserwählten. ²⁵ Siehe, vorhergesagt habe ich (es) euch.   ²⁶ Wenn sie also sprechen zu euch: Siehe, in der Öde ist er, geht nicht hinaus! Siehe, in den Kammern, glaubt (es) nicht! ²⁷ Denn wie der Blitz ausgeht von Osten und scheint bis Westen,
 	
        so wird sein die Ankunft des Sohnes des Menschen; ²⁸ wo immer ist die Leiche, dort   werden sich versammeln die Geier.
	werden sie Zeichen und Wunder, um irrezuführen, wenn möglich, die Auserwählten. ²³ Ihr aber seht (zu)! Vorhergesagt habe ich euch alles.
	        vgl. V 21
		und folgt nicht! ²⁴ Denn wie der Blitz, blitzend, vom (einen Ende) unter dem Himmel bis zum (anderen Ende) unterm Himmel leuchtet, so wird sein der Sohn des Menschen [an seinem Tag]. ³⁷ Wo der Leib (ist), dort auch werden die Geier sich versammeln.

* Lk 17,31 (Nr. 205): An jenem Tag, wer sein wird auf dem Dach und seine Sachen im Haus (hat), nicht steige er herab, sie zu holen, und der im Acker gleicherweise, nicht kehre er um nach hinten.

238. Die Ankunft des Sohnes des Menschen

Mt 24,29–31	Mk 13,24–27	Lk 21,25–28
²⁹ Sogleich aber nach der [Jes 13,10] Bedrängnis jener Tage *wird die Sonne verfinstert werden, und der Mond wird nicht geben seinen Schein, und die Sterne werden fallen vom Himmel,*	²⁴ Doch in jenen Tagen nach jener Bedrängnis *wird die Sonne verfinstert werden, und der Mond wird nicht geben seinen Schein,* ²⁵ *und die Sterne werden sein* aus dem Himmel *fallende,*	²⁵ Und sein werden Zeichen an Sonne und Mond und Sternen, und auf der Erde Beklemmung (der) Völker in Ratlosigkeit vor (dem) Tosen und Wogen (des) Meeres, ²⁶ da ohnmächtig werden (die) Menschen vor Furcht und Erwartung der herankommenden (Ereignisse) für den Erdkreis, denn *die Kräfte der Himmel* werden erschüttert werden.

[Jes 34,4] *und die Kräfte der Himmel* werden erschüttert werden. ³⁰ Und dann wird erscheinen das Zeichen des Sohnes des Menschen am Himmel, und dann werden trauern alle Stämme der Erde, [Dan 7,13f] und sie werden sehen *den Sohn des Menschen, kom-*	*und die Kräfte in den Himmeln* werden erschüttert werden.
	
	        ²⁶ Und dann
	
	werden sie sehen *den Sohn des Menschen, kom-*
		
		        ²⁷ Und dann
		
		werden sie sehen *den Sohn des Menschen, kom-*

mend auf den Wolken des Himmels mit Kraft und viel Herrlichkeit; [31]und er wird schicken seine Engel mit großem Trompeten(stoß), und sie werden zusammenführen seine Auserwählten aus den vier Winden, von (den) Enden (der) Himmel bis zu ihren Enden.	*mend in Wolken* mit viel Kraft und Herrlichkeit. [27]Und dann wird er schicken die Engel ,und er wird zusammenführen [seine] Auserwählten aus den vier Winden, vom Ende (der) Erde bis zum Ende (des) Himmels.	*mend in einer Wolke* mit Kraft und viel Herrlichkeit. [28]Wenn aber dieses beginnt zu geschehen, aufrichtet und erhebt eure Köpfe, weil nahekommt eure Erlösung!

239. Das Gleichnis vom Feigenbaum

Mt 24,32–36	Mk 13,28–32	Lk 21,29–33
[32]Vom Feigenbaum aber lernt das Gleichnis: Wann schon sein Zweig wird zart und die Blätter herauswachsen, erkennt ihr, daß nahe der Sommer; [33]so auch ihr, wann ihr seht alles dieses, erkennt, daß nahe er ist vor (den) Türen! [34]Amen, ich sage euch: Nicht geht vorüber dieses Geschlecht, bis alles dieses geschieht. [35]Der Himmel und die Erde wird vorübergehen, meine Worte aber werden gewiß nicht vorübergehen. [36]Über jenen Tag aber und (die) Stunde weiß keiner, auch nicht die Engel der Himmel, auch nicht der Sohn, außer der Vater allein.	[28]Vom Feigenbaum aber lernt das Gleichnis: Wann schon sein Zweig wird zart und herauswachsen die Blätter, erkennt ihr, daß nahe ist der Sommer; [29]so auch ihr, wann ihr seht dieses geschehend, erkennt, daß nahe er ist vor (den) Türen! [30]Amen, ich sage euch: Nicht geht vorüber dieses Geschlecht, bis daß dieses alles geschieht. [31]Der Himmel und die Erde werden vorübergehen, meine Worte aber werden gewiß nicht vorübergehen. [32]Über jenen Tag aber oder die Stunde weiß keiner, auch nicht die Engel im Himmel, auch nicht der Sohn, außer der Vater.	[29]Und er sprach ein Gleichnis zu ihnen: Seht den Feigenbaum und alle Bäume! [30]Wann sie schon ausschlagen, sehend erkennt ihr von selbst, daß schon nahe ist der Sommer; [31]so auch ihr, wann ihr seht dieses geschehend, erkennt, daß nahe ist das Königtum Gottes! [32]Amen, ich sage euch: Nicht geht vorüber dieses Geschlecht, bis alles dieses geschieht. [33]Der Himmel und die Erde werden vorübergehen, meine Worte aber werden gewiß nicht vorübergehen.

240. Mahnung zur Wachsamkeit (nach Lukas)

Lk 21,34–36

³⁴Nehmt euch aber in acht für euch selbst, damit nicht etwa beschwert werden eure Herzen in Rausch und Trinkerei und Lebenssorgen und herantrete zu euch plötzlich jener Tag ³⁵wie eine Schlinge; denn hereinbrechen wird er über alle Sitzenden auf (der) Oberfläche der ganzen Erde. ³⁶Wacht aber zu jeder Zeit, bittend, damit ihr vermögt zu entfliehen diesem allen, das im Begriff (ist) zu geschehen, und zu bestehen vor dem Sohn des Menschen.

241. Mahnung zur Wachsamkeit (nach Markos)

Mt 25,14–15 (Nr. 245):	Mk 13,33–37	Lk 19,12–13 (Nr. 217):
	³³Seht (zu), wacht! Denn nicht wißt ihr, wann die Zeit ist. ³⁴ Wie ein Mensch auf Reisen, verlassend sein Haus und gebend seinen Sklaven die Vollmacht, jedem sein Werk –	¹²Er sprach nun: Ein hochgeborener Mensch zog in ein fernes Land, zu empfangen für sich ein Königtum und zurückzukehren. ¹³Rufend aber seine zehn Sklaven, gab er ihnen zehn Mna und sprach zu ihnen: Handelt (damit), bis ich komme!
¹⁴Denn wie ein Mensch, verreisend, rief die eigenen Sklaven und ihnen übergab seinen Besitz – ¹⁵und dem (einen) gab er fünf Talente, dem (anderen) zwei, dem (anderen) eines, jedem nach der eigenen Kraft, und er verreiste.		
24,42 (Nr. 242): Wacht also, weil ihr nicht wißt, an welchem Tag euer Herr kommt!	und dem Türhüter gebot er, daß er wache. ³⁵Wacht also! Denn nicht wißt ihr, wann der Herr des Hauses kommt, * ob spät oder mitternachts oder beim Hahnenschrei oder (in der) Frühe, ³⁶damit nicht, plötzlich kommend, er euch finde schlafend. ³⁷Was ich aber euch sage, allen sage ich (es): Wacht!	12,38.40 (Nr. 178): ³⁸Und wenn er in der zweiten und wenn er in der dritten (Nacht)wache kommt und findet (sie) so, selig sind jene!
24,44 (Nr. 243): ⁴⁴Deswegen werdet auch ihr bereit, denn zu welcher Stunde ihr (es) nicht meint, kommt der Sohn des Menschen.		⁴⁰Werdet auch ihr bereit, denn zu welcher Stunde ihr (es) nicht meint, kommt der Sohn des Menschen.

* Mt 25,13 (Nr. 244): Wacht also, denn nicht wißt ihr den Tag und nicht die Stunde!

242. Mahnung zur Wachsamkeit (nach Matthaios)

Mt 24,37–42	Lk 17,26–27.30.34–35 (Nr. 205):
³⁷Denn wie die Tage des Noe, so wird sein die Ankunft des Sohnes des Menschen. ³⁸Denn wie sie waren in [jenen] Tagen vor der Sintflut essend und trinkend, heiratend und verheiratend, bis zu	²⁶Und gleichwie es geschah in den Tagen Noes, so wird es sein in den Tagen des Sohnes des Menschen: ²⁷Sie aßen, sie tranken, sie heirateten, sie wurden verheiratet, bis zu

(dem) Tag, an dem hineinging Noe in die Arche
[39]und sie (es) nicht erkannten, bis die Sintflut
kam und alle wegtrug;
                    so wird sein [auch] die Ankunft
des Sohnes des Menschen.
                              [40]Dann werden zwei
sein auf dem Acker,   einer wird mitge-
nommen   und   einer wird (zurück-)
gelassen   ; [41](es werden sein) zwei
Mahlende an der Mühle,   eine wird mitgenom-
men   und   eine wird (zurück-)
gelassen. [42]Wacht also, weil ihr nicht
wißt, an welchem Tag euer Herr kommt! *

(dem) Tag, an dem hineinging Noe in die Arche
                              und die Sintflut kam
und alle vernichtete.
[30]Genauso wird es sein am Tag, an
dem der Sohn des Menschen offenbart wird.
[34]Ich sage euch, in dieser Nacht werden sein
zwei auf einem Bett, der eine wird mitge-
nommen werden, und der andere wird (zurück-)
gelassen werden; [35]es werden sein zwei
Mahlende an demselben (Ort), die eine wird mitge-
nommen werden, die andere aber wird (zurück-)
gelassen werden. ⌗

⌗ V 36 ist aus Mt 24,40 eingedrungen.

* Vgl. Mk 13,33.35 (Nr. 241); Mt 25,13 (Nr. 244).

243. Das Gleichnis vom treuen und vom üblen Sklaven

Mt 24,43–51

[43]Jenes aber erkennt: Wenn der Hausherr
wüßte, zu welcher (Nacht)wache der Dieb
kommt, wachen würde er, und nicht ließe er (zu),
daß eingebrochen wird (in) sein Haus.
[44]Deswegen werdet auch ihr bereit, denn zu
welcher Stunde ihr (es) nicht meint, kommt der
Sohn des Menschen. *
[45]Wer also ist der treue und verständige
Sklave, den aufstellte der Herr über sein
Hausgesinde, zu geben ihnen die Nahrung zur
(bestimmten) Zeit? [46]Selig jener Sklave, den,
kommend, sein Herr finden wird, so tuend;
[47]amen, ich sage euch: Über all seinen
Besitz wird er ihn aufstellen. [48]Wenn aber
spricht jener üble Sklave in seinem Herzen: Zeit
läßt sich mein Herr   , [49]und er beginnt zu
schlagen seine Mitsklaven,
ißt aber und trinkt mit den Betrunkenen,
[50]kommen wird der Herr jenes Sklaven an
einem Tag, an dem er (es) nicht erwartet, und in
einer Stunde, in der er (es) nicht erkennt, [51]und
zweiteilen wird er ihn, und seinen Teil wird er mit
den Heuchlern festsetzen; dort wird sein das
Weinen und das Klappern der Zähne. **

Lk 12,39–40.42–46 (Nr. 178):

[39]Dies aber erkennt: Wenn der Hausherr
wüßte, zu welcher Stunde der Dieb
kommt,   nicht ließe er zu,
daß eingebrochen wird (in) sein Haus.
                         [40]Werdet auch ihr bereit, denn zu
welcher Stunde ihr (es) nicht meint, kommt der
Sohn des Menschen. *
[42]Wer also ist der treue Verwalter, der
verständige, den aufstellen wird der Herr über seine
Dienerschaft, zu geben   zur (bestimmten) Zeit [die]
Verpflegungsration? [43]Selig jener Sklave, den,
kommend, sein Herr finden wird, tuend so.
[44]Wahrhaft, ich sage euch: Über all seinen
Besitz wird er ihn aufstellen. [45]Wenn aber
spricht jener   Sklave in seinem Herzen: Zeit
läßt sich mein Herr zu kommen, und er beginnt zu
schlagen die Knechte und die Mägde und zu
essen und zu trinken und betrunken zu werden,
[46]kommen wird der Herr jenes Sklaven an
einem Tag, an dem er (es) nicht erwartet, und in
einer Stunde, in der er (es) nicht erkennt, und
zweiteilen wird er ihn und seinen Teil wird er mit
den Ungläubigen festsetzen.

* Vgl. Mk 13,33.35 (Nr. 241).
** Vgl. die Anm. zu Mt 8,12 (Nr. 79).

244. Das Gleichnis von den zehn Jungfrauen

Mt 25,1–13

[1]Dann wird verglichen werden das Königtum der Himmel zehn Jungfrauen, welche, nehmend ihre Lampen, hinausgingen zur Begegnung mit dem Bräutigam. [2]Fünf aber von ihnen waren töricht und fünf verständig. [3]Die törichten nämlich, nehmend ihre Lampen, nicht nahmen Öl mit sich. [4]Die verständigen aber nahmen Öl (mit) in den Gefäßen mit ihren Lampen. [5]Als aber der Bräutigam sich Zeit ließ, einnickten alle und schliefen. [6]Mitten (in der) Nacht aber entstand Geschrei: Siehe, der Bräutigam! Kommt heraus zur Begegnung mit [ihm]! [7]Da standen alle jene Jungfrauen auf, und zurechtmachten sie ihre Lampen. [8]Die törichten aber sprachen zu den verständigen: Gebt uns von eurem Öl, weil unsere Lampen erlöschen! [9](Es) antworteten aber die verständigen, sagend: Niemals! Nicht würde es genügen uns und euch; geht (viel)mehr zu den Verkaufenden und kauft euch! [10]Als sie aber weggingen zu kaufen, kam der Bräutigam, und die Bereiten gingen hinein mit ihm zur Hochzeit, und verschlossen wurde die Tür. [11]Zuletzt aber kommen auch die übrigen Jungfrauen, sagend: Herr, Herr, öffne uns! [12]Der aber antwortend sprach: Amen, ich sage euch: Ich kenne euch nicht. [13]Wacht also, weil ihr nicht wißt den Tag und nicht die Stunde! *

---

* Vgl. Mk 13,33.35 (Nr. 241); Mt 24,42 (Nr. 242).

245. Das Gleichnis von den Talenten (bzw. Mna)

Mt 25,14–30	Lk 19,12–27 (Nr. 217):
[14]Denn wie ein Mensch, * verreisend,	[12]Er sprach nun: Ein hochgeborener Mensch * zog in ein fernes Land, zu empfangen für sich ein Königtum und zurückzukehren. [13]Rufend aber seine zehn Sklaven, gab er ihnen zehn Mna und sprach zu ihnen: Handelt (damit), bis ich komme!
rief die eigenen Sklaven und ihnen übergab seinen Besitz –, [15]und dem (einen) gab er fünf Talente, dem (anderen) zwei, dem (anderen) eines, jedem nach der eigenen Kraft, und er verreiste. Indem sogleich [16]wegging, der die fünf Talente empfangen hatte, arbeitete er mit ihnen und gewann andere fünf; [17]ebenso der die zwei (empfangen hatte), er gewann andere zwei. [18]Der aber das eine empfangen hatte, hingehend grub er die Erde auf und verbarg das Silber(geld) seines Herrn.	
[19]Nach viel Zeit aber kommt der Herr jener Sklaven und hält Abrechnung mit ihnen.	[14]Seine Bürger aber haßten ihn und schickten eine Gesandtschaft hinter ihm (her), sagend: Nicht wollen wir, daß dieser als König herrsche über uns! [15]Und es geschah bei seinem Zurückkommen, nachdem er empfangen hatte das Königtum, daß er sprach, daß ihm gerufen werden diese Sklaven, denen er gegeben hatte das Geld, damit er erkenne, was sie erhandelten. [16]Herankam aber der Erste,
[20]Und hinzukommend (der), der die fünf Talente empfangen hatte, brachte er hinzu andere fünf Talente, sagend: Herr, fünf Talente übergabst du mir; sieh, andere fünf Talente gewann ich. [21] (Es) sagte ihm sein Herr:	sagend: Herr, dein Mna arbeitete zehn Mna hinzu. [17]Und er sprach zu ihm:

Gut, guter und treuer Sklave, über weniges
warst du treu, über vieles werde ich dich stellen;
geh ein in die Freude deines Herrn!
²²Hinzukommend [aber] auch der mit den zwei
Talenten sprach: Herr, zwei Talente übergabst
du mir; sieh, andere zwei Talente gewann ich.
²³(Es) sagte   ihm sein Herr:
Gut, guter und treuer Sklave, über weniges
warst du treu, über vieles werde ich dich stellen;
geh ein in die Freude deines Herrn!
²⁴Hinzukommend aber auch (der), der das eine Talent empfangen hatte, sprach: Herr,

                 ich kannte dich, daß du ein
harter Mensch bist,
                        erntend, wo du nicht
sätest, und sammelnd von dort, (wo) du nicht
ausstreutest; ²⁵und (dich) fürchtend, hingehend verbarg ich dein Talent in der Erde; sieh,
du hast das Deine! ²⁶Antwortend aber sprach
sein Herr zu ihm:
              Böser und träger Sklave, du wußtest, daß
                        ich ernte, wo ich nicht säte,
und sammle von dort, (wo) ich nicht ausstreute?
²⁷Du hättest also hinlegen müssen mein
Silber(geld) den Geldwechslern, und   kommend hätte ich empfangen das Meine mit Zins.
                   ²⁸Nehmt also weg von ihm
das Talent und gebt (es) dem Habenden die
zehn Talente.
                        ²⁹Denn jedem
Habenden wird gegeben werden, und er wird
überreich gemacht werden, von dem Nicht-
Habenden aber, auch was er hat, wird
weggenommen werden von ihm. ** ³⁰Und den
unnützen Sklaven werft hinaus in die Finsternis
draußen! Dort wird sein das Weinen und das
Klappern der Zähne. ***

Wohlan, guter   Sklave, weil im Geringsten
treu du warst, habe Vollmacht über zehn Städte!

¹⁸Und (es) kam der Zweite,
        sagend: Dein Mna, Herr,
                 machte fünf Mna.
¹⁹Er sprach aber auch zu diesem:

              Und du, über fünf Städte werde
(bevollmächtigt)!
²⁰Und der andere kam,
              sagend: Herr, siehe, dein Mna,
das ich niedergelegt hatte in einem Schweißtuch; ²¹denn ich fürchtete dich, weil ein
strenger Mensch du bist! Du nimmst, was du
nicht hinlegtest, und du erntest, was du nicht
sätest.

                              ²²Er sagt
        ihm: Aus deinem Mund werde ich dich
richten, böser   Sklave. Du wußtest, daß
ich ein strenger Mensch bin, nehmend, was ich
nicht hinlegte, und erntend, was ich nicht säte?
²³Und weshalb gabst du nicht mein
Silber(geld) auf einen (Wechsel)tisch? Und ich, kommend, mit Zins hätte ich es eingefordert. ²⁴Und zu
den Dabeistehenden sprach er: Nehmt   weg von ihm
das Mna und gebt (es) dem die zehn Mna
Habenden! – ²⁵Und sie sprachen zu ihm: Herr,
er hat zehn Mna! – ²⁶Ich sage euch: Jedem
Habenden wird gegeben werden,
                        von dem Nicht-
Habenden aber, auch was er hat, wird
weggenommen werden. **

              ²⁷Jedoch diese meine Feinde,
die nicht wollten, daß ich als König herrsche über sie,
führt sie hierher und schlachtet sie ab vor mir!

---

* Mk 13,34 (Nr. 241): Wie ein Mensch auf Reisen, verlassend sein Haus und gebend seinen Sklaven die Vollmacht,
jedem sein Werk – und dem Türhüter gebot er, daß er wache.

** Mt 13,12 (Nr. 111):	Mk 4,25 (Nr. 113):	Lk 8,18b (Nr. 113):

Denn wer hat, gegeben werden wird ihm, und überreich wird er gemacht werden; wer aber nicht hat, auch was er hat, wird weggenommen werden von ihm.	Denn wer hat, ihm wird gegeben werden;
	
	    und wer nicht hat, auch was er hat, wird von ihm weggenommen werden.
		Denn wer immer hat, gegeben werden wird ihm;
		
		    und wer immer nicht hat, auch was er meint zu haben, wird weggenommen werden von ihm.

*** Vgl. die Anm. zu Mt 8,12 (Nr. 79).

246. Vom Weltgericht

Mt 25,31–46

[31] Wann aber kommt der Sohn des Menschen in seiner Herrlichkeit und alle Engel mit ihm, dann wird er sich setzen auf (den) Thron seiner Herrlichkeit; [32] und (es) werden versammelt werden vor ihm alle Völker, und er wird trennen sie voneinander, wie der Hirt trennt die Schafe von den Böcken, [33] und er wird stellen die Schafe zu seiner Rechten, die Böcke aber zur Linken. [34] Dann wird sagen der König denen zu seiner Rechten: Auf, (ihr) Gesegneten meines Vaters, erbt das Königtum, euch bereitet seit Grundlegung (der) Welt. [35] Denn ich hungerte, und ihr gabt mir zu essen, ich dürstete, und ihr tränktet mich, fremd war ich, und ihr führtet mich ein, [36] nackt, und ihr umkleidetet mich, krank war ich, und ihr schautet auf mich, im Gefängnis war ich, und ihr kamt zu mir. [37] Dann werden antworten ihm die Gerechten, sagend: Herr, wann sahen wir dich hungernd, und wir speisten (dich), oder dürstend, und wir tränkten dich? [38] Wann aber sahen wir dich fremd, und wir führten (dich) ein, oder nackt, und wir umkleideten (dich)? [39] Wann aber sahen wir dich nackt oder im Gefängnis, und wir kamen zu dir? [40] Und antwortend wird der König ihnen sagen: Amen, ich sage euch: In dem (Maß) ihr tatet einem dieser meiner geringsten Brüder, mir tatet ihr (es). [41] Dann wird er sagen auch denen zur Linken: Geht weg von mir, [ihr] Verfluchten, in das ewige Feuer, das bereitete für den Teufel und seine Engel. [42] Denn ich hungerte, und nicht gabt ihr mir zu essen, ich dürstete, und nicht tränktet ihr mich, [43] fremd war ich, und nicht führtet ihr mich ein, nackt, und nicht umkleidet ihr mich, krank und im Gefängnis, und nicht schautet ihr auf mich. [44] Dann werden antworten auch sie, sagend: Herr, wann sahen wir dich hungernd oder dürstend oder fremd oder nackt oder krank oder im Gefängnis, und wir dienten dir nicht? [45] Dann wird er antworten ihnen, sagend: Amen, ich sage euch: In dem (Maß) ihr nicht tatet einem dieser Geringsten, auch mir tatet ihr (es) nicht. [46] Und weggehen werden diese zu ewiger Strafe, die Gerechten aber zum ewigen Leben.

247. Schlußbemerkung des Lukas zum Wirken Jesu in Jerusalem

Mt 21,17 (Nr. 220):	Mk 11,19 (Nr. 222):	Lk 21,37–38
Und zurücklassend sie, hinausging er aus der Stadt nach Bethania und übernachtete dort.	Und als es spät wurde, hinausgingen sie außerhalb der Stadt.	[37] Er war aber die Tage im Heiligtum lehrend, die Nächte aber, hinausgehend, übernachtete er an dem Berg, dem Ölberg gerufenen; [38] und das ganze Volk brach früh auf zu ihm, im Heiligtum ihn zu hören.

Leiden, Sterben und Auferstehung Jesu
(Mt 26–27 / Mk 14–15 / Lk 22–23)

248. Der Beschluß des Synhedrions, Jesus zu töten *

Mt 26,1–5	Mk 14,1–2	Lk 22,1–2
[1] Und es geschah, als Jesus beendete alle diese Worte, sprach er zu seinen Schülern: [2] Ihr wißt, daß nach zwei Tagen das Pascha ist, und der Sohn des Menschen wird übergeben, um gekreuzigt zu werden. [3] Da kamen zusammen die Hochpriester und die Ältesten des Volkes in den Hof des Hochpriesters, des Kajaphas genannten, [4] und sie berieten sich, damit sie Jesus mit List ergreifen und töten; [5] sie sagten aber: Nicht am Fest, damit nicht ein Tumult entsteht im Volk.	[1] (Es) war aber das Pascha und das (Fest der) Ungesäuerten nach zwei Tagen. Und (es) suchten die Hochpriester und die Schriftkundigen, wie sie ihn in List ergreifend töten könnten; [2] denn sie sagten: Nicht am Fest, damit nicht sein wird ein Tumult des Volkes.	[1] Nahekam aber das Fest der Ungesäuerten, das Pascha genannte. [2] Und (es) suchten die Hochpriester und die Schriftkundigen, wie sie ihn beseitigen könnten, denn sie fürchteten das Volk.

* Joh 11,47–53: [47] (Es) versammelten nun die Hochpriester und die Pharisaier (das) Synhedrion, und sie sagten: Was tun wir, weil dieser Mensch viele Zeichen tut? [48] Wenn wir lassen ihn so, alle werden glauben an ihn, und kommen werden die Romaier, und sie werden nehmen uns sowohl den Ort als auch das Volk. [49] Einer aber von ihnen, Kajaphas, als Hochpriester jenes Jahres, sprach zu ihnen: Ihr wißt nichts, [50] und nicht überlegt ihr, daß (es) euch nützt, daß ein einziger Mensch stirbt für das Volk und nicht das ganze Volk zugrundegeht. [51] Dies aber nicht von sich (aus) sprach er, sondern als Hochpriester jenes Jahres prophezeite er, daß Jesus werde sterben für das Volk, [52] und nicht für das Volk allein, sondern damit er auch die zerstreuten Kinder Gottes versammle in eins. [53] Von jenem Tag (an) nun beschlossen sie, daß sie ihn töteten.

249. Die Salbung in Bethania *

Mt 26,6–13	Mk 14,3–9	Joh 12,1–8:
[6] Als aber Jesus war in Bethania im Haus Simons des Aussätzigen, [7] kam zu ihm eine Frau, habend eine Alabasterflasche kostbaren Öls, und	[3] Und als er war in Bethania im Haus Simons des Aussätzigen, während er (zu Tisch) lag, kam eine Frau, habend eine Alabasterflasche echten, kostbaren Nardenöls; zerbrechend die Alabasterflasche,	[1] Jesus nun kam sechs Tage vor dem Pascha nach Bethania, wo Lazaros war, den Jesus aus Toten erweckte. [2] Sie machten ihm nun ein Mahl dort, und Martha diente, Lazaros aber war einer von den (zu Tisch) Liegenden mit ihm. [3] Mariam nun, nehmend eine Litra echten, wertvollen Nardenöls, salbte

ausschüttete sie (es) auf seinen Kopf, während er (zu Tisch) lag.

[8](Es) sehend aber die Schüler, wurden sie unwillig, sagend: Wozu   diese Vergeudung? [9]Denn (es) hätte dies   verkauft werden können für viel   und gegeben werden (den) Armen.

[10](Es) erkennend aber, sprach Jesus zu ihnen: Was bereitet ihr Mühen der Frau? Denn ein rechtes Werk wirkte sie an mir; [11]denn allzeit habt ihr die Armen bei euch,

mich aber habt ihr nicht allzeit; [12]denn da sie schüttete dieses Öl auf meinen Leib, zu meinem Begräbnis tat sie (es). [13]Amen, ich sage euch: Wo immer verkündet wird dieses Evangelium in der ganzen Welt, geredet werden wird auch, was diese tat, zum Gedenken an sie.

ausschüttete sie (es) auf seinen Kopf.

[4](Es) waren aber einige unwillig bei sich selbst: Wozu ist diese Vergeudung des Öls geschehen? [5]Denn es hätte dieses Öl verkauft werden können um über dreihundert Denare und gegeben werden den Armen; und anschnaubten sie sie.

[6]Jesus   aber sprach   : Laßt sie! Was bereitet ihr ihr Mühen?

Ein rechtes Werk wirkte sie an mir. [7]Denn allzeit habt ihr die Armen bei euch, und wann ihr wollt, könnt ihr ihnen gut tun, mich aber habt ihr nicht allzeit. [8]Was sie hatte, tat sie; vorwegnahm sie, zu salben meinen Leib zum Begräbnis. [9]Amen, ich sage euch aber: Wo immer verkündet wird das Evangelium in die ganze Welt, auch was diese tat, wird geredet werden zum Gedenken an sie.

die Füße von Jesus, und abwischte sie mit ihren Haaren seine Füße; das Haus aber wurde erfüllt vom Duft des Öls. [4](Es) sagt aber Judas, der Iskariotes, einer [von] seinen Schülern, der ihn übergeben sollte:

[5]Weshalb

wurde dieses Öl nicht verkauft um dreihundert Denare und gegeben   Armen? [6]Er sprach aber dies nicht, weil an den Armen ihm lag, sondern weil ein Dieb er war und, den Beutel habend, das Eingeworfene er entwendete. [7](Es)   sprach nun Jesus   : Laß sie, damit auf den Tag meines Begräbnisses sie es bewahre; [8]denn die Armen allzeit habt ihr bei euch,

mich aber habt ihr nicht allzeit. vgl. V 7

_____

* Vgl. Lk 7,36−50

250. Der Verrat des Judas Iskarioth

Mt 26,14−16	**Mk 14,10−11**	**Lk 22,3−6**
[14]Dann ging einer der Zwölf, der Judas Iskariotes genannte,	[10]Und Judas Iskarioth, der eine der Zwölf,	[3]Hineinging aber Satan in Judas, den Iskariotes gerufenen, der war aus der Zahl der Zwölf; [4]und weggehend unterredete er sich
	ging weg	

zu den Hochpriestern, (und)
15er sprach: Was wollt ihr mir
geben, und ich werde euch
übergeben ihn? Die aber legten ihm dreißig Silber(geldstücke) hin.
16Und von da (an) suchte er
Gelegenheit, daß er ihn
übergebe.

zu den Hochpriestern,
damit er ihn über-
gebe ihnen. **11**Die aber,
hörend (es) freuten sich und
sagten zu, ihm Silber(geld)
zu geben.
Und er suchte,
wie er ihn gelegen
übergäbe.

mit den Hochpriestern und
Befehlshabern, wie er ihnen
übergebe ihn. **5**Und sie
freuten sich und
vereinbarten, ihm Silber(geld)
zu geben. **6**Und er willigte
ein, und er suchte
Gelegenheit, ihn ohne Volksmenge zu übergeben ihnen.

251. Die Bereitung des Paschamahles

Mt 26,17–19

17Aber am ersten (Tag des
Festes) der Ungesäuerten

kamen die Schüler zu Jesus,
sagend: Wo, willst du, sollen
wir bereiten
dir, zu essen das
Pascha?

vgl. V 17

18Der aber sprach:
Geht
fort in die Stadt zu dem und
dem

und sprecht
zu ihm:
Der Lehrer sagt: Meine
Zeit ist nahe, bei dir will ich
halten das Pascha mit meinen
Schülern.

19Und (es) taten die Schüler
wie ihnen aufgetragen hatte
Jesus, und sie bereiteten
das Pascha.

Mk 14,12–16

12Und am ersten Tag (des
Festes) der Ungesäuerten,
als man das Pascha schlachtete, sagen ihm seine Schüler:
Wo, willst du, sollen
wir weggehend bereiten,
damit du essen (kannst) das
Pascha? **13**Und er schickt
zwei seiner Schüler

vgl. V 12

und sagt
ihnen: Geht
fort in die Stadt , und
begegnen wird euch ein
Mensch, einen Tonkrug Wassers tragend; folgt ihm, **14**und
wo immer er hineingeht,
sagt dem
Hausherrn:
Der Lehrer sagt: Wo ist
meine Unterkunft, wo ich das
Pascha mit meinen Schülern
esse? **15**Und er
selbst wird euch zeigen ein
großes Oberzimmer, ausge-
legt, bereit; und dort bereitet
(es) für uns! **16**Und hinausgingen
die Schüler, und sie kamen in
die Stadt und fanden (es),
gleichwic er gesprochen hatte
zu ihnen, und sie bereiteten
das Pascha.

Lk 22,7–13

7(Es) kam aber der Tag (des
Festes) der Ungesäuerten, [an]
dem geschlachtet werden mußte
das Pascha;

vgl. V 9

8und er schickte
Petros und Johannes,
sprechend: Hingehend bereitet uns das Pascha, damit wir
essen. **9**Die aber sprachen zu
ihm: Wo, willst du, sollen wir
bereiten? **10**Der aber sprach
zu ihnen: Siehe, wenn ihr hineingeht in die Stadt , ent-
gegenkommen wird euch ein
Mensch, einen Tonkrug Wassers tragend; folgt ihm in das
Haus, in das er hineingeht,
11und sagen werdet ihr dem
Hausherrn des Hauses: (Es)
sagt dir der Lehrer: Wo ist
die Unterkunft, wo ich das
Pascha mit meinen Schülern
esse? **12**Und jener
wird euch zeigen ein
großes Oberzimmer, ausge-
legt ; dort bereitet
(es)! **13**Weggehend aber

fanden sie (es),
gleichwie er gesagt hatte
zu ihnen, und sie bereiteten
das Pascha.

252. Die Bezeichnung des Verräters

Mt 26,20–25	Mk 14,17–21	Lk 22,14.21–23	Joh 13,21–30
20 Als es aber Abend geworden war, (zu Tisch) lag er mit den Zwölf. **21** Und während sie aßen, sprach er: Amen, ich sage euch: Einer von euch wird mich übergeben.	**17** Und als es Abend geworden war, kommt er mit den Zwölf. **18** Und während sie (zu Tisch) lagen und aßen, sprach Jesus: Amen, ich sage euch: Einer von euch wird mich übergeben, der Essende mit mir.	**14** Und als kam die Stunde, niederließ er sich und die Apostel mit ihm. vgl. VV 15–20 (Nr. 253)	**21** Als er dieses gesprochen hatte, wurde Jesus erregt im Geist, und er bezeugte und sprach: Amen, amen ich sage euch: Einer von euch wird mich übergeben.
22 Und sehr betrübt begannen sie ihm zu sagen ein jeder: Doch nicht ich bin (es), Herr?	**19** Sie begannen betrübt zu werden und ihm zu sagen einer nach dem andern: Doch nicht ich?	**21** Jedoch siehe, die Hand des mich Übergebenden (ist) mit mir auf dem Tisch. vgl. V 23	**22** (Es) sahen einander an die Schüler, ratlos, über wen er rede.
			23 (Es) war (zu Tisch) liegend einer von seinen Schülern im Schoß von Jesus, den Jesus liebte. **24** Zunickt nun diesem Simon Petros, zu erforschen, wer (es) sei, über den er redet. **25** Sich legend nun jener so an die Brust von Jesus, sagt er ihm: Herr, wer ist (es)? **26** (Es) antwortet Jesus: Jener ist (es), dem ich eintauchen werde den Bissen und geben werde ihm. Eintauchend nun den Bissen, [nimmt und] gibt er (ihn dem) Judas (dem des) Simon Iskariotes.
23 Der aber antwortend sprach: Der Eintauchende mit mir die Hand in die Schüssel, dieser wird mich übergeben.	**20** Der aber sprach zu ihnen: Einer der Zwölf, der Eintauchende mit mir in die Schüssel.		
24 Der Sohn des Menschen geht zwar fort, gleichwie geschrieben ist über ihn; wehe aber jenem Menschen, durch den der Sohn des Menschen übergeben wird; besser wäre es	**21** Denn der Sohn des Menschen geht zwar fort, gleichwie geschrieben ist über ihn; wehe aber jenem Menschen, durch den der Sohn des Menschen übergeben wird; besser (wäre es)	**22** Denn der Sohn des Menschen geht zwar fort gemäß dem Bestimmten, jedoch wehe jenem Menschen, durch den er übergeben wird!	

für ihn, wenn nicht gezeugt worden wäre jener Mensch!	für ihn, wenn nicht gezeugt worden wäre jener Mensch!		
		[23] Und sie begannen zu streiten untereinander, wer es also sei von ihnen, der dies in Begriff sei zu tun.	
vgl. V 22	vgl. V 19		vgl. V 22
[25] Antwortend aber Judas, der ihn Übergebende, sprach: Doch nicht ich bin (es), Rabbi? Er sagt ihm: Du sagtest (es).			
	vgl. 22,3 (Nr. 250)		[27] Und nach dem Bissen, da ging hinein in jenen der Satan. (Es) sagt nun zu ihm Jesus: Was du tust, tu schnell! [28] Dies [aber] erkannte keiner von den (zu Tisch) Liegenden, wozu er sprach zu ihm; [29] denn einige meinten, da den Beutel hatte Judas, daß ihm Jesus sagt: Kaufe, was wir nötig haben zum Fest, oder den Armen daß er etwas gebe. [30] Nehmend nun den Bissen, hinausging jener sofort. (Es) war aber Nacht.

253. Die Feier des letzten Abendmahles

Mt 26,26–29	Mk 14,22–25	Lk 22,15–20	1 Kor 11,23–25
		[15] Und er sprach zu ihnen: Mit Begierde begehrte ich, dieses Pascha zu essen mit euch, bevor daß ich leide; [16] denn ich sage euch: Nicht (mehr) esse ich es, bis daß es erfüllt ist im Königtum Gottes.	

Mt	Mk	Lk	1 Kor
		[17]Und nehmend einen Becher, dankend, sprach er: Nehmt diesen und teilt (ihn) unter einander! [18]Denn ich sage euch: Nicht trinke ich von jetzt (an) vom Ertrag des Weinstocks, bis daß das Königtum Gottes kommt.	
vgl. V 29	vgl. V 25		[23]Denn ich übernahm vom Herrn, was ich auch überlieferte euch, daß der Herr Jesus in der Nacht, in der er
[26]Während sie aber aßen, nehmend Jesus Brot und segnend, brach er (es), und gebend es den Schülern, sprach er: Nehmt, eßt ! Dies ist mein Leib.	[22]Und während sie aßen, nehmend Brot, segnend brach er (es) und gab (es) ihnen und sprach: Nehmt ! Dies ist mein Leib.	[19]Und nehmend Brot, dankend brach er (es) und gab (es) ihnen, sagend: Dies ist mein Leib, der für euch gegebene; dies tut zu meiner Erinnerung!	überliefert wurde, Brot nahm, [24]und dankend brach und sprach: Dies ist mein Leib für euch; dies tut zu meiner Erinnerung!
[27]Und nehmend einen Becher und dankend, gab er (ihn) ihnen, sagend: Trinkt aus ihm alle! [28]Denn dies ist mein Blut des Bundes, das für viele ausgegossene zu(m) Erlaß von Sünden.	[23]Und nehmend einen Becher, dankend gab er (ihn) ihnen, und sie tranken aus ihm alle. [24]Und er sprach zu ihnen: Dies ist mein Blut des Bundes, das ausgegossene für viele.	[20]Und den Becher ebenso nach dem Essen, sagend: Dieser Becher (ist) der neue Bund in meinem Blut, das für euch ausgegossene.	[25]Ebenso auch den Becher nach dem Essen, sagend: Dieser Becher ist der neue Bund in meinem Blut; dies tut, jedesmal wenn ihr trinkt, zu meiner Erinnerung!
[29]Ich sage euch aber: Nicht trinke ich ab jetzt aus diesem Ertrag des Weinstocks bis zu jenem Tag, wann ich ihn trinke mit euch neu im Königtum meines Vaters.	[25]Amen, ich sage euch : Nicht mehr trinke ich aus dem Ertrag des Weinstocks bis zu jenem Tag, wann ich ihn trinke neu im Königtum Gottes.	vgl. V 18 vgl. VV 21–23 (Nr. 252)	

254. Von der Rangordnung unter den Schülern Jesu

Mt 20,25–28 (Nr. 214):	Mk 10,42–45 (Nr. 214):	**Lk 22,24–30**
		[24] (Es) entstand aber auch Streit bei ihnen, wer von ihnen gilt, größer zu sein. [25] Der aber
[25] Jesus aber, herbeirufend sie, sprach : Ihr wißt, daß die Führer der Völker sich ihrer bemächtigen und die Großen sie vergewaltigen.	[42] Und herbeirufend sie, sagt Jesus ihnen: Ihr wißt, daß die über die Völker zu herrschen Geltenden sich ihrer bemächtigen und ihre Großen sie vergewaltigen.	sprach zu ihnen: Die Könige der Völker herrschen über sie, und ihre Gewalthaber werden Wohltäter gerufen.
[26] Nicht so soll es sein unter euch, sondern wer immer will unter euch groß werden, soll sein euer Diener, [27] und wer immer will unter euch sein Erster, soll sein euer Sklave; *	[43] Nicht so aber ist es unter euch, sondern wer immer will groß werden unter euch, soll sein euer Diener, [44] und wer immer will unter euch sein Erster, soll sein aller Sklave; *	[26] Ihr aber nicht so, sondern der Größere unter euch soll werden wie der Jüngere und der Führende wie der Dienende. *
[28] wie der Sohn des Menschen nicht kam, bedient zu werden, sondern zu dienen und zu geben sein Leben als Lösegeld anstelle vieler.	[45] denn auch der Sohn des Menschen kam nicht, bedient zu werden, sondern zu dienen und zu geben sein Leben als Lösegeld anstelle vieler.	[27] Denn wer (ist) größer: Der (zu Tisch) Liegende oder der Dienende? Nicht der (zu Tisch) Liegende? Ich aber bin in eurer Mitte wie der Dienende. **
19,28 (Nr. 211): Jesus aber sprach zu ihnen: Amen, ich sage euch: Ihr, die mir Nachfolgenden, bei der Wiedergeburt, wann sich setzt der Sohn des Menschen auf den Thron seiner Herrlichkeit, werdet auch ihr sitzen auf zwölf Thronen, richtend die zwölf Stämme Israels.		[28] Ihr aber seid die, die verblieben sind bei mir in meinen Versuchungen; [29] und ich vermache euch, gleichwie mir vermachte mein Vater ein Königtum, [30] damit ihr eßt und trinkt an meinem Tisch in meinem Königtum, und sitzen werdet ihr auf Thronen, die zwölf Stämme Israels richtend.

---

* 23,11 (Nr. 232): Der Größere aber von euch soll sein euer Diener.	Mk 9,35 (Nr. 150): Wenn einer will Erster sein, soll er sein aller Letzter und aller Diener.	Lk 9,48b (Nr. 150): Denn (wer) der Kleinere unter euch allen ist, dieser ist groß.

** Vgl. Joh 13,12–14: [12] Als er nun gewaschen hatte ihre Füße [und] genommen hatte seine Obergewänder und sich wieder lagerte, sprach er zu ihnen: Erkennt ihr, was ich euch getan habe? [13] Ihr ruft mich: Der Lehrer, und: Der Herr, und recht redet ihr; denn ich bin (es). [14] Wenn nun ich wusch eure Füße, der Herr und der Lehrer, schuldet auch ihr, einander zu waschen die Füße.

255. Abschiedsworte beim letzten Abendmahl *

Lk 22,31–38

[31] Simon, Simon, siehe, der Satan ausbat sich, euch zu sieben wie den Weizen; [32] ich aber bat für dich, damit nicht aufhöre dein Glaube; und du, einst bekehrt, richte auf deine Brüder! [33] Der aber sprach zu ihm: Herr, mit dir bin ich bereit, auch ins Gefängnis und in (den) Tod zu gehen! [34] Der aber sprach:

Ich sage dir, Petros, nicht wird schreien heute ein Hahn, bis du dreimal verleugnen wirst, mich zu kennen. **

[35] Und er sprach zu ihnen: Als ich euch schickte ohne Geldbeutel und Tasche und Sandalen, ermangelte ihr etwas? Die aber sprachen: Nichts. [36] Er sprach aber zu ihnen: Aber jetzt, der Habende einen Geldbeutel, soll tragen (ihn), gleicherweise auch eine Tasche, und der Nichthabende soll verkaufen sein Gewand und kaufen ein Schwert. [37] Denn ich sage euch: Dieses Geschriebene muß vollendet werden an mir, das: *Und unter Gesetzlose wurde er gerechnet*; und das nämlich über mich hat ein Ende. [38] Die aber sprachen: Herr, siehe, hier zwei Schwerter! Der aber sprach zu ihnen: Genug ist es.

Jes 53,12

---

* Vgl. Nr. 256

** Joh 13,36–38: [36] (Es) sagt ihm Simon Petros: Herr, wohin gehst du fort? (Es) antwortete [ihm] Jesus: Wohin ich fortgehe, kannst du mir jetzt nicht folgen, folgen aber wirst du später. [37] (Es) sagt ihm Petros: Herr, weshalb kann ich dir nicht folgen jetzt? Mein Leben werde ich für dich geben. [38] (Es) antwortet Jesus: Dein Leben wirst du für mich geben? Amen, amen, ich sage dir: Nicht wird ein Hahn schreien, bis daß du (ver)leugnest mich dreimal.

256. Auf dem Weg nach Gethsemani

Mt 26,30–35	Mk 14,26–31	Lk 22,39	Joh 18,1a; 13,36–38
[30] Und nachdem sie (den Lobgesang) gesungen hatten, hinausgingen sie zum Berg der Ölbäume.	[26] Und nachdem sie (den Lobgesang) gesungen hatten, hinausgingen sie zum Berg der Ölbäume.	[39] Und hinausgehend ging er nach der Gewohnheit zum Berg der Ölbäume, (es) folgten ihm aber auch die Schüler.	[1a] Dieses sprechend, hinausging Jesus mit seinen Schülern jenseits des Baches Kedron,
[31] Da sagt ihnen Jesus: Ihr alle werdet Anstoß nehmen an mir in dieser Nacht; denn es ist geschrieben: *Schlagen werde ich den Hirten, und (es) werden zerstreut werden die Schafe der Herde.* * [32] Nach meinem Erwecktwerden aber werde ich vorangehen euch in die Galilaia. [33] Antwortend aber sprach Petros zu ihm: Wenn alle Anstoß nehmen werden an dir, ich werde niemals Anstoß nehmen.	[27] Und (es) sagt ihnen Jesus: Alle werdet ihr Anstoß nehmen ,weil geschrieben ist: *Schlagen werde ich den Hirten, und die Schafe werden zerstreut werden.* * [28] Aber nach meinem Erwecktwerden werde ich vorangehen euch in die Galilaia. [29] Petros aber sagte ihm: Wenn auch alle Anstoß nehmen werden , doch nicht ich.		

Sach 13,7

		22,33–34 (Nr. 255):	13,36–38:
			³⁶(Es) sagt ihm Simon Petros: Herr, wohin gehst du fort? (Es) antwortete [ihm] Jesus: Wohin ich fortgehe, kannst du mir jetzt nicht folgen, folgen aber wirst du später. ³⁷(Es) sagt ihm Petros: Herr, weshalb kann ich dir nicht folgen jetzt? Mein Leben werde ich für dich geben. ³⁸(Es) antwortet Jesus: Dein Leben wirst du für mich geben? Amen, amen, ich sage dir:
vgl. V 35	vgl. V 31	³³Der aber sprach zu ihm: Herr, mit dir bin ich bereit, auch ins Gefängnis und in (den) Tod zu gehen!	
³⁴(Es) sagte ihm Jesus:	³⁰Und (es) sagt ihm Jesus:	³⁴Der aber sprach: Ich sage dir, Petros, nicht wird schreien heute ein Hahn, bis du dreimal verleugnen wirst, mich zu kennen.	
Amen, ich sage dir: In dieser Nacht, ehe ein Hahn schreit, wirst du dreimal mich verleugnen. ³⁵(Es) sagt ihm Petros: Und wenn es sein müßte, daß ich mit dir sterbe, nicht werde ich dich verleugnen. Gleicherweise sprachen auch alle Schüler.	Amen, ich sage dir: Du wirst heute in dieser Nacht, ehe zweimal ein Hahn schreit, dreimal mich verleugnen. ³¹Der aber redete überaus (heftig): Wenn es sein müßte, daß ich mitsterbe (mit) dir, nicht werde ich dich verleugnen. Ebenso aber sagten auch alle.	vgl. V 33	Nicht wird ein Hahn schreien, bis daß du (ver)leugnest mich dreimal. vgl. V 37

* Joh 16,32: Siehe, (es) kommt eine Stunde, und sie ist gekommen, daß ihr zerstreut werdet, jeder zu dem Eigenen, und mich allein laßt; aber nicht bin ich allein, weil der Vater bei mir ist.

257. Jesus in Gethsemani

Mt 26,36–46	Mk 14,32–42	Lk 22,40–46	Joh 18,1b
³⁶Dann kommt mit ihnen Jesus zu einem Platz, genannt Gethsemani, und er sagt den Schülern: Setzt euch da, bis [daß] ich hingehend dort bete! ³⁷Und	³²Und sie kommen zu einem Platz, dessen Name Gethsemani, und er sagt seinen Schülern: Setzt euch hier, solange ich bete! ³³Und	⁴⁰Gekommen aber an den Ort, sprach er zu ihnen: Betet, nicht hineinzukommen in Versuchung!	¹ᵇwo ein Garten war, in den hineinging er selbst und seine Schüler.

mitnehmend den Petros und die zwei Söhne (des) Zebedaios, begann er betrübt zu werden und Angst zu haben. [38] Da sagt er ihnen: *Ganz betrübt ist meine Seele* bis zum Tod; bleibt hier und wacht mit mir! [39] Und vorgehend ein wenig, fiel er auf sein Gesicht, betend und sagend:	mitnimmt er den Petros und [den] Jakobos und [den] Johannes mit sich, und er begann zu erschrecken und Angst zu haben, [34] und er sagt ihnen: *Ganz betrübt ist meine Seele* bis zum Tod; bleibt hier und wacht! [35] Und vorgehend ein wenig, fiel er auf die Erde und betete, damit, wenn es möglich ist, vorübergehe weg von ihm die Stunde, * [36] und er sagte:	
		[41] Und er entfernte sich von ihnen etwa einen Steinwurf, und beugend die Knie, betete er, [42] sagend:
Mein Vater, wenn es möglich ist, soll vorübergehen an mir dieser Kelch ** ; jedoch nicht wie ich will, sondern wie du!	Abba, Vater, alles (ist) dir möglich; nimm fort diesen Kelch weg von mir; ** doch nicht was ich will, sondern was du!	Vater, wenn du willst, nimm fort diesen Kelch weg von mir; ** jedoch nicht mein Wille, sondern der deine soll geschehen!
(Mt)	(Mk)	(Lk)
		[[[43] (Es) erschien ihm aber ein Engel vom Himmel, stärkend ihn. [44] Und geratend in Beklemmung, anhaltender betete er; und (es) wurde sein Schweiß wie Tropfen von Blut, hinabfallend auf die Erde.]]
[40] Und er kommt zu den Schülern und findet sie schlafend, und er sagt dem Petros: So vermochtet ihr nicht eine einzige Stunde zu wachen mit mir? [41] Wacht und betet, damit ihr nicht hineinkommt in Versuchung! Der Geist (ist) zwar bereit, das Fleisch aber schwach. [42] Wieder, zum zweiten (Mal) weggegangen,	[37] Und er kommt und findet sie schlafend, und er sagt dem Petros: Simon, du schläfst? Nicht vermochtest du, eine einzige Stunde zu wachen? [38] Wacht und betet, damit ihr nicht kommt in Versuchung! Der Geist (ist) zwar bereit, das Fleisch aber schwach. [39] Und wieder weggegangen,	[45] Und aufstehend vom Gebet, kommend zu den Schülern, fand schlafend er sie vor Betrübnis, [46] und er sprach zu ihnen: Was schlaft ihr? Aufstehend, betet, damit ihr nicht hineinkommt in Versuchung!

Ps 42,6.12; 43,5

betete er,
sagend: Mein Vater,
wenn dieser nicht kann vorübergehen, ohne daß ich ihn
trinke, soll geschehen dein Wille!
43 Und gekommen, wieder
fand er sie schlafend, denn
(es) waren ihre Augen
beschwert. **44** Und lassend
sie, wieder weggegangen,
betete er zum dritten (Mal),
dasselbe Wort wieder sprechend. **45** Dann kommt er zu
den Schülern und sagt ihnen:
Schlaft weiter und ruht!
Siehe, nahegekommen ist die
Stunde, und der Sohn des
Menschen wird übergeben
in (die) Hände von Sündern.
46 Steht auf, gehen wir!
Siehe, nahegekommen ist der
mich Übergebende.

betete er, dasselbe Wort
sprechend.

40 Und wieder gekommen,
fand er sie schlafend, denn
(es) waren ihre Augen ganz
beschwert, und nicht wußten
sie, was sie ihm antworten
sollten.

41 Und er kommt das dritte
(Mal)   und sagt ihnen:
Schlaft weiter und ruht! Es ist
genug; (es) kam die
Stunde, siehe, übergeben
wird der Sohn des Menschen
in die Hände der Sünder.
42 Steht auf, gehen wir!
Siehe, der mich Übergebende
ist nahegekommen.

---

* Joh 12,27: Jetzt ist meine Seele erregt, und was soll ich sagen? Vater, rette mich aus dieser Stunde? Aber deswegen
kam ich in diese Stunde.

** Joh 18,11: (Es) sprach nun Jesus zu Petros: Stecke das Schwert in die Scheide! Der Kelch, den mir gegeben hat der
Vater, nicht soll ich ihn trinken?

258. Die Gefangennahme Jesu

Mt 26,47–56	Mk 14,43–52	Lk 22,47–53	Joh 18,2–11
			2 (Es) wußte aber auch Judas, der ihn Übergebende, den Ort, weil oft sich versammelte Jesus dort mit seinen Schülern. **3** Judas nun, nehmend die Kohorte und von den Hochpriestern und von den Pharisaiern Diener, kommt dort-(hin) mit Fackeln und Lampen und Waffen.
47 Und noch während er redet , siehe, Judas, einer der Zwölf, kam und mit ihm eine große Volksmenge mit Schwertern und Hölzern von den Hochpriestern und Ältesten des Volks.	**43** Und sofort, noch während er redet , kommt hinzu Judas, einer der Zwölf, und mit ihm eine Volksmenge mit Schwertern und Hölzern von den Hochpriestern und den Schriftkundigen und den Ältesten (her).	**47** Noch während er redet, siehe, eine Volks-menge, und der Ju-das Genannte, einer der Zwölf, voranging er ihnen,	**4** Jesus nun, wissend alles über ihn Kom-mende, ging hinaus und sagt ihnen: Wen sucht ihr? **5** Sie

			antworteten ihm: Jesus, den Nazoraier. Er sagt ihnen: Ich bin (es). (Es) stand aber auch Judas, der ihn Übergebende, bei ihnen. [6]Wie er nun sprach zu ihnen: Ich bin (es), weggingen sie nach hinten und fielen zur Erde.
[48]Der ihn Übergebende aber gab ihnen ein Zeichen, sagend: Wen immer ich küssen werde, er ist (es); ergreift ihn!	[44](Es) hatte aber gegeben ihnen der ihn Übergebende ein Zeichen, sagend: Wen immer ich küssen werde, er ist (es); ergreift ihn und führt ihn sicher ab! [45]Und kommend		[7]Wieder nun fragte er sie: Wen sucht ihr?
[49]Und sogleich hinkommend zu Jesus, sprach er: Gruß (dir), Rabbi! Und abküßte er ihn. [50]Jesus aber sprach zu ihm: Freund, für was bist du da?	sofort, hinkommend zu ihm, sagt er: Rabbi! Und abküßte er ihn;	und nahekam er Jesus, ihn zu küssen. [48]Jesus aber sprach zu ihm: Judas, mit einem Kuß übergibst du den Sohn des Menschen?	Die aber sprachen: Jesus, den Nazoraier. [8](Es) antwortete Jesus: Ich sprach zu euch: Ich bin (es). Wenn ihr also mich sucht, laßt diese fortgehen! [9]Damit erfüllt wird das Wort, das er sprach: (Von denen,) die du mir gegeben hast, nicht verlor ich von ihnen einen.
Dann, hinzukommend, legten sie Hand an Jesus, und sie ergriffen ihn.	[46]die aber legten Hand an ihn, und sie ergriffen ihn.		
		[49]Sehend aber die um ihn das, was sein wird, sprachen: Herr, ob wir zuschlagen sollen mit (dem) Schwert? [50]Und (es)	
[51]Und siehe, einer derer mit Jesus, ausstreckend die Hand, zog heraus sein Schwert und schlagend den Sklaven des Hochpriesters, abhieb er dessen Ohr.	[47]Einer aber, [einer] der Dabeistehenden, ziehend das Schwert, schlug den Sklaven des Hochpriesters, und abhieb er sein Ohr.	schlug einer von ihnen den Sklaven des Hochpriesters, und abschlug er sein rechtes Ohr.	[10]Simon Petros nun, habend ein Schwert, zog es und schlug den Sklaven des Hochpriesters, und abschlug er sein rechtes Ohr; (es) war aber (der) Name des Sklaven Malchos. [11](Es) sprach
[52]Da sagt ihm Jesus: Stecke dein Schwert weg an seinen Platz! Denn alle ein Schwert		[51]Antwortend aber sprach Jesus: Laßt, bis (zu) diesem! Und berührend das Ohr, heilt er ihn.	nun Jesus zu Petros: Stecke das Schwert in die Scheide! Der Kelch,

Nehmenden, durchs
Schwert werden sie
vernichtet werden.
⁵³Oder meinst du,
daß ich nicht bitten
kann meinen
Vater, und hinstellen
wird er mir jetzt mehr
als zwölf Legionen
von Engeln? ⁵⁴Wie
nun würden erfüllt die
Schriften, daß es so
geschehen muß?
⁵⁵In jener Stunde
sprach Jesus zu den
Volksmengen:

Wie gegen
einen Räuber heraus-
kamt ihr mit
Schwertern und
Hölzern, mich festzu-
nehmen? Täglich
saß ich   im
Heiligtum lehrend,
und nicht ergrifft ihr
mich.
⁵⁶Dies Ganze aber
geschah, damit erfüllt
werden die Schriften
der Propheten. Dann
flohen die Schüler, al-
le ihn verlassend.

⁴⁸Und antwortend
sprach Jesus zu
ihnen:

Wie gegen
einen Räuber heraus-
kamt ihr mit
Schwertern und
Hölzern, mich festzu-
nehmen? ⁴⁹Täglich
war ich bei euch im
Heiligtum lehrend,
und nicht ergrifft ihr
mich;
doch (dies ge-
schah) damit erfüllt
werden die Schriften.

⁵⁰Und verlassend ihn,
flohen alle. ⁵¹Und
ein junger Mann folg-
te ihm, umworfen mit
einem Leinen auf
nacktem (Leib), und
sie ergreifen ihn;
⁵²der aber, zurück-
lassend das Leinen,
floh nackt.

⁵²(Es) sprach aber
Jesus zu den an ihn
herangekommenen
Hochpriestern und
Befehlshabern des
Heiligtums und Äl-
testen: Wie gegen
einen Räuber heraus-
kamt ihr mit
Schwertern und
Hölzern?
⁵³Als ich täglich
war mit euch im
Heiligtum,
nicht ausstrecktet ihr
die Hände gegen
mich, doch diese ist
eure Stunde und die
Vollmacht der Fin-
sternis.

den mir gegeben hat
der Vater, nicht soll
ich ihn trinken?

259. Jesus vor dem Synhedrion und die Verleugnung des Petros

Mt 26,57–75	Mk 14,53–72	Lk 22,54–71	Joh 18,12.15–18.24–27
[57] Die aber, ergreifend Jesus, führten (ihn) ab zu Kajaphas, dem Hochpriester, wo die Schriftkundigen und die Ältesten zusammenkamen. [58] Petros aber folgte ihm von weitem	[53] Und abführten sie Jesus zum Hochpriester, und zusammenkommen alle Hochpriester und Ältesten und Schriftkundigen. [54] Und Petros von weitem folgte ihm	[54] Ihn ergreifend aber, führten und hineinführten sie (ihn) in das Haus des Hochpriesters, Petros aber folgte von weitem.	[12] Die Kohorte nun und der Chiliarch und die Diener der Judaier mitnahmen Jesus, und sie banden ihn. vgl. V 24 [15] (Es) folgte aber dem Jesus Simon Petros und ein anderer Schüler. Jener Schüler aber war bekannt dem Hochpriester, und hineinging er mit Jesus in den Hof des Hochpriesters,
bis zum Hof des Hochpriesters,	bis innen in den Hof des Hochpriesters,		[16] Petros aber stand an der Tür draußen. Heraus ging nun der andere Schüler, der Bekannte des Hochpriesters, und er sprach zur Türhüterin, und hineinführte er den Petros.
und hineinkommend			[17] (Es) sagt nun dem Petros die Magd, die Türhüterin: Bist nicht auch du von den Schülern dieses Menschen? (Es) sagt jener: Ich bin (es) nicht. [18] (Es) standen aber die Sklaven und die Diener, die ein Kohlenfeuer gemacht hatten, weil Kälte war und wärmten sich;
drinnen setzte er sich mit den Dienern, zu sehen das Ende.	und er war zusammensitzend mit den Dienern und sich wärmend beim Licht.	[55] Als sie aber anzündeten ein Feuer inmitten des Hofes und sich zusammensetzten, setzte sich Petros mitten unter sie.	(es) war aber auch Petros bei ihnen stehend und sich wärmend. [24] (Es) schickte ihn nun Hannas gebunden zu Kajaphas, dem Hochpriester.

vgl. VV 69–75

vgl. VV 66–72

[56] Als aber eine Magd ihn sah, sitzend beim Licht, und (auf) ihn starrte, sprach sie: Auch dieser war mit ihm! [57] Der aber leugnete, sagend: Ich kenne ihn nicht, Frau. [58] Und nach kurzem ein anderer, sehend ihn, sagte: Auch du bist von ihnen. Petros aber sagte: Mensch, ich bin (es) nicht. [59] Und als vergangen war etwa eine Stunde, versicherte ein anderer, sagend: In Wahrheit, auch dieser war mit ihm, denn auch ein Galilaier ist er. [60] (Es) sprach aber Petros: Mensch, ich weiß nicht, was du sagst. Und auf der Stelle, als er noch redete, schrie ein Hahn. [61] Und sich umwendend der Herr, anschaute er Petros, und (es) erinnerte sich Petros des Wortes des Herrn, wie er zu ihm sprach: Ehe ein Hahn schreit, wirst du heute verleugnen mich dreimal. [62] Und hinausgehend nach draußen, weinte er bitter. [63] Und die Männer, die ihn haltenden, verspotteten ihn, (ihn) schindend, [64] und umhüllend ihn, fragten sie, sagend: Prophezeie, wer ist, der dich schlug? [65] Und anderes vieles lästernd sagten sie

vgl. VV 67–68

vgl. V 65

gegen ihn.
[66] Und als es Tag
wurde, versammelte
sich der Ältestenrat
des Volkes, Hoch-
priester und Schrift-
kundige, und ab-
führten sie ihn in
ihr Synhedrion,

[59] Die Hochpriester *
aber und das ganze
Synhedrion suchten
          ein
Falschzeugnis gegen
Jesus, auf daß sie ihn
töteten, [60] und nicht
fanden sie (eines),
obwohl viele Falsch-
zeugen hinzukamen.

Zuletzt aber zwei

Hinzukommende
[61] sprachen:
Dieser sagte: Ich
kann zerstören den
Tempel Gottes
          und
während dreier Tage

bauen. **

[55] Die Hochpriester *
aber und das ganze
Synhedrion suchten
gegen Jesus ein
        Zeugnis,
          um ihn zu
töten, und nicht
fanden sie (eines);
[56] denn viele falsch-
zeugten gegen ihn,
aber gleich waren
die Zeugnisse
nicht.
[57] Und einige, auf-
stehend, falschzeugten
gegen ihn,
sagend: [58] Wir hör-
ten ihn, sagend: Ich
werde zerstören die-
sen Tempel   , den
handgemachten, und
während dreier Tage
werde ich einen an-
deren, nicht handge-
machten, bauen. **
[59] Und auch so war
nicht gleich ihr Zeug-
nis.

[62] Und aufstehend
          sprach
der Hochpriester zu
ihm   : Nichts
antwortest du
(auf das), was diese
gegen dich bezeu-
gen? [63] Jesus aber
schwieg.

Und der Hochpriester
sprach zu ihm: Ich
beschwöre dich beim
lebendigen Gott, da-

[60] Und aufstehend in
(die) Mitte, befragte
der Hochpriester
Jesus, sagend: Nicht
antwortest du etwas
(auf das), was diese
gegen die bezeugen? [61] Der aber
schwieg, und nicht
antwortete er etwas.
Wieder befragte ihn
der Hochpriester und
sagt   ihm:

[67] sagend:

mit du uns sagst, ob
du bist der Christos,
der Sohn Gottes.
64(Es)
sagt ihm Jesus:
Du sagtest (es).

Jedoch ich sage
euch: Ab jetzt
werdet ihr sehen *den*
Sohn des Menschen
sitzend zur Rechten
der Kraft   und
kommend auf den
Wolken des Himmels.

65Da zerriß der
Hochpriester   sei-
ne Gewänder, sa-
gend: Er lästerte, was
noch haben wir
nötig Zeugen? Sieh,
jetzt hörtet ihr die Lä-
sterung; **66**was
dünkt euch? Die
aber antwortend
sprachen: Schuldig
(des) Todes ist er.
67Dann

spuckten sie in sein
Gesicht,
und sie schlugen ihn,
andere aber ohrfeig-
ten (ihn), **68**sagend:
Prophezeie uns, Chri-
stos! Wer ist, der dich
schlug?

69Petros aber setzte
sich draußen im Hof;
und (es) kam zu ihm
eine Magd,

Du bist der Christos,
der Sohn des Gelob-
ten?   **62**Je-
sus aber sprach:
Ich bin (es),

                und
ihr werdet sehen *den*
Sohn des Menschen
sitzend zur Rechten
der Kraft   und
kommend mit den
Wolken des Himmels.

63Der Hochpriester
aber, zerreißend sei-
ne Gewänder, sagt:
                Was
noch haben wir
nötig Zeugen?
          64Ihr hörtet die
Lästerung; was
scheint euch? Die
aber verurteilten ihn
alle, schuldig zu sein
(des) Todes.
65Und (es) began-
nen einige, ihn an-
zuspucken und sein
Gesicht zu umhüllen
und ihn zu schlagen

und ihm zu sagen:
Prophezeie!

          Und die Diener
übernahmen ihn mit
Schlägen.

66Und während Pet-
ros unten ist im Hof,
          kommt eine der
Mägde des Hochprie-

                Wenn
du bist der Christos,

          sprich zu uns. Er
aber sprach zu ihnen:
Wenn ich zu euch
spreche, nicht
werdet ihr glauben;
68wenn ich aber
frage, nicht
werdet ihr antworten.
          69Von jetzt (an)
aber wird sein der
Sohn des Menschen
sitzend zur Rechten
der Kraft Gottes.

70(Es) sprachen aber
alle: Du also bist der
Sohn Gottes? Der aber
sagte zu ihnen: Ihr
sagt, daß ich (es) bin.

71Die aber spra-
chen: Was
noch haben wir ein
Zeugnis nötig? Denn
selbst hörten wir (es)
von seinem Mund.

          vgl. VV 63–65

          vgl. VV 56–62

Dan 7, 13

25(Es) war
aber Simon Petros
stehend
          (vgl. V 18)

sagend: Auch du
warst mit   Jesus,
dem Galilaier.
[70] Der aber legunete
vor allen, sagend:
Nicht weiß ich,
                was du
sagst. [71] Hinaus-
gehend aber zum Tor,

sah ihn eine andere,
und sie sagt denen
dort:
Dieser war mit Jesus,
dem Nazoraier.
[72] Und wieder leugne-
te er mit einem Eid:
Nicht kenne ich den
[73] Nach kurzem aber
hinzukommend, spra-
chen die Dastehen-
den zu Petros: Wahr-
haft, auch du bist von
ihnen, denn auch dei-
ne Rede macht dich
offenbar.
[74] Dann begann er,
zu fluchen und zu
schwören: Nicht ken-
ne ich den Men-
schen.
Und sogleich
                schrie
ein Hahn. [75] Und (es)
erinnerte sich Petros
        des Wortes von
Jesus, der gesagt
hatte: Ehe ein Hahn
schreit, dreimal
wirst du mich
verleugnen, und
hinausgehend nach
draußen, weinte er
bitter.

sters, [67] und sehend
den Petros sich wär-
mend, anschauend
ihn, sagt sie: Auch du
warst mit dem Naza-
rener, dem Jesus.
[68] Der aber leugnete,
                sagend:
Weder weiß ich noch
verstehe ich, was du
sagst. Und hinausging
er nach draußen
in den Vorhof [,und
ein Hahn schrie].
[69] Und die Magd,
sehend ihn, begann
wieder den Dabei-
stehenden zu sagen:
Dieser ist von ihnen.

[70] Der aber leugne-
te wieder.

Und nach kurzem
        wieder sagten
die Dabeistehenden
zu Petros: Wahr-
haft,   von ihnen
bist du, denn auch ein
Galilaier du bist.

[71] Der aber begann
zu fluchen und zu
schwören: Nicht ken-
ne ich diesen Men-
schen, den ihr nennt.
[72] Und sofort, zum
zweiten (Mal) schrie
ein Hahn. Und (es)
erinnerte sich Petros
an das Wort , wie
Jesus zu ihm sprach:
        Ehe ein Hahn
schreit zweimal, drei-
mal wirst du mich
verleugnen; und sich
hinwerfend
                weinte er.

und sich wär-
mend. Sie sprachen
nun zu ihm: Bist nicht
auch du von seinen
Schülern?
        (Es) leugnete
jener und sprach:
Ich bin (es) nicht.

[26] (Es) sagt einer von
den Sklaven des
Hochpriesters, ver-
wandt (dem, von)
dem abschlug Petros
das Ohr: Sah ich dich
nicht im Garten mit
ihm?
[27] Wieder nun leug-
nete Petros,

und sogleich
                schrie
ein Hahn.

* Joh 18,19–23: [19]Der Hochpriester nun fragte Jesus über seine Schüler und über seine Lehre. [20](Es) antwortete ihm Jesus: Ich habe in Offenheit geredet zur Welt, ich lehrte allzeit in einer Synagoge und im Heiligtum, wohin alle Judaier zusammenkommen, und im Verborgenen redete ich nichts. [21]Was fragst du mich? Frag (die), die gehört haben, was ich redete zu ihnen; sieh, diese wissen, was ich sprach. [22]Als er aber dieses sprach, einer, ein Dabeistehender der Diener, gab Jesus einen Schlag, sprechend: So antwortest du dem Hochpriester? [23](Es) antwortete ihm Jesus: Wenn schlecht ich redete, bezeuge das Schlechte; wenn aber recht, was schindest du mich?
** Joh 2,19: (Es) antwortete Jesus und sprach zu ihnen: Löst diesen Tempel auf, und in drei Tagen werde ich ihn aufrichten.

260. Die Übergabe Jesu an Pilatos

Mt 27,1–2	Mk 15,1	Lk 23,1	Joh 18,28a
[1]Als aber Morgenfrühe geworden war, faßten einen Beschluß alle Hochpriester und die Ältesten des Volkes	[1]Und sofort, (in der) Frühe, nachdem einen Beschluß herbeigeführt hatten die Hochpriester mit den Ältesten und Schriftkundigen und das ganze Synhedrion, als sie Jesus	22,66 (Nr. 259): Und als es Tag wurde, versammelte sich der Ältestenrat des Volkes, Hochpriester und Schriftkundige, und abführten sie ihn in ihr Synhedrion,	
gegen Jesus, um ihn zu töten. [2]Und als sie ihn gebunden hatten, abführten und übergaben sie (ihn) Pilatos, dem Statthalter.	gebunden hatten, wegbrachten sie (ihn) und übergaben (ihn) Pilatos.	[1]Und als aufgestanden war ihre ganze Menge, führten sie ihn zu Pilatos.	[28a]Sie führen nun Jesus von Kajaphas in das Praitorion.

261. Der Tod des Judas

Mt 27,3–10	Apg 1,15–20
[3]Dann, als Judas, der Übergebende ihn, sah, daß er verurteilt wurde, Reue bekommend, brachte er die dreißig Silber(geldstücke) den Hochpriestern und Ältesten, [4]sagend: Ich sündigte, übergebend unschuldiges Blut. Die aber sprachen: Was betrifft (das) uns? Du magst sehen! [5]Und hinwerfend die Silber(geldstücke) in den Tempel, entwich er, und weggehend erhängte er sich. [6]Die Hochpriester aber, nehmend die Silber(geldstücke), sprachen: Nicht ist es erlaubt, sie zu werfen in den Tempelschatz, da es ein Preis für Blut ist. [7]Einen Beschluß aber fassend, kauften sie von ihnen den Acker des Töpfers zum Begräbnis für die Fremden.	[15]Und in diesen Tagen, aufstehend inmitten der Brüder, sprach Petros; (es) war aber eine Menge von Namen an demselben (Ort), etwa hundertzwanzig: [16]Männer, Brüder, es mußte erfüllt werden die Schrift, die vorhersagte der heilige Geist durch (den) Mund Davids über Judas, der Wegführer wurde den Jesus Ergreifenden, [17]weil er zugezählt worden war bei uns und erlangt hatte das Los dieses Dienstes. [18]Dieser aber nun erwarb ein Grundstück von (dem) Lohn der Ungerechtigkeit, und vornüber gefallen, platzte er mitten

[8] Deshalb wurde gerufen jener Acker

Blutacker bis zum Heute. **[9]** Da wurde erfüllt das Gesagte durch Jeremias, den Propheten, (den) sagenden: *Und sie nahmen die dreißig Silber(geldstücke), den Schätzpreis des Geschätzten, den sie schätzten von (seiten der) Söhne Israels,* **[10]** *und sie gaben sie für den Acker des Töpfers, gleichwie* mir *aufgetragen hatte (der) Herr.*

Sach 11,13
Ps 69,26
Ps 109,8

Ex 9,12 (G)

(entzwei), und ausgeschüttet wurden alle seine Eingeweide; **[19]** und bekannt wurde es allen Jerusalem Bewohnenden, so daß gerufen wurde jenes Grundstück in ihrer eigenen Sprache Hakeldamach, das ist Blutacker. **[20]** Denn geschrieben ist im Buch (der) Psalmen: *Werden soll sein Gehöft öde, und nicht soll sein der Bewohnende in ihm,* und: *Sein Aufseheramt soll (über)nehmen ein anderer.*

262. Das Verhör vor Pilatos *

Mt 27,11–14	Mk 15,2–5	Lk 23,2–5

[11] Jesus aber wurde gestellt vor den Statthalter;

[2] Sie begannen aber, ihn anzuklagen, sagend: Diesen fanden wir verdrehend unser Volk und hindernd, (dem) Kaiser Steuern zu geben, und sagend, er selbst sei Christos, ein König.

und (es) befragte ihn der Statthalter, sagend: Du bist der König der Judaier? Jesus aber sagte : Du sagst (es). **[12]** Und während er angeklagt wurde von den Hochpriestern und Ältesten, antwortete er nichts. **[13]** Da sagt ihm Pilatos: Hörst du nicht, wieviel sie gegen dich bezeugen? **[14]** Und nicht antwortete er ihm, auch nicht auf ein einziges Wort, so daß der Statthalter sehr staunte.

[2] Und (es) befragte ihn Pilatos: Du bist der König der Judaier? Der aber, antwortend ihm, sagt: Du sagst (es). **[3]** Und anklagten ihn die Hochpriester vieles. **[4]** Pilatos aber befragte ihn wieder, sagend: Nicht antwortest du etwas? Sieh, wieviel sie dich anklagen! **[5]** Jesus aber antwortete nichts mehr, so daß Pilatos staunte.

[3] Pilatos aber fragte ihn, sagend: Du bist der König der Judaier? Der aber, antwortend ihm, sagte: Du sagst (es).

[4] Pilatos aber sprach zu den Hochpriestern und den Volksmengen: Keine Schuld finde ich an diesem Menschen. **[5]** Die aber bestanden darauf, sagend, daß er aufhetzt das Volk, lehrend in der ganzen Judaia und beginnend von der Galilaia bis hierher.

* Joh 18,29–38: [29]Hinausging nun Pilatos nach draußen zu ihnen und sagt: Welche Beschuldigung bringt ihr [gegen] diesen Menschen? [30]Sie antworteten und sprachen zu ihm: Wenn nicht wäre dieser ein Schlechtes Tuender, nicht hätten wir ihn dir übergeben. [31](Es) sprach nun zu ihnen Pilatos: Nehmt ihn ihr und nach eurem Gesetz richtet ihn! (Es) sprachen zu ihm die Judaier: Uns ist es nicht erlaubt, einen zu töten; [32]damit das Wort von Jesus erfüllt würde, das er sprach, bezeichnend, welchen Todes er sollte sterben.
[33]Hineinging nun wieder in das Praitorion Pilatos, und er rief Jesus und sprach zu ihm: Bist du der König der Judaier? [34](Es) antwortete Jesus: Von dir (aus) sagst du dies, oder sprachen andere zu dir über mich? [35](Es) antwortete Pilatos: Bin ich etwa ein Judaier? Dein Volk und die Hochpriester übergaben dich mir; was tatest du? [36](Es) antwortete Jesus: Mein Königtum nicht ist aus dieser Welt; wenn aus dieser Welt wäre mein Königtum, meine Diener kämpften [wohl], damit ich nicht übergeben würde den Judaiern; jetzt aber ist mein Königtum nicht von hier. [37](Es) sprach nun zu ihm Pilatos: Also doch bist du ein König? (Es) antwortete Jesus: Du sagst, daß ein König ich bin. Ich bin dazu geboren und dazu gekommen in die Welt, damit ich zeuge für die Wahrheit; jeder, der ist aus der Wahrheit, hört auf meine Stimme. [38](Es) sagt ihm Pilatos: Was ist Wahrheit? Und dies sprechend, wieder hinausging er zu den Judaiern und sagt ihnen: Ich finde an ihm keine Schuld.

263. Jesus vor Herodes

Lk 23,6–12

[6]Pilatos aber, (es) hörend, fragte, ob der Mensch ein Galilaier sei, [7]und erkennend, daß er aus der Vollmacht(sgebiet) (des) Herodes ist, hinschickte er ihn zu Herodes, der auch selbst war in Hierosolyma in diesen Tagen. [8]Herodes aber, sehend Jesus, freute sich sehr, denn seit geraumer Zeit wollte er sehen ihn, weil er hörte über ihn, und er hoffte, irgendein Zeichen zu sehen, von ihm geschehend. [9]Er befragte ihn aber mit vielen Worten, er aber antwortete ihm nichts. [10](Es) standen aber die Hochpriester und die Schriftkundigen (da), heftig ihn anklagend. [11](Es) verachtete ihn aber [auch] Herodes mit seinen Soldaten und verspottete (ihn), umwerfend (ihm) ein prächtiges Kleid, hinschickte er ihn dem Pilatos. [12](Es) wurden aber Freunde Herodes und Pilatos an eben dem Tag miteinander; denn vorher waren sie in Feindschaft gegeneinander.

264. Freilassung des Barabbas und Verurteilung Jesu

Mt 27,15–26	Mk 15,6–15	Lk 23,13–25	Joh 18,39–40; 19,16a *
		[13]Pilatos aber, zusammenrufend die Hochpriester und die Vorsteher und das Volk, [14]sprach zu ihnen: Herbrachtet ihr mir diesen Menschen als abwendig machend das Volk, und siehe, als ich verhörte ihn vor euch, nichts fand ich an diesem Menschen an Schuld, die ihr anklagt gegen ihn. [15]Aber auch Herodes nicht; denn hinschickte er ihn zu uns, und siehe, nichts	

		würdig (des) Todes ist getan worden von ihm; [16]wenn ich (ihn) nun gezüchtigt habe, werde ich ihn freilassen. #	
[15]Zum Fest aber war gewohnt der Statthalter, freizulassen der Volksmenge einen Gefangenen, den sie wollten. [16]Sie hatten aber damals einen berüchtigten Gefangenen, genannt [Jesus] Barabbas.	[6]Zum Fest aber freiließ er ihnen einen Gefangenen, den sie erbaten. [7](Es) war aber der Barabbas Genannte mit den Aufrührern gebunden, welche bei dem Aufruhr einen Mord getan hatten. [8]Und hinaufsteigend begann die Volksmenge zu bitten, gleichwie er ihnen zu tun pflegte.	vgl. V 19	[39](Es) ist aber Gewohnheit bei euch, daß einen ich euch freilasse am Pascha;
[17]Nachdem sie nun zusammengekommen waren, sprach zu ihnen Pilatos: Wen wollt ihr, soll ich euch freilassen, [Jesus, den] Barabbas oder Jesus, den Christos genannten? [18]Denn er wußte, daß wegen Neid sie ihn übergaben.	[9]Pilatos aber antwortete ihnen, sagend: Wollt ihr, ich soll euch freilassen den König der Judaier? [10]Denn er erkannte, daß wegen Neid übergeben hatten ihn die Hohepriester.		wollt ihr nun, (daß) ich euch freilasse den König der Judaier?
[19]Als er sich aber gesetzt hatte auf den Richterstuhl, schickte zu ihm seine Frau, sagend: Nichts (sei zwischen) dir und jenem Gerechten; denn vieles litt ich heute im Traum wegen seiner. [20]Die Hochpriester aber und die Ältesten überredeten die Volksmengen, damit sie erbäten den Barabbas, Jesus aber vernichteten. [21]Antwortend aber	[11]Die Hochpriester aber hetzten die Volksmenge auf, damit er (viel)mehr den Barabbas freilasse ihnen.		

sprach der Statthalter
zu ihnen: Wen wollt
ihr, soll ich euch von
den Zweien freilas-
sen? Die aber spra-
chen:

Den Barabbas.

[18] Aufschrien aber
alle zusammen, sa-
gend: Hinweg diesen,
lasse aber frei uns
den Barabbas!
[19] Der war wegen
eines in der Stadt
geschehenen Auf-
ruhrs und Mordes
geworfen ins Ge-
fängnis. [20] Wieder
aber zurief Pilatos
ihnen, willens,
freizulassen Jesus.

[40] Sie schrien
nun wieder, sa-
gend: Nicht diesen,
sondern
den Barabbas!
(Es) war aber
Barabbas ein Räuber.

vgl. V 7

[22] (Es)
sagt ihnen Pilatos:

[12] Pilatos
aber, wieder antwor-
tend, sagte ihnen:
Was nun [wollt ihr],
soll ich tun (mit dem)
[, den ihr nennt] den
König der Judaier?
[13] Die aber schrien
wieder: Kreuzige
ihn!
[14] Pilatos aber sagte

Was nun
soll ich tun (mit)
Jesus, dem
Christos genannten?
(Sie) sagen alle:
            Gekreuzigt
soll er werden!
[23] Der aber sagte:

vgl. 19,4–15

Was denn
Schlechtes tat er?

ihnen: Was denn
tat er Schlechtes?

[21] Die aber schrien
entgegen, sagend:
            Kreuzige,
kreuzige ihn!
[22] Der aber sprach
ein drittes (Mal) zu
ihnen: Was denn
Schlechtes tat die-
ser? Nichts schuldig
(des) Todes fand ich
an ihm; wenn ich
(ihn) nun gezüchtigt
habe, werde ich ihn
freilassen. [23] Die
aber drängten mit
lauten Schreien, for-
dernd, daß er gekreu-
zigt werde, und
durchdrangen ihre
Schreie.

            Die
aber schrien über-
mäßig, sagend:
Gekreuzigt soll er
werden!

            Die
aber schrien über-
mäßig:
Kreuzige ihn!

[24] Sehend aber Pila-
tos, daß es nichts
nützt, sondern (noch)
mehr Tumult
entsteht, nehmend
Wasser, wusch er die
Hände vor der
Volksmenge, sagend:
Unschuldig bin ich an
diesem Blut; seht ihr
(zu)!

[25] Und antwortend sprach das ganze Volk: Sein Blut (komme) über uns und über unsere Kinder! [26] Da			
	[15] Pilatos aber, wollend der Volksmenge Genüge tun,	[24] Und Pilatos entschied, geschehen solle ihre Forderung; [25] freiließ	19,16a Da
ließ er ihnen frei den Barabbas,	freiließ ihnen den Barabbas	er aber den wegen Aufstand und Mord ins Gefängnis Geworfenen, den sie forderten, Jesus aber	
	und übergab Jesus, (ihn)		vgl. 19,1
Jesus aber, geißeln (lassend), übergab er, damit er gekreuzigt werde.	geißeln (lassend), damit er gekreuzigt werde.	übergab er ihrem Willen.	nun übergab er ihn ihnen, damit er gekreuzigt werde.
		# V 17 fehlt in der Mehrzahl der Handschriften.	

* Vgl. Joh 19,4–16

265. Verspottung durch die Soldaten

Mt 27,27–31a	**Mk 15,16–20a**	**Joh 19,2–3**
[27] Dann, mitnehmend die Soldaten des Statthalters Jesus ins Praitorion, versammelten sie um ihn die ganze Kohorte. [28] Und ausziehend ihn, legten sie einen scharlachroten Mantel ihm um, [29] und flechtend einen Kranz aus Dornen, auflegten sie (diesen) auf seinen Kopf und ein Rohr in seine Rechte, und auf die Knie fallend vor ihm, verspotteten sie ihn, sagend: Gruß (dir), König der Judaier! [30] Und spuckend auf ihn, nahmen sie das Rohr und schlugen auf seinen Kopf.	[16] Die Soldaten aber abführten ihn hinein in den Hof, das ist (das) Praitorion, und zusammenrufen sie die ganze Kohorte. [17] Und anziehen sie ihm einen Purpurmantel , und umlegen sie ihm einen dornigen Kranz, den sie flochten; [18] und sie begannen, ihn zu grüßen: Gruß (dir), König der Judaier! [19] Und sie schlugen seinen Kopf mit einem Rohr und spuckten ihn an, und beugend die Knie, fielen sie nieder vor ihm. [20a] Und als sie	[2] Und die Soldaten, flechtend einen Kranz aus Dornen, auflegten ihn seinem Kopf, und ein purpurfarbenes Obergewand umwarfen sie ihm, [3] und sie kamen zu ihm und sagten: Gruß (dir), König der Judaier! Und sie gaben ihm Schläge.
[31a] Und als sie ihn verspottet hatten, auszogen sie ihm den Mantel, und anzogen sie ihm seine Gewänder.	ihn verspottet hatten, auszogen sie ihm den Purpurmantel, und anzogen sie ihm seine Gewänder.	

266. Der Gang nach Golgotha

Mt 27,31b–32	**Mk 15,20b–21**	**Lk 23,26–32**	**Joh 19,16b–17a**
^{31b}Und abführten sie ihn zum Kreuzigen. ³²Hinausgehend aber fanden sie einen Menschen, einen Kyrenaier, mit Namen Simon; diesen zwangen sie,	^{20b}Und hinausführten sie ihn, damit sie kreuzigten ihn. ²¹Und sie zwingen einen Vorbeigehenden, Simon, einen Kyrenaier,	²⁶Und wie sie ihn abführten,	^{16b}Sie übernahmen nun Jesus,

^{31b}Und abführten sie ihn zum Kreuzigen. ³²Hinausgehend aber fanden sie einen Menschen, einen Kyrenaier, mit Namen Simon; diesen zwangen sie,

daß er trage sein Kreuz.

^{20b}Und hinausführten sie ihn, damit sie kreuzigten ihn. ²¹Und sie zwingen einen Vorbeigehenden, Simon, einen Kyrenaier,
kommend vom Acker, den Vater von Alexandros und Ruphos, daß er trage sein Kreuz.

²⁶Und wie sie ihn abführten,

ergreifend Simon, einen Kyrenaier,
kommend vom Acker, auflegten sie ihm das Kreuz, (es) zu tragen hinter Jesus (her). ²⁷(Es) folgte ihm aber eine zahlreiche Menge des Volks und von Frauen, die ihn betrauerten und beklagten. ²⁸Sich umwendend aber zu ihnen sprach Jesus: Töchter Jerusalems, weint nicht über mich; jedoch über euch selbst weint und über eure Kinder! ²⁹Denn siehe, (es) kommen Tage, an denen sie sagen werden: Selig die Unfruchtbaren und die Leiber, die nicht gebaren, und Brüste, die nicht nährten. ³⁰Dann werden sie beginnen *zu sagen den Bergen: Fallt auf uns, und den Hügeln: Bedeckt uns!* ³¹Denn wenn am feuchten Holz sie dieses tun, was soll geschehen am trockenen? ³²Mitgeführt wurden aber auch zwei andere Übeltäter, um mit ihm getötet zu werden.

^{16b}Sie übernahmen nun Jesus,

^{17a}und, tragend sich selbst das Kreuz,

Hos 10,8

267. Die Kreuzigung Jesu

Mt 27,33–44	Mk 15,22–32	Lk 23,33–43	Joh 19,17b–24
³³Und kommend an einen Ort, genannt Golgotha, welches ist: (der) Kraniou-Topos (= Schädel-Ort) ge-nannte, ³⁴gaben sie ihm zu trinken Wein mit Galle gemischt; und kostend wollte er nicht trinken. ³⁵Nachdem sie ihn aber gekreuzigt hatten,	²²Und sie bringen ihn zu dem Golgotha-Ort, welches ist übersetzt: Kraniou-Topos (= Schädel-Ort). ²³Und sie ga-ben ihm mit Myrrhe gewürzten Wein; der aber nahm (ihn) nicht.	³³Und als sie kamen zu dem Ort,	¹⁷ᵇhinausging er an den
		den Kranion (= Schädel) gerufenen,	sogenannten Kraniou-Topos (= Schädel-Ort), der genannt wird hebraisch Golgotha,
vgl. V 38	²⁴Und sie kreuzigen ihn und vgl. V 27	kreuzigten sie dort ihn und die Übeltäter, den einen zur Rech-ten, den anderen zur Linken. ³⁴[[Jesus aber sagte: Vater erlasse ihnen, denn nicht wissen sie, was sie tun.]] *Sich auftei-lend aber seine Gewän-der, warfen sie Lose.*	¹⁸wo sie ihn kreuzigten, und mit ihm andere zwei, hüben und drüben, als mittleren aber Jesus.
Ps 22,19 *aufteilten sie sich seine Gewänder, werfend ein Los,*	*aufteilen sie sich seine Gewänder, werfend ein Los über sie, wer was nähme.*		²³Die Soldaten nun, als sie gekreuzigt hatten Jesus, nah-men seine Oberklei-der und machten vier Teile, jedem Soldaten ein Teil, und das Un-terkleid. (Es) war aber das Unterkleid nahtlos, von oben an durchgewebt zur Gänze. ²⁴Sie spra-chen nun zueinander: Nicht wollen wir es zerreißen, sondern lo-sen wollen wir um es, wessen es sein soll; damit die Schrift erfüllt würde, [die sagende]: *Aufteilten sie sich meine Gewänder untereinander, und über meine Kleidung warfen sie ein Los.* Die Soldaten nun machten dieses.
Ps 22,19			
	²⁵(Es) war aber (die) dritte Stunde, und sie kreuzigten ihn.		
³⁶und sitzend be-wachten sie ihn dort.			¹⁹(Es) schrieb aber auch eine Auf-

³⁷Und anbrachten
sie über seinem Kopf
seine Schuld ge-
schrieben: Dieser ist
Jesus,
der König der Ju-
daier.

²⁶Und (es) war die
Aufschrift seiner
Schuld aufge-
schrieben:

Der König der Ju-
daier.

vgl. V 38

schrift der Pilatos,
und er heftete (sie)
auf das Kreuz; es war
aber geschrieben:
Jesus, der Nazoraier,
der König der Ju-
daier. ²⁰Diese Aufschrift nun lasen viele
von den Judaiern,
denn nahe war der
Ort der Stadt, wo ge-
kreuzigt wurde Je-
sus; und sie war ge-
schrieben hebraisch,
romaisch, hellenisch.
²¹(Es) sagten nun zu
Pilatos die Hoch-
priester der Judaier:
Schreibe nicht: Der
König der Judaier,
sondern daß jener
sprach: König bin ich
der Judaier. ²²(Es)
antwortete Pilatos:
Was ich geschrieben
habe, habe ich ge-
schrieben.

³⁸Dann werden
gekreuzigt mit ihm
zwei Räuber, einer
zur Rechten und
einer zur Linken.

²⁷Und
mit ihm kreuzigen sie
zwei Räuber, einen
zur Rechten und
einen zur Linken von
ihm. #

vgl. VV 32–33

vgl. V 18

³⁵Und dastand
das Volk, schauend.

³⁹Die Vorbeigehen-
den aber lästerten
ihn, schüttelnd ihre
Köpfe ⁴⁰und sagend:
Der den
Tempel zerstören und
in drei Tagen bauen
wollte, rette dich selbst,
wenn (der)
Sohn Gottes du bist,
[und] steig herab
vom Kreuz!
⁴¹Gleicherweise
auch die Hochprie-
ster, spottend
mit
den Schriftkundigen

²⁹Und die Vorbeige-
henden lästerten
ihn, schüttelnd ihre
Köpfe und sagend:
Ha, (du,) der den
Tempel zerstören und
bauen wollte in drei Ta-
gen, ³⁰rette dich selbst,

herabsteigend
vom Kreuz!
³¹Gleicherweise
auch die Hochprie-
ster, spottend
untereinander mit
den Schriftkundigen,

(Es) verhöhnten (ihn)
aber auch die Vorste-
her,

und Ältesten, sagten: **42** Andere rettete er, sich selbst kann er nicht retten; König Israels ist er, herabsteigen soll er jetzt vom Kreuz, und wir werden glauben an ihn. **43** *Er hat vertraut auf Gott, er soll jetzt ihn retten, wenn er will;* denn er sprach: Gottes Sohn bin ich.	sagten: Andere rettete er, sich selbst kann er nicht retten; **32** der Christos, der König Israels, soll herabsteigen jetzt vom Kreuz, damit wir sehen und glauben.	sagend: Andere rettete er, er soll sich selbst retten, wenn dieser ist der Christos Gottes, der Auserwählte.	

(Ps 22,9 marginal note beside "glauben an ihn.")

vgl. V 48	vgl. V 36	**36** (Es) verspotteten ihn aber auch die Soldaten, hingehend, Essig hinbringend ihm **37** und sagend: Wenn du bist der König der Judaier, rette dich selbst!	
vgl. V 40	vgl. VV 29–30		
vgl. V 37	vgl. V 26	**38** (Es) war aber auch eine Aufschrift über ihm: Der König der Judaier (ist) dieser.	vgl. VV 19–22
44 (Auf) dieselbe (Weise) aber auch die Räuber, die mitgekreuzigten mit ihm, schmähten ihn.	Auch die Mitgekreuzigten mit ihm schmähten ihn.	**39** Einer aber der gehängten Übeltäter lästerte ihn, sagend: Bist du nicht der Christos? Rette dich selbst und uns! **40** Antwortend aber sagte der andere, ihn anfahrend: Und nicht fürchtest du Gott, weil in dem selben Gericht du bist? **41** Und wir zwar gerechterweise, denn Würdiges (für das), was wir taten, empfangen wir zurück; dieser aber tat nichts Unstatthaftes. **42** Und er sagte: Jesus, gedenke meiner, wann du kommst in dein Königtum. **43** Und er	

	sprach zu ihm: Amen, ich sage dir: Heute wirst du mit mir sein im Paradies.	

\# V 28 ist aus Lk 22,37 eingedrungen.

268. Der Tod Jesu

Mt 27,45–56	Mk 15,33–41	Lk 23,44–49	Joh 19,28–30.25
[45] Von der sechsten Stunde (an) aber wurde Finsternis über die ganze Erde bis zur neunten Stunde. vgl. V 51 a	[33] Und als geworden war (die) sechste Stunde, Finsternis wurde über die ganze Erde bis zur neunten Stunde. vgl. V 38	[44] Und (es) war schon etwa (die) sechste Stunde, und Finsternis wurde über die ganze Erde bis zur neunten Stunde, [45] als die Sonne aufhörte (zu scheinen); gespalten aber wurde der Vorhang des Tempels mittendurch.	
[46] Um die neunte Stunde aber aufschrie Jesus mit lauter Stimme, sagend: *Eli, Eli, lema sabachthani?* Dies ist : *Mein Gott, mein Gott, weshalb verließest du mich?* [47] Einige aber der dort Stehenden, hörend (es), sagten: Nach Elias schreit dieser.	[34] Und in der neunten Stunde schrie Jesus mit lauter Stimme : *Eloi, Eloi, lema sabachthani?* Was ist übersetzt: *Mein Gott, mein Gott, wozu verließest du mich?* [35] Und einige der Dabeistehenden, hörend (es), sagten: Sieh, nach Elias schreit er.		Ps 22,2
			[28] Danach, wissend Jesus, daß schon alles vollendet war, damit vollendet wird die Schrift, sagt er: Ich dürste. [29] Ein Gefäß stand da, von Essig voll;
[48] Und sogleich laufend einer von ihnen und nehmend einen Schwamm und füllend (ihn) mit Essig und steckend (ihn)	[36] Laufend aber einer [und] füllend einen Schwamm mit Essig, steckend (ihn)	vgl. V 36	einen Schwamm nun voll des Essigs auf ein Ysoprohr steckend,

auf ein Rohr, gab er zu trinken ihm. [49]Die übrigen aber sagten: Laß , sehen wir, ob Elias kommt, rettend ihn.	auf ein Rohr, gab er zu trinken ihm, sagend: Laßt, sehen wir, ob Elias kommt, ihn herunterzuholen.		heranbrachten sie an seinen Mund.
			[30]Als er nun den Essig nahm, sprach Jesus: Es ist vollendet,
[50]Jesus aber, wieder rufend mit lautem Schrei,	[37]Jesus aber, ausstoßend einen lauten Schrei,	[46]Und schreiend mit lautem Schrei sprach Jesus: Vater, *in deine Hände empfehle ich meinen Geist*. Dies aber sprechend, hauchte er aus. vgl. V 45	und neigend den Kopf, übergab er den Geist.

Ps 31,6

gab auf den Geist. [51]Und siehe, der Vorhang des Tempels wurde gespalten von oben bis unten in zwei (Stücke), und die Erde erbebte, und die Felsen wurden gespalten, [52]und die Gräber wurden geöffnet, und viele Leiber der entschlafenen Heiligen wurden erweckt; [53]und herauskommend aus den Gräbern nach seiner Erweckung, gingen sie hinein in die heilige Stadt und erschienen vielen. [54]Der Hauptmann aber und die mit ihm, bewachend Jesus, sehend das Erdbeben und die Geschehnisse, fürchteten sich sehr, sagend: Wahrhaft Gottes Sohn war dieser.	hauchte aus. [38]Und der Vorhang des Tempels wurde gespalten in zwei (Stücke) von oben bis unten. [39]Sehend aber der Centurio, der dabeistehende gegenüber von ihm, daß er so aushauchte, sprach: Wahrhaft, dieser Mensch war Sohn Gottes.	[47]Sehend aber der Hauptmann das Geschehene, verherrlichte er Gott, sagend: Wirklich, dieser Mensch war ein Gerechter! [48]Und alle Volksmengen, mitdabeistehend bei diesem Schauspiel, sehend das Geschehene,	

		schlagend die Brüste, kehrten zurück.	
		[49] Dastanden aber alle ihm Bekannten von weitem und Frauen,	[25] Dastanden aber beim Kreuz von Jesus seine Mutter und die Schwester seiner Mutter, Maria, die des Klopas, und Maria, die Magdalenerin.
[55] (Es) waren aber dort	[40] (Es) waren aber		
viele Frauen von weitem schauend, welche gefolgt waren Jesus von der Galilaia, ihm zu dienen;	auch Frauen von weitem schauend,	die ihm mitgefolgt waren von der Galilaia, dieses zu sehen.	
[56] unter ihnen war Maria, die Magdalenerin, und Maria, die Mutter des Jakobos und Joseph, und die Mutter der Söhne (des) Zebedaios.	vgl. V 41		
	unter ihnen auch Maria, die Magdalenerin, und Maria, (des) Jakobos des Kleinen und (des) Joses Mutter, und Salome, [41] die, als er war in der Galilaia, ihm folgten und ihm dienten, und viele andere Miteraufgestiegene mit ihm nach Hierosolyma.		
vgl. V 55 b			

269. Die Grablegung Jesu

Mt 27,57–61	Mk 15,42–47	Lk 23,50–56	Joh 19,38–42
[57] Als es aber Abend geworden war,	[42] Und als es schon Abend geworden war, da Rüsttag war, das ist: Vorsabbat, [43] kommend Joseph, [der] von Arimathaia, ein vornehmer Ratsherr,		[38] Danach aber
kam ein reicher Mensch von Arimathaia, namens Joseph,		[50] Und siehe, ein Mann mit Namen Joseph, der ein Ratsherr war [und] ein guter Mann und ein gerechter [51] – dieser hatte nicht mitzugestimmt (ihrem) Ratschluß und ihrem Tun – von Arimathaia, einer Stadt der Judaier, der das Königtum Gottes erwartete,	bat den Pilatos Joseph, [der] von Arimathaia,
der auch selbst Schüler geworden war von Jesus;	der auch selbst war erwartend das Königtum Gottes, (es) wagend ging hinein zu Pilatos und erbat den Leib des Jesus. [44] Pilatos aber staunte, daß er schon gestorben sei,		der ein Schüler von Jesus war, ein verborgener aber wegen der Furcht vor den Judaiern, daß er abnehmen lasse den Leib des Jesus;
[58] dieser, gehend zu Pilatos, erbat den Leib des Jesus.		[52] dieser, gehend zu Pilatos, erbat den Leib des Jesus,	

Mt

Da befahl Pilatos, daß er hergegeben werde.

⁵⁹Und nehmend den Leib, einhüllte Joseph ihn [in] reines Leinen

⁶⁰und legte ihn in sein neues Grab, das er gehauen hatte in den Felsen, und hinwälzend einen großen Stein zur Tür des Grabes, ging er weg.

⁶¹(Es) war aber dort Mariam, die Magdalenerin, und die andere Maria,

sitzend vor dem Grabmal.

Mk

und herbeirufend den Centurio, befragte er ihn, ob er bereits starb; ⁴⁵und (es) erfahrend vom Centurio, schenkte er die Leiche dem Joseph.

⁴⁶Und kaufend Leinen, herunterholend ihn, einwickelte er (ihn) mit dem Leinen

und legte ihn in ein Grab, das gehauen war aus einem Felsen, und hinwälzte er einen Stein an die Tür des Grabes.

⁴⁷Maria aber, die Magdalenerin, und Maria, die von Joses, erblickten, wo er hineingelegt worden ist.

vgl. 16,1 (Nr. 271)

Lk

⁵³und herunterholend, einhüllte er ihn mit Leinen

und legte ihn in eine steingehauene Grabstätte, wo noch keiner war gelegen.

⁵⁴Und Tag (des) Rüsttags war, und (der) Sabbat leuchtete auf. ⁵⁵Die nachfolgenden Frauen aber, welche mitgekommen waren aus der Galilaia mit ihm, sahen das Grab und wie hineingelegt wurde sein Leib, ⁵⁶zurückkehrend aber bereiteten sie Essenzen und Salben. Und den Sabbat aber ruhten sie gemäß dem Gebot.

Joh

und (es) erlaubte Pilatos. Er kam nun, und abnahm er seinen Leib. ³⁹(Es) kam aber auch Nikodemos, der gekommen war zu ihm nachts das erste (Mal), bringend eine Mischung von Myrrhe und Aloe, um hundert Litra. ⁴⁰Sie nahmen nun den Leib von Jesus und banden ihn mit Leinenbinden mitsamt den Essenzen, gleichwie es Sitte ist bei den Judaiern zu begraben. ⁴¹(Es) war aber an dem Ort, wo er gekreuzigt wurde, ein Garten, und im Garten ein neues Grab, in das noch keiner gelegt worden war; ⁴²dort(hin) nun wegen des Rüsttags der Judaier, weil nahe war das Grab, legten sie Jesus.

270. Die Grabwächter

Mt 27,62–66

⁶² Am folgenden (Tag) aber, welcher ist (der) nach dem Rüsttag, kamen zusammen die Hochpriester und die Pharisaier bei Pilatos, ⁶³ sagend: Herr, wir erinnerten uns, daß jener Betrüger sprach, noch lebend: Nach drei Tagen werde ich erweckt. ⁶⁴ Befiehl also, daß gesichert werde das Grabmal bis zum dritten Tag, damit nicht kommend seine Schüler ihn stehlen und sprechen zum Volk: Erweckt wurde er von den Toten, und (es) wird sein der letzte Betrug schlimmer als der erste. ⁶⁵ (Es) sagte ihnen Pilatos: Haltet Wache; geht fort, sichert, wie ihr (es) kennt! ⁶⁶ Die aber gehend, sicherten das Grabmal, nachdem sie den Stein versiegelt hatten, mit der Wache.

271. Die Auferstehungsbotschaft und das leere Grab *

Mt 28,1–10	Mk 16,1–8	Lk 24,1–12
¹ Spät aber am Sabbat, beim Aufleuchten zum Ersten der Woche, kam Mariam, die Magdalenerin, und die andere Maria,	¹ Und als vorüber war der Sabbat,	¹ Am Ersten der Woche aber ganz frühmorgens kamen sie (vgl. V 10)
zu schauen das Grabmal.	Maria , die Magdalenerin, und Maria, die [des] Jakobos, und Salome kauften Essenzen, damit kommend sie ihn salbten. ² Und sehr früh am Ersten der Woche gehen sie zum Grab, als aufgegangen war die Sonne.	zur Grabstätte, bringend Essenzen, die sie bereitet hatten.
² Und siehe, (es) geschah ein großes Erdbeben; denn ein Engel (des) Herrn, herabsteigend aus (dem) Himmel und hinzukommend, wälzte den Stein weg und setzte sich auf ihn. ³ (Es) war aber sein Anblick wie ein Blitz und sein Gewand weiß wie Schnee. ⁴ Aus Furcht aber vor ihm erbebten die Bewachenden, und sie wurden wie Tote.		
	³ Und sie sagten zu sich: Wer wird wegwälzen uns den Stein aus der Tür des Grabes? ⁴ Und aufschauend erblicken sie, daß weggewälzt war der Stein; denn er war sehr groß. ⁵ Und hineingehend ins Grab,	² Sie fanden aber den Stein weggewälzt vom Grab; ³ hineingehend aber, nicht fanden sie den Leib des Herrn Jesus. ⁴ Und es geschah, als sie ratlos waren über dieses,

	sahen sie einen jungen Mann sitzend zur Rechten, umworfen mit weißem Gewand, und sie erschraken.	und siehe, zwei Männer traten zu ihnen in blitzendem Kleid.

5 Antwortend aber sprach der Engel zu den Frauen: Fürchtet euch nicht, denn ich weiß, daß ihr Jesus, den Gekreuzigten, sucht; **6** nicht ist er hier, denn erweckt wurde er, gleichwie er gesprochen hatte.

6 Der aber sagt ihnen: Erschreckt nicht! Jesus sucht ihr, den Nazarener, den Gekreuzigten; erweckt wurde er, nicht ist er hier;

5 Als sie aber in Furcht gerieten und die Gesichter zur Erde neigten, sprachen sie zu ihnen: Was sucht ihr den Lebenden unter den Toten? **6** Nicht ist er hier, sondern erweckt wurde er. Erinnert euch, wie er zu euch redete, als er noch war in der Galilaia, **7** sagend über den Sohn des Menschen, daß er müsse übergeben werden in Hände sündiger Menschen und gekreuzigt werden und am dritten Tag aufstehen.

Auf, seht den Ort, wo er lag! **7** Und schnell gehend, sprecht zu seinen Schülern : Er wurde erweckt von den Toten, und siehe, vorangeht er euch in die Galilaia, dort werdet ihr ihn sehen. Siehe, ich sprach zu euch. **8** Und weggehend schnell vom Grab mit Furcht und großer Freude, liefen sie, (es) zu melden seinen Schülern.

sieh, der Ort, wohin sie ihn legten! **7** Doch geht fort, sprecht zu seinen Schülern und dem Petros: Vorangeht er euch in die Galilaia; dort werdet ihr ihn sehen, gleichwie er gesprochen hatte zu euch. **8** Und herausgehend flohen sie vom Grab, denn (es) hielt sie Zittern und Entsetzen; und keinem sagten sie etwas; denn sie fürchteten sich.

8 Und sie erinnerten sich seiner Worte. **9** Und zurückkehrend vom Grab, meldeten sie dieses alles den Elf und allen übrigen. **10** (Es) waren aber die Magdalenerin Maria und Johanna und Maria, die (des) Jakobos, und die übrigen mit ihnen. Sie sagten zu den Aposteln dieses, **11** und (es) erschienen vor ihnen wie Geschwätz diese Worte, und nicht glaubten sie ihnen. **12** Petros aber, aufstehend, lief zum Grab, und sich vorbeugend sieht er die Leinenbinden allein, und fortging er, bei sich staunend über das Geschehene. #

vgl. V 1   vgl. V 1

9 Und siehe, Jesus begegnete ihnen, sagend: Gruß (euch)! Die aber, hinzukommend, ergriffen seine Füße und fielen

nieder vor ihm. [10]Da sagt
ihnen Jesus: Fürchtet euch
nicht! Geht fort, meldet meinen Brüdern, daß sie hingehen in die Galilaia, und dort
werden sie mich sehen.

\# V 12 ist wohl nach Joh 20,3–10
eingefügt.

---

* Mk 16,9–11 (Nr. 278): [[[9]Auferstanden aber früh am Wochenersten, erschien er zuerst Maria, der Magdalenerin, von der er hinausgeworfen hatte sieben Dämonen. [10]Jene, gehend, meldeten (es) den mit ihm gewesenen Trauernden und Weinenden; [11]aber jene hörend, daß er lebt und gesehen wurde von ihr, glaubten nicht.]]

Joh 20,1–18: [1]Am ersten Tag der Woche aber kommt Maria, die Magdalenerin, (in der) Frühe, als noch Finsternis war, zum Grab, und sieht den Stein weggenommen vom Grab. [2]Sie läuft nun, und sie kommt zu Simon Petros und zu dem anderen Schüler, den Jesus liebte, und sagt ihnen: Wegnahmen sie den Herrn aus dem Grab, und nicht wissen wir, wohin sie ihn legten.

[3]Hinausging nun Petros und der andere Schüler, und sie kamen zum Grab. [4](Es) liefen aber die zwei gemeinsam, und der andere Schüler lief voraus, schneller als Petros, und er kam als erster zum Grab, [5]und sich vorbeugend, sieht er liegend die Leinenbinden, nicht freilich ging er hinein. [6](Es) kommt nun auch Simon Petros, folgend ihm und hineinging er ins Grab, und er sieht die Leinenbinden liegend [7]und das Schweißtuch, das auf seinem Kopf war, nicht mit den Leinenbinden liegend, sondern getrennt zusammengewickelt an einem (eigenen) Ort. [8]Da nun ging hinein auch der andere Schüler, der gekommen war als erster zum Grab, und er sah und glaubte; [9]denn noch nicht kannten sie die Schrift, daß er muß aus Toten aufstehen.

[10]Weggingen nun wieder zu ihnen die Schüler.

[11]Maria aber stand beim Grab draußen weinend. Wie sie nun weinte, vorbeugte sie sich ins Grab, [12]und sie sieht zwei Engel in Weiß (da)sitzend, einen beim Kopf und einen bei den Füßen, wo gelegen war der Leib von Jesus. [13]Und (es) sagen ihr jene: Frau, was weinst du? Sie sagt ihnen: Weil sie wegnahmen meinen Herrn, und nicht weiß ich, wohin sie ihn gelegt haben. [14]Dieses sagend, umwandte sie sich nach hinten und sieht Jesus stehend, aber nicht wußte sie, daß (es) Jesus ist. [15](Es) sagt ihr Jesus: Frau, was weinst du? Wen suchst du? Jene meinend, daß (es) der Gärtner ist, sagt ihm: Herr, wenn du ihn (weg)trugst, sprich zu mir, wohin du ihn legtest, und ich werde ihn holen. [16](Es) sagt ihr Jesus: Mariam! Sich umwendend sagt jene ihm hebraisch: Rabbuni (das heißt: Lehrer). [17](Es) sagt ihr Jesus: Berühre mich nicht! Denn noch nicht bin ich hinaufgestiegen zum Vater; geh aber du zu meinen Brüdern und sprich zu ihnen: Ich steige hinauf zu meinem Vater und eurem Vater und meinem Gott und eurem Gott. [18](Es) kommt Mariam, die Magdalenerin, meldend den Schülern: Gesehen habe ich den Herrn, und dies sprach er zu ihr.

NACHGESCHICHTEN

Nach Matthaios

272. Der Betrug des Synhedrions

Mt 28,11–15

[11]Während sie aber gingen, siehe, einige der Wache, kommend in die Stadt, meldeten den Hochpriestern alles Geschehene. [12]Und sich versammelnd mit den Ältesten und einen Beschluß fassend, gaben sie beträchtliches Silber(geld) den Soldaten, [13]sagend: Sagt: Seine Schüler, (des) Nachts kommend, stahlen ihn, während wir schliefen. [14]Und wenn dies gehört wird beim Statthalter, werden wir [ihn] überreden und euch sorgenfrei machen. [15]Die aber, nehmend das Silber(geld), taten, wie sie belehrt worden waren. Und herumerzählt wurde dieses Wort bei (den) Judaiern bis zum heutigen [Tag].

273. Erscheinung des Auferstandenen auf einem Berg in der Galilaia und Sendung der Elf

Mt 28,16–20

[16]Die elf Schüler aber gingen in die Galilaia auf den Berg, wohin sie Jesus bestellt hatte, [17]und sehend ihn, huldigten sie (ihm), andere aber zweifelten. [18]Und hinzukommend redete Jesus mit ihnen, sagend: Gegeben wurde mir alle Vollmacht im Himmel und auf [der] Erde. [19]Gehend nun, macht zu Schülern alle Völker, taufend sie auf den Namen des Vaters und des Sohnes und des heiligen Geistes, [20]lehrend sie, alles zu bewahren, wieviel ich euch geboten habe; und siehe, ich bin mit euch alle Tage bis zur Vollendung des Aions. *

---

* Mk 16,15–16 (Nr. 278): [15]Und er sprach zu ihnen: Gehend in die ganze Welt, verkündet das Evangelium der ganzen Schöpfung! [16]Der Glaubende und Getaufte wird gerettet werden, der Nichtglaubende aber wird verurteilt werden. Joh 14,23: (Es) antwortete Jesus und sprach zu ihm: Wenn einer mich liebt, mein Wort wird er bewahren, und mein Vater wird ihn lieben, und zu ihm werden wir kommen und eine Bleibe bei ihm machen.

Nach Lukas

274. Erscheinung des Auferstandenen vor zweien auf dem Weg nach Emmaus

Lk 24,13–35 *

[13]Und siehe, zwei von ihnen waren an eben dem Tag gehend in ein Dorf, entfernt sechzig Stadien von Jerusalem, mit Namen Emmaus, [14]und sie unterhielten sich untereinander über all dieses Widerfahrene. [15]Und es geschah bei ihrem Unterhalten und Streiten, daß Jesus selbst, nahegekommen, mitging mit ihnen; [16]ihre Augen aber waren festgehalten, daß sie nicht ihn erkannten. [17]Er sprach aber zu ihnen: Welche Worte (sind) dies, die ihr einander zuwerft, umhergehend? Und stehenblieben sie mürrisch. [18]Antwortend aber einer mit Namen Kleopas, sprach zu ihm: Du allein bewohnst Jerusalem und nicht kennst du das Geschehene in ihm in diesen Tagen? [19]Und er sprach zu ihnen: Welches? Die aber sprachen zu ihm: Das über Jesus, den Nazarener, der auftrat als prophetischer Mann, mächtig in Werk und Wort vor

Gott und allem Volk, [20] und wie ihn übergaben die Hochpriester und unsere Vorsteher zum Todesurteil und ihn kreuzigten. [21] Wir aber hofften, daß er (es) ist, der Israel erlösen wird; aber mit allem diesem verbringt er nun auch diesen dritten Tag (im Grab), seit dieses geschah. [22] Aber auch einige Frauen von uns entsetzten uns, als sie waren frühmorgens beim Grab, [23] und nicht findend seinen Leib, kamen sie, sagend, auch eine Erscheinung von Engeln hätten sie gesehen, die sagen, daß er lebe. [24] Und weggingen einige der mit uns zum Grab und fanden (es) so, gleichwie auch die Frauen gesprochen hatten, ihn aber sahen sie nicht. [25] Und er sprach zu ihnen: O ihr Unverständigen und Trägen im Herzen, zu glauben an alles, von dem die Propheten redeten! [26] Mußte nicht dieses leiden der Christos und hineingehen in seine Herrlichkeit? [27] Und beginnend von Moyses und von allen Propheten, auslegte er ihnen in allen Schriften das über sich. [28] Und nahekamen sie an das Dorf, wo sie hingingen, und er machte Miene (noch) weiter zu gehen. [29] Und sie nötigten ihn, sagend: Bleib bei uns, weil es gegen Abend ist und sich geneigt hat schon der Tag! Und hineinging er, zu bleiben bei ihnen. [30] Und es geschah, als er sich (zu Tisch) legte mit ihnen, nehmend das Brot, segnete er, und brechend übergab er (es) ihnen; [31] ihre Augen aber wurden geöffnet, und sie erkannten ihn; und er wurde unsichtbar, (weg) von ihnen. [32] Und sie sprachen zueinander: War nicht unser Herz brennend [in uns], wie er redete mit uns auf dem Weg, wie er öffnete uns die Schriften?

[33] Und aufstehend in eben der Stunde, zurückkehrten sie nach Jerusalem und fanden versammelt die Elf und die mit ihnen, [34] sagend: Wirklich wurde erweckt der Herr, und er erschien Simon. [35] Und sie legten dar die auf dem Weg (geschehenen Ereignisse), und wie er erkannt wurde von ihnen beim Brechen des Brotes.

---

* Mk 16,12–13 (Nr. 278): [12] Danach aber wurde er zweien von ihnen, die umhergingen, offenbart in anderer Gestalt, als sie gingen aufs Land; [13] und jene, weggehend, meldeten (es) den übrigen; auch jenen glaubten sie nicht.

275. Erscheinung des Auferstandenen vor den Elfen in Jerusalem

Lk 24,36–43

[36] Als sie aber dieses redeten, stellte er sich selbst in ihre Mitte, und er sagt ihnen: Friede euch! [37] Geängstigt aber und in Furcht geraten, meinten sie, einen Geist zu erblicken. [38] Und er sprach zu ihnen: Was seid ihr verwirrt, und weshalb steigen Bedenken in eurem Herzen auf? [39] Seht meine Hände und meine Füße, daß ich (es) selbst bin; berührt mich und seht, daß ein Geist Fleisch und Knochen nicht hat, gleichwie ihr mich (es) haben seht. [40] Und dies sprechend, zeigte er ihnen die Hände und die Füße. [41] Als sie aber noch ungläubig waren vor Freude und staunend, sprach er zu ihnen: Habt ihr etwas Eßbares hier? [42] Die aber übergaben ihm ein Stück gebratenen Fisches; [43] und nehmend, vor ihnen aß er. **

Joh 20,19–23 *

[19] Als es nun Abend war an jenem Tag, dem ersten (der) Woche, und als die Türen verschlossen waren, wo die Schüler waren, wegen der Furcht vor den Judaiern, kam Jesus und stellte sich in die Mitte, und er sagt ihnen: Friede euch!

[20] Und dies sprechend, zeigte er die Hände und die Seite ihnen.
(Es) freuten sich nun die Schüler, sehend den Herrn.

[21] (Es) sprach nun zu ihnen [Jesus] wieder: Friede euch; gleichwie mich geschickt hat der Vater, schicke auch ich euch. [22] Und dies sprechend, anhauchte er (sie) und sagt ihnen: Emp-

fangt heiligen Geist; [23] von welchem immer ihr erlaßt die Sünden, erlassen werden sie ihnen, von welchen ihr (sie) behaltet, behalten sind sie.

---

* Mk 16,14 (Nr. 278): Später [aber] wurde er den Elfen selbst, als sie (zu Tisch) lagen, offenbart, und er schalt ihren Unglauben und (ihre) Hartherzigkeit, daß sie denen, die ihn gesehen hatten als Erweckten, nicht glaubten.
** Apg 10,40–41: [40] Diesen erweckte Gott [am] dritten Tag, und er gab, daß er sichtbar werde, [41] nicht dem ganzen Volk, sondern den von Gott vorherbestimmten Zeugen, uns, welche wir aßen und tranken mit ihm nach seinem Aufstehen aus Toten.

276. Letzte Worte Jesu an seine Schüler

Lk 24,44–49

[44] Er sprach aber zu ihnen: Diese (sind) meine Worte, die ich redete zu euch, als ich noch war mit euch: Es muß erfüllt werden alles Geschriebene im Gesetz (des) Moyses und (in) den Propheten und Psalmen über mich. [45] Dann öffnete er ihren Verstand, zu verstehen die Schriften; [46] und er sprach zu ihnen: So ist geschrieben, daß leidet der Christos und aufsteht aus Toten am dritten Tag, [47] und daß verkündet wird in seinem Namen Umkehr zu(m) Erlaß von Sünden zu allen Völkern. * Beginnend von Jerusalem, [48] (seid) ihr Zeugen für dieses. [49] Und [siehe], ich schicke die Zusage meines Vaters auf euch; ihr aber, setzt euch in der Stadt, bis daß ihr anzieht aus (der) Höhe Kraft.

Apg 1,4–8

[4] Und beim Zusammensein gebot er ihnen, von Hierosolyma nicht sich zu trennen, sondern zu erwarten die Zusage des Vaters, die ihr hörtet von mir, [5] daß Johannes zwar taufte mit Wasser, ihr aber in heiligem Geist getauft werden werdet nach diesen nicht vielen Tagen. [6] Die aber nun Zusammengekommenen fragten ihn, sagend: Herr, ob in dieser Zeit du wiedererrichtest das Königtum für Israel? [7] Er sprach aber zu ihnen: Nicht euer ist es, zu kennen Zeiten oder Fristen, die der Vater setzte in der eigenen Vollmacht, [8] sondern ihr werdet empfangen Kraft, wenn herabkommt der heilige Geist auf euch, und ihr werdet sein meine Zeugen in Jerusalem und [in] der ganzen Judaia und Samareia und bis zum Ende der Erde.

---

* Mk 16,15 (Nr. 278): Und er sprach zu ihnen: Gehend in die ganze Welt, verkündet das Evangelium der ganzen Schöpfung!

277. Die Himmelfahrt Jesu

Lk 24,50–53

[50] Hinaus führte er sie aber [nach draußen] bis gegen Bethania, und aufhebend seine Hände, segnete er sie. [51] Und es geschah, als er sie segnete, entfernte er sich von ihnen und wurde hinaufgetragen in den Himmel. *

Apg 1,9–14

[9] Und   als er dieses gesprochen hatte,   wurde er, während sie schauten, hinaufgehoben, und eine Wolke nahm ihn weg von ihren Augen. [10] Und wie sie starrend waren in den Himmel, während er wegging, und siehe, zwei Männer standen neben ihnen in weißen Kleidungen, [11] die auch sprachen: Männer, Galilaier, was steht ihr [auf]schauend in den Himmel? Dieser Jesus, der Aufgenommene (weg) von euch in den Himmel, wird so kommen, auf welche Weise ihr ihn saht weggehend in den Himmel.

⁵²Und sie, huldigend ihm, kehrten zurück nach Jerusalem mit großer Freude

⁵³und waren unablässig im Heiligtum, preisend Gott.

¹²Dann kehrten sie zurück nach Jerusalem vom Berg, dem Ölberg gerufenen, der nahe ist Jerusalem, einen Sabbatweg entfernt. ¹³Und als sie hineinkamen, ins Obergemach stiegen sie hinauf, wo sie waren verbleibend, Petros und Johannes und Jakobos und Andreas, Philippos und Thomas, Bartholomaios und Matthaios, Jakobos (des) Alphaios und Simon der Zelot und Judas (des) Jakobos. ¹⁴Diese alle waren ausharrend einmütig im Gebet mit Frauen und Mariam, der Mutter von Jesus, und seinen Brüdern.

---

* Mk 16,19 (Nr. 278): Der Herr Jesus nun, nach dem Reden zu ihnen, wurde aufgenommen in den Himmel und setzte sich zur Rechten Gottes.

Nach Markos

278. Die sekundären Markos-Schlüsse

Mk 16,9–20

[[Alles Gebotene aber meldeten sie denen um Petros eilig. Danach aber schickte auch Jesus selbst vom Osten und bis zum Westen durch sie aus die heilige und unvergängliche Verkündigung des ewigen Heils. Amen.]]

[[⁹Auferstanden aber früh am Wochenersten, erschien er zuerst Maria, der Magdalenerin, von der er hinausgeworfen hatte sieben Dämonen. * ¹⁰Jene, gehend, meldete (es) den mit ihm gewesenen Trauernden und Weinenden; ** ¹¹aber jene, hörend, daß er lebt und gesehen wurde von ihr, glaubten nicht. *** ¹²Danach aber wurde er zweien von ihnen, die umhergingen, offenbart in anderer Gestalt, als sie gingen aufs Land; ¹³und jene, weggehend, meldeten (es) den übrigen; auch jenen glaubten sie nicht. **** ¹⁴Später [aber] wurde er den Elfen selbst, als sie (zu Tisch) lagen, offenbart, und er schalt ihren Unglauben und (ihre) Hartherzigkeit, daß sie denen, die ihn gesehen hatten als Erweckten, nicht glaubten. ***** ¹⁵Und er sprach zu ihnen: Gehend in die ganze Welt, verkündet das Evangelium der ganzen Schöpfung! ¹⁶Der Glaubende und Getaufte wird gerettet werden, der Nichtglaubende aber wird verurteilt werden. ****** ¹⁷Als Zeichen aber werden den Glaubenden diese folgen: In meinem Namen werden sie Dämonen hinauswerfen, in neuen Zungen werden sie reden, ¹⁸[und in den Händen] werden Schlangen sie tragen, und wenn immer etwas Tödliches sie trinken, nicht wird es ihnen schaden, auf Kranke werden sie (die) Hände auflegen und recht wird es ihnen gehen. ¹⁹Der Herr Jesus nun, nach dem Reden zu ihnen, wurde aufgenommen in den Himmel und setzte sich zur Rechten Gottes. ******* ²⁰Jene aber, hinausgehend, verkündeten überall, indem der Herr mitwirkte und das Wort festigte durch die nachfolgenden Zeichen.]]

---

* Lk 8,2 (Nr. 78): Maria, die Magdalenerin gerufene, von der sieben Dämonen herausgekommen waren.
** Zu VV 9–10 vgl. Joh 20,1.11–18 (Nr. 271 *).
*** Vgl. Lk 24,9–11 (Nr. 271).
**** Vgl. Lk 24,13–35 (Nr. 274).
***** Vgl. Lk 24,36–43 = Joh 20,19–23 (Nr. 275).
****** Vgl. Mt 28,19–20 (Nr. 273).
******* Vgl. Lk 24,50–51 = Apg 1,9 (Nr. 277).

STELLENREGISTER

Das Stellenregister soll als *Ergänzung zum Parallelenverzeichnis* (S. 9–19) dienen und einen Überblick geben, an welchen Stellen bestimmte Texte sich wiederfinden lassen. Die *Nummernhinweise* (die wir den Seitenangaben vorgezogen haben) zeigen an, wo die selbständigen Einheiten (in der Regel Perikopen) in der Synopse behandelt werden: *Fettgedruckte Nummern* verweisen auf ihr Vorkommen im fortlaufenden Text eines Evangeliums, *Nummern in Grundschrift* auf die Verwendung als Paralleltexte. *Kleingedruckte Nummern* lassen erkennen, wo weitere Parallelen und Dubletten zu finden sind.

Werden nur Teile der Perikope (d. h. Einzelverse) als Paralleltext oder in Anmerkungen verwendet, sind die *Nummern eingeklammert*.

Mt (1–7)	Nr.
1,1	**1**
1,2–17	**2** (20)
1,18–25	**3** 10
2,1–12	**4** 11
2,13–23	**5** (12)
3,1–6	**14**
3,7–10	**15** (62)
3,11–12	**17**
3,13–17	**19**
4,1–11	**21**
4,12–17	**22**
4,18–22	**24** 30
4,23–25	**29** (66) (104) (90)
5,1–2	**39** 66
5,3–12	**40** 67
5,13–16	**41** (173) (113) (153) (191)
5,17–20	**42** (197)
5,21–26	**43** (180)
5,27–30	**44** (152)
5,31–32	**45** (197) (209)
5,33–37	**46**
5,38–42	**47** (68)
5,43–48	**48** (68)
6,1–4	**49**
6,5–6	**50**
6,7–15	**51** (166) (223)
6,16–18	**52**
6,19–21	**53** 177
6,22–23	**54** 173
6,24	**55** 195
6,25–34	**56** (177) (93)
7,1–5	**57** 69 (113)
7,6	**58**
7,7–11	**59** 168
7,12	**60** 68
7,13–14	**61**
7,15–20	**62** (70) (106)
7,21–23	**63** (70)

Mt (7–13)	Nr.
7,24–27	**64** 71
7,28–29	**65** 25
8,1–4	**78** 31
8,5–13	**79** (72) (119) (121) (227) (243) (245)
8,14–15	**80** 26
8,16–17	**81** 27 37 104
8,18–22	**82** (124) (160)
8,23–27	**83** 124
8,28–34	**84** 125
9,1–8	**85** 32
9,9–13	**86** 33 (35) (102)
9,14–17	**87** 34
9,18–26	**88** 126
9,27–34	**89** (106) (169) (215)
9,35–38	**90** (128) (161) (29) (77) (132)
10,1–16	**91** (38) (128) (161) (99) (128) (161)
10,17–25	**92** (69) (175) (236)
10,26–33	**93** 175 (113) (144) (236)
10,34–36	**94** 179 (236)
10,37–39	**95** (191) (205) (144)
10,40–11,1	**96** (161) (150)
11,2–6	**97** 74
11,7–19	**98** (75) (197)
11,20–24	**99** (161)
11,25–27	**100** 163
11,28–30	**101**
12,1–8	**102** 35 (33) (86)
12,9–14	**103** 36
12,15–21	**104** 37 (27)
12,22–37	**106** (70) (169) (175) (62) (89) (151) (175)
12,38–42	**107** 172 (139)
12,43–45	**108** 170
12,46–50	**109** 123
13,1–9	**110** (30)
13,10–17	**111** (113) (163) (217) (245)

Mt (13–21)	Nr.
13,18–23	112
13,24–30	115
13,31–32	116 183
13,33	117 183
13,34-35	118
13,36–43	119 (121)
13,44–46	120
13,47–50	121 (119)
13,51–52	122
13,53–58	127 (23)
14,1–2	129
14,3–12	130 (18)
14,13–21	132
14,22–33	133
14,34–36	134
15,1–20	135 (69) (174)
15,21–28	136
15,29–31	137
15,32–39	138 132
16,1–4	139 (180) (107) (172)
16,5–12	140 (175)
16,13–20	142 (155)
16,21–23	143 (205)
16,24–28	144 (95) (191) (205)
17,1–9	145
17,10–13	146
17,14–21	147 (201) (223)
17,22–23	148
17,24–27	149
18,1–5	150 (210) (96) (161) (232)
18,6–9	152 (199) (44)
18,10–14	154 (192)
18,15–18	155 (200) (142)
18,19–20	156
18,21–22	157 200
18,23–35	158
19,1–2	208
19,3–12	209 (45) (197)
19,13–15	210
19,16–30	211 (184) (212)
20,1–16	212
20,17–19	213
20,20–28	214 (254) (150) (232)
20,29–34	215 89
21,1–9	218
21,10–17	220 (222) (247)
21,18–19	221
21,20–22	223 (147) (201)
21,23–27	224
21,28–32	225 (75)
21,33–46	226

Mt (22–28)	Nr.
22,1–14	227 (190)
22,15–22	228
22,23–33	229 (222)
22,34–40	230 164
22,41–46	231
23,1–39	232 (174) (186) (150) (188) (207) (214) (254)
24,1–2	234
24,3–8	235
24,9–14	236 92 (94) (179)
24,15–28	237 (205) (205)
24,29–31	238
24,32–36	239
24,37–42	242 (205) (241) (244)
24,43–51	243 178 (241)
25,1–13	244 (241) (242)
25,14–30	245 217 (241) (113) ·
25,31–46	246
26,1–5	248
26,6–13	249 76
26,14–16	250
26,17–19	251
26,20–25	252
26,26–29	253
26,30–35	256
26,36–46	257
26,47–56	258
26,57–75	259
27,1–2	260
27,3–10	261
27,11–14	262
27,15–26	264
27,27–31 a	265
27,31 b–32	266
27,33–44	267
27,45–56	268 (77)
27,57–61	269
27,62–66	270
28,1–10	271
28,11–15	272
28,16–20	273 (278)

Mk (1)	Nr.
1,1	1
1,2–6	14 (75) (98)
1,7–8	17
1,9–11	19
1,12–13	21
1,14–15	22
1,16–20	24 30

Lk (15–23)	Nr.
15,11–32	**194**
16,1–13	**195** (55)
16,14–15	**196**
16,16–18	**197** (42) (45) (98) (209)
16,19–31	**198**
17,1–3a	**199** 152
17,3b–4	**200** (155) (157)
17,5–6	**201** (223)
17,7–10	**202**
17,11–19	**203**
17,20–21	**204**
17,22–37	**205** (95) (242) (144) (237)
18,1–8	**206**
18,9–14	**207** (150) (188) (232)
18,15–17	**210** (150)
18,18–30	**211**
18,31–34	**213**
18,35–43	**215** 89
19,1–10	**216**
19,11–27	**217** (241) (245) (113)
19,28–40	**218**
19,41–44	**219**
19,45–48	**222** (220)
20,1–8	**224**
20,9–19	**226**
20,20–26	**228**
20,27–40	**229**
20,41–44	**231**
20,45–47	**232** (174)
21,1–4	**233**
21,5–6	**234**
21,7–11	**235**
21,12–19	**236** 92 (93) (94) (175) (179)
21,20–24	**237**
21,25–28	**238**
21,29–33	**239**
21,34–36	**240**
21,37–38	**247** (222)
22,1–2	**248**
22,3–6	**250**
22,7–13	**251**
22,14.21–23	**252**
22,15–20	**253**
22,21–23	**252**
22,24–30	**254** (211) (214) (150) (232)
22,31–38	**255** (256)
22,39	**256**
22,40–46	**257**
22,47–53	**258**
22,54–71	**259** (260)
23,1	**260**

Lk (23–24)	Nr.
23,2–5	**262**
23,6–12	**263**
23,13–25	**264**
23,26–32	**266**
23,33–43	**267**
23,44–49	**268** (77)
23,50–56	**269**
24,1–12	**271** (278)
24,13–35	**274** (278)
24,36–43	**275** (278)
24,44–49	**276**
24,50–53	**277** (278)

Joh (1–10)	Nr.
1,1–18	1 (14)
1,23	14
1,24–28	**17**
1,29–34	19
1,35–42	24 30 (38)
1,51	21
2,13–17	222
2,18–22	224 (259)
3,3.5	210
3,29	34 87
3,35	100 163
4,1–3.43	**22**
4,44	23 127
4,46b–54	72 79
5,8–9a	32 85
5,10	35 102
5,23	161
6,1–15	**132**
6,16–21	**133**
6,22–25	134
6,30	139
6,42	23 127
6,66–71	142
7,1	148
7,5	127
7,15	23 127
7,29	100 163
7,41–42	4 11
7,46	25 65
7,53–8,11	57
8,12	41 173
8,51–52	144
9,1–7	141
10,14–15	100 163

STICHWORTREGISTER

Das Register enthält alle in den Überschriften der Perikopen vorkommenden Begriffe. Es soll das Auffinden von Abschnitten, Stichworten, Themen und Personen erleichtern.
Damit man auch „altvertraute" Stichworte findet (oder diese in der gewohnten Schreibweise), sind solche des öfteren in Klammern beigegeben, oder es wird durch ein „s." auf die MNT-Entsprechungen verwiesen. Auf analoge Begriffe machen wir mit „vgl." aufmerksam. Angegeben werden – wie im Stellenregister – nur die Perikopen-Nummern.